Die amerikanische Journalistin Isabel Fonseca hat in New York an der Columbia University Religionswissenschaft und anschließend in Oxford Politische Wissenschaft und Philosophie studiert. Sie arbeitet für amerikanische, englische und kanadische Blätter, darunter *The Wall Street Journal, The Nation* und *Times Literary Supplement.* Isabel Fonseca lebt in London.

Vollständige Taschenbuchausgabe Januar 1998
Droemersche Verlagsanstalt Th. Knaur Nachf., München
Copyright © 1996 by Kindler Verlag GmbH, München
Titel der Originalausgabe: »Bury Me Standing«
Copyright © 1995 by Isabel Fonseca
Originalverlag: Chatto & Windus, London
Umschlaggestaltung: Graupner & Partner, München
Umschlagfoto: Josef Koudelka
Druck und Bindung: Clausen & Bosse, Leck
Printed in Germany
ISBN 3-426-77316-3

2   4   5   3   1

Isabel Fonseca

BEGRABT MICH AUFRECHT

Auf den Spuren der Zigeuner

Aus dem Amerikanischen von Wolfgang Rhiel

Knaur Ⓚ

Für meinen Bruder Bruno

1958–1994

Östliches Zentraleuropa

◆ Konzentrationslager

Kartographie Huber, 80992 München

DANKSAGUNG

DIESES BUCH IST das Ergebnis vieler kurzer und längerer Aufenthalte im östlichen Zentraleuropa – in Albanien, Bulgarien, der ehemaligen Tschechoslowakei, Deutschland, Ungarn, Moldawien, Polen, Rumänien und dem früheren Jugoslawien – zwischen 1991 und 1995. Danken möchte ich (mehr oder weniger alphabetisch) Igor Antip, David Binder, Holly Cartner, Nora Costache, Marcel Courtiade, der Familie Duka, Rajko Djuric, Moris Farhi, Edmund Fawcett, Angus Fraser, Andreas Freudenberg, Nicolae Gheorghe, Gabrielle Glaser, Ian Hancock, Herbert Heuss, Milena Hübschmannova, Elena Marushiakova und Vesselin Popov, Pete Mercer, Luminitsa Mihai, Andrzej Mirga, David Mulcahy, Ljumnja Osmani, Carol Silverman, Jeremy Sutton-Hibbert, Martine Tassy, Corin Trandofir, Rachel Tritt, Ted Zang und Ina Zoon. Geholfen haben mir außerdem Larry Watts und Livia Plaks vom Project on Ethnic Relations.

Besonders verpflichtet bin ich Donald Kenrick, dem Koautor der wegweisenden Untersuchung *The Destiny of Europe's Gypsies*. Mehr als vier Jahre ist er geduldig auf meine Vorstellungen und Eindrücke eingegangen und hat am Ende das gesamte Buchmanuskript gelesen. Dankbar bin ich auch Mick Imlah, John Ryle, Martin Amis und Michael Glazebrook, die dieses Buch ebenfalls in Manuskriptform gelesen und Korrekturen angebracht haben.

Ich habe im Buch einige Namen geändert. Es gab auch Fälle, in denen mir aus unterschiedlichen Gründen die Nachnamen nicht mitgeteilt wurden.

Ich habe Namen geändert, wenn die Betreffenden darum baten und auch, wenn ich der Meinung war, daß ihnen nicht restlos klar war, daß ihre Geschichte von Fremden gelesen werden könnte. Ich habe meine Aufzeichnungen nie verheimlicht, auch nicht die Wahrscheinlichkeit, daß ich sie veröffentlichen würde. Doch das ist eine der Schwierigkeiten, wenn man über ein des Lesens und Schreibens weitgehend unkundiges Volk schreibt: Was konnten solche Absichtserklärungen für viele der analphabetischen und isolierten Roma, die ich kennenlernte, schon bedeuten? Ich entschuldige mich bei allen namentlich Erwähnten, die es vorgezogen hätten, anonym zu bleiben.

INHALT

Aus dem Munde von Papusza: Ein warnendes Beispiel

Eigentlich hiess sie Bronislawa Wajs, doch bekannt ist sie unter ihrem Zigeunernamen – Papusza, Puppe. Papusza war eine der bedeutendsten Zigeunersängerinnen und -dichterinnen, und eine Zeitlang auch eine der gefeiertsten. Sie verbrachte ihr ganzes Leben in Polen, und als sie 1987 starb, nahm niemand Notiz.

Papuszas Familie war, wie die der meisten polnischen Zigeuner, nomadisch – Teil einer großen *kumpania*, des Familienverbunds, der mit Pferden und Wohnwagen umherzog, die Männer voraus, und die Frauen und Kinder auf offenen Wagen hinterher. Einige der reicheren Familien hatten kunstvoll verzierte Wagen mit einem festen Dach und kleinen, rautenförmigen Fenstern in farbigen Holzrahmen. Eine *kumpania* konnte aus bis zu zwanzig Wohnwagen bestehen. Männer, Frauen, Kinder, Pferde, Wagen, Hunde – bis Mitte der 60er Jahre zogen sie umher. Von Wilna zogen sie durch die östlichen Wälder von Wolhynien (wo später Tausende polnischer Zigeuner das Ende des Krieges abwarteten) in die Berge der Tatra im Süden. Manchmal hatten die Polska Roma Bären bei sich, ihren lebenden, tanzenden Unterhalt. Aber Papuszas Leute waren Harfenspieler, und von den nördlichen Städten Litauens bis in den Osten der Tatra schleppten sie die riesigen Saiteninstrumente auf den Wagen wie Segel mit sich.

Wenn sie unterwegs waren, hielt die *kumpania* Verbindung zu anderen Gruppen des gleichen Clans, die andere Wege nahmen. An Kreuzungen hinterließen sie Zeichen – ein Bündel Zweige, mit einem roten Stoffetzen umwickelt, ein auf eine bestimmte Art gebrochener Ast, ein gekerbter Knochen –, die bei den polnischen Zigeunern *shpera* hießen (*patrin* oder Blatt überall sonst, vom Kosovo bis Peterborough). Aus Angst vor der Teufelsbrut machten die Dorfbewohner einen Bogen um diese Zeichen.

Und so lernte Papusza lesen und schreiben. Wenn die *kumpania* länger als ein oder zwei Tage anhielt – selbst nomadische Familien hatten irgendwo ein Winterquartier –, brachte sie einem ihr geeignet erscheinenden Dorfbewohner ein gestohlenes Huhn im Tausch gegen Unterricht. Für weitere Hühner erwarb sie Bücher, eine geheime Bibliothek unter den Harfen. Noch heute sind fast drei Viertel aller Zigeunerinnen Analphabetinnen. Als Papusza in den 20er Jahren aufwuchs, waren Lesen und Schreiben unter den Zigeunern fast unbekannt, und wenn sie beim Lesen erwischt wurde, bekam sie Schläge, und ihre Bücher und Zeitschriften wurden vernichtet. Für die Familie genauso unfaßbar war ihr Wunsch, mit dem schwarzäugigsten Jungen der *kumpania* zu gehen, als die Zeit dafür reif war. Als sie fünfzehn war, wurde sie mit einem alten, geachteten Harfenisten verheiratet, Dionizy Wajs. Es war eine gute Ehe, und Papusza war todunglücklich. Sie bekam keine Kinder. Sie fing an zu singen.

Was immer Papusza an Gesellschaft oder auch an Liebe vermißte, in Dionizy Wajs fand sie wenigstens einen Begleiter. Auf der Basis der großen Zigeunertradition des improvisierten Geschichtenerzählens und kurzer, einfacher Volkslieder komponierte sie lange Balladen – teils Lied, teils Gedicht, und spontan »aufgeführt«. Wie fast alle Zigeunerlieder waren auch die von Papusza herzergreifende Klagen über Armut, vergebliche Liebe und später dann über die Sehnsucht nach der verlorenen Freiheit. Wie fast alle Zigeunerlieder waren sie auch getragen im Ton und Inhalt: Sie erzählten von Entwurzelung und vom *lungo drom*, der langen Straße, von keinem bestimmten Ziel, aber auch nicht von Umkehr.

Papusza verlor im Krieg über einhundert Familienangehörige. Aber selbst das war nicht die Tragödie, die sie prägen sollte. Sie schrieb in einem entscheidenden Augenblick der Geschichte ihres

Volkes in Polen und (was sie nicht wußte) überall sonst: ein Augenblick, in dem ein Leben – das Leben auf dem *lungo drom* – zu Ende ging und anscheinend nichts Erkennbares oder Annehmbares an seine Stelle trat.

> *O Herr, wohin soll ich mich wenden?*
> *Was kann ich tun?*
> *Wo kann ich*
> *Geschichten und Lieder finden?*
> *Ich gehe nicht in den Wald,*
> *Ich treffe mich mit keinem Fluß.*
> *O Wald, mein Vater,*
> *Mein schwarzer Vater!*
>
> *Die Zeit der umherziehenden Zigeuner*
> *Ist längst vorbei. Doch ich sehe sie,*
> *Sie sind hell,*
> *Stark und klar wie Wasser.*
> *Du kannst es hören,*
> *Wenn es fließt,*
> *Wenn es reden möchte.*
>
> *Aber das arme Ding hat keine Sprache …*
> *… das Wasser blickt nicht zurück.*
> *Es flieht, läuft immer weiter,*
> *Wo Augen es nicht sehen,*
> *Das Wasser, das fließt.*

Sehnsucht, Nostalgie ist das Wesen des Zigeunerlieds, und ist es offenbar immer gewesen. Aber Sehnsucht wonach? *Nostos* ist das griechische Wort für »Heimkehr«; die Zigeuner haben keine Heimat, und sie träumen, vielleicht als einziges unter den Völkern, auch nicht von einem Heimatland. Utopie – *ou topos* – bedeutet »kein Platz«. Nostalgie nach Utopie: eine Heimkehr nirgendwohin. Oder zum *lungo drom*. Der langen Straße.

Papusza, 1949

Vielleicht wird hier die Sehnsucht selbst gefeiert, eine Sehnsucht nach einer Vergangenheit, die man nie gehabt hat. Doch dieses Sehnen, die Triebfeder für das Umherziehen, ist auch mit Fatalismus befrachtet. »Der Schicksalsschlag kommt bald. Soll er kommen, es ist egal«, heißt es in einem Zigeunerlied aus Serbien.

Von Papuszas gesungenen Gedichten passen viele in diese Tradition: Durch immer neues Ausschmücken und Nacherzählen werden sie zu einem anonymen, stark stilisierten Konzentrat der kollektiven Erfahrung. Es gibt auch unter den Zigeunern Antigones – Mädchen, die um ihre toten Brüder trauern – und Söhne, die fern der Heimat oder im Gefängnis ihre Mütter vermissen. Jeder hat einen Bruder. Jeder hat eine Mutter. Jeder hat eine Tragödie. Von den Worten der Lieder auf ihre Entstehungszeit zu schließen, ist meist nicht möglich, weil sie von der allumfassenden und unveränderlichen *čačimos* – der Wahrheit – eines Volkes handeln, das, so gut es geht, außerhalb der Geschichte lebt.

Das gesamte Werk der wenigen Zigeunerdichter, die heute schreiben, zeugt von einer ungelösten Spannung zwischen der Treue zur Überlieferung und dem etwas schuldbewußten Versuch des einzelnen, die eigenen Erfahrungen festzuhalten. Doch schon vierzig Jahre zuvor hatte Papusza den großen Schritt von der kollektiven und abstrakten zu einer privaten, genau beobachteten Welt getan.

Ihre großen Lieder, von denen sie viele einfach »Lieder aus dem Kopf von Papusza« nannte, haben ihre ganz eigene Machart, einen Stil, den die Kultur der Zigeuner großenteils bis heute nicht kennt. Papusza schrieb und sang von bestimmten Ereignissen und Orten. Sie bezeugte etwas. Eine lange, autobiographische Ballade über das versteckte Leben der Zigeuner in den Wäldern während des Krieges heißt schlicht: »Blutige Tränen: Was wir in den Jahren 43 und 44 unter den Deutschen in Wolhynien durchgemacht haben«. Sie schrieb nicht nur über ihr eigenes Volk oder die vage Bedrohung der *gadschikano* (Nichtzigeuner-)Welt; sie schrieb auch über die Juden, mit denen ihr Volk die Wälder und das Schicksal teilte, sie schrieb über »Ashfitz« (Auschwitz).

Im Sommer 1949 hörte der polnische Dichter Jerzy Ficowski Papusza zufällig singen und erkannte auf der Stelle ihr Talent. Er begann, die Geschichten, die sie sorgfältig in Romani aufgezeichnet hatte, zu sammeln und phonetisch ins Polnische zu übertragen. Im Oktober 1950 erschienen einige von Papuszas Gedichten in der Zeitschrift *Problemy*, dazu ein Interview, das der polnische Dichter Julian Tuwim mit Ficowski führte. Es wird über das beschwerliche »Umherziehen« gesprochen, und am Ende steht eine Übersetzung der Kommunistischen Internationale ins Romani. Ficowski, der Autor des immer noch wichtigsten Buches über polnische Zigeuner, wurde zu einem Berater in »der Zigeunerfrage«. Die erste Auflage seines Buches (1953) enthält ein Kapitel mit der Überschrift »Der richtige Weg«, das – auch wenn es in späteren Auflagen fehlte und vielleicht nur als Bedingung für eine Veröffentlichung aufgenommen worden war – die amtliche Politik der Ansiedlung der nicht einmal mehr 15 000 polnischen Zigeuner unterstützte, die den Krieg überlebt hatten. Ficowski führt Papusza als Vorbild an und meint, ihre Gedichte könnten bei den Zigeunern als Propagandamaterial verwendet werden. »Ihre bedeutendste dichterische Phase hatte sie um 1950«, schrieb Ficowski, »kurz nachdem sie ihr nomadisches Leben aufgab.« Obwohl ihre Gedichte eine Elegie auf gerade dieses Leben sind – das nicht so sehr aufgegeben als vielmehr konfisziert wurde –, erklärte Ficowski in seiner Rolle als Verteidiger der staatlich verordneten Zwangsansiedlung Papusza zu einem »Sprachrohr« dieser Veränderungen.

Die neue sozialistische Regierung im Nachkriegspolen strebte einen national und ethnisch einheitlichen Staat an. Obwohl die Zigeuner nur etwa 0,005 Prozent der Bevölkerung ausmachten, hielt man das »Zigeunerproblem« für eine »wichtige staatliche Aufgabe« und richtete ein Amt für Zigeunerfragen ein, das dem Innenministerium unterstand – also der Polizei. Es arbeitete bis 1989.

1952 trat ein umfassendes Programm zur Durchsetzung der Ansiedlung der Zigeuner in Kraft: Es wurde als »der große Halt« bekannt (wenngleich dieses Ziel in Polen erst Ende der 70er Jahre erreicht wurde, als das Umherziehen, zumindest mit Wohnwagen, endgültig gestoppt wurde). Der Plan gehörte zur Produktivitätsmanie, die mit ihren gutgemeinten Sozialmaßnahmen in Wirklichkeit den Zigeunern eine neue Kultur der Abhängigkeit aufzwang, der sie sich von Anfang an widersetzt hatten. Ähnliche Gesetze wurden in der Tschechoslowakei verabschiedet (1958), in Bulgarien (1958) und in Rumänien (1962); erzwungene Anpassung galt als das Gebot der Stunde. Im Westen zeichnete sich unterdessen ein entgegengesetzter gesetzlicher Trend ab, der ein Nomadentum durchsetzen wollte. Die Ziele allerdings waren die gleichen. In Großbritannien beispielsweise wurde es 1960 per Gesetz zum strafbaren Vergehen erklärt, wenn Landfahrer Station machten: Sie sollten sich *niederlassen.*

Die Reformer haben, wie Ficowski erklärte, zweifellos geglaubt, daß derartige Maßnahmen das schwere Leben der Zigeuner erheblich verbessern würden: Bildung war die einzige Hoffnung für diese Menschen, die »außerhalb der Geschichte« lebten, sich zu befreien, und Seßhaftigkeit würde die Bildung nach sich ziehen.

ABER NIEMAND HAT je daran gedacht, die Zigeuner selbst zu fragen. Und entsprechend sind auch alle Anpassungsbemühungen gescheitert. Ficowski, im Gegensatz zu den politisch Handelnden, die nicht so nahe an der Quelle saßen, »verwies« auf die Zigeuner, die er kennengelernt hatte, insbesondere auf Papusza. Zwei Monate nach dem Abdruck ihrer Gedichte in *Problemy* suchten mehrere »Abgesandte« der Zigeuner Papusza auf und bedrohten sie.

Papusza galt als mitschuldig an der Kampagne gegen die traditionelle Lebensweise der Zigeuner. Ihr Rang als Dichterin und Sängerin, die Liebe zu ihrem Volk, die in jahrzehntelanger Arbeit Ausdruck gefunden hatte, bedeuteten nichts. Papusza hatte ein unverzeihliches Verbrechen begangen: Sie hatte gemeinsame Sache mit einem *gadscho* gemacht.

Niemand versteht mich,
Außer dem Wald und dem Fluß.
Das, wovon ich rede,
Ist alles, alles vorbei,
Alles ist mit ihm gegangen –
Auch jene Jahre der Jugend.

Papusza war tatsächlich von beiden Seiten mißverstanden – und benutzt – worden. Verzweifelt versuchte sie, die Urheberschaft an ihren eigenen Ideen, ihren Liedern, zurückzuerhalten. Sie eilte von ihrem Wohnort in Südschlesien zum polnischen Schriftstellerverband in Warschau und bat, irgend jemand möge sich einschalten. Sie wurde abgewiesen. Sie wandte sich an Ossolineum, den Verlag, der im Begriff war, Ficowskis Buch mitsamt ihren Gedichten herauszubringen. Niemand konnte sie verstehen. War sie mit der Übersetzung nicht zufrieden? Sollten noch einige letzte Änderungen vorgenommen werden? Papusza fuhr nach Hause zurück und verbrannte ihre gesamte Arbeit – etwa 300 Gedichte, die sie, von Ficowski mit Nachdruck ermuntert, niedergeschrieben hatte. Dann schrieb sie ihm einen Brief und bat ihn, die Veröffentlichung zu stoppen, wenngleich selbst der Brief ihre Resignation zeigte, die Schicksalsergebenheit der Zigeunerlieder. Wenn Sie diese Lieder veröffentlichen, wird man mich bei lebendigem Leib häuten, schrieb sie, mein Volk wird den Elementen schutzlos ausgeliefert sein. Aber wer weiß, vielleicht wächst mir eine neue Haut, vielleicht eine noch schönere.

Nach der Veröffentlichung der Gedichte kam Papusza vor die höchste Instanz der polnischen Roma, den Baro Shero, den »Großen Kopf« oder Ältestenrat. Nach kurzer Beratung wurde sie für *mahrime* (*magherdi* bei den polnischen Roma), unrein, befunden und zur Strafe für immer aus der Gruppe ausgeschlossen. Acht Monate verbrachte sie in einer psychiatrischen Klinik in Schlesien und lebte dann die restlichen vierunddreißig Jahre bis zu ihrem Tod 1987 allein und abgeschieden (selbst Ficowski brach die Verbindung zu ihr ab, vielleicht, um weiteren Kummer zu vermeiden). Sie wurde von ihrer Generation gemieden und war der nächsten unbekannt. Sie wurde wie ihr Name: eine Puppe, stumm und beiseite gelegt. Bis auf eine kurze Phase gegen Ende der 60er Jahre, als sie einige ihrer besten Gedichte hervorbrachte, hat Papusza nie mehr gesungen.

In einer 1984 erschienenen überarbeiteten Auflage seines großen Buches *Die Zigeuner in Polen* (dt.: *Wieviel Trauer und Wege. Zigeuner in Polen*, 1992) untersucht Ficowski die Ergebnisse der Großen Halt-Kampagne. »Zigeuner führen kein nomadisches Leben mehr, und die Zahl der Analphabeten ist beträchtlich zurückgegangen.« Doch selbst dieser Nutzen war beschränkt, weil Zigeunermädchen mit zwölf oder dreizehn Jahren heiraten und weil »in den ganz wenigen Fällen, in denen einzelne richtig ausgebildet werden, sie die Gemeinschaft der Zigeuner meistens verlassen«. Die Ergebnisse waren verheerend: »Der Widerstand gegen das Umherziehen der Zigeunerhandwerker, die ihr Klempner- oder Schmiedehandwerk in die entlegensten Winkel des Landes getragen hatten, führte allmählich dazu, daß ... die meisten traditionellen Fertigkeiten der Zigeuner verlorengingen.« Und schließlich, »nach dem Verlust an Gelegenheiten zur Ausübung der traditionellen Berufe wurde die Haupteinnahmequelle [für viele Zigeuner] die, der übrigen Gesellschaft zur Last zu fallen«. Jetzt gab es tatsächlich etwas, wonach man sich sehnen konnte. Aber die Erkenntnis kommt zu spät. Die Eule der Minerva fliegt bei Einbruch der Dunkelheit.

Daß ein rüdes demographisches Experiment in Entwurzelung und Schmerz endete, ist weder überraschend noch umstritten. Das Einsperren der Worte hat dagegen vielleicht das entgegengesetzte Ergebnis gebracht. Die Sprache (und zunehmend die geschriebene Sprache) ist der Grundstein für die Identität und Emanzipation der modernen Zigeuner.

Das Romani kennt keine Worte für »schreiben« oder »lesen«. Die Zigeuner entleihen Begriffe aus anderen Sprachen, um diese Tätigkeiten zu benennen. Oder sie verwenden, was noch bezeichnender ist, andere Worte aus dem Romani. *Chin*, »schneiden«, bedeutet »schreiben«. Das Verb für »lesen« ist *gin*, was soviel wie

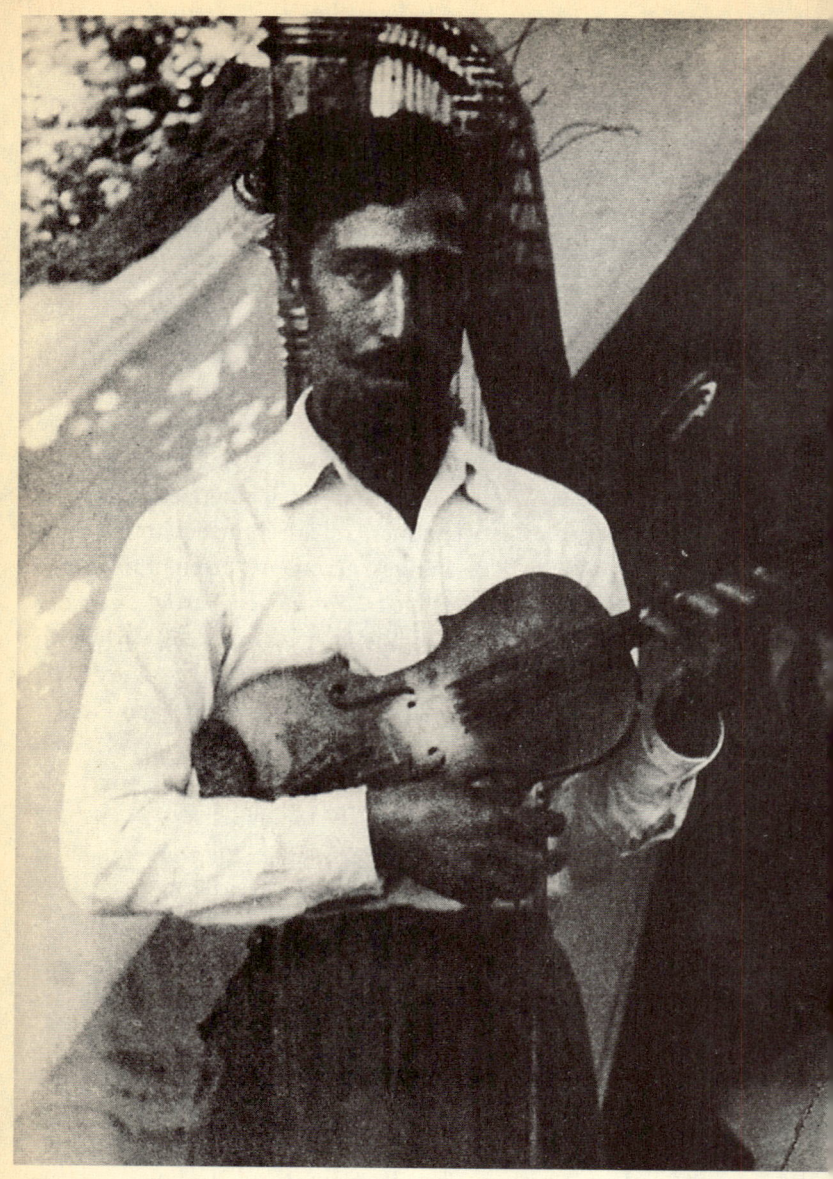

Karol Siwak, ein Geigenspieler aus Papuszas *kumpania*, 1949

»zählen« bedeutet. Normalerweise sagt man *gin dav opre*; *dav opre* bedeutet »ich gebe nach oben«, und so kann man die Wendung mit »ich lese laut« übersetzen. Sie meint nicht für sich lesen; das tun Zigeuner normalerweise nicht. Ähnlich bedeutet *drabarav*, ein bei den mazedonischen Zigeunern gebräuchliches Wort für »ich lese«, eigentlich lesen in dem speziellen Sinn, jemandem aus der Hand lesen. Und in Albanien sagen Zigeuner für »ich lese« unter Umständen *gilabav*, was in erster Linie »ich singe« heißt.

Ein *gilabno* ist ein Sänger oder jemand, der liest; ein *drabarno* (häufiger eine weibliche *drabarni*) ist jemand, der liest und aus der Hand liest, aber auch ein Kräuterhändler, also jemand, der heilt. Das sind Neuerungen aus jüngster Zeit, die zeigen, was die geschriebene Sprache für ein Volk bedeutet, in dessen Geschichte Lesen und Schreiben nicht vorkommen. Und all diese Sänger-Leser müssen zuerst auf Ficowskis Papusza schauen.

Ficowskis Bemühungen wie auch die von Papusza sind nicht auf Dankbarkeit gestoßen. Intellektuelle polnische Zigeuner wie der Ethnograph Andrzej Mirga (der die Erinnerung an Papusza nach ihrem Tod in einem Film und mehreren Konzerten wiederaufleben ließ, darunter sogar Aufführungen der New Yorker Metropolitan Opera) erkennen die Bedeutung seiner wissenschaftlichen Arbeit zwar an, betrachten ihn aber immer noch als Verräter.

Daß die Zigeuner die Regierungsvorschläge – und auch Papusza – ablehnten, entsprang nicht irgendeinem ursprünglichen »Freiheitswillen«. So kurz nach dem Krieg hatten viele Zigeuner noch lebhafte Erinnerungen an Befragungen durch *gadsche*. Die Nationalsozialisten waren besonders eifrige Ethnographen. Sie untersuchten die Abstammung von über 30 000 Zigeunern, vermaßen Schädel, sammelten Blutproben und registrierten Augenfarben.

Die meisten der heutigen Zigeuner wissen wenig oder gar nichts von der umfassenden, perfiden Dokumentation über viele ihrer Vorfahren, die auf deutschem Gebiet lebten; aber trotzdem prägt dieses Erbe die lebendige Erinnerung der Zigeuner überall. Noch immer ist es die feste Überzeugung der meisten Zigeuner , daß *gadsche* gefährlich sind, daß man ihnen nicht trauen darf und ihnen am besten aus dem Weg geht, es sei denn, es geht um Geschäfte. *Gadsche* gelten ganz allgemein als *mahrime*, als unrein. Wer unnötigen Kontakt mit ihnen pflegt, läuft Gefahr sich zu infizieren.

Natürlich heiraten in Polen und auch anderswo immer mehr Zigeuner und *gadsche*, aber Andrzej Mirga, der selbst mit einer *gadschi* verheiratet ist, erklärt: »Unsere Mütter sind über diese Entwicklung gar nicht glücklich.« Sie sollten sich nicht sorgen: Statt zum Zerfall der Gruppe oder deren Anpassung an die Welt der *gadsche* beizutragen, vergrößern Mischehen lediglich den Bestand. Die Kinder aus diesen Verbindungen werden, wie Mulatten und Mestizen anderswo, von allen als Zigeuner betrachtet, so wie sie auch von den Nazis eingestuft worden wären.

Die Reaktion einiger bedauerlicherweise einflußreicher Zigeuner auf die Zusammenarbeit von Papusza und Ficowski sagt über das Leben der Zigeuner vielleicht mehr aus als die vielen Daten, die er so fleißig aufgezeichnet hat. Sie enthüllt eine ganz elementare Einschätzung der Zigeuner, das »Wir gegen die Welt«. Obwohl die Vorstellung, daß sie ein Volk für sich bleiben sollten, nicht auf einem theologischen Gebot beruht, ist diese Weltsicht, die in Hunderten ungeschriebener Gesetze und abergläubischer Bräuche kodifiziert ist, derjenigen nicht unähnlich, wie sie im Talmud steht: »Geht behutsam vor im Gericht! Verschafft euch recht viele Schüler! Und macht einen Zaun um die Torah.« Unter dem ständig wachsenden Druck versuchen die Zigeuner nur noch, einen Zaun um sich zu errichten.

»Sie werden unsere Sprache nie lernen«, erklärte mir in einem Bus in Bukarest ein Zigeuneraktivist und Romani-Lehrer voller Stolz. Und er wollte damit nicht sagen, daß er mich für beschränkt hielt. »Für jedes Wort, das Sie in Ihr Heft schreiben, haben wir noch ein anderes, ein Synonym, das wir benutzen und das Sie gar nicht kennen können. Sicher, Sie können auch diese Wörter lernen, aber Sie wissen nicht, wie man sie gebraucht oder welche Nebenbedeutung sie haben. Wir *wollen* nicht, daß Sie es wissen. Sie hätten da schon als Zigeuner-*chey* [Mädchen] auf die Welt kommen müssen.«

Polen, 1963

Dieser Lehrer, einer der bekanntesten Nationalisten unter den Zigeunern, bringt enorm viel Energie auf, zigeunerfeindlichen Rassismus aufzudecken und zu bekämpfen. Noch im Bus wetterte er gegen eine der ältesten Verleumdungen, daß nämlich Romani keine eigene Sprache sei, sondern eine Gaunersprache. Der Widerspruch beleuchtet eine besondere Schwierigkeit der heutigen Emanzipationsbewegung der Zigeuner: Das Exotische war eindeutig und auch verständlicherweise selbst Teil des Zaunes. (Das gilt auch für den Humor: Im Talmud bilden die Geschichten der Gesetze selbst den Zaun; bei den Zigeunern heißt es von jemandem, der sich an unerlaubtem Sex beteiligt und damit ewige Schande auf sich geladen hat, er sei »hinter den Zaun gegangen«.)

Aber Mimikry – oder Anpassung – hat es neben dem Exotischen immer schon gegeben. Seit 1989 gibt es die ersten politischen Parteien der Zigeuner und auch ihre ersten Repräsentanten: Parlamentsmitglieder, UN-Delegierte. Zigeunerdichter veröffentlichen ihre Arbeit inzwischen in Romani und anderen Sprachen. In Rumänien und Mazedonien werden von Zigeunern produzierte Fernsehprogramme in Romani ausgestrahlt; es gibt eine erste Generation von Zigeunern, die Zeitungen und Zeitschriften herausbringen (eine der besten, die ein Kosovo-Rom aus der Slowakei herausgibt, heißt *Patrin* – es ist das alte Wort für die Wegzeichen, die die umherziehenden Zigeuner für ihre Landsleute anbrachten). All das ist neu, und die Freude ist mit Händen zu greifen. Doch genausogut kann man, ohne jede Geringschätzung, sagen, daß sich unter der Oberfläche nichts geändert hat. Das Aufkommen der Demokratie signalisiert in keiner Weise eine Umorientierung der traditionellen Lebensweise der Zigeuner. Die geheime Gesellschaft besteht fort. Ihr undurchdringliches Dickicht aus Verboten – der Zaun der Zigeuner – ist unversehrt.

Konferença, kongresso, parliamento: Das sind einige der sprachlichen Neuzugänge des Rômani. Es trifft zu, daß Zigeuner im früheren Ostblock bis 1989 kaum Gelegenheit hatten, sie zu nutzen. Und für die innere Organisation dieses Volkes sind dies fremde, ja gegensätzliche Vorstellungen.

Als die Zigeuner im 14. Jahrhundert erstmals in Europa auftauchten, traten sie als Pilger auf und betätigten sich als Wahrsager: zwei lukrative Tätigkeiten in einer abergläubischen Zeit. Ihre Führer nannten sich Grafen und Prinzen und Kapitäne. Das spiegelte weniger die Wertvorstellungen der Zigeuner wider, sondern eher ihr großes (oft brachliegendes) Talent, sich auf herrschende Stimmungen und Rangordnungen einzustellen, um ihr ewig fragwürdiges Ansehen aufzubessern. Wir gegen sie: ein Spiel, das fürs erste immer noch in der Sprache der Eroberer gespielt wird – oder in der der »gastgebenden« Gesellschaft.

»Stell keine Fragen und trag keine kurzen Röcke.« Das war der beste Rat, den ich vor meiner Abreise bekam. Er kam von einem Anthropologen, der über die Zigeuner von Madrid gearbeitet hatte. »Fragen ist der falsche Weg, um Antworten zu bekommen«, hatte er gesagt.

Vor fünfzehn Jahren reiste ich mit meiner Großmutter, die 1905 im Alter von zwei Jahren ihre Heimat Ungarn verlassen hatte, durch Osteuropa. Ich weiß noch, wie ich in Budapest aus dem Orient-Expreß stieg und mich fragte: »Was machen denn all die Inder hier?« (Noch am selben Abend, wie auch jeden anderen Abend in Ungarn, stellten wir fest, daß sie Zigeuner waren, Trios von Zigeunern, die unser Gulasch mit ihren Geigenklängen begleiteten.) Während der revolutionären Ereignisse von 1989 fragte ich mich erneut nach diesen »Indern«. Obwohl sie in den Zeitungen nie erwähnt wurden, war ich der Meinung, sie würden der zusehenden Welt zeigen, was für Demokratien der Umbruch dem Osten Europas bringen würde.

Schon bevor ich den ersten Zigeuner kennenlernte, wußte ich, daß weltweit zwölf Millionen von ihnen in der Diaspora lebten, vielleicht acht Millionen in Europa, mit dem Schwerpunkt Osteuropa, und daß sie die größte Minderheit des Kontinents waren. Ich wußte, daß sie in Gebieten mit stagnierenden oder negativen Geburtenziffern lebten, sich aber beängstigend schnell vermehrten. In etwa siebzehn Jahren würde sich ihr Bevölkerungsanteil verdoppelt haben. Schon jetzt galten sie als ideale Sündenböcke für sämtliche Übel der brüchigen, sich im langsamen Übergang befindlichen kommunistischen Gesellschaften. Ich wußte, daß der Holocaust Hunderttausenden von Zigeunern den Tod gebracht hatte. Und jetzt gab es wieder Pogrome in Osteuropa. Angesichts der wachsenden Gewalt, der sie sich gegenübersahen, hatte Vaclav Havel erklärt: »Die Zigeuner sind kein Testfall für die Demokratie, sondern für eine bürgerliche Gesellschaft.« Es war nicht schwer zu erkennen, daß durch die besonderen Schwierigkeiten, die die Zigeuner für jeden bankrotten Staat darstellten, nationalistische Energien freigesetzt würden. Die

Zigeuner sind überwiegend analphabetisch, überwiegend arbeitslos und überwiegend ohne angemessene Wohnung. Ihre Lebenserwartung liegt um etwa ein Drittel unter der ihrer Landsleute. (Aber die osteuropäischen Zigeuner sind nicht die einzigen, die anfällig sind: 70 Prozent der italienischen Zigeunerfamilien verlieren mindestens ein Kind, und bei den irischen Fahrenden ist die Säuglingssterblichkeit dreimal so hoch wie im Landesdurchschnitt.)

Das alles wußte ich. Aber ich wußte beispielsweise nicht, daß Zigeuner sich durch den Anblick weiblicher Knie beleidigt fühlen. Und ich hatte mir auch nicht vorstellen können, daß sie all die Verleumdungen und bösartigen Klischees vielleicht gar nicht zurückweisen *wollten*, daß sie ihre Geschichte vielleicht gar nicht erzählen wollten. »Stelle nie Fragen …«

Zigeuner lügen. Sie lügen oft und gern und einfallsreicher als andere Leute. Sie belügen nicht einander, sie belügen die *gadsche*. Trotzdem haben sie nichts Böses im Sinn. Lügen ist einfach etwas Nettes, es soll Vergnügen bereiten. Sie wollen einem genau das erzählen, von dem sie annehmen, daß man es hören möchte. Sie wollen einen amüsieren, sie wollen sich selbst amüsieren, und sie wollen nicht langweilen. Das ist mehr als Gastfreundschaft. Es ist eine Kunst.

Der Lügner – oder der Fabulierer, wie man auch sagen kann, ohne zu beschönigen – glaubt vielleicht sogar, daß die abgeänderte Version wahrer ist. Und das ist sie womöglich auch: wahrer im Sinne von lebendiger. Aber natürlich sollen Lügen auch täuschen. Die Irreführung – je subtiler, desto besser – gilt sogar als Pflicht. »Wir *wollen* nicht, daß Sie es wissen«, hatte der Romani-Lehrer gesagt und sprach in Wirklichkeit vom Überleben.

Die Beziehungen zwischen Zigeunern und *gadsche* sind nicht immer so hoffnungslos gewesen wie heute. Das eine oder andere Geheimnis teilten sie auch: Im Zweiten Weltkrieg waren viele Zigeuner aktiv im Widerstand. Und vor dem Aufkommen von Mischehen bestand jahrhundertelang eine berufliche Symbiose – zwischen, sagen wir, Bauern und Werkzeugmachern. Aber ein Jahrtausend lang hing ihr Überleben von der Geheimhaltung ab, von Verstellung und falscher Darstellung, davon, Gebräuche und Absichten für sich zu behalten, die Vergangenheit zu begraben – zu lügen. Die Zigeuner sind immer Partisanen gewesen.

Wenn ich nach einem Monat in Bulgarien oder einem Sommer in Albanien nach Hause zurückkam, fragte man mich, ob ich von den Zigeunern, bei denen ich mich aufgehalten hatte, akzeptiert worden sei. Das konnte ich bejahen. Man hat mich mit überwältigender Großherzigkeit behandelt. Meine Ehre wurde von meinen Zigeunerbrüdern verteidigt, auch wenn mir gar nicht bewußt war, daß sie verletzt worden war. Ich habe mich bei den Zigeunern vollkommen sicher gefühlt. Meine Zigeunermutter nannte mich *chey*, Tochter. Doch das Kochen oder sonstige Handreichungen einer Tochter waren mir nie erlaubt. In einer Sippe durfte ich mich nicht einmal selbst waschen: Das war die Aufgabe der jungen Frauen des Hauses. Meistens aß ich mit den Männern, nicht mit den Frauen und Kindern, die das aufaßen, was wir nicht angerührt hatten. Ich wußte, daß ich immer eine *gadschi* bleiben würde, außerhalb ihrer Geschichte.

Natürlich können Geheimnisse nur durch Einigkeit und Loyalität bewahrt werden. Weil Papusza – tatsächlich oder imaginär – mit den *gadsche* gemeinsame Sache gemacht hatte, wurde sie zum Tod verurteilt – obwohl sie weiterleben durfte. Das strenge Gesetz der Zigeuner, das so grausam anders ist als das romantisierende Klischee vom Freigeist der Zigeuner, verbietet die Emanzipation des einzelnen, um die Gruppe zu schützen. Und wie so oft war auch hier ein verheerendes Element von Mimikry im Spiel: Papusza wurde als Denunziantin hingestellt, so wie die Zigeuner im Lauf ihrer Geschichte immer wieder als Agenten und Spitzel beschimpft wurden. Daß Papusza ausgestoßen wurde, ist ein eklatantes Beispiel für die Forderung nach Einigkeit, etwas, das man sonst eher mit *gadsche* in Verbindung bringt.

Das Wunder besteht darin, daß die Zigeuner als Ganzes sich einer Anpassung widersetzt haben, die immer Unterwerfung bedeutet hat.

Papusza wurde geopfert, und dennoch lebt sie weiter – dank dem *gadscho* Ficowski. Vielleicht war Papusza bereits verurteilt, bevor sie ihn kennenlernte – verurteilt durch ihre Kinderlosigkeit und durch genau das, was immer mehr Zigeunern offenbar befreiend erscheint: daß sie auf ihre ganz eigene Weise sang und nicht nur für die Gruppe; daß sie die Dinge niederschrieb.

Kapitel 1

DIE DUKAS AUS ALBANIEN

BEI MEINEN FAHRTEN in Osteuropa war ich meistens allein und schloß unterwegs Freundschaften. Doch in Albanien war es anders. Albanien war so abgelegen und so unbekannt wie Tibet, und deshalb wünschte ich mir einen Führer. Ich mußte Marcel suchen.

Ich hatte seinen Namen schon vor Jahren gehört, hatte über ihn aber nur erfahren, daß er, obwohl er kein Zigeuner war, Romani sprach, viele Jahre in Albanien gelebt hatte, einen langen Bart trug und keine feste Anschrift hatte. Bei einer Tagung in der Nähe von Preßburg stieß ich schließlich auf ihn, aber es hätte auch überall sonst auf dem Balkan sein können. In einer Mittagspause zwischen den Sitzungen sprach ich diesen bärtigen Delegierten an und fragte ihn, ob er mich nach Albanien begleiten würde. Ja, das ließe sich machen, erwiderte er ernst und blickte nur kurz von seinem Schnitzel auf. Über die Einzelheiten würden wir später reden. Aber später war Marcel dann verschwunden.

Ein Monat verging, bis ich ihn wiedergefunden hatte – in Paris. Auf seine Bitte trafen wir uns am Rive Droite vor dem Büro der polnischen Fluggesellschaft. Als ich ihn sah, wie er mit dem Reißverschluß seiner grauen Windjacke kämpfte, begriff ich etwas von dem, was die Welt der Zigeuner für ihn war. Marcel, der ganz in Grau gekleidet war, hob sich kaum von der Fassade des Gebäudes ab. Doch die Tarnung war unvollständig: Er wirkte ärmlich, provinziell, fehl am Platz. Aus der Nähe sah er aus, als wäre er in ständiger Alarmbereitschaft.

Ich lud Marcel zum Essen ein. Ich sagte ihm, er solle aussuchen, wohin er gehen wolle. Er hatte die Wahl und entschied sich für das triste Selbstbedienungsrestaurant im ersten Stock von Monoprix, dem französischen Gegenstück zu Woolworth. Ich beobachtete ihn, wie er den Teller Kartoffeln mit dem abgestandenen Mayonnaisesalat verschlang, den er sich ausgesucht hatte, und erkannte, daß er sich hier zu Hause fühlte. Es wirkte sehr osteuropäisch. Marcel selbst war Franzose, aber in Osteuropa würde er nicht eine derart chaotische Gestalt abgeben wie in der Nachbarschaft der Pariser Oper. Bei den Zigeunern war er eine Persönlichkeit; man konnte ahnen, daß er dort das Sich-wie-ein-Außenseiter-Fühlen eintauschte gegen das Tatsächlich-einer-Sein, und das Fremdsein hatte seinen Sinn.

Obwohl Marcel normalerweise lieber über Sprachen sprach, erzählte er mir im Monoprix von sich und seinem Leben bei den Zigeunern, und er begann dabei, wie bei jedem Gespräch, mit einem erhobenen Finger und einer Berichtigung. Marcel war *nicht*, wie ich angenommen hatte, Franzose, sondern *Okzitanier*. Die Sprache, das Okzitanische, wovon er mir eine Kostprobe lieferte, ist eine Variante des Provenzalischen und klingt ähnlich wie Katalanisch – und katalanisch angehaucht war sicher auch sein etwas greller Provinzialismus. Aber Marcel war ein Pedant, und zwar ein ziemlich kosmopolitischer.

Sein Großvater kam, wie er erzählte, aus einer fahrenden Familie – Teil einer Gruppe, die Gringos genannt wurde –, was hier nicht unerwünschte Amerikaner bedeutete, sondern griechischsprechende Zigeuner in Spanien. Marcel *klang* wie ein Franzose, d. h. er klang mit seinem spritzigen, genüßlich akzentuierten Englisch eher wie Peter Sellers. »Die Familie zog von Jahrmarkt zu Jahrmarkt, wo sie Nähmaschinen verkaufte und reparierte; ich blieb bei meiner Großmutter im Massif Central.« Er erzählte mir, daß sein Vater Organist war, aber aufgehört hatte zu spielen, als sie seßhaft wurden. Als alter Mann hatte er dann als Gepäckträger am Bahnhof in Clermont gearbeitet und war von da an »gegen Musik« gewesen.

Marcel, in seiner Jugend Medizinstudent an einer französischen

Provinzuniversität, war Anfang der 70er Jahre in Schwierigkeiten geraten, weil er Hungerstreiks gegen staatlich verordnete Mittelkürzungen organisiert hatte. Desillusioniert war er mit neunzehn nach Wojdwodina gegangen, wo er Arbeit als Traubenpflücker fand und zum ersten Mal unter Zigeunern schuftete.

Er war damals bereits ein Sprachgenie: Marcel sprach Samoanisch, Hiri Motu (Papua-Neuguinea), Maori und Tahitianisch. Er kam mit Ajie (Neukaledonien) zurecht und sprach selbstverständlich alle »üblichen« Sprachen – Französisch, Englisch, Spanisch, Deutsch und ganz passabel Polnisch. Da er nicht glaubte, es je bis zu den Loyalty-Inseln oder überhaupt in den Südpazifik zu schaffen, richtete Marcel sein Augenmerk auf den Balkan. Seine Liebe zu dieser Region und sein Ruf als Sprachtalent festigten sich, als er mit einem Ferkel unter dem Hemd umherreiste und überall als Überbringer guter Nachrichten aufgenommen wurde.

»Ich lebte mehrere Monate in einem Kloster in Slowenien, aber da ich keinen Pfennig Geld hatte, konnte ich mich den Mönchen, die so gut zu mir gewesen waren, nicht erkenntlich zeigen. Ich überlegte hin und her und beschloß dann, ihnen mein Ferkel zu überlassen, das inzwischen immerhin schon ein angehendes Schwein geworden war. Sie haben sich sehr gefreut. Der Abt hielt es wie ein Baby im Arm. Das werde ich nie vergessen: *Er konnte mit ihm in seiner Sprache reden.*« Noch die Erinnerung machte Marcel sprachlos vor Staunen und Bewunderung.

Als ich ihn fragte, wie es gekommen war, daß es ihn zehn Jahre nach Albanien verschlagen hatte, antwortete er ohne Zögern oder Ironie: nirgendwo sonst hätte er Arbeit bekommen. Die schwierige albanische Sprache war für Marcel eine unwiderstehliche Herausforderung, und nachdem er sie gemeistert hatte, stellte er fest, daß er auch für die ausländischen Botschaften des Landes unentbehrlich geworden war. Später wurde er dann ausgewiesen, weil er Zigeunerflüchtlinge aus dem Land schmuggelte.

Marcel gehörte zu den wenigen Experten – Linguisten und Sozialwissenschaftler –, die ich kennenlernte, die sich um die Zigeuner kümmerten und sich völlig mit ihnen identifizierten. Manche Zigeuner nannten diese Groupies *puyuria* – nach dem rumänischen Wort für »Junges« oder »Küken« –, wenn es Frauen waren (wie in meinem Fall). Es gab andere, weniger freundliche Bezeichnungen; und manchmal klang Verachtung durch, und der Vorwurf, daß die *gadsche* von der Not der Zigeuner profitierten. Ein Teil der Frustration rührte daher, daß die Zigeuner wußten, daß sie aus solchen Beziehungen Nutzen zogen und manchmal auf sie angewiesen waren. Es war eine überlieferte, streng pragmatische Abmachung: Als Gegenleistung für seine praktische Hilfe wurde der wohlwollende *gadscho* mit seiner ganzen Familie von ihnen auf alle mögliche Weise geschützt – keine Kleinigkeit. Der Beitrag des *gadscho* bestand beispielsweise darin, Briefe zu schreiben, Dokumente zu lesen und als Vermittler zu den verhaßten Behörden zu fungieren (im Fall von Marcel waren es die westlichen Botschaften). In Tirana war Marcel der Größte.

Er betrachtete sich eindeutig als Zigeuner. Marcel nahm als Zigeuner an internationalen Tagungen teil, er vertrat die Zigeuner, und er arbeitete vor allem an der Standardisierung des Romani. Obwohl er viel für die Sache der Zigeuner leistete, denunzierten ihn andere Zigeuneraktivisten gelegentlich als einen *gadscho*, um ihm innerhalb der Zigeunerbewegung zu schaden. Denunziation, das war der Punkt; aber was machte es schon, wenn die Geschichte mit seinen griechischen Zigeunervorfahren *nicht* stimmte? Obwohl Marcel sich voll dafür einsetzte, daß sie sich als Ethnie emanzipierten, hielt er selbst sich an die allgemeine Auffassung, daß das, was einen Zigeuner ausmache, seine Lebensweise sei. Und Marcel lebte so ein Leben, oder doch in dessen Schatten.

SECHS WOCHEN NACH unserer Pariser Begegnung saßen wir zusammen in einem Taxi – von Bulgarien nach Albanien, zwölf heiße Stunden quer durch das, was einmal Jugoslawien gewesen war. Wie alle Grenzposten ist auch der bei Struga in Mazedonien chaotisch und trostlos, belagert von zerlumpten Gaunern, Schiebern und Händlern, die gereizt und gelangweilt darauf warten, zurückgewiesen zu werden und sich auf den altvertrauten Weg in die falsche Richtung zu machen. Als wir zur Grenze kamen, sahen wir einen Konvoi neunachsiger Sattelschlepper (aus Italien, der Schweiz, Deutschland, Ungarn), die man schon seit fünf Tagen warten ließ. Michele, ein ausgepumpter Fahrer aus Treviso, versorgte mich mit warmer Coca-Cola. »Was ist denn los?« fragte ich ihn. Michele fand keine Worte – übermüdet, wütend und besorgt stieß er irgend etwas hervor, ein Regen von Schweiß und Staub begleitete seine heftigen Kopfbewegungen. Als echter Italiener machte Michele sich Sorgen um die Lebensmittel: Mit ausgestrecktem Arm zeigte er auf seinen kochenden LKW, dessen Ladung – Tausende von EG-Konserven »Schmorfleisch« (»75% tierisches Produkt«) und Großbehälter mit italienischem Sonnenblumenöl – seit einer Woche wieder erhitzt wurde.

Ein halbes Dutzend Zollbeamte lehnte an der Wand; ihr träumerischer Blick war auf eine beinahe idyllische Ansicht kleiner, frei laufender Ziegen gerichtet, für die Schlange und die aus der Zollbaracke dröhnende türkische Diskomusik hatten sie nur demonstrative Gleichgültigkeit übrig. Die Haltung der anderen – breitbeinig und die Hände in die Hüften gestemmt – verriet jedem, der es sehen wollte, daß noch kein Preis ausgehandelt worden war. Die humanitäre Hilfe ist für Europas ärmstes Land die Importware Nummer eins. Es ist alles geschenkte Ware, aber in Albanien gibt es nichts umsonst; alles, was hereinkommt, wird, von der Grenze an, mehrere Male weiterverkauft.

Wir alle hatten die Bilder der Albaner gesehen, die wie Girlanden an den Booten nach Italien gehangen hatten. Marcel kannte sogar einige von ihnen. Aber bis auf Marcel wußte keiner in der Schlange, was ihn in diesem Land erwartete, das keiner verlassen durfte. Alles, was wir bis jetzt wußten, war, daß es für Fremde genauso schwer war, nach Albanien hineinzukommen, wie für Einheimische, das Land zu verlassen.

Als wir schließlich durchgewinkt wurden, machte sich eine kleine, zahnlose Zigeunerin mittleren Alters an mich heran und zupfte mich am Ärmel. Sie prustete vor Lachen über irgendeinen tollen Witz. Dann wurde sie plötzlich ernst und rief in Romani: »*Te vestinel o dosti Tito, te vestinena o Jugoslovenske manusha!*« – Lang lebe Genosse Tito, und lang lebe das jugoslawische Volk! Ihre Bemerkung war die einzige Meinungsäußerung der Einheimischen, und schon gar der einheimischen Zigeuner, über das zerfallende Land, dem wir gerade den Rücken kehrten. Der Krieg war so nah, daß er schon wieder fern war: Man sprach nicht über ihn.

In Albanien hielten wir Ausschau nach unserer Fahrgelegenheit und liefen eine Weile am Ufer des riesigen, türkisfarbenen Ochrid-Sees entlang. Es gibt keine Plastiklöffel, keine Cola-Dosen, keinen Abfall, keine Reklameschilder, keinerlei Verlockung. Aber man spürte doch sofort, daß Albanien mehr war als nur eine touristenfreie Oase zwischen den einstigen Paradiesen Griechenland und Süditalien. Oder weniger. Was man sich nicht vorstellen kann, wenn man das Land nicht kennt, ist die Leere. Der Boden ist so schlecht, daß selbst die Bäume nur vereinzelt wachsen und mehr Platz haben, als sie in ihrer Dürftigkeit ertragen können. Die besondere Schönheit Albaniens scheint immer mit Einsamkeit verbunden zu sein. Ein Auto kam in einer Staubwolke geräuschvoll zum Stehen: unser Wagen. Heraus stiegen zwei der verwahrlosesten Zigeuner, die ich je gesehen habe. »Das ist Gimi.« Ein erleichterter Marcel zeigte auf den etwas schüchtern wirkenden, langhaarigen Fahrer, dessen Jeans besorgniserregend tief saßen. »Und das ist Nicu.« Was man von dem untersetzten, grinsenden Nicu und seiner nackten Brust vor allem sah, war Haar, von der Rauchspur, die sich den Bauch hinauf kräuselte und sich dann über der Brust in widderhornartige Kringel gabelte, bis zum dichtbedeckten Cherubskopf. Noch nie hatte ich Haarwirbel in einem Gesicht gesehen. Eigentlich hieß Nicu Besnik, aber der Spitzname, auf den wir kamen und den er bereitwillig annahm, hatte mehr mit den Haaren zu tun: Veschengo – wörtlich »Mann des Waldes«. Oder einfach Tarzan.

Unterwegs bot Vesch mir meine erste albanische Zigarette an. Es war eine Victory. Auf der braunen Packung unter einem »V«, an der Stelle, wo man normalerweise den Hinweis »Rauchen gefährdet Ihre Gesundheit« findet, stand: »Kopf hoch!«

Kinostudio

IN JENEM SOMMER wohnte ich bei Nicus Familie, den Dukas, am Rand von Tirana in einem Viertel, das Kinostudio heißt. Die Zigeuner in Albanien sind so isoliert, daß sie kaum etwas von ihren Millionen Brüdern wissen, die über die ganze Welt verstreut in der Diaspora leben. Dennoch hatten die Roma aus Kinostudio mehr mit jenen fernen Zigeunern gemeinsam als mit ihren albanischen Landsleuten, unter denen sie seit fast 600 Jahren lebten. Sie kamen mit ihren Nachbarn zurecht, aber sie blieben für sich.

Ethnischer Streit fiel hier kaum ins Gewicht aufgrund der Isolation und der langen Jahre der Unterdrückung und Not, die an allen zehrten. Aber das Selbstvertrauen der Zigeuner basierte auch auf einer gewaltigen Gruppensolidarität; nur in Mazedonien und Albanien bildeten die Zigeuner nicht den sozialen Bodensatz. Es gab zwar Standesunterschiede zwischen den vier Zigeunerstämmen, vor allem aber gab es in Albanien eine Gruppe, der es noch schlechter ging, nämlich die Yevkos – eine kleine, dunkelhäutige Volksgruppe, deren Mitglieder man oft auf den Plätzen von Tirana betteln sieht.

Die Dukas waren eine der angesehensten Familien im Viertel; sie gehörten zu den Mechkari-Zigeunern, der größten der vier Gruppen. Wie alle albanischen Zigeuner waren die Dukas nominell Moslems. In Kinostudio lebten sie mit ihren zahllosen gastfreundlichen Vettern und Stammesbrüdern zusammen, mit ein paar Zigeunerfamilien einer anderen Gruppe – den Kabudji – und einigen Albanern, einer winzigen, äußerst unauffälligen Minderheit, auf die man aber nicht herabschaute. In Kino hörte man fast nur Romani.

Wir kamen zu spät an, um die Familie noch kennenzulernen. Nur Nicus Mutter Jeta und Dritta, seine sinnliche junge Frau mit dem breiten Gesicht, waren aufgeblieben. Jeta war stämmig, aber gut gebaut und energisch. Sie war vierundvierzig, sah wesentlich älter aus, doch ihre Bewegungen waren flink und lebhaft. Während ihre Schwiegertochter herzhaft gähnte, nahm sich Jeta ganz unserer Bedürfnisse an. Im Nu brachte sie etwas Warmes zu essen und Getränke auf den Tisch, kämmte sich dann das gekräuselte, weiße Haar aus dem gesunden, nußbraunen Gesicht, strich ihr Kleid glatt und setzte sich. Das Gesicht in die Hände gestützt und munter wie am Morgen, richtete Jeta ihre kleinen, klugen, braunen Augen auf mich, wartete und fragte sich wohl, was oder wer ihr da auf so geheimnisvolle Weise ins Haus gebracht worden war.

Am nächsten Morgen lernte ich die übrigen kennen – Brüder und Frauen und Kinder. Die Frauen kamen eine nach der anderen herein und begutachteten mich im Bett, wo ich mich um sieben Uhr noch befand, nach hiesigen Verhältnissen eine müßige Langschläferin. Als erste kam Liliana, die hinkende, unverheiratete Schwester, die ihre kubistischen Züge (die Augen auf unterschiedlicher Ebene, unterschiedlich stark arbeitende Gesichtsmuskeln, vermutlich eine Hasenscharte) hinter glänzenden Strähnen dichten, schwarzen, indischen Haares verbarg. Dann kamen die Schwiegertöchter, die *boria*, wie die drei jungen Frauen der Duka-Männer genannt wurden. Viollca und Mirella näherten sich schüchtern und schoben ihre kleinen Söhne, die Hand auf der Schulter, vor sich her. Die Jungen konnten nur die Söhne ihrer Väter sein: Der rundliche Mario mit dem Schmollmund war Nicu in klein, ohne die Haare. Der fünfjährige Walther mit Kochtopfhaarschnitt und wachen Augen war das blühende Leben – wie sein Vater Nuzi, der ruhelose James Dean von Kinostudio mit der hohen Stimme, dem man seine endlose Schniegelei nachsah dank seiner gewinnenden Selbstironie. Zum Schluß kam der weinerliche Krenar, der zu klein geratene Sohn von Mirella und Artani, im dreckigen Frotteeanzug; die Hose hing ihm bis zum Boden, die ausgetretenen Socken zog er hinter sich her. Als er an mein Bett kam, brach er in Tränen aus; und so niedergeschlagen und mißmutig blieb er fast den ganzen Sommer. Krenar war allen unter dem Namen Spiuni bekannt, der Kurzform für *spiuni gherman* oder deutscher Spion, weil er blaue Augen und blondes Haar hatte. Unbewußt hatten die Dukas sich zwei über Zigeuner verbreitete Mythen zu eigen gemacht und umgedreht: Alle blonden Kinder sind in Wirklichkeit entführte »christliche« Kinder, und die Zigeuner selbst sind Spione – vermutlich für die Türken und andere Feinde des Christentums.

Nachdem die Kleinen mein Haar oder mein Kleid berührt, und die jungen Frauen jene unvermeidliche Frage aller Zigeunerinnen gestellt hatten – Wie viele Kinder hast du? –, gingen sie in Reih und Glied wieder hinaus, um sich an die Arbeit zu machen: Für die *boria* hieß das Waschen und Schleppen und Kochen, für die Jungen, die ich später kennenlernte, hieß es Rauchen, Kartenspielen und Fernsehen. Es war unschicklich, daß verheiratete Männer sich mit einer Frau, die im Bett lag, in einem Raum aufhielten, auch wenn es eine Fremde war, für die andere Regeln galten.

Artani, der einzige Duka, der eine Stelle hatte, ging noch vor dem Morgengrauen zur Arbeit. Er sammelte den Müll der Hauptstadt ein und bekam dafür 800 Lek oder 8 Dollar im Monat. Artani sagte nicht, er verdiene 800 Lek. Er beschrieb seinen Lohn indirekt, nämlich durch das, was er dafür kaufen könnte: »Ich verdiene 5 Kilo Fleisch im Monat.« Er machte das hauptsächlich, um etwas zu tun zu haben, um in der morgendlichen Kühle in die Stadt zu gehen, um aus Kinostudio wegzukommen.

Nicu schlief noch, und Nuzi saß mürrisch auf der Verandastufe, kaute auf einer kalten Victory herum, beschäftigte sich mit seinen schulterlangen Haaren und wartete darauf, daß Liliana für ihn Kaffee kochte. Das war ihre Aufgabe, und seine Aufgabe, seit er seine Stelle beim Landwirtschaftsministerium verloren hatte, bestand darin, darauf zu warten. Während Nicu sich nicht groß mit den jüngeren Brüdern einließ, fand Nuzi Beschäftigung darin, sich über Artani lustig zu machen. Er spottete über dessen ungeheuren Kleiderfimmel. Aber selbst diese berechtigten Frotzeleien – die zu groß geratene, oben bestickte Schlaghose aus Nylon war einfach grauenvoll – verwiesen nur auf Nuzis Armut. Sich in Albanien, wo es nichts zu kaufen gab, um Mode zu kümmern, bedeutete, in eine endlose Lethargie aus Mangel und Scham einzutauchen. Nuzi täuschte Artani gegenüber Abscheu vor, daß der seine Zeit für so wenig Geld hergab; aber die Wahrheit war, daß es die Zeit war, die Nuzi so zu schaffen machte. Seine alte Arbeit, die darin bestanden hatte, den Efeu an zahllosen Enver-Hoxha-Denkmälern zu stutzen, Sträucher zu pflanzen, öffentliche Grasflächen zu mähen und generell den Schein zu wahren, war ein recht bürgerlicher Ausdruck seiner angeborenen Neigung sich herauszuputzen; sie hatte Nuzi Stolz und Gesundheit verliehen. Jeta hatte sich, wie jede Mutter in einem Land mit fast totaler Arbeitslosigkeit, über Nuzis Entlassung (von Glücksspiel war die Rede) schlimmer aufgeregt als er selbst. Bei Artanis Arbeit ging es nicht darum, ob sie ihm gefiel oder ob er sich seinen Lebensunterhalt verdiente, sondern darum, daß er sie hatte.

Nicht da waren an diesem ersten Tag Bexhet, Jetas Mann und der Vater von allen, und Djivan, der zehnjährige Sohn von Nicu und Dritta. Großvater und Enkel würden bis zum Abend in Berat südlich des Flusses Shkumbin sein, wo sie ein Ehepaar und dessen neunjährige Tochter besuchten: das Mädchen, mit dem Djivan gerade verlobt worden war. Als Jeta mein überraschtes Gesicht sah, beruhigte sie mich: »Sie werden erst in drei oder vier Jahren heiraten, was dachtest du? Es sind doch noch Kinder.«

Überall auf dem Balkan kam einem das Leben unsicher vor. Aber unter den Roma fühlte man sich so wie sie: vollkommen sicher, wie in einer Familie. In Kinostudio gab es keine Ehen zwischen Albanern und Zigeunern. Das war kein Zeichen von Demoralisierung; hier sprach alles dafür, daß eine ungeheuer zuversichtliche Gruppe fest in sich ruhte und Außenstehende offenbar nicht brauchte.

Kinostudio war eine Familie – das ganze Viertel war praktisch verwandt. Gimi z. B. war mit Mimi verheiratet, einer der sieben Schwestern von Jeta. Nach einem Tag wußte das ganze Viertel, daß ich da war und bei den Dukas wohnte. Ich wurde überallhin begleitet, zum einen weil ich eine Frau war, zum anderen weil ich ihr Schützling war. Gelegentlich versuchte ich, zu entwischen und etwas allein herumzuschlendern. Keine Chance. Binnen weniger Minuten war Nicu, Nuzi, Artani oder eine, wenn nicht mehrere, der *boria* bei mir.

Nicht einmal zu Hause konnte ich für mich sein, nicht eine Minute (noch nicht einmal, wenn ich ins Bad wollte; aber das lag daran, daß es kein Bad gab). Die Dukas kümmerten sich nicht darum, ob ein *gadscho* ein Privatleben hatte oder brauchte. Oder Ruhe. Je lebhafter es zuging, desto besser – diese Meinung galt überall bei den Roma. Ein Mensch, der allein war, war für sie unweigerlich ein Zigeuner, der wegen irgendeines Verstoßes als *mahrime*, als unrein galt und aus der Gruppe ausgestoßen worden war. Es stimmte etwas nicht, irgendein Makel haftete an jemandem, der allein sein mußte. Die Zigeuner haben unvorstellbare Not erlebt, aber Einsamkeit gehört mit Sicherheit nicht dazu.

Die private Sphäre wurde insofern gewahrt, als die Duka-Frauen, als wäre es abgesprochen, die Duka-Männer eine Zeitlang einfach ignorierten – und umgekehrt. So sprach auch niemand morgens einen Mann an, der sich das Gesicht noch nicht gewaschen hatte (die Frauen waren immer schon seit einer Ewigkeit auf). Es schien, als würden sie jemanden nicht sehen, der noch nicht bereit war, gesehen zu werden. Die private Sphäre zeigte sich in der Form imaginärer Mauern. (Mir halfen diese Mauern leider nicht. Ich bekam eine hartnäckige Verstopfung, die auch nach einem Monat noch höchst alarmierend war.)

Kinostudio wurde in den 50er Jahren auf der Mülldeponie der Stadt errichtet. Die ersten Zigeuner, die dorthin zogen, hatten zuvor in der Stadt in Kellern gehaust. Zehn Familien wurden zur Räumung gezwungen und »vorübergehend« nach Kinostudio umgesiedelt. Sie bauten ihre Häuser auf die leeren Versprechungen der Stadtverwaltung hin, daß sie Eigentum erwerben würden.

Die Dukas wohnten in einem der ersten Häuser des Viertels an dem abschüssigen Feldweg, der hinauf zur geteerten Straße in die Stadt führte. Die ganze Siedlung war (wie ein großer Teil der Hauptstadt) nicht gepflastert, so daß im Winter alles im Morast versank. Das Haus aus Löschkalk war, wie alle frühen Häuser in Kinostudio, eingeschossig, hatte eine überdachte Veranda und einen zementierten Hof. Drei Zimmer aus unterschiedlichem Material (Blech, Bretter und Zement) waren angebaut worden, als ein Bruder nach dem anderen eine Braut heimgeführt hatte.

In der Mitte der Straße befand sich der Gemeinschaftsbrunnen, dahinter der Brotplatz. Das war keine Bäckerei, sondern eine Schlange. Nach langem, geselligem Warten – die Brotschlange bot den *boria* des Viertels eine der seltenen Möglichkeiten, den Eimer abzustellen und zu plaudern – kam man zu einem unauffälligen Loch in der Mauer. Durch dieses Fenster ohne Scheibe streckten sich zwei Arme, von denen der eine die zerknitterten, schmutzigen Geldscheine entgegennahm und der andere, der vielleicht zu einem anderen Körper gehörte, die langen, hohen, noch warmen Brotlaibe austeilte: hellbraun oder, etwas teurer, weiß.

Es gab keine Geschäfte in Kinostudio. Es gab auch in ganz Tirana kaum einen Laden, in den man hätte *hinein*gehen können. Es gab den überdachten Lebensmittelmarkt und den nicht überdachten für billiges Zeug, Kunststofflampen und Kochgeschirr unten im aufgegebenen, halb ausgehobenen Loch eines Baugeländes. Auf diesem Kitschfriedhof prüfte Jeta Sachen, die sie gern gehabt hätte, dann aber doch für überflüssig hielt – einen Fleischwolf, eine Schürze, bulgarische Gesichtscreme –, und am nächsten Tag ging ich dann mit einem der Brüder noch einmal hin, um sie zu kaufen. (Ein Angebot, etwas Miete zu zahlen, war entrüstet zurückgewiesen worden, deshalb griff ich zu dieser List.)

Statt zu Geschäften hatte der Kapitalismus es bis jetzt nur zu Kiosken gebracht, fahrbaren, vorfabrizierten Verkaufsschuppen, vor denen der Kunde sich auf die Zehenspitzen stellen mußte, wenn er zahlen wollte. Einige hatten sich spezialisiert, wie beispielsweise Shag, eine Bude, an der wir auf dem Heimweg von der Stadt vorbeikamen und die religiösen Krimskrams verkaufte, Glasaugen mit dem »bösen Blick« und so fort, vor allem aber Kruzifixe: das Kreuz

Jeta und Bexhet Duka in ihrem Hof, Kinostudio, Tirana, 1992

als Halskette, als Wandschmuck, als Plastikstatue für den Nachttisch. In Kinostudio selbst waren die Kaufmöglichkeiten ungeregelter, dafür aber geeigneter zum Kramen und, da die Verkäufer Zigeuner waren, zum Handeln. Ein Campingtisch an der Ecke, ein Mann, der neben einer umgedrehten Kiste hockte: Solche Stände wurden aufgebaut, wenn es etwas zu verkaufen gab, und, wie überall auf dem Balkan, konnte alles mögliche angeboten werden – Batterien, Spielzeug, Plastikschuhe, Socken, Papierfächer, Konserven aus EG- oder UN-Beständen, einzelne Zigaretten, Schnüre.

Die Kinder von Kino kannten ein paar Markennamen, die den Leuten überall in den Entwicklungsländern in den Köpfen herumspuken: Coke, Kent und Marlboro. (Zigaretten waren Sachen aus dem Westen, die zu besitzen ein Albaner anstreben konnte; aber was nutzte es ihm, wenn er die Namen amerikanischer Autos kannte?) Doch in Kino hatten diese Markennamen den gleichen Stellenwert wie die vielen nachgemachten westlichen Produkte, die entweder aus der Türkei oder dem Iran kamen. Das alles waren Vorzeigearti kel, weil sie *nicht albanisch* waren – was sonst mit ihnen war, oder woher sie kamen, interessierte darüber hinaus kaum.

Am Ende der Straße saß der Gemüsehändler in seinem Wagen zwischen seiner Ware, die meistens nur aus *domatos* (Tomaten) bestand. Manchmal hatte er auch Kirschen oder Feigen, aber Jeta erlaubte mir nie, welche zu kaufen; sie galten, auch wenn sie nur Pfennige kosteten, nach hiesigen Maßstäben als überteuert, und niemand, der in Jetas Obhut stand, sollte geneppt werden.

Und dann war da noch Yolanda, die dicke, dunkelhäutige Frau, die vor einer niedrigen Mauer bei der Post saß, die rosa Strümpfe bis zu den Knöcheln heruntergerollt. Sie hatte einen Jutesack mit Sonnenblumenkernen zwischen den Knien, die Hände flach auf die Schenkel gelegt, die Finger nach innen, die Ellbogen ausgestellt. Wenn sie einen Kunden hatte, maß sie behutsam vier hölzerne Eierbechervoll ab und schüttete sie in eine aus Zeitungspapier zusammengerollte Tüte. Wo man ging und stand, hielten die Menschen bei ihren Gesprächen zwischendurch inne, um die schwarzen Hülsen auszuspucken, und die Kinder bespuckten sich gegenseitig. Wo immer sich eine Schlange bildete, sei es bei der Brotausgabe oder in der Post, war der Boden hinterher übersät mit Sonnenblumenkernhülsen. Yolandas Gegenstück war Herr Cashku, ein Strichmännchen, das ihrer Leibesfülle auf Flirtdistanz nahe kam. Den ganzen heißen Sommer hindurch trug er einen Tweedanzug. Er verkaufte Feuerzeugbenzin, das er mit einem feinen Blechtrichter in die billigen Plastikfeuerzeuge nachfüllte, die jeder hatte. Streichhölzer waren nicht oft im Angebot, und nichts in Albanien war im Überfluß verfügbar. Nichts außer der Zeit.

Yolanda und Herr Cashku saßen in Ia-Lage: Die Post von Kinostudio war immer voll. Man erfuhr dort Klatsch und Neuigkeiten, und man konnte telefonieren (in Albanien gab es nur ganz wenige Privatanschlüsse, in Kino keinen einzigen). Manchmal reichte die Telefonschlange bis auf die Treppe hinaus, drinnen wand sie sich und füllte den ganzen Raum, und die Menschen wedelten mit Formularen und riefen »Italia!« und »Germania!«. Sie hofften, ihr Gespräch anzumelden, bevor sie vorne ankamen, um dann vor den Ohren aller in das einzige altmodische Bakelittelefon am Schalter schreien zu können. Offenbar hatte jeder einen Flüchtling in der Verwandtschaft. Und den Gesichtern der albanischen Mütter, die die Post verließen, war unmißverständlich anzusehen, daß sie nicht davon überzeugt waren, daß die Westler ihren Söhnen die nötige Achtung entgegenbrachten.

Was war schlimmer? In Albanien festzusitzen oder als Flüchtling irgendwo gestrandet zu sein? Die Meinung war einhellig. In den mehr als vier Wochen in Albanien habe ich nicht einen einzigen Menschen erlebt, der das Land nicht hätte verlassen wollen. Doch diese Träume waren sehr unterschiedlich. Die Zigeuner, die ich kennenlernte, waren erpicht darauf, die neuen Handelsmöglichkeiten zu nutzen; sie wollten unbedingt etwas von der großen Welt mit zurückbringen. Der Gedanke, sich von der »Familie« mit ihrem großen Angebot an künftigen Partnern für Arbeit und Ehe zu trennen, war wenig reizvoll.

Die albanischen *gadsche* waren, wie viele Zigeuner auch, mit ihrem Land unzufrieden, aber sie litten darüber hinaus unter einem Gefühl der Scham, das die Zigeuner nicht kannten. Sie wollten fort, wollten keine Albaner mehr sein. Sie wollten »Europäer werden«. Anders als die Zigeuner, deren Bindung familiärer Art war, im weiteren Sinne auch den Stamm einschloß, aber nie die Nation im Sinne eines Territorialstaates, fühlten sich die Albaner ganz deutlich als Europäer dritter Klasse. Aber wie auch immer, jeder wollte fort.

»Wollen Sie mein Bürge sein?« »Bitte, bitte bürgen Sie für mich.« Das waren die Dinge, die mir die manchmal bedrohlich wirkenden jungen Männer von Kino zuflüsterten, wenn es ihnen gelang, mit mir allein zu sein. Das war keine albanische Anmacherei. »Guarantee« (Bürge) und »no problem« (kein Problem, *ska problem* auf Albanisch) gehörten zu den englischen Brocken, die jeder hier kannte. Es war eine flehentliche Bitte um Hilfe. Denn zunehmend bestand die einzige Hoffnung auf Ausreise in einer Adoption: Man mußte einen Pflegewestler finden, der für den Schützling aus dem Osten verantwortlich war, ihm Unterkunft und Essen stellte und eine Kaution für den Fall, daß es Schwierigkeiten gab. Das war eine große rechtliche Verantwortung, und die Aussicht auf eine Wohnung voller arbeitsloser Albaner machte es einem unanständig leicht, nein zu sagen.

Rauskommen – das war das wichtigste. Darüber, wohin man letztlich ging, wurde nicht groß nachgedacht. Nuzi, der mich einmal mit Nicu zur Post begleitete, wollte nach Amerika. »Weil es reich und frei ist.« Er lachte, als ich ihm versicherte, daß es in Amerika auch arme Leute gibt. »Und«, sagte er dann, weiter auf seinem Komplex herumreitend, »weil die Amerikaner vielleicht noch nichts von uns gehört haben«. (Ein Jahr nach meinem Aufenthalt erfuhr ich, daß Nuzi es nach Deutschland geschafft hatte, und zwar als Mitglied eines Zigeunerorchesters. Eine erfreuliche Nachricht. Ich war sicher, daß er keinerlei musikalische Neigungen hatte.)

Alle Osteuropäer bemühen das Schicksal, aber niemand so gewitzt wie die albanischen Zigeuner, die mit nach oben gerichteten Handflächen das Wort »Albanien« als Erklärung für die unbefestigten Straßen in der Hauptstadt haben, für die Strafzettel, die man routinemäßig aus nicht einmal erahnbaren Gründen bekommt, für alles Bürokratische, alles schlecht Gemachte, Zeitraubende oder Traurige.

Aber Nicu, der älteste Sohn, ließ sich durch nichts entmutigen. Die Post befand sich in der schlimmsten Ecke von Kinostudio, einem bunt zusammengewürfelten, rasenlosen Flecken mit zerfallenden, zehngeschossigen Wohnblocks aus Beton. Diese tristen Türme waren 1965 für die Polizei Hoxhas gebaut worden, doch selbst die hatte abgewunken. Und so hatte man die Bauarbeiten eingestellt, zu sanitären Installationen war es nicht gekommen, und am Ende waren die hineingeströmt, die Kinostudio nicht fassen konnte. Es sah wie ein Elendsviertel aus. Aber wo ich die Bauten sah, sah Nicu die Zukunft. Er hoffte, dort für seine Familie, für Dritta, Djivan und Mario, eine Wohnung kaufen zu können. Und als ich so neben ihm stand und hörte, was er vorhatte (den Betonboden neu ausgießen, die Wände streichen und mit Blumen mustern, wie die Zigeuner es überall so gerne tun), wirkte es bald nicht mehr wie ein Elendsviertel, sondern wurde einfach zur Nachbarschaft. Die Kinder, die dort spielen, kommen einem nicht mehr wie geborene kleine Verbrecher vor, sobald man ihre Namen kennt. Und es gab keine Drogen. Es war lediglich arm, es war eben Albanien.

Sicher, Nicu wäre gern fortgegangen. Aber er wollte nur weg, um etwas Geld zu verdienen, ein paar Geschäftsbeziehungen aufbauen, und dann wollte er wieder zurückkommen. Die Türkei war das einzige Land, das gelegentlich Visa für Albaner (immerhin ehemalige Staatsangehörige) ausstellte, und diese Visa wurden immer wieder neu verwendet, aus einem roten Vinylpaß herausgetrennt und in den nächsten eingefügt. Nicu war schon einmal in »Stanbuli« gewesen – eine Reise, von der er als ein fast überirdisches Wesen zurückgekommen war –, eine Wandlung, die seine sinnliche Frau Dritta für ihre Schwägerinnen, die jüngeren *boria*, noch unerträglicher gemacht hatte. Er hatte Pläne, er wollte in den »Import-Export« einsteigen (die zweite Hälfte wurde im Augenblick noch geheimgehalten); bis jetzt hatte sich das in Stapeln runder türkischer Aluminiumöfen niedergeschlagen, die, noch nicht verkauft, im Hof der Familie Duka eine Wand aus gelenkigen Metallsäulen bildeten.

Nicu hatte eine Stelle in einer Textilfabrik gehabt. In einem Gebiet mit fast totaler Arbeitslosigkeit – 288 Familien waren komplett arbeitslos – war seine Kündigung ein kühner Schritt. Er wollte arbeiten, aber wie die meisten Zigeuner konnte er mit kontrollierter Lohnarbeit nichts anfangen. Das dicke Ende kam, als man ihn für die Nachtschicht einteilte. Er wollte nicht, daß Dritta nachts allein war. Vor allem aber glaubte Nicu, daß er allein besser zurechtkäme – daß er mehr Geld verdienen würde, mehr Freiheit hätte, mehr Spaß, und sich eine bessere Zukunft schaffen könnte als in jedem festen Job. Und er hatte recht.

Gimis Bruder Arben, der Beno genannt wurde und tolle Geschäfte mit Stoffen aus der Türkei machte, hatte Nicu angeboten, in die Firma einzutreten. Zumindest überließ er ihm eine Ecke in seinem LKW. Einmal im Monat kam der Laster aus Stanbuli zurück, und ganz Kinostudio strömte zusammen, um die neue Ware zu betasten und zu bewundern: farbenfrohe, mannshohe Stoffballen mit üppigen Blumenmustern, wie die Zigeuner es liebten. Sämtliche Wohnungen und alle Frauen und Töchter von Kino wurden mit einem der Ballen ausstaffiert, die mit Benos LKW gekommen waren. Nicu zahlte die Ladefläche auf Benos LKW für seine Öfen, die bisher noch keinen Anklang gefunden hatten. Aber Nicu war zuversichtlich.

Für die Mechkari war der Handel keine so traditionelle Tätigkeit wie für so viele Zigeunergruppen (erstaunlicherweise behaupten sie, jahrhundertelang Landarbeiter gewesen zu sein). Aber trotzdem waren sie geborene Unternehmer. In Kinostudio wurden ein paar protzige Häuser hochgezogen – ein Türmchen hier, ein Balkon dort –, die sich seltsam ausnahmen, weil es weder Gehwege noch befestigte Straßen gab, nur diese Villen im Schlamm. Sie gehörten Zigeunern, die gute Geschäfte im Import machten. In Albanien und der gesamten Region gehörten Zigeuner zu den wenigen, die die neuen Gelegenheiten wahrnahmen und sich neue Häuser bauten, während die übrige Bevölkerung nur zusah, neidisch, träge, aufgebracht bis zum Überdruß und voller Klagen.

Zigeuner zieren sich nicht, wenn es um Geld geht: Sie reden offen darüber und zeigen ihr gebündeltes Bares, ohne zu prahlen. Jeta hatte immer ein paar Scheine unter den Träger ihres BHs geklemmt (den sie offenbar nur als Brieftasche benutzte, denn Zigeunerinnen tragen im allgemeinen keinen Büstenhalter). Nicus vielversprechende Pläne wurden mit hoffnungsvoller Freude begrüßt, wie das wohl bei allen Eltern der Fall gewesen wäre. Aber für Zigeuner sind Ersparnisse immer noch eine zweischneidige Sache. Ich habe noch nie einen Zigeuner kennengelernt, der ein Konto hatte – aber Banken sind ja auch *gadscho*-Einrichtungen.

Was immer Nicus Gründe sein mochten, er hatte das Geld, das er für den Kauf der neuen Wohnung gespart hatte, versteckt. Und obwohl alle davon wußten, wurde nicht darüber geredet.

Ich schlief häufig im zweiräumigen »Flügel« von Nicu und Dritta, auf einer polnischen Schlafcouch, zusammen mit Mario oder Djivan oder beiden. Eines Morgens machte Nicu sich lärmend an den Stanbuli-Öfen zu schaffen, die er nicht im Hof hatte unterbringen können. Es war dunkel, aber was ich nicht sehen konnte, konnte ich hören. Er räumte die Öfen einen nach dem anderen weg und stapelte sie neu auf. Als er zum untersten kam, ging er plötzlich ganz behutsam vor und stellte ihn vorsichtig auf den angestrichenen Tisch in der Mitte des Zimmers. Er nahm den Deckel ab und legte ihn auf den Stuhl. Erst jetzt zog Nicu die Ärmel des taillierten Hemdes hoch, in dem er geschlafen hatte – das weiße Hemd fing das bißchen Licht im Raum ein. Er griff in die flache Trommel und holte etwas Rechteckiges heraus, das schwerer als Brot war – es hätte ein Ziegelstein sein können. Ein, zwei, drei Ziegel, jedes Mal ordentlich auf den Tisch gepackt. Vier, fünf, sechs.

Es war Geld. Geldbündel, jedes mit einer Schnur zusammengebunden; das Geld für die Wohnung.

Dritta erschien mit dem Wäschesack, der jetzt leer war, und hielt ihn für Nicu auf. Wie ein Dieb mit frisch erworbenen Goldbarren packte er die sechs Päckchen flink hinein, drei auf den Boden, drei darüber. Dann wurde der Sack hinter der Couch mir gegenüber verstaut, auf der Marcel selig schnarchte. Dritta tarnte die Beute zusätzlich mit einem ihrer vielen bunten, künstlichen Obstbäumchen und machte sich dann an die Hausarbeit: Wasser aufsetzen für den Kaffee, Tassen, Zuber und Seife vom Abend zuvor zusammensuchen. Ohne daß ein Wort zwischen ihnen gewechselt worden wäre, schüttete Nicu den starken, süßen Kaffee hinunter, den Dritta ihm hinstellte, tauschte die fingerhutgroße Tasse gegen den Geldsack ein, schlüpfte hinaus auf den Hof und durch das Tor.

An diesem Abend kam er mit dem Vertrag für die Wohnung zurück, der gleichzeitig der einzige Nachweis dafür war, daß er sein ganzes Geld hergegeben hatte, fast 1000 Dollar. Mit stockendem Atem schob er ihn Marcel über den Tisch zu, der phlegmatisch wie ein Pfandleiher hinter seinem langen Bart dasaß. Nicu konnte das Papier nicht lesen, er wußte buchstäblich nicht, was er in der Hand hielt. Das *deklerat* war von Hand mit Bleistift auf ein braunes Stück Papier geschrieben, wie man es früher zum Einpacken von Brot benutzte (was jetzt ziemlich extravagant erschien) – in einer kunstvoll geschwungenen, nach rechts geneigten Schrift mit Extraschleifen an den unteren Buchstabenenden. Im Anklang an ein allgemeines, offizielles Dokument war unten in einer Ecke sogar ein rundes Siegel dargestellt; der Künstler war wohl der Auffassung, daß derartige Siegel aus atmosphärischen Gründen dort hingehörten. Die Summe und das Datum waren nicht erwähnt.

Es gab ein Gesetz der Gastfreundschaft, das bei den albanischen Zigeunern noch immer galt (wenngleich es unerbittlich aus der Mode kam). Dieses Gesetz verpflichtete jeden Zigeuner, jedem anderen, der darum bat und der idealer-, aber nicht notwendigerweise zur gleichen Gruppe gehörte, Gastfreundschaft und materielle Hilfe zu gewähren. Die Zigeuner verließen sich noch immer darauf, wenn sie in der Fremde unterwegs waren. An einem Abend in Kinostudio erzählte Dilaver, ein drahtiger, pockennarbiger Bruder von Gimi, der kürzlich von einer Reise nach Griechenland zurückgekehrt war (selbst von Albanien schafften sie es immer wieder, über die Grenze zu kommen), stundenlang voller Entsetzen von den verschlossenen Türen, vor denen er gestanden hatte. Es gab eine zeitliche Grenze dafür, wie lange man die Gastfreundschaft einer unbekannten Familie in der Gruppe in Anspruch nehmen konnte: Einige sagten drei Tage, andere sagten mir sieben. Aber in einer Zigeunerfamilie, wie in jeder Familie, konnten Verpflichtungen dehnbar sein, sogar unbegrenzt. Nicht nur, daß der Feind eines Feindes mit großer Wahrscheinlichkeit ein Verwandter war, auch das Verbrechen eines Bruders war das eigene. Während meines mehrwöchigen Aufenthalts in Kino kam es zu einem der allgemein sehr seltenen Justizauftritte. Ein Mann der Kabudji-Gruppe wurde wegen eines Raubüberfalls festgenommen und zu einem Jahr Gefängnis verurteilt. Da jedoch er als einziger in der großen Familie eine Arbeit hatte, und außerdem vier Kinder, beriet sich die Familie und opferte an seiner Statt einen jüngeren Bruder.

So etwas geschieht bei Zigeunern überall auf dem Balkan (wenngleich ich auch in Großbritannien ähnliche Geschichten gehört habe), wo Kollektivbestrafung sich nicht nur gegen Zigeuner richtet, sondern wo die Verantwortung oder Schande von der ganzen Gruppe getragen wird. Dieses Vorgehen bestätigt, daß für die Behörden praktisch alle Zigeuner gleich sind: Jeder von ihnen kann einspringen. Und der jüngere Bruder, hat es ihm etwas ausgemacht? Eigentlich nicht. Gefängnis konnte ein furchtbares und gefährliches Los sein, nicht weil man Angst vor einer Messerstecherei oder Vergewaltigung haben mußte, sondern weil man von der Gruppe getrennt und gezwungen war, unter *gadsche* zu leben, und dabei der Gefahr der verschiedensten Verunreinigungen ausgesetzt war. In der Familie gereichte dieses Opfer jedoch zur Ehre, und bei den Altersgenossen kam die Zeit hinter Gittern dem Kampf in der Fremde gleich. Alle jungen Männer, die schon einmal gesessen hatten, und bei den Zigeunern waren das betrüblich viele, trugen ihre verschwommenen blauen Rasierklingen-Tätowierungen voller Stolz wie eine militärische Auszeichnung.

Das Gesetz der Gastfreundschaft war ein guter und erfolgreicher Grundsatz, der aber auch ausgenutzt werden konnte. (Wenn Geld hereinkam, legten sie es, wie Michael Stewart das ausdrückte, ein Engländer, der bei ungarischen Zigeunern lebte, meistens sofort in illiquiden Werten an – in schweren Möbeln.) Solche kommunistisch anmutenden Gemeinschaftsregeln hatten die Zigeuner jahrhundertelang zusammengehalten, aber auch arm.

Es stimmt ganz und gar nicht, daß Zigeuner dem Besitz keine Bedeutung beimessen: Bexhet hütete sein Fahrrad wie seinen Augapfel, und Nuzi träumte, wie alle jungen Männer, von einem schnellen Wagen, überhaupt von einem Wagen. Die Ehe kam bei ihnen so früh, für viele noch vor der Adoleszenz, daß die üblichen Sehnsüchte und Schmerzen des Heranwachsens sie offenbar nicht beeinträchtigten, die hier eher als eine Art Midlife-crisis aufgefaßt werden konnten. (Der Durchschnittszigeuner im Osten der Slowakei starb, bevor er die Vierzig erreichte.)

Der Unterschied war der, daß diese Dinge – Fahrräder und Autos – dazu da waren, Spaß zu machen, aber auch dazu, in Gewinn umgewandelt zu werden. Sie waren nicht nur Spielzeug, und sie wurden nie wie ein Fetisch betrachtet; das nächste Fahrrad oder Auto kam bestimmt. Erneuerung und Wandel waren das einzig Beständige und bestärkten die *gadsche* in ihrer Ansicht, daß alles, was Zigeuner besitzen, gestohlen ist. Was den schnellen Umschlag der Waren betrifft, verhielten sich die Zigeuner eher wie reiche Westler als die vergleichbaren Armen in anderen Ländern. Eine aristokratische Etikette erforderte es zudem, daß Besitz leicht erworben auszusehen hatte, ganz im Gegensatz zur Wirklichkeit der Nichtzigeuner: harte Arbeit und Genügsamkeit.

Als Nicus Wohlstand vor den Nachbarn nicht länger zu verbergen war, wurde er mit Nachdruck heruntergespielt. Nicu setzte das Gerücht in die Welt, er habe alles beim Kartenspielen gewonnen. Und diese Art der Zigeuner hat tatsächlich etwas Kluges. Was heute im Übermaß vorhanden war, würde morgen höchstwahrscheinlich nicht mehr da sein.

Jeder ist sich selbst der nächste

ESSEN. OBWOHL ES während meines Aufenthalts in Albanien keine Engpässe gab, schien Essen – oder Fleisch – das einzige Thema zu sein, und die Besorgung und Zubereitung beschäftigten drei Viertel des Haushalts fast den ganzen Tag.

Dem Haus direkt gegenüber war Mish Mas, oder Fleisch Fleisch, der Metzger. (*Mish* ist das albanische Wort für Fleisch, *mas* das romanische.) Doch Jeta kaufte dort nicht ein. Der Besitzer von Mish Mas winkte ihr scherzhaft zu, aber sie rief ihm zu: *Ka xlia ma pe tute!* – Ich scheiß auf dich. Mit dem unversöhnlichsten Gesichtsausdruck nannte sie das Fleisch von Mish Mas *bi-lacho*, schlecht, und so schlüpfte sie, auf den örtlichen Metzger schimpfend, jeden Tag aus den Pantoffeln in ihre »Stadtschuhe«, glänzend schwarz mit hohen Absätzen, und lief fünf Kilometer zum Markt in die Stadt. Dort konnte man am Fleisch riechen und es befühlen, und man konnte richtig feilschen – eine Kunst, die Jeta meisterlich beherrschte.

Ihr Vorgehen bestand darin, angewidert mit dem Finger in die verschiedenen Fleischstücke zu stechen, die auf den blutverschmierten, weißen Fliesen ausgebreitet waren. Auf jedes Bohren folgte ein Aufschrei oder Glucksen oder einfach ein enttäuschtes Seufzen. Es war wirklich sinnlos, das Fleisch auf diese Weise zu prüfen, weil, zumindest für mein unerfahrenes Auge, alles gleich aussah. Auf jeden Fall war alles vom Lamm: Hirn, Hoden, Eingeweide, Darmwand, Innereien, ganze enthäutete Schädel und dürre Gelenke. Man konnte beim Metzger auch das Schaffell und die Füße für den Eintopf oder zum Leimkochen kaufen. Fettes, sehniges Lamm- oder Hammelfleisch war das einzige Fleisch, das man bekommen konnte, und wir bekamen es jeden Tag.

Das gleiche Spiel wurde beim Gemüse gespielt, das für Jeta ohnehin kein richtiges Essen war, und auch bei den frischen, grünen Kaffeebohnen, die einzeln begutachtet wurden wie Smaragde. Aber das eigentliche Zeremoniell war dem Hammelfleisch vorbehalten, das zu Hause gewaschen, geölt und gesalbt wurde wie die Füße eines Königs und auf jeden Fall weit mehr Aufmerksamkeit erfuhr als je die Füße der Kinder. In einem so armen Land jeden Tag Fleisch auf den Tisch zu bringen – häufiger als inzwischen in den hochentwikkelten Staaten – hatte eine symbolische Bedeutung. Es hätte ein Statussymbol sein können, wie es das Leben über die eigenen Verhältnisse immer sein kann, aber für Jeta bedeutete es Kraft und Überleben.

In ganz Zentral- und Osteuropa hatte man es mit mehr oder weniger alten Erinnerungen an schwere Engpässe zu tun (und eine Zeitlang schienen die Nachrichten aus Albanien nur aus Berichten über Lebensmittelkrisen zu bestehen). Als Reaktion auf diese ständige Bedrohung tendierten die *gadsche* zum Horten, die Zigeuner zur Völlerei. Die tägliche Mahlzeit im Haus einer albanischen Familie war karg – Bohnensuppe, unter Umständen mit einem Stückchen Speck, der wegen der Kalorien in jedem Teller schwamm: genau ausreichend, aber in Jetas Augen lächerlich. Sie kaufte nicht für die Zukunft ein. Jeta vertraute auf ihre Fähigkeit, etwas aufzutreiben und zu handeln und etwas auf den Tisch zu bringen, und zwar frisch, jeden Tag, auch wenn der Geld-BH etwas locker saß.

Marcel beschrieb die Einkaufsmethoden einiger Zigeuner, vor allem die einiger Zigeunerkinder, in anderen Regionen des Balkan. Häufig würden sie, so sagte er, die Nahrungsmittel für andere unattraktiv machen. Nicht nur daß sie alles anfaßten, sie würden sich gleichzeitig auch sehr auffällig an den Armen und am Kopf kratzen, so als hätten sie Läuse – und in dem Moment damit aufhören, wenn der Kauf abgeschlossen war oder man sie weggeschickt hatte. War das Betrug? Marcel hielt es für wahrscheinlich, daß diese kleinen Halunken einfach nur ihren Spaß dabei hatten. Jedenfalls verkörperten sie das pragmatische Roma-Sprichwort: *Te den, xa, te maren, de-nash*: Wenn du etwas zu essen bekommst, iß. Wenn du geschlagen wirst, lauf weg. Auf Jeta konnten wir den etwas philosophischeren Spruch anwenden: *Sako peskero charo dikhel*: Jeder ist sich selbst der nächste. Jetas Kinder ergingen sich nicht in derlei Unarten, und hätten sie es getan, hätte sie ihnen sicher etwas hinter die Ohren gegeben, vielleicht mit ihrer liebsten und großzügig ausgeteilten Warnung: *isi ili daba* – Ihr könnt auch Prügel haben.

Obwohl es noch nicht neun war, war es bereits drückend heiß, als Jeta und ich mit einer Horde Kinder im Schlepp und mit dem Mittagessen bepackt nach Kinostudio zurückkehrten. (Es war die einzige Mahlzeit am Tag, und sie wurde vorher und nachher durch Unmengen Brot und Marmelade ergänzt.) Egal wie heiß es war oder wie schwer wir zu tragen hatten, wir gingen immer zu Fuß. Die Busse stadtauswärts fuhren so selten, daß jeder Halt wie eine Demonstration wirkte – eine Demonstration, die mit Abgasen ausgeräuchert wurde. Privatwagen gab es kaum – vor 1990 war ihr Besitz verboten –, und so mußten die Albaner, die meistens große Entfernungen zum Einkaufen zurückzulegen hatten, genausoviel Zeit für das Warten an den Haltestellen aufbringen. Die großen Straßen waren übersät mit Pendlern. An einigen Straßen hockten von Anfang bis Ende alte Männer in weißem Filzfes; ganze Familien aßen etwas oder dösten vor sich hin, während sie auf einen völlig überfüllten Bus warteten. (Keiner kontrollierte die Fahrkarten. Keiner traute sich.) Es gab fast genauso viele liegengebliebene Busse wie fahrende; sie standen aufgegeben an der Hauptstraße, total ausgeschlachtet, und fungierten als Zuhause für Tiranas viele obdachlose Kinder.

Wenn wir am Eingang zu Kinostudio in die Schotterstraße einbogen, stürmten uns lärmende Kinder entgegen, um uns zu begrüßen. Oft war die einunddreißigjährige Liliana dabei, die der Bande unsicher und stockend hinterherhoppelte. Sie nahm uns alle Tüten ab und schleppte sie, hin und her wankend, fröhlich hinunter zum Haus.

Als ich sie einmal laufen sah, hielt ich an, um die vom Tragen steifen Arme auszuschütteln. Djivan und sein Freund Elvis waren mit mir zurückgeblieben, und als wir den Berg hinuntergingen, gab Djivan mir ein Rätsel auf. »Ich habe eine Schwester, die läuft ohne Beine und pfeift ohne Mund. Wer ist das?« Er sah mich triumphierend an, blies sich die schwarzen Locken aus der Stirn, verschränkte die sonnengebräunten Arme und wartete auf meine Antwort. Ich schimpfte mit ihm, daß er so gemein zu seiner unglücklichen Schwester sei, aber dann nannte Elvis die Lösung: »Es ist der Wind!«

Gleich neben den Dukas lag die Schule, die alle Kinder kurz besucht hatten – alle bis auf Liliana, die wegen ihrer Behinderung, wie man meinte, keine Schule bräuchte. Auch Ehe und Kinder kamen für sie nicht in Betracht. Lili war gutmütig, geduldig, arbeitsam und bei allen Kindern beliebt, die sie, weil sie wie ein Kind, aber auch ohne Kinder war (und deshalb nicht als erwachsene Frau betrachtet wurde), als ihresgleichen ansahen. Sie wäre eine ideale *bori* gewesen. Aber wegen ihrer stockenden Sprechweise und ihres komischen Beins galt Lili als *dili*, als geistig zurückgeblieben. Wie in der übrigen prämodernen Welt wird auch in Albanien körperliche Behinderung noch immer nicht von Schwachsinn unterschieden.

Ein weiterer Grund dafür, Liliana zu »bewahren«, war vielleicht der, daß sie nicht viel Brautgeld eingebracht und einen entsprechend niedrigen Stand in der Familie ihres Mannes eingenommen hätte. Für Jeta und auch für Bexhet hatte dieses Schicksal auch etwas von einem Segen: Die meisten Zigeuner verloren ihre Töchter mit Beginn der Pubertät. »Da gibt es gar keine Frage«, erklärte Jeta mir zu den Heiratsaussichten ihrer einzigen Tochter und fragte sich offenbar, ob ich nicht selbst eher ein bißchen *dili* war. Sie sprach nüchtern und im Beisein von Lili, die keinerlei Anzeichen einer Kränkung zeigte. Die Offenheit dieser Mutter, die einem Außenstehenden vielleicht brutal vorkam, war typisch für die Dukas, überhaupt für alle Zigeuner, die ich kennengelernt habe. Für sie war die Wahrheit an sich nichts Schmerzliches; nur Unwissenheit konnte Leid bringen. Deshalb umging man Beschönigungen – außer bei (nach Möglichkeit vermiedenen) Hinweisen auf körperliche Belange irgendwelcher Art.

MANCHMAL FUHR ICH nachmittags mit Marcel und Gimi mit dem Auto noch einmal in die Stadt. Marcel vergeudete seine Zeit weitgehend mit aussichtslosen Plänen, wie etwa der Einrichtung eines von Zigeunern geleiteten Projekts für den Anbau und Export von Heilkräutern. Er wurde von Gimi überallhin gefahren, in dessen Paß als Beruf schließlich *shofer* eingetragen war, und der stundenlang in dem brütendheißen Wagen vor einer Botschaft, einem Büro oder einem Privathaus wartete, während Marcel tobte und schäumte, zu telefonieren versuchte und Dinge verlangte, an die er selbst nicht glaubte. Vor allem versuchte er ohne jeden Erfolg, seinen zerstreuten Besitz zurückzubekommen, der seit seinem letzten Aufenthalt in Albanien von seinen albanischen Freunden verkauft worden oder sonstwie »verlorengegangen« war. Marcel zog immer mehr Leute in diese Suche hinein, und offensichtlich hatte keiner Besseres zu tun – schon gar nicht arbeiten (in jenem Sommer hielt sich die Arbeitslosigkeit bei etwa 70 Prozent).

Der Eindruck, den Marcel mit seinem Zigeunergefolge in Tirana machte, insbesondere mit seinem Diener Gimi, der immer im Wagen wartete, war in mehrerer Hinsicht irreführend. Der eigentliche Grund, warum Gimi draußen blieb, wenn wir Albaner aufsuchten, war das Essen. Egal zu welcher Tageszeit wir kamen, unsere Gastgeber bereiteten in jedem Fall ein Essen zu. Es war unmöglich, diese Gastfreundschaft auszuschlagen, aber während es für mich schlimmstenfalls eine Last war, war es für Gimi eine Gefahr. Zigeuner vermeiden, wenn es irgend geht, von *gadsche* zubereitetes Essen zu sich zu nehmen, das fast unweigerlich *mahrime* ist, unrein.

Marcel hatte kein eigenes Zuhause, weder in Albanien noch anderswo; er wußte nie, wo er länger als ein paar Wochen oder auch Tage bleiben würde. Seine hysterische Empörung über seine versetzten Sachen – ein paar Möbelstücke und ein Fernseher – stimmte so gar nicht mit seiner freiheitlichen Lebensweise überein. Wenn die Sonne am höchsten stand, wischte Marcel sich den unbedeckten Kopf und fragte sich, wieso er so dumm hatte sein können. Seine Helfer – Zigeuner und Albaner – zuckten die Schultern und schlugen mit gesenktem Kopf die Hände zusammen, wagten aber doch nicht, ihn zu fragen, ja, wieso? Wenn ich die Sachen doch nur bei den Dukas gelassen hätte, oder bei anderen befreundeten Zigeunern, jammerte er, dann wären sie jetzt noch da. Und das stimmte; diese absolute Loyalität der Zigeuner gegenüber jedem, den sie einmal akzeptiert hatten, kannte man bei den Albanern nicht.

Gimis richtiger Name war Palumb Fortuna – Taubenglück. Er besaß eine versteckte Klugheit und war in der Lage, jedem Klischee die Kraft eines Sprichworts zu verleihen – eine ziemlich häufige Gabe bei bestimmten Rom. Seiner Ansicht nach war der Grund für die Korruption der Albaner, die unter den albanischen Roma mit ihrem eigenen Normensystem nicht zu existieren schien, allein bei Enver Hoxha, dem verstorbenen Diktator, zu suchen. »*Jekh dilo kerel but dile hai but dile keren dilimata*«, sagte er, die verschwitzte Stirn auf das von der Sonne aufgeweichte Lenkrad gelegt. »Ein Irrer hat viele Irre zur Folge, und viele Irre haben den Irrsinn zur Folge …«

Wenn ich mit Gimi im Auto saß und wartete, beobachteten wir die subtile und auch die weniger subtile Gewalt der Straße. »Jetzt haben wir die Kultur Italiens«, bemerkte er, »aber nur den schlechten Teil.« Das Chaos war leichter zu beobachten als das Verbrechen – an Tiranas größter Kreuzung, dem Skanderbeg-Platz beispielsweise. Hier hingen die Überreste der vier einzigen Ampeln der Stadt an losen Drähten wie ausgebrannte Laternen nach einer Tanzveranstaltung. Unter den erloschenen Ampeln überquerten Busse, ein paar Autos, Motorräder, Fahrräder und Pferdegespanne den Platz auf eine Weise, die jedem die schnellste und beste schien. Ein paar Polizisten waren da, selbsternannte Verkehrsregler, die selber verkehrswidrig über den Platz liefen und nach Gutdünken Strafzettel verteilten, und zwar an die, die am ehesten danach aussahen, als würden sie die »Strafe« auf der Stelle zahlen. Es gab keinerlei Anhaltspunkte dafür, wie man sich richtig verhielt oder worin ein Vergehen bestehen mochte. Gimi, ein guter Fahrer, wurde regelmäßig angehalten (sein bzw. Marcels Wagen war ein relativ einfacher Fall, nämlich einer, der noch alle vier Originaltüren hatte). Er hatte es aufgegeben, zu fragen warum, und bezeichnete die Strafmandate, deren Höhe völlig willkürlich war, ergeben als »Steuer«. Es gab genügend Verkehrsteilnehmer, die an den Rand hätten gewinkt werden müssen, es aber nie wurden. Sie fuhren betrunken, aber in Wirklichkeit konnten sie überhaupt nicht fahren: Das war alles noch so neu für sie. An ungewöhnlich vielen Straßenecken standen Autowracks, ineinander verkeilte Haufen, und es sah nicht so aus, als wären sie als eine städtische Geste der Mahnung dort plaziert worden.

Es gab auch menschliche Wracks, betrunkene und nüchterne, die überall an den Straßenrändern, aber auch mitten auf den Straßen lagerten. Man wußte nicht wohin, und es war zu mühsam und zu gefährlich, auch nur irgendwohin zu gehen. Andererseits war der Verkehr an einem Ort, wo die Plätze und Straßen bis vor einem Jahr noch still, leer und ordentlich gewesen waren, etwas Neues, etwas Unterhaltendes. Die Leute gingen auf die Straße, um den Verkehr zu beobachten.

Gimi und ich gehörten auch dazu. Als wir einmal auf einer Ausfallstraße von Tirana besonders lange auf Marcel warteten, zog eine Menschenschlange vorbei. Sie hatten Gummischläuche, Metallrohre, Stöcke und Gartengeräte bei sich. »Banditen«, murmelte Gimi, als ich meine Kamera senkte. Aber in Albanien kann jeder zeitweise ein »Bandit« sein, denn diese Art häusliche Bewaffnung ist ein vertrauter Anblick.

Albanien blickte auf eine lange Geschichte der Blutrache zwischen den rivalisierenden Clans der Gegs und der Tosks zurück. Unter Hoxha hatten die Menschen zuviel Angst, aber inzwischen kann man sich eine Rückkehr der Blutfehde durchaus vorstellen. (Der heimische Ausdruck für »Auge um Auge« ist im übrigen *koka për kokë*, Kopf um Kopf.) Die Polizei ist sich, wie überall im ehemaligen Ostblock, ihrer Autorität nicht mehr sicher. Verunsichert durch das Konzept der eingeschränkten Gewalt, tut sie normalerweise lieber gar nichts und lebt so gut sie kann vom Wohlwollen der Diebe. Den schwarzgestiefelten italienischen Soldaten, die auf Tiranas Skanderbeg-Platz und der Straße der Märtyrer patrouillieren, wirft man vor, daß sie ausländische Helfer schützen, nicht die albanischen Bürger. Die Folge ist, daß sich viele Albaner, von denen man es nicht erwarten würde, bewaffnen. In jenem Sommer gab es eine öffentliche Hinrichtung. Zwei Brüder in den Zwanzigern hatten eine fünfköpfige Familie abgeschlachtet, darunter einen sieben Monate alten Säugling, als sie Geld stehlen wollten, das angeblich unter dem Fußboden im Haus der Familie versteckt war. Selbst die Eltern der beiden hielten es für richtig, daß ihre Kinder gehängt wurden.

Marcel hatte viele albanische Freunde. Ich mochte vor allem eine Familie, die ich zu Beginn meines Aufenthalts oft besuchte. Bei ihnen gab es Bücher und Ruhe, und außerdem wohnten sie in der Stadt. Anfangs kam es mir wie eine Flucht vor dem Trubel in Kinostudio vor. Zwei alte Menschen, ihre beiden Söhne in mittlerem Alter und zwei Enkeltöchter lebten in drei kleinen Räumen und einem Rosengarten, aus dem der Vater jedes Mal eine Blume für mich holte, wenn ich vorbeikam. Die beiden mageren Mädchen stellten unbeteiligt Teller auf den Tisch und wieder zurück in den Schrank. Mit neunzehn bzw. zwanzig hatten sie Zähne wie ihre alte, schwarzgekleidete Großmutter: nur noch wenige, und die waren gelblich-grau und rissig wie die Zehennägel alter Menschen. Die Mädchen benahmen sich, als wollten sie sagen: Wir wissen, daß wir keine Zukunft haben (dies *war* die Zukunft), und wenn man sie ansah, wie hätte man da widersprechen können? Sie hatten keinerlei Leben in sich, sie gingen nicht aus dem Haus. Ihr Großvater saß den ganzen Tag mit verschränkten Beinen auf der Couch und mahlte Kaffee. Und so behielt der Vater seine Töchter bei sich, nicht weil sie *dilia* waren, sondern weil dies Albanien war: Es waren gebildete, nette Mädchen, aber es gab keine Arbeit, und kein junger Mann konnte sich momentan eine Frau leisten. Ihr Vater konnte nichts für sie tun. Die Familie machte sich mit den Nachrichten verrückt: Überall ging das Leben weiter. Selbst der Krieg im ehemaligen Jugoslawien, sozusagen vor der Haustür, schien etwas für sich zu haben: Es war wenigstens etwas *zu tun*.

Die Besuche fingen an, mich zu belasten, und bald darauf stellte ich sie ein. Es hatte sich gezeigt, daß die Ruhe, die mich angezogen hatte, eine verbitterte Mattigkeit und ein stumpfer Widerwillen gegen das Leben in Albanien war, gegen die Vergangenheit, die Gegenwart und die Zukunft. Das war verständlich, aber ich war erleichtert, als ich wieder in Kinostudio war, wo die Einsamkeit und ihre tiefsinnigen Dienerinnen keine Chance hatten.

Frauenarbeit

FÜNFZIG QUADRATMETER, KINDER, Hühner und zum Trocknen aufgehängte Wäsche: Das Leben der Dukas spielte sich im Hof ab, vor allem das der Frauen. Mit Ausnahme von Jeta durften die Frauen nicht hinaus auf einen schnellen Sprung, um Brot zu holen oder Gas für die Kochstelle im Freien, und vielleicht noch am Abend nach der Arbeit auf einen kurzen Besuch bei einer Schwester oder einer Freundin im Viertel. Sie waren ohnehin viel zu beschäftigt.

Es gibt viele Ratschläge, wie man eine gute *bori* wird, wie beispielsweise dieses Sprichwort aus der Slowakei: *Aisi bori lachi: xal bilondo, phenel londo* – Eine gute Schwiegertochter ißt ungesalzenes Essen und sagt, es sei gesalzen. Bescheidenheit und Unterwürfigkeit waren unerläßlich, vor allem aber *arbeiteten* diese Mädchen. Ab etwa halb sechs Uhr morgens war der Tag ein Kreislauf aus Pflichten, wobei die Hauptlast auf Viollca und Mirella lag, den jüngeren Frauen. Sie wurden nie mit ihren Namen angesprochen, ihre Männer nannten sie nicht ihre »Frau« *(romni)* und hatten auch keine Kosenamen für sie, und ihre Kinder riefen sie nie »Mutter« *(daj)*. Sie waren für alle die *boria* – die Bräute oder Schwiegertöchter –, und sie waren Jeta untergeordnet, nicht den Männern. Trotz der institutionalisierten Faulheit der Männer gab es also in Wirklichkeit die Frauenherrschaft. Nur Jeta konnte ihnen Angst einflößen. Daß die Männer nichts taten, war, wie sich schnell herausstellte, offenbar weniger ein Privileg als eine Rückstufung in den Kinderstatus.

Die Mädchen ignorierten meine tägliche Bitte, geweckt zu werden. Ich versuchte ständig, mich auf ihren Rhythmus einzustellen, aber der Körper wollte nicht vor der Sonne aufstehen (und den Wecker konnte ich beim besten Willen nicht stellen, nur um die Mädchen arbeiten zu sehen, denn dann wären die Kinder wach geworden). Einmal schlief ich jedoch schlecht und war noch dabei, Schlaf zu suchen, als die *boria* im Dunkeln herumtappten und den Tag begannen. Viollca und Mirella (Lela gerufen) standen vor allen anderen auf, vor Dritta und vor den *khania*, den Hühnern. Leise machten sie sich im Hof zu schaffen, holten Holz vom ordentlich aufgeschichteten Stapel, der eine Wand im Innenhof einnahm. Im rußigen Licht richteten sie das Feuer, immer gleich, weder zu groß noch zu schwach. Sie schöpften Wasser aus einer alten Öltonne in Dosen, die sie um die brennenden Scheite stellten. Es gab zwar Brennstoff, aber der war teuer und daher für Jeta und ihr Kochen reserviert. Die *boria* mußten ihr Feuer jedesmal neu entfachen.

Während das Wasser warm wurde, suchten die Mädchen alle irgendwie verschmutzten Tücher, Decken und Kleidungsstücke zusammen, um sie zu waschen. Jede hatte ihren eigenen Arbeitsplatz in jeweils einer Ecke des Hofs und stellte dort ihre lange Blechwanne auf eine alte Holzkiste; dann hoben sie gemeinsam die schweren Waschbretter in die Wannen. Die Wannen waren nur schenkelhoch, so daß die beiden Frauen in gebückter, mühseliger Haltung rubbeln mußten. Meine im Flüsterton geäußerte Bitte, doch lieber »in die Knie zu gehen«, bewirkte nur den Austausch von verstohlenen Blicken und ein mitleidiges Kichern.

Sie brachen einen Brocken Seife von dem parmesanartigen Klotz im Vorratsschrank und warfen ihn in die Wanne. (Mein eigenes Stück Seife war etwas ganz Exotisches und wurde mit skeptischer Bewunderung betrachtet, als wäre es ein Supercomputer.) Sie schütteten heißes Wasser dazu, rührten es um, und dann erst begann das eigentliche Ritual: ein stundenlanges, rhythmisches Reiben wie in Trance, das nur unterbrochen wurde durch einen Strom neuer Forderungen – ein hungriges Kind, ein nicht ausreichend mit Koffein versorgter Schwiegervater. Und sie rieben wirklich mit solchem Nachdruck, als wollten sie die Farbe aus jedem Stück wringen. Waschen – die Kleidung, das Haus und sich selbst sauberhalten – war die wichtigste Arbeit der *boria*. Sie arbeiteten ein bißchen um die Wette, vor allem wenn Dritta auftauchte. Und sie mußten immer im Kopf haben, was sie gerade wuschen, denn die Sachen der Männer und die der Frauen mußten getrennt gewaschen werden, und die der Kinder wieder für sich. Eine andere Wanne war für die Kinder selbst bestimmt und eine weitere für Geschirr und Töpfe. Sie hatten entsprechend bezeichnete Handtücher oder Lumpen und verwendeten nie ein gebrauchtes Stück Seife weiter, sondern hackten für jede neue Wäsche ein frisches Stück Seife ab.

Drittas Sonderstellung hatte nicht nur damit zu tun, daß sie mit dem ältesten Sohn verheiratet oder älter war (sie war sechsundzwanzig). Sie kam aus einer anderen Gruppe, sie war eine Kabudji. Das hätte eigentlich gegen sie sprechen müssen, aber offensichtlich hatte

Die *boria*: Lela und Viollca beim Wäschewaschen im Hof,
mit Elvis (links) und Djivan in Kinostudio, Tirana, 1992

sie einige Vorzüge: Sie war sehr viel größer als die beiden anderen
Frauen und weit selbstsicherer, attraktiv auf eine erdverbundene, ar-
kadische Weise, wie eines der üppigen Bauernmädchen von Picasso.

Nichts an Dritta war fein. Ihr Sinn für Spaß bestand darin, andere
zu ärgern. Sie faßte den anderen Mädchen zur Begrüßung an die
Brüste, oder wenn sie einen Anlaß für einen ihrer Witze brauchte.
Diese Geste war allerdings keine Besonderheit von Dritta (die amerikanische Anthropologin Anne Sutherland registrierte das gleiche
Verhalten bei amerikanischen Zigeunern). Die Brüste werden mit
Säuglingen assoziiert, nicht mit Sex, und demzufolge ist der Oberkörper kein Gegenstand der Scham. Der Unterkörper dagegen gilt, was
die Verunreinigung betrifft, als äußerst gefährdet, und deshalb tragen
die meisten Zigeunerinnen lange Röcke; selbst Hosen sind nicht erlaubt. Ich selbst konnte mich nie an dieses Grapschen gewöhnen, und
um so lieber tat sie es. Einmal, nach einigen besonders ärgerlichen

Griffen, trat ich Dritta vor das Schienbein – nicht fest (ich war barfuß), aber wütend. Sie war erst völlig verblüfft, verzog dann das Gesicht und brach schließlich, wie ein Kind, in gekünsteltes Weinen aus, und natürlich kam ich mir, als Erwachsene, dumm vor.

Sie ging allen auf die Nerven, außer ihrem Mann Nicu und Marcel, der ganz vernarrt in sie war. Sie hatte die Art von gespielt unschuldiger Sexualität, die den Frauen mißfiel und die Männer dazu brachte, eher schuldbewußt über ihre furchtbaren Witze und ihr schamloses Auftreten zu lachen, nur um in ihrem Bannkreis zu bleiben.

Die Mechkari hatten einen höheren Status als die Kabudji, vielleicht weil sie schon sehr viel länger in Albanien lebten. Vielleicht lag es aber auch an dem deutlich frecheren Gang und der grelleren Kleidung der Kabudji-Mädchen. Wenn Jeta nicht zugegen war, zeigte Dritta ihr wahres Wesen. An einem Nachmittag nahm sie mich zu einem Besuch ihrer Mutter und Schwester mit, die zwei kleine Kinder und einen Säugling im Schlepptau hatten. Im fünften Stock des schlimmsten Wohnblocks in ganz Kinostudio, dessen einziges Fenster herausgebrochen und zur Straße hin gefährlich offen war, kreischten und tratschten die Mädchen, rauchten Zigaretten und tanzten und versuchten, einander mit obszönen Bewegungen zu übertrumpfen.

Sie berauschten sich an der eigenen Aufsässigkeit und wurden von ihrer Mutter mit den öligen Haaren noch angetrieben, die mit verschränkten Beinen auf dem Boden hockte und rhythmisch klatschte. Niemand beachtete die Kinder, die gefährlich nah an dem zerstörten Fenster herumtapsten; und niemand kümmerte sich um das jammernde Baby, das in einer Urinlache auf dem Boden saß. Kein Wunder, daß das kleine Mädchen nicht lauter schrie: Es hatte fraglos gelernt, daß Weinen zu nichts führte. Sie waren grob zu den Kindern, wenn diese ihnen in den Weg kamen.

Manchmal hält man Mädchen für erwachsene Frauen, nur weil sie Kinder haben. Hier wurde man daran erinnert, daß diese Mütter selbst noch Kinder waren, als sie ihre eigenen bekamen. (Drittas heißgeliebte Plastikpuppen, deren kleine Kleider sie gelegentlich mit zu der übrigen Wäsche tat, hätten ein Hinweis sein müssen.) Aber es war etwas anderes als eine Schwangerschaft bei Jugendlichen im Westen. Es war erwartet und erwünscht, und es geschah im Rahmen einer großen Gruppe, deren Mitglieder zu jeder Hilfe bereit waren.

Jetas Schwester Gemile – die mit Gimi verheiratete Mimi – wurde in jenem Sommer Großmutter, mit dreißig Jahren. Zwar durften die Männer, auch der Vater des Babys, das neugeborene Mädchen nicht sehen, aber Jeta, die *boria* und ich wurden eingeladen, es in Augenschein zu nehmen. Bevor wir aufbrachen, fragte mich Jeta, ob ich gerade meine Tage hätte; wenn ja, dürfe ich das zehn Tage alte Kind nicht besuchen. Das war auch der Grund, warum Dritta nicht mitkam. Sie nahmen die Vorkehrungen gegen eine Verunreinigung sehr ernst – denn eine Frau, die ihre Regel hatte, war *mahrime*, unrein (wenngleich ich vermute, daß Dritta ohnehin nicht sonderlich an irgendeinem Neugeborenen interessiert war). Das Mädchen und das Baby waren vorübergehend im Haus von Mimis Eltern untergebracht, die *puri daj* und der *puro dad* blieben während dieser Zeit bei Gimi. Es war bei den Zigeunern üblich, daß sich drei Generationen auf diese Weise gegenseitig halfen.

In den beiden winzigen Zimmern war es brütend heiß. Man hatte mitten im Juli geheizt und alle Fenster mit dunkelrotem Stoff verhängt. Wie entsetzt wären diese Frauen über das englische Paar gewesen, das zu Hause neben mir wohnte und sein gut verpacktes Kind bei wirklich kaltem Wetter in den Garten stellte, »um es abzuhärten«. Die junge Mutter, ein mürrisches und anämisch aussehendes vierzehnjähriges Mädchen, saß still auf einem Bett gegenüber und wartete darauf, beide Beine auf dem Boden, daß Mimi nach ihr rief. Sie stillte dann das Baby und ging zum Bett zurück, wo sie steif saß, als hätte sie nichts mit dem aufgeregten Getue in der Ecke zu schaffen. Aber das hatte sie auch nicht. Ihre Aufgabe war es, das Kind zu stillen und sich zu erholen.

Selbstverständlich übernahm Mimi die Pflege des Säuglings, das Waschen und sorgfältige Wickeln. Auch Mimis Mutter, die *puri daj*, deren Haus dies war, hätte dem jungen Mädchen zeigen können, wie man einen Säugling versorgt. Sie war gerade fünfzig, aber sie war *alt*: müde, gebeugt und ausgemergelt (*puri daj* heißt »alte Mutter«). Sie überließ die Unterweisungen lieber der tüchtigen Mimi und saß statt dessen draußen bei den Männern und rauchte. (Nur alte Frauen hatten das Recht zu rauchen, und nach den langen Jahren als Köchin, Putzfrau, Essensbeschafferin und Mutter genossen sie es in vollen Zügen.) Die *puri daj* verstaute jetzt, wo sie nicht mehr für das Haushaltsgeld verantwortlich war, Pfeife und Tabak in ihrem Büstenhalter.

Für die frischgebackene Mutter gab es viel zu lernen. Nach dem Baden wurde das Baby ausgiebig mit selbstgemachten Salben eingerieben und mit einem safrangelben, eigenartig scharfen Puder eingepudert. Dann wurde der Säugling in ein Musselintuch eingewickelt, so fest, daß er weder Arme noch Beine bewegen konnte; das ganze Päckchen wurde danach mit Nadeln und Talismanen gesichert, um »böse Blicke« abzuhalten. Mimi zog einen Faden aus dem roten Schal, den ich trug – Rot ist die Farbe des Glücks –, und stopfte ihn in das Päckchen. Jeta holte eine Handvoll frische Geldscheine hervor, die auch noch dazukamen.

Die junge Mutter konnte diesen Einschränkungen nicht viel abgewinnen (der Zugang zu ihr und ihrem Baby war vierzig Tage untersagt). Aber sie bekam viel Hilfe; sie *mußte* gar nicht wirklich erwachsen werden. Solange eine junge *bori* sich hinreichend fügte und ihre Arbeit im Haus erledigte, gab es für sie keinen Grund, in einem anderen als dem körperlichen Sinn erwachsen zu werden.

Säuglinge wurden vergöttert. Sie waren das Gegenteil von *mahrime*, sie machten rein. Eine Frau durfte z. B. nicht vor einem älteren Mann hergehen; das galt als Respektlosigkeit, die schon an Verunreinigung reichte. Aber mit einem Baby auf dem Arm konnte man gehen, wo man wollte. Babys wurden ständig umsorgt: Sie wurden eingewickelt und ausgewickelt, gewaschen und gepudert und eingeölt und wieder gewickelt, so daß sie nach meinem Empfinden nie zur Ruhe kamen. Aber sobald sie laufen konnten, mußten ältere Kinder sich um sie kümmern, und dann gingen sie in der Menge auf.

Die Zigeuner waren grob zu ihren Kindern (nicht zu den Babys), oder jedenfalls schien es mir so. Ständig scheuchten sie sie fort, schrien sie an und schlugen sie, aber die Kinder berührte das offenbar nicht sehr. Es war nicht grausam oder ungewöhnlich, es ängstigte sie nicht. Selbst das Spielen war rauh, wie etwa Jetas ständiges Zupfen und Zwicken an den Penissen der Kleinen. Sie hatten einfach eine andere Art, und meistens war das auch in Ordnung. Die Kinder waren härter als unsere, und das mußten sie auch sein (*o chavorro na biandola dandencar*, heißt das Sprichwort: »Das Kind kommt nicht mit Zähnen auf die Welt«). Aber Liebe und Zuwendung und das Gefühl, der großen Gemeinschaft der Zigeuner anzugehören, kamen nie zu kurz.

Bei Drittas Mutter kam aber noch etwas anderes hinzu. Jeta war nicht einfach versnobt, wenn sie schlecht von den Kabudji redete. Sie, oder jedenfalls diese Familie, lebten nach anderen Maßstäben, oder auch ganz ohne, und stellten damit eine Bedrohung für die anderen dar. Was Dritta betraf, so war es der reine Affront, denn sie wußte es besser: Sie erlaubte den eigenen Kindern nicht, bei derartigen Szenen dabeizusein, und sie hätte sich auf Jetas Hof auch nie so benommen. Ich fragte mich, warum sie es zuließ, daß ich sie so erlebte. Vielleicht wollte sie ihre Unabhängigkeit demonstrieren, all das lächerlich machen und herausfordern, was ich möglicherweise für allgemein gültig hielt und unter »Das Leben der *boria*« in meinem Notizbuch festgehalten hatte. Ihre gute Laune rührte wohl vor allem daher, daß Dritta im Gegensatz zu allen außer O Babo (Papa – also Bexhet) und den Kindern wirklich glücklich war: Sie liebte ihren Mann, war ihren beiden Söhnen eine Freundin und ging leichthin über die Worte und Auseinandersetzungen hinweg, die die beiden jüngeren *boria* so oft ins Mark trafen. Die beiden anderen Frauen waren eigentlich hübscher als Dritta, aber sie wußten es nicht, und also wußte es auch sonst keiner. Dritta war mit sich zufrieden – war nicht auch ich mit ihr zufrieden? schien sie ständig zu fragen, klopfte sich stolz auf ihre festen Hinterbacken, war aber an einer Bestätigung nicht wirklich interessiert. Drittas Freizeit spielte sich oft in der Gesellschaft ihres eigenen Gesichts ab. Sie hatte einen Spiegel, der ihr sehr teuer war, nicht viel größer als eine Puderdose und von einem Ring aus rosa Kunststoffplättchen eingefaßt.

Eines Morgens, so gegen fünf, polterte Dritta in ihren Clogs zu der Couch hinüber, auf der ich mit dem kleinen Mario schlief. Ohne sich darum zu kümmern, ob wir zusehen würden, und ohne uns zu beachten, machte sie sich ans Werk. Aus dem Versteck unter uns kam ihre private Zigarrenschachtel zum Vorschein, ihr Schatz: einzelne Ohrringe, Armbänder aus dem Kaugummiautomaten und Haarklammern, ein paar verschmierte Lippenstifte, Haarwickler, Bänder, Lidschminke, Fäden, ein Döschen mit Hennapulver, das aus einer Zeitschrift ausgeschnittene Foto eines berühmten türkischen Sängers und, als ihr größtes Geheimnis, ein Döschen mit Creme zum Bleichen der Haut. Dritta gab in Modefragen den Ton an, und die anderen Mädchen versuchten mitzuhalten, so gut sie konnten, allerdings ohne Drittas Vorräte, denn sie war eine typische große Schwester und verlieh absolut nichts.

Das Leben auf dem Hof war für die Mädchen wirklich kein Vergnügen. Sie waren wie vertraglich gebundene Bedienstete, saßen dort fest, durften kaum hinaus und hatten im Haus keinen eigenen Raum (eine Schublade hier, eine verstaute Schachtel dort). Jeta war ihre Chefin, aber Bexhet war ihr Kreuz. Sie blickten noch nicht einmal in seine Richtung. Das geschah offenbar, wenn man sich dezent für eine Seite entscheiden mußte, aus Achtung vor Jeta, aber es war auch Bescheidenheit oder erschien zumindest in diesem Mäntelchen. Es schickte sich nicht für eine junge Frau, viel mit ihrem *sastro*, ihrem Schwiegervater, zu tun zu haben, in dessen Haus sie zu wohnen hatte. Als Unschicklichkeit galt schon, ihm direkt in die Augen zu blicken – was natürlich nur für das Mädchen Schande und unendliches Leid bedeutet hätte, denn ganz automatisch wäre es ihre Schuld gewesen.

Bei den seltenen Gelegenheiten, wenn es nichts zu tun gab, schlossen Lela und Viollca sich in einem der Zimmer ein. Sie drehten Nuzis Radio voll auf und veranstalteten ihre eigene kleine Tanzparty. In ganz Osteuropa tanzten meistens noch die Mädchen miteinander, nicht mit den Männern, aber im Haus der Dukas war selbst das eigentlich verboten. Ein paar Mal wurde ich in diesen reinen Mädchenclub geholt und angehalten, nach amerikanischer Popmusik zu tanzen, was ein großes Hallo hervorrief (und im Nu wirbelten die beiden Mädchen mit). Lela zeigte mir ihre hochhackigen Pumps, alt, aber noch nicht getragen, mit Metallabsätzen ähnlich einer Schirmspitze. Nachdem ich sie bewundert hatte, wickelte sie sie wieder in Lappen ein und versteckte sie in einer Schachtel ganz hinten unter dem Bett. Natürlich durfte sie diese Schuhe nicht tragen, hatte aber eine ungeheure, verbotene Freude daran, sie unter dem Bett verstaut zu wissen.

Da konnte auch die sonst so träge Viollca recht witzig sein. Drittas Ungerechtigkeiten waren ein ergiebiges Thema. In einem gespielten Wutanfall stampfte Viollca mit den kleinen Füßen auf den Boden, und ihre grünen Augen funkelten. Und dann machte sie, übertrieben, aber perfekt, Dritta nach, die mit ihrem Hintern nicht durch die Tür kam.

Bei einer solchen Sitzung herrschte einmal plötzlich ein Aufruhr, der mich völlig verblüffte – als wäre eine Fledermaus durchs Zimmer geflogen und nur ich hatte sie nicht gesehen. Der Schreck der Mädchen rührte von der Entdeckung her, daß Bexhet *im Haus* war. Im selben Augenblick stürzten sich diese jungen Mütter auf das Radio, um die Musik leise zu stellen, und machten dann einen Satz zum Bett, wo sie stocksteif sitzen blieben, die Hände im Schoß, den Kopf gesenkt und den Atem angehalten, bis seine Stimme nicht mehr zu hören war.

Die beiden arbeiteten ziemlich viel zusammen: Es war eine natürliche Form des Schutzes (gegen Dritta und gegen das Alleinsein). Sie trugen Kleider aus leuchtendgelb geblümtem Stoff vom selben Ballen, während Dritta Rot trug. Es war das gleiche Muster, beide von Benos Stanbuli-Laster. Die Auswahl in Albanien war nicht groß, aber der Farbunterschied war entscheidend, eine Abgrenzung, die Drittas sehr viel größeren Glanz unterstrich.

Der Groll unter den *boria* war eine gute Arbeitshilfe. Jedes löchrige Hemd, jedes Handtuch wurde fast zu Tode gewrungen, und die Fetzen wurden dann so kunstvoll wie möglich auf die vier ständig gespannten Wäscheleinen gehängt, so daß sich der Hof in ein angenehmes Labyrinth aus tropfenden Kelims und Kleidungsstücken verwandelte (Unterwäsche und die Sachen der Frauen wurden unter anderen Sachen versteckt oder so aufgehängt, daß die Männer sie nicht sahen).

Gegen sieben wurden die Kinder wach, und es bestand die Gefahr, daß sie wie die Hühner, die jungen Hunde und Papin, die Gans, in den Hauptraum laufen und O Babo wecken würden. Es war die Aufgabe der *boria*, das zu verhindern. Sie wedelten ununterbrochen mit Tüchern und Besen herum und zischten die Tiere an, während die Kinder mit dicken Scheiben vom warmen, braunen Brot zum Schweigen gebracht wurden, die mit Feigenmarmelade reich bestrichen waren.

Die *boria* schleppten Holz heran und machten ein neues Feuer; wenn Jeta vom Markt zurückkam, brauchte sie eine kräftige Glut. Die Mädchen konnten *mariki* zubereiten, einen pizzaförmigen, geschichteten Kuchen aus Mehl, Milchpulver, Zucker und Schmalz, sofern alle Zutaten einmal vorhanden waren. Aber Jeta war die eigentliche Köchin und kaufte auch als einzige ein. Nur Jeta nahm sich das Lamm vor und zog ihm das Fell ab, wenn der Metzger diese Arbeit nicht hatte machen wollen. (Immer der *gadscho*-Verunreinigung eingedenk, zogen die Zigeuner noch nicht abgezogenes Fleisch vor.) Und nur Jeta zerkleinerte das Fleisch mit ihrem Hackmesser.

Der größte Teil der Vorbereitung entfiel auf intensives Waschen, diesmal des Fleisches. Jeta weichte das gehackte Lammfleisch ein und schrubbte es so wie die jüngeren Frauen die Jeans. Hin und wieder rief sie nach *pani nevi*! – frischem Wasser –, und das schmutzige wurde ausgegossen, was den Beginn einer neuen Schrubbrunde bedeutete. All diese Schritte wurden erschwert und in die Länge gezogen durch die abergläubischen Bräuche, die zu beachten waren. (Jeta spuckte auf ihren Besen. Warum? Weil sie unter meinen Füßen gekehrt hatte. Wenn ich das nicht tue, erklärte sie weiter, da sie merkte, daß die erste Antwort mir nichts sagte, bleiben deine Kinder ihr ganzes Leben kahl, du Dummkopf.)

Den Hof abspülen war eine feine Sache: Tiere und Kinder flohen wie gewünscht, wenn die Wannen mit dem schmutzigen Waschwasser ausgegossen wurden. Spiuni, der Kleinste, hopste umher und kreischte entzückt unter Tränen, wenn das Wasser seine Füße umspülte. Alles mußte gewaschen werden: der Boden, die Treppen, die Wände. Auch im Haus.

Niemand, und ganz bestimmt nicht die Frauen, hielt es auch nur im entferntesten für ungerecht, daß sie die ganze Arbeit erledigten. Neben ihren üblichen Arbeiten mußten sie von früh bis spät auch die verrichten, die die Männer ihnen fortwährend machten, indem sie z. B. den Fußboden als Aschenbecher benutzten. Und sie fühlten sich in dieser geschlossenen Welt auch nicht als Opfer. Ganz im Gegenteil: Es hatte etwas Tröstliches, in einer Welt nicht absehbarer Arbeitslosigkeit eine klar umrissene Rolle zu haben. Die Männer, ohne Arbeit und gelangweilt, schnitten da sehr viel schlechter ab. Das war, wie ich später feststellte, bei den Roma überall so – in Rumänien, Bulgarien, der Tschechoslowakei, Ungarn und selbst bei den Flüchtlingen aus diesen Gebieten, die sich in den Bahnhöfen von Polen drängten und vor sich hindösten, während ihre Frauen und Kinder betteln gingen. Diese Kluft zwischen den Frauen und Männern war bei den Roma viel tiefer als bei den *gadsche*, und sie war in Albanien, wie ich meine, auch nicht durch den Islam erklärbar.

Sie nannten sich Moslems, aber diese Bezeichnung hatte hier eine eigentümlich lokale Bedeutung. Zum einen wurde die Religion nach der albanischen »Kulturrevolution« so brutal geächtet, wie es in der ganzen übrigen Region nicht der Fall war, wo die Religion während der kommunistischen Herrschaft stillschweigend geduldet worden war. Als ich zum ersten Mal fragte, ob sie Moslems seien, wandte Dritta sich an Nicu und fragte: »Was sind wir?« Noch nie war jemand von ihnen in einer Moschee gewesen, niemand betete, im ganzen Haus gab es keinen Koran. Die Männer waren zwar beschnitten, aber man hatte es nicht eilig damit. Auch das war Frauenarbeit; die alten Frauen nahmen den Eingriff vor. Normalerweise wartete man, bis die Jungen etwa zwölf waren; allerdings soll O Babo, wie ich hörte, noch mit fünfzig unversehrt gewesen sein.

Eines Morgens, es dämmerte gerade, wurde ich durch einen Massenbesuch der Jungen geweckt: Mario, Walther, Spiuni und ein erschreckt blickender Djivan krabbelten zu mir ins Bett, als suchten sie Schutz. Vielleicht dachten sie, daß ich als Gast, dem nie ein Wunsch verwehrt wurde, sie unbegrenzt dort lassen könnte. Wovor hatten sie solche Angst? Aus dem Zimmer nebenan waren schreckliche Kinderschreie zu hören. Elvis, Djivans bester Freund, war unter das Messer gekommen.

Im allgemeinen heißt es, Zigeuner seien nicht religiös, sie würden einen herrschenden Glauben einfach übernehmen, in der Hoffnung, der Verfolgung zu entgehen und eventuell irgendeinen Nutzen aus der Glaubenszugehörigkeit zu ziehen. Das ist richtig. Zum einen haben sie sich Predigten oft außerhalb der Kirche anhören müssen. Der tiefere Grund ist jedoch, daß sie als Gruppe die Religionen anderer Länder einfach nicht brauchen. Man hätte nicht genau sagen können, was es für die Zigeuner von Kinostudio bedeutete, Moslems zu sein, wie sie behaupteten. Ihre Frauen waren tugendhaft und trugen lange Röcke, aber das taten »anständige« Zigeunerinnen selbstverständlich überall.

Einer der Gründe, warum ich nach Albanien wollte, war es, herauszufinden, ob und auf welche Weise die Isolation die hiesigen Roma von ihren Brüdern draußen unterschied. Zumindest was Glaubensfragen anging, waren sie allerdings genauso wie die Zigeuner, die ich aus New Jersey kannte. Wie immer das in Albanien einmal gewesen sein mag, heute jedenfalls gab es keine religiöse Kultur. Es gab, für die Zigeuner ohnehin, eine abergläubische, und ihre spirituelle Welt bestand aus einer Mischung aus Animismus, Deismus, Angst vor Ahnengeistern und importierter Religion – dem Islam also. Aus der Tatsache, daß persönliche Verantwortung hier ein unbekannter kultureller Wert ist, wird deutlich, daß die formale

Religion, und insbesondere der Monotheismus, keinen Einfluß gehabt hat. Das *Fehlen* einer formalen Religion war jedoch von Bedeutung, denn an ihrer Stelle entstand ein starkes Stammesgefühl.

Aber die Zigeuner *haben* Dinge, an die sie fest glauben. Sie entspringen der Gruppe, nicht irgendeiner unsichtbaren Macht, und sie werden so streng und bedingungslos befolgt wie bei den fanatischsten Fundamentalisten. Gemeint sind die festgefügten Tabus und Formen, die vor Verunreinigung schützen – der Gruppe, der Person, des guten Rufs. Sie bilden das Romipen, »das Zigeunertum«, und sind der Schlüssel zur ungewöhnlichen Fähigkeit der Zigeuner in aller Welt, Verfolgung und drastische Veränderungen jeglicher Art zu ertragen und dennoch Rom zu bleiben. Die Beziehungen zwischen *gadsche* und Zigeunern sind stark reglementiert und eingeschränkt, genau wie die zwischen Zigeunern und Zigeunerinnen – und die Last, diese Sitten einzuhalten, tragen überwiegend die Frauen. Die Körperteile sind symbolisch voneinander abgetrennt; das Waschen und die Sprache haben einen hohen symbolischen Wert, der weit darüber hinausgeht, lediglich den Schmutz herauszubekommen oder sich das Salz reichen zu lassen; und dieser Verhaltenskodex gilt bei den Zigeunern von Tirana über Tyneside bis Tulsa.

LELA UND VIOLLCA hatten im Haus die meiste und auch die schlimmste Arbeit zu verrichten, und so war es mir gar nicht recht, daß ich ihnen als eine weitere Pflicht zur Last fiel. Sie wuschen mich jeden Tag. So wie es mir verwehrt war, im Haus zu helfen, war es mir auch verboten, mich selbst zu waschen. Sie fühlten sich nicht nur verantwortlich für mich als ihren Gast, sondern auch verantwortlich und bestens ausgerüstet für den Kampf gegen albanische Bazillen. Widerspruch war zwecklos.

Wie sie es für die Kinder und sich selbst machten, setzten sie in aller Herrgottsfrühe Wasser auf, und dann goß die eine es aus einem Topf über mich, während die andere mich am ganzen Körper einseifte. Sie gingen effizient und manchmal auch grob vor und kümmerten sich, das Gesicht angespannt vor Konzentration, auch nicht um mein Gejammere, wenn mir Seife in die Augen kam. Es ging ihnen genau wie immer nur darum, ihre Arbeit gut und gründlich zu tun.

Nachdem wir uns etwas besser kannten und oft auch zusammen gelacht hatten, wurden die beiden Mädchen zutraulicher. Sie waren fasziniert von meinem Körper, der zwar die gleichen weiblichen Hauptmerkmale und auch ungefähr die gleiche Farbe aufwies, ansonsten aber völlig anders als der ihre war. Die *boria* waren, wie die meisten Zigeunerinnen, klein – unter ein Meter fünfzig –, und sie hatten von den Achselhöhlen bis zu den Oberschenkeln fast keine Körpereinbuchtung. Sie hatten knabenhaft schmale Hüften, kleine Brüste und kurze Beine. Die Füße waren unglaublich klein. Beide Frauen waren erstaunlich stark behaart, erstaunlich vor allem angesichts ihrer sonst noch recht kindlichen Erscheinung.

Ganz besonders faszinierend fanden sie meine Brüste, als wären sie Jungen, die so etwas zum ersten Mal aus der Nähe sahen. Ohne Umschweife machten sie sich daran, sie zu untersuchen. Sie tippten mit dem Finger und drückten sie vorsichtig und zwickten ganz kurz (wahrscheinlich spürten sie, daß dies eventuell zu weit ging). Was taten sie da? Glaubten sie, daß meine Brüste sich auch anders anfühlten als ihre?

Diese Berührungen waren in keiner Weise sexuell. Sie waren Teil einer generellen Prüfung all dessen, was anders war als bei ihnen. Faszination und Ungläubigkeit: Völlig unbefangen holten sie ihre Brüste aus dem Kleid und zeigten sie mir als Beweis dafür, wie ungewöhnlich ich sei. Diese Frauen waren zwölf beziehungsweise dreizehn Jahre jünger als ich, aber da sie noch nie einen Büstenhalter getragen und jahrelang ihre Kinder gestillt hatten, hingen ihre Brüste ähnlich den Knollen einer Yamswurzel wie dreieckige Hautlappen mit den Brustwarzen als bleiche Spitzen nach unten. Verschämt und unscheinbar, ähnelten sie eher einer pflanzlichen Knolle als einem Geschlechtsmerkmal, waren eigenartig und schön. Die Mädchen schienen, noch bevor sie zu Frauen herangereift waren, aufgehört zu haben sich zu entwickeln, Rundungen zu bekommen und aufzublühen, und hatten dann, immer noch kindlich und nicht voll verwirklicht, angefangen abzubauen. Alte Mädchen: So sahen die nackten *boria* aus.

Trotz der Unmengen Seifenschaum im Hause Duka sahen die Kinder immer wie Straßenkinder aus. Zunächst waren sie zwar sauber, aber wie bei allen Kindern, die spielen dürfen, hielt das nicht lange vor. Bei den Zigeunern wurde der Eindruck des Schmutzigseins noch dadurch verschärft, daß die Kleidung vor allem der lebhafteren Kinder arg ramponiert war. Aus irgendeinem Grund flikken Zigeuner nicht, und zwar nirgendwo.

Man möchte meinen, daß Menschen, die so arm sind wie die meisten Zigeuner, ihre Sachen ausbessern, stopfen und wiederverwerten. Doch so wichtig die Sauberkeit, insbesondere die symbolische Sauberkeit, war, so unwichtig war das Äußere. Die Mädchen waren ordentlich, und das wurde auch von ihnen erwartet, aber sie machten sich beispielsweise nicht die Mühe, ein Kleid zu säumen. Viele Zigeuner, vor allem die Männer, sahen gern adrett aus, aber gleichzeitig liefen Kinder und Erwachsene oft völlig zerlumpt herum. Wie Jeta beim Einkaufen von Lebensmitteln vertrauten sie instinktiv darauf, daß sich, wenn es drauf ankäme, das Notwendige schon einfinden würde.

In Kinostudio war die Abneigung gegen das Flicken das einzige Anzeichen für eine Haltung, die typisch war für Zigeuner, die die Erfahrung gemacht hatten, daß es von Vorteil sein konnte, schäbig auszusehen: Es konnte den *gadsche* Angst einflößen und sie damit in respektvoller oder auf jeden Fall ängstlicher Entfernung halten. Damit konnte man sich allerdings auch ins eigene Fleisch schneiden. Jede Fremdenfeindlichkeit ist auf irgendeine Weise auch mit einer Angst vor Schmutz verbunden, vor Krankheit und Ansteckung, wie dunkle Haut, Fäkalien und die Nacht sie verkörpern.

Ein zerlumptes Aussehen kann Mitleid wecken, ein Gefühl, das sie im Grunde verachten. Zigeuner lachen über die *gadsche*, die bei ihrem Anblick feuchte Augen bekommen, aber ihr Geld nehmen sie gerne. Sicher gibt es welche, die auf das Betteln angewiesen sind, aber für viele, vor allem für die Kinder, ist es eine Art Nebenbeschäftigung, eine Gelegenheit, sich etwas Taschengeld zu verdienen und gleichzeitig den eigenen Stolz und die eigene Besonderheit dem weißen Spender gegenüber zu bekräftigen. Dieses Verhalten – wenn auch nicht unbedingt das Betteln – wird von den erwachsenen Zigeunern weitgehend gefördert, die verständlicherweise darauf bedacht sind, daß ihre Kinder sich nicht unter die *gadsche* mischen, aber auch nicht zu dünnhäutig werden. Die Zigeuner von Tirana bettelten ohnehin nicht; das überließ man den obdachlosen Kindern im Stadtzentrum, die der armseligen Gruppe der Yevkos angehörten.

Kleidung wurde im allgemeinen nicht weitergegeben – sie überlebte oft nicht einmal den ersten Besitzer, und, was noch wichtiger war, sie konnte Verunreinigung bringen. In vielen Teilen der Welt wird die Kleidung eines Zigeuners, der stirbt, zusammen mit seinen wenigen übrigen Habseligkeiten verbrannt. (Es gibt auch eine bequemere Lösung: Die amerikanische Soziologin Marlene Sway berichtet, daß die städtischen Zigeuner die Sachen zur Reinigung bringen und sie nicht wieder abholen.) Zigeuner ziehen neue Kleidung vor, aber in Kino entdeckte ich eine gewisse Begeisterung für getragene Sachen. Als ich die Dukas wieder verließ, reiste ich mit leichtem Gepäck. Stück für Stück wurden Blusen, Röcke, Bürsten, Make-up, Frisierutensilien und sogar Schuhe den Mädchen vermacht; das meiste bekam natürlich Dritta – nicht weil sie mir lieber war, sondern weil sie die Energischste war, die dreisteste Schnorrerin. (Es war klar, daß jeder Versuch einer gleichmäßigen Verteilung nach meiner Abreise ohnehin korrigiert worden wäre.) Und dennoch: Als im letzten Herbst eine amerikanische Hilfsmission den Zigeunern von Kino einen großen Posten Secondhandkleidung zukommen ließ, darunter auch dringend benötigte Wintermäntel, verkauften sie sie umgehend.

Jetas Vater Sherif z. B. trug wie die meisten traditionellen Zigeuner ständig einen Anzug, immer denselben, egal wie der Anlaß oder das Wetter war. Und er trug diesen Anzug, bis er auseinanderfiel und durch einen neuen ersetzt werden mußte. Diese Angewohnheit und ein geckenhafter Geschmack waren unter Zigeunern weit verbreitet: Sie liebten verwegene Schnitte, große Revers und glänzende, gestreifte oder getupfte Stoffe; sie liebten Hüte, trugen Taschenuhren, Schnurrbärte und viel (goldenen) Schmuck. Wenn der Anzug vom Tragen glänzte, um so besser. Wenn sie reich waren, fuhren sie die dicksten Wagen – richtige Zuhälterkutschen, die mit ihrer Zweifarbenlackierung, den Glitzersteinen im Fond und sonstiger Sonderausstattung den protzigen Wohnwagen nacheifern, wie sie früher in Polen üblich waren und noch gelegentlich in Großbritannien und Frankreich zu sehen sind. Mit ihrem unglaublichen Sinn für Farben, ihrer Vorliebe für Glitzerndes, aber auch mit dem notwendigen Talent, so etwas tragen zu können, glichen sie den Afro-Amerikanern, mit denen sie (beispielsweise im heutigen Rumänien) auch die Geschichte einer langen Versklavung durch die Weißen teilen.

Und wie die schwarzen Amerikaner litten auch sie unter verleumderischen Klischees. Sie galten als träge und arbeitsscheu. In Wirklichkeit sind Zigeuner überall tatkräftiger, wenn auch nicht immer fleißiger als ihre Nachbarn; sie mußten schon immer schnell auf den Beinen sein. Es stimmt, daß sie für kontrollierte Lohnarbeit nicht viel übrig haben, sondern selbständigere, flexiblere und lukrativere Tätigkeiten vorziehen. Die Mauer aus Stanbuli-Öfen in jenem seifenwassergetränkten Hof in Kinostudio war dafür ein Beleg; hier traf das Wort »träge« eher auf die Verbraucher zu, vielleicht auch auf die schwerfälligen Öfen selbst.

Sprechen lernen

Es FÄLLT NICHT schwer zu verstehen, warum Sprachenkenner wie Marcel das Romani so lieben. Auch Jan Yoors war hingerissen von der Sprache – und dem Leben. Mit zwölf Jahren verließ er sein bürgerliches Heim in Antwerpen und zog, mit Erlaubnis seiner Eltern, mit einer Gruppe Lovara-Zigeuner umher. Sechs Jahre blieb Yoors, mit Unterbrechungen, bei ihnen, und als 1940 die Zeit des Abschieds kam, war er todtraurig:

> Ich würde mich nicht mehr in dem wilden, archaischen »Romanes« ausdrücken können, das sich so gar nicht für belangloses Geplauder eignet. Ich würde nicht mehr die kraftvollen, poetischen, plastischen Beschreibungen und einfallsreichen Gleichnisse der Rom gebrauchen oder in der grenzenlosen Intensität und Produktivität ihrer Sprache schwelgen können. Die alte Bidshika erzählte uns einmal die Geschichte, wie der Vollmond von der bloßen Kraft, dem Gewicht und dem Zauber der Zigeunersprache hinunter zur Erde gezogen wurde. Und fast schien es so, als könnte es wahr sein.

Ich hatte gehofft, daß der Aufenthalt bei einer Familie mir Gelegenheit geben würde, etwas Romani zu lernen. Doch als Gast der Dukas wurde ich von der strengen Roma-Etikette regelrecht gelähmt. Jedesmal, wenn ich mich erhob oder etwas Nützliches tun wollte, wurde mir befohlen: *Besh!* (Setz dich!) Ich war in jeder Hinsicht ein Ehrengast – durfte also beispielsweise mit den Jungen essen, vor den Frauen und Kindern. Während die Frauen arbeiteten, saß ich da und sah zu, zeichnete und schrieb in mein Notizbuch. Lesen war unmöglich. Es beunruhigte die Dukas einfach. *So keres?* – Was machst du da? – war die übliche verstörte Reaktion auf ein in Händen gehaltenes Buch; aber genauso oft wurde ich auch gefragt: *Chindilan?* Langweilst du dich, bist du erschöpft? Als ob jede Ruhe oder Stille ein Zeichen von Krankheit oder Depression wäre. Wie die meisten Menschen, die Nomaden oder Halbnomaden sind, lasen die Zigeuner nicht. Selbst des Lesens kundige Roma (auf dem Balkan eine Minderheit) lesen nicht.

Lili war keine *bori* und half deshalb auch nicht beim Waschen; sie mußte dafür sorgen, daß alle Krüge und Dutzende leerer Sprudelflaschen immer randvoll mit frischem Trinkwasser waren, und mußte außerdem den Kaffee rösten und mahlen. Oft saß sie in einer Wolke aus Mokkaduft neben mir auf der Verandatreppe, ein Blechtablett mit gerösteten Bohnen zu ihren Füßen. Man sah sie so gut wie nie ohne die polierte Messingmühle, die eigentlich nicht viel mehr war als eine große Pfeffermühle, mit der immer nur mühsam ein Löffelvoll Kaffee gemahlen werden konnte. Die Kinder saßen herum, noch schlaftrunken und still, aßen ihre mit Feigenmarmelade bestrichenen Brote, und ich fragte nach Wörtern: Das war meine »Arbeit«. Zu meinem Glück wurden meine Bemühungen, Romani zu lernen, zu einer Familienangelegenheit mit Unterhaltungscharakter.

Nach einer Frage und manchmal, wie es lange Zeit schien, nach jedem Wort sagte man mir, ich müsse *so*? fragen – was? – und auf einen guten Fingerzeig hoffen. *So* war allgemein genug, eine breite Phalanx von Antworten hervorzurufen, die alle anscheinend sehr lustig waren. Die ganze Familie, vom kleinen Spiuni bis zum alten Sherif, brach in tränenersticktes, hilfloses Lachen aus. Und die gute Stimmung sorgte dafür, daß meine Unterrichtsstunde länger dauerte und nicht so streng beaufsichtigt wurde.

Neugierige *gadsche* in die Irre zu führen, hat eine lange Tradition. Es ist eine eherne, dem Selbstschutz dienende Regel bei den Zigeunern, Fremde über ihre Bräuche und sogar über einzelne Wörter im unklaren zu lassen. Es ist auch seit jeher die Quelle für viel Spaß. Eines der ersten Glossare der englischen Zigeunersprache, das 1776 von dem Antiquar Jacob Bryant bei einem Jahrmarkt in Windsor zusammengestellt wurde, gibt für das Wort *ming* die Bedeutung »Vater« an. (*Minge* ist aus dem Romani in die englische Umgangssprache eingegangen; Aussprache und Bedeutung sind in beiden Sprachen identisch: die weibliche Scham.)

Manchmal war die Irreführung durch die Dukas unbeabsichtigt. In vielen Fällen nannten sie mir albanische Wörter. Obwohl sie zweisprachig waren, konnten sie oft selbst nicht zwischen den beiden Sprachen unterscheiden: Es war einfach das, was sie sagten. Und die Art, wie jeder in der Familie versuchte, mir etwas beizubringen (oder mich sogar zu verstehen), verriet mir wenigstens etwas über sie.

Lili fand es lustig, so als ob das alles nur ein Kinderspiel wäre und ich jede Sekunde in Romani loslegen und mit den anderen Erwachsenen sprechen würde. »Okay« war das einzige Wort, für das ich sie interessieren konnte; ansonsten gab sie nur ein Gurgeln von sich und schüttelte heftig den Kopf – was bei den Albanern (und Bulgaren) das Gegenteil von dem bedeutete, was man sich vorstellte, nämlich »ja«.

Wie viele Schüchterne machte sich Artani, der jüngste Sohn, den Gedankenaustausch unnötig schwer, indem er sehr schnell und verschämt in seine Armbeuge sprach, so daß er immer alles wiederholen mußte. Es schien ihm unbegreiflich, daß ich mit meiner Welterfahrung – schließlich war ich den ganzen Weg von Amerika hierhergereist – sie nicht verstehen konnte. Und wie viele andere auch sprudelte er, wenn ich einmal etwas verstanden hatte, los in der Annahme, mir sei plötzlich die ganze Sprache zugeflogen. O Babo übersetzte schwierige Worte ins Albanische: Ich war eine *gadschi*, so schien seine Logik zu laufen, und deshalb sprach ich bestimmt die Sprache der *gadsche*. Tatoya, Jetas hübsche, züchtige Schwester, wandte eine Technik an, die so fein wie ihre Züge war: anstatt die Worte auszusprechen, formte sie sie unhörbar mit den Lippen. Und Kako, der heisere, alte Onkel, der zusammen mit Sherif oft zu uns auf den Hof kam, versuchte, die Bedeutung der Worte dadurch zu vermitteln, daß er einfach schrie.

Shkelgim, ein junger Neffe, versuchte, sich mit mir in Romani mit einem, wie er meinte, amerikanischen Akzent zu unterhalten. Ich weiß das, weil er es mir erzählt hat. Ich wäre nie darauf gekommen, trotz seiner verräterischen Beckenbewegungen und der Haartolle à la Elvis. Nicu war ein großer Schauspieler; er zeigte sich nur, wenn viel los war, und von ihm kamen auch die meisten schmutzigen

Ein kleiner Scherz vor dem Essen:
Kako, Lela, Spiuni, Viollca, Marcel, Jeta, Liliana und Nuzi
auf der Hauptveranda in Kinostudio, Tirana, 1992

Witze. Er blieb aber nie lange, und wenn er wieder einmal alles
mögliche aus der einen oder anderen Bemerkung herausgeholt hatte,
zog er die Schultern hoch, schwenkte die Hüften, wackelte wie eine
türkische Tänzerin mit dem Bauch und verschwand dann durch das
vordere Tor. Diese lustigen Einlagen Nicus waren toll und etwas
sehr Besonderes: Nicht viele Zigeuner wagten es, ihr männliches
Image aufs Spiel zu setzen, nicht einmal im Spaß.

Jeta versuchte, ihn zu tadeln. Sie nannte ihn *bengalo*, einen Teufel, aber sie sagte das mit jener heimlichen Bewunderung, die nur
denen zuteil wird, die einen zum Lachen bringen. Es fiel ihr schwer,
streng zu sein mit ihrem ältesten Sohn, den sie, wie sie mit typischer
Freimütigkeit offen zugab, einfach ein kleines bißchen mehr liebte
als die anderen. Und er hatte wirklich viel Charme, natürlichen
kindlichen Charme, anders als der launische, aber durchaus reizvol-

le mittlere Sohn Nuzi oder der zarte, gequälte Artani. Jetas Gesicht konnte sich in einer Sekunde von dem einer gräßlichen Hexe in das einer lieben Oma verwandeln, je nachdem, ob sie ihre Enkelkinder in ihre Schranken weisen oder trösten wollte. So oder so, niemand, nicht einmal ich, konnte sie mißverstehen.

DAS ROMANI HAT nur einen kleinen Grundwortschatz – eine Begrenzung, die den Sprechenden zwingt, einfallsreich zu sein. So nennt man »Kiemen« beispielsweise »Ohren«, und ein Erdbeben wird beschrieben als *i phuv kheldias*, die Erde tanzt. Das Verb *piav* bedeutet sowohl rauchen als auch trinken (zwei wirklich benachbarte Beschäftigungen); *chorro* heißt sowohl »arm« als auch »schlecht«. Für »Gefahr« oder »Ruhe« gibt es keine Wörter; und so verwenden manche (die slawischen Anleihen) *strážno* und *mirnimos*.

Donald Kenrick, ein britischer Sprach- und Zigeunerforscher, hat es auf sich genommen, *Romeo und Julia* für Pralipe, eine Theatergruppe aus Skopje, ins Romani zu übersetzen. In London zeigte er mir einige Lösungen für die Balkonszene.

> Romeo:
> *Doch still! was schimmert durch das Fenster dort?*
> *Es ist der Ost, und Julia die Sonne! –*
> *Geh' auf, du holde Sonn'! ertöte Lunen,*
> *Die neidisch ist und schon vor Grame bleich,*
> *Daß du viel schöner bist, obwohl ihr dienend.*
> *O, da sie neidisch ist, so dien' ihr nicht.*
> *Nur Thoren gehn in ihrer blassen, kranken*
> *Vestalentracht einher: wirf du sie ab!*

> Romeo:
> *Ach! Savo dud si andi kaja filiastra?*
> *O oriento si thai Juliet si o kham.*
> *Usti lacho kham kai mudarel o chomut,*

nasvalo thai parno si o chomut thai manel ke tu – leski
kanduni – si po-lachi lestar.
Lesko uribe si zeleno thai nasvalo
sade o dinile uraven pes andre, chude le.

Das haben wir wie folgt übersetzt:

Romeo:
Oh! welch Licht ist in dem Fenster?
Es ist der Osten und Julia ist die Sonne.
Geh auf gute [oder schöne] Sonne und töte den Mond
Krank und weiß ist der Mond, der dich nicht will
Seine Dienerin ist schöner als er.

(Donald konnte kein Wort für »neidisch« finden, und so ist in der
Romani-Version weder der Mond noch das Mädchen neidisch.)

Sein Kleid ist grün [oder blau] und blaß
Nur Narren kleiden sich so, wirf es fort.

Es wurde noch schwieriger. Etwas weiter kommen wir in dem Mo-
nolog zu der Stelle:

Ich bin zu kühn, sie redet nicht zu mir.
Ein Paar der schönsten Stern' am ganzen Himmel
Wird ausgesandt und bittet Julias Augen,
In ihren Kreisen unterdes zu funkeln.

Das übersetzte Kenrick so:

Na tromav. Na kerel mange duma.
Dui lache cerhaia ando bodlipen
si len buti averthane – mangen lake jakha
te dudaren ango lengo than
zi kai aven palpale.

Zurückübersetzt ergibt das:

> *Ich wage es nicht. Sie redet nicht mit mir.*
> *Zwei gute [oder schöne] Sterne an wolkigem Ort*
> *   [in den Wolken]*
> *Sie haben Arbeit [oder Stellen] anderswo – sie wollen,*
> *   daß ihre Augen*
> *An ihrer Stelle leuchten*
> *Bis sie wiederkommen.*

Das Stück war offenbar ein großer Erfolg, und Pralipe war und ist damit in Deutschland auf Tournee. Das Roma-Theater Pralipe gehört seit 1990 dem Theater an der Ruhr in Mühlheim an.

JEDE SPRACHE WIRD durch Lehnwörter erweitert und neu belebt, aber wohl keine so extrem wie das Romani. Das kommt daher, weil diejenigen, die es sprechen, häufig das Land gewechselt haben und eine gemeinsame Sprache in Schriftform noch nicht gefunden ist. Im Lauf der Jahrhunderte hat sich ein Bestand an überwiegend »heimischen« Wörtern – die mit Heim und Herd zusammenhängen – herausgebildet, der die gemeinsame Grundlage für all diejenigen ist, die die vielen Romani-Dialekte sprechen (allein in Europa sind das etwa sechzig), ihre theoretisch gemeinsame Sprache. Viel eindringlicher aber ist der *Geist* der Sprache oder jedenfalls das, was sich in ihr offenbar besonders gut ausdrücken läßt – das Übertriebene, das Gesellige, die typische Äußerung extremer Empfindung. Der lebendige Gebrauch ist von überragender Bedeutung, und originelle Bilder stehen hoch im Kurs. Das Erzählte ist längst nicht so wichtig wie das Erzählen selbst, und große Geschichtenerzähler sind hochangesehene Mitglieder der Gemeinschaft, die sich gern spezialisieren, etwa auf Geistergeschichten, Märchen, surrealistische Geschichten oder Rätsel.

Durch einfaches Anfügen der alten indischen Nachsilbe *pen*, was der Nachsilbe -tum oder -keit entspricht, kann man abstrakte Hauptwörter bilden, z. B. *romipen*, Zigeunertum; man kann auch, wenn man sie braucht, solche Wörter aus einer anderen Sprache entleihen. Aber bei denen, die Romani sprechen, werden diese übergreifenden, umfassenden Wörter nicht oft gebraucht. Ohne diese Verallgemeinerungen fließt die Sprache munter dahin wie ein gutes Gedicht: reich an Details, anschaulichen Bildern und einfachen Wörtern, die unbekümmert und originell gebraucht werden. Für »ich liebe dich« bekommt man dann »ich möchte dich« (wie im Spanischen), aber genauso oft »ich esse dich« oder sogar »ich esse deine Augen« zu hören. »Ich möchte dein Gesicht essen« oder »ich möchte deinen Mund essen« (»Gesicht« und »Mund« heißen beide *muj*) ist die Bitte um einen Kuß.

Diese stark aspirierte, kehlige Sprache ist ungewöhnlich ausdrucksstark, vor allem wenn sie von einer alten, tiefen, vom Rauchen gefärbten Stimme gesprochen wird. Auch wenn jetzt allmählich eine neue »politische« Sprache aufkommt, so dient das Romani doch in erster Linie dem Austausch von Gefühlen und Geselligkeit, weniger dem von Gedanken (die wahrscheinlich schon von allen geteilt werden).

Jetas Stil war typisch für das Romani. Sie war drastisch und lustig, gebrauchte unerwartete Bilder für unwahrscheinliche Objekte und verbreitete immer wieder Schrecken und Ironie gleichzeitig. »Warum kann eine *gadschi* keine gute *bori* werden?« Jeta stellte diese Frage ganz ernst, im Anschluß an den (wohl eher) scherzhaft gemeinten Vorschlag im Hof, warum man mich nicht in Betracht zöge, wenn man sich Gedanken über die zukünftige Braut für den zehnjährigen Djivan mache. »Weil eine *gadschi* nicht wüßte, wie sie ihre Augen herausnehmen soll.« Jetas Antwort vermittelte die eigentliche Bedeutung, daß einer *gadschi* im Vergleich mit einem richtigen Zigeunermädchen die notwendige Schulung und Sensibilität für ihre Rolle fehle. Aber es gelang ihr auch auszudrücken, daß man an einer solchen Frau keine Freude hätte, denn »seine Augen herausnehmen« war im Romani gleichzeitig der Ausdruck für Orgasmus.

Wenn man bedachte, wie verhalten sich Zigeuner über Sex und den weiblichen Körper ganz allgemein äußern konnten, war Jeta – mit der Freiheit, die ihr als Großmutter zugestanden wurde – ungewöhnlich deftig: »Auf den Mist mit den ausgekochten Weibern« war ihr Kommentar zu Frauen, die sie nicht mochte. War ihr dagegen etwas angenehm, etwa die neue Cafeteria in der Stadt, sagte sie vielleicht: *O manusha khelaven tut*, die Leute bringen einen zum Tanzen. Sie unterbrach sich manchmal mitten im Satz, wenn sie mit jemandem sprach, und schrie die Kinder an, die vor ihr herliefen: »Soll ich euch auf die Augen pinkeln?« oder »Verlierst du deine Gedärme?« (daß du keine Zeit hattest, an die Seite zu gehen). Oder wenn sie wirklich unter Druck stand, rief sie vielleicht: *Te bisterdon tumare anava!* – Mögen deine Namen vergessen werden! Sie war von einer gespielten Schärfe ohnegleichen, und allen gefiel das.

Ich habe noch nie einen Zigeuner getroffen, der nicht eine Schwäche für Süßes gehabt hätte. Obwohl Salz, Pfeffer und Essig *baxtalo* sind, d. h. Glück bringen, haben sie alles gern *but guli*, sehr süß, und waren ganz entsetzt und fassungslos, daß ich Salziges vorzog, oder *bushalo* (Saures). Zucker war in Albanien ein Luxus, und vielleicht hielt Jeta meine Einwände für Selbstkasteiung – was sie bei einem Gast auf keinen Fall dulden konnte. Eines Morgens hatte sie genug und kippte mir einen Berg Zucker in den Naturjoghurt, den ich mir hingestellt hatte. Dabei schüttelte sie den Kopf, als wollte sie sagen: Wo ist die denn aufgewachsen? In Wirklichkeit sagte sie jedoch: »Wenn du diesen Joghurt einem Schwein in den Arsch schiebst, würde es wegfliegen«, so sauer war der.

Jeta hatte auch die Angewohnheit, an alles den Ausruf *Ma-shallah!* anzuhängen, wie Gott will. Dazu erklärte sie: »Das ist, damit jeder, mit dem du redest, weiß, daß du, wenn du sagst, ihr Neugeborenes ist ein so süßer Fratz, nicht im Innersten deines Herzens meinst, möge ihm das Gehirn verdorren.« Es war auch eine nützliche Vorsichtsmaßnahme. »Wenn du nicht zeigst, daß dein Herz rein ist, ist es deine eigene Schuld, wenn etwas Furchtbares passiert.« Obszön, barsch und, als Gegengewicht, unerschütterlich abergläubisch.

Witz war die Domäne der Frauen von Kino. Bei den Männern ging es häufiger um die gedankenschwere Verlautbarung von Tatsachen (oder von aberwitzigem Unsinn), um das angestammte Gewicht und die Weisheit von Sprichwörtern zu vermitteln. Kako, Jetas heiserer alter Onkel, schwadronierte unermüdlich und bediente sich jedesmal des Spruchs: »So wie die Stute die Straße entlangtrottet, so sehnt sich die junge Frau nach dem Penis.« Und dann folgte natürlich noch ein bedeutendes Nicken.

Die bekannte universelle sprachliche Begabung der Zigeuner kam in Kinostudio nicht zum Vorschein. Unglücklicherweise bereitete zunächst einmal mein Name Schwierigkeiten. Das Problem bestand darin, daß »i« in Romani der weibliche Artikel ist, wie bei *i daj*, die Mutter, der auch bei Eigennamen häufig gebraucht wird, so wie die männliche Form etwa bei *O Kako*. Aus diesem Grund klang Isabel für sie wie »die Sabel«, weshalb aus mir Sabella, Sabade, dann Sabe und schließlich nur noch Sa wurde.

DIE TAGE UND Wochen schienen ineinander überzugehen – vielleicht weil man mir nie die Worte für die Wochentage oder die Monate sagte. Sie hielten alle meine Fragen für Fangfragen. Als ich nachhakte, hatten nicht nur die Kinder, sondern auch die *boria* einige Schwierigkeiten, vor allem mit den Monaten. Die Jahreszeiten waren kein Problem, denn es gab nur zwei: Sommer und Winter, das Warme und das Kalte. Ein Tag war wie der andere (und nicht etwa, weil Sommer war: nur der zehnjährige Djivan ging wieder zur Schule). Die Kinder konnten nicht sagen, wieviel Uhr es ist; keines von ihnen hatte eine Uhr (nur Nuzi hatte eine, nämlich meine, und zeigte ein ungewöhnliches Interesse an der Zeit – er wartete auf den richtigen Augenblick). Die ältesten Erwachsenen konnten nicht lesen, und die Jüngeren formten jede Silbe mit dem Mund, wie Kinder; niemand war im Schreiben auch nur einigermaßen sicher.

Ich bekam ein Jahr, nachdem ich bei ihnen gewesen war, einen Brief von den Dukas. Es war ein Stück Pappe mit ihren Unterschriften, zittrig wie von alten Leuten oder ungelenk wie von Kindern. Darunter fanden sich ein paar Zeilen, die überhaupt keiner Sprache zuzuordnen waren, sondern nur das graphische Gefühl für einen Brief wiedergaben, und darum ging es.

Es gab keine Zeitungen, kein Radio und selbstverständlich keine Bücher. Der Fernseher lief meistens, aber kaum jemand sah hin; die Bilder flimmerten vorbei wie die Landschaft an einem Autofenster. Und das war gut so, denn außerhalb von Tirana konnte man nur die schauerlichen Melodramen des sizilianischen Fernsehens empfangen und die unerträglich belehrenden Seifenopern, die von amerikanischen Kirchengruppen gesponsert wurden. Anders als die meisten Albaner, unter denen sie lebten, wußten die Zigeuner nichts von dem, was in der Welt vor sich ging, und (wieder mit Ausnahme von Nuzi) zeigten auch keine Neugier.

Manchmal allerdings war ihre Zurückhaltung nicht mangelnde Neugier, sondern Takt. Sie interessierten sich für das Familienleben. Sie fragten nach meinen Geschwistern und Eltern, als hätten sie sie kennengelernt. Wenn keine Männer zugegen waren, sprachen wir über das Kinderkriegen und das Leben als Frau. Ich wurde dreißig, als ich bei den Dukas wohnte. Ich hatte diesem Tag nicht gerade entgegengefiebert, aber was mir nur einen Seufzer wert war, war für sie eine ernste, äußerst traurige Angelegenheit. Als sie (gleich am ersten Tag) erfuhren, daß ich mit neunundzwanzig Jahren noch kein einziges Kind hatte, tätschelte mir die *puri daj*, selbst Mutter von zehn Kindern, mitfühlend die Hand: Sicher war ich unfruchtbar. Das erklärte auch, warum ich keinen Mann hatte und, was am schlimmsten war, warum ich dazu verurteilt war, durch die Welt zu ziehen, ausgerechnet nach Albanien zu gehen, weit weg von der Familie und den Freunden, und dort bei vollkommen fremden Menschen zu bleiben. Es war schwer zu sagen, was aus ihrer Sicht die größere Prüfung war. Mein Aufenthalt bei ihnen konnte, wie es schien, gar keine andere Erklärung haben; denn überall gingen die Zigeuner, die ich kennenlernte, von dieser Version der Ereignisse aus, und da sie mich keiner schmerzlichen Erfahrung aussetzen woll-

Benos Lastwagen kommt aus »Stanbuli« zurück. Kinostudio, Tirana, 1992

ten, gaben sie mir keine Gelegenheit, es darzulegen oder zu erklären. Mein Leben war eine Tragödie, das sahen sie, aber eine, für die sie sich erwärmen konnten, und das gaben sie mir zu verstehen: Denn waren sie in der Vergangenheit nicht selbst dazu verdammt gewesen, durch die Welt zu ziehen? Waren nicht auch sie dazu verdammt, in Albanien zu leben? (Ihre apathische Objektivität hinsichtlich Albanien war beeindruckend, wenn man bedachte, daß sie ihr ganzes Leben dort verbracht hatten. Da sie nach ihrem eigenen Verständnis keine Albaner waren, waren sie erfreulich frei vom regionalen Übel des ethnischen Patriotismus.)

Dritta hatte für derartige Überlegungen keine Zeit. Sie hatte andere, drängendere Sorgen. Dritta war auch diejenige in der Familie, mit der sich zu verständigen am schwierigsten war, weil ihr Kabudji-Dialekt stärker mit türkischen Wörtern durchsetzt war. Aber dank ihrer beispiellosen Zielstrebigkeit blieb sie schließlich als Lehrerin übrig. Von ihr lernte ich die Sprache des *trampa*, des Tauschhandels.

Der Wortschatz umfaßte die Begriffe für Bluse, Rock, Kamm, Bürste, Lippenstift, Wimperntusche, Schuhe, Kopftuch, Schwamm, Seife, Bänder, Haarnadeln, Haarreif, Nagellack und, in Notwehr aufgeschnappt, die Worte für Ring, Armreif, Ohrringe … Dritta erklärte, sie wolle Englisch lernen; das war *trampa* schließlich, ein Austausch. Und so fing ich an: »Wie heißt du? Ich heiße Sabe«, und so weiter. Sie lachte nur und nuschelte vor sich hin. Sie hörte sich an wie mein vierzehn Monate alter Neffe, wenn er das Telefon als eine Art Mikrofon benutzte und die Erwachsenensprache nachmachte.

Unser Unterricht gestaltete sich schwierig, nicht nur, weil wir kein gemeinsames sprachliches Fundament hatten, sondern auch, weil ihr so vieles von mir schlicht fremd war: Wenn man die Handlungen nicht versteht, wird man wahrscheinlich auch die Sprache nicht verstehen. Ich war immer wieder entsetzt über die Isolation, die mein Fremdsein bewirkte, und gerührt von den beschützenden Gesten, die es auslöste. Einmal hatte ich einen Kessel mit kochendem Wasser in der Hand und wollte einen Teebeutel übergießen. Blitzschnell griff Dritta zu und zog den rechteckigen Beutel an der Schnur heraus. »Der wird doch naß!« tadelte sie mich und drückte ihn in den Falten ihres Rocks trocken. Sie hatte noch nie einen Teebeutel gesehen und freundlicherweise versucht, etwas zu retten, was in ihren Augen vielleicht ein Duftbeutelchen oder ein Bouquet garni war (wenn es auch schwerfällt sich vorzustellen, daß solche duftenden Nichtigkeiten bis nach Albanien gelangen). In einer ähnlichen Situation beklagte O Babo sich einmal, als er neben Gimi im Wagen saß, daß das Auto schrecklich schmutzig sei und Gimi es putzen solle. »Was sollen eigentlich all diese Seile hier?« fragte er irritiert und versuchte, die Gurte aus ihrer Verankerung zu ziehen. Solche Sicherheitseinrichtungen waren für Albanien etwas Neues – wie Privatwagen übrigens auch.

Nichts erregte jedoch so viel belustigtes Aufsehen wie Sabades zweimal täglich erfolgendes Ritual des Zähneputzens. Das fanden sie zwanghaft und absonderlich, und bevor die Mütter ihre Jungen fortprügeln konnten, befingerten diese eifrig meine Zahnbürste und berührten das speziell für Kinder entwickelte Utensil mit der Vorsicht, mit der sie wahrscheinlich einen jungen Vogel angefaßt hätten, der aus dem Nest gefallen war.

Der Waschraum war ein Loch in einem Schrank mit einer Schwingtür an aberwitzigen Scharnieren; sie knallte, ging aber nicht zu. Als Becken fungierte eine Vertiefung im Boden; auf einem Sims stand in Hüfthöhe eine Wasserkanne, die von Liliana ständig aufgefüllt wurde. Das Zähneputzen war somit ein öffentliches Ereignis. Einer meiner Spitznamen war Dandi, von *dand*, »Zahn«. Wenn es notwendig wurde (etwa einmal pro Woche), putzten sie sich die Zähne mit einem Finger, der reichlich mit grobem Salz oder *lon* belegt war. Und alle hatten sie schöne, kräftige, weiße Zähne, wie es bei Zigeunern, im Gegensatz zur übrigen einheimischen Bevölkerung, oft der Fall ist – es sei denn, die Zähne sind mit dekorativen goldenen, silbernen oder gar zweifarbigen Kappen überzogen.

O Babos Waschzeremoniell war noch beliebter. Jeden Morgen zog Bexhet das Rasieren so lange hinaus wie möglich, als hoffte er, jeden Tag ein paar Sekunden, vielleicht sogar Minuten seinem persönlichen Rekord hinzufügen zu können. Für die Kinder war das ein großer Spaß. Für O Babo war es eine Möglichkeit, die üppig bemessene freie Zeit auszufüllen, an der Albanien so reich war. Alle arbeitslosen Männer mußten das tun, und sie taten es mit mehr oder weniger großer Geste.

Eins nach dem anderen holte er die Geräte aus dem verschlossenen Schrank: einen Rasierpinsel, eine Rasierschale mit dem Seifenstift, das zusammenklappbare Rasiermesser. In seiner Morgengarderobe, einer gestreiften Pyjamahose und einem khakifarbenen Militärhemd, ging er dreimal aus dem Haus und wieder hinein, weil er jedes dieser Geräte einzeln holte und dabei eine Vorsicht an den Tag legte, mit der man vielleicht eine kleine, aber perfekt erhaltene minoische Vase behandeln würde. Nachdem alle Utensilien auf dem Sims im Hof angeordnet waren, der für einen beträchtlichen Teil jedes Morgens zum Friseurladen wurde, ging Bexhet ein letztes Mal ins Haus, um das *pièce de résistance* zu holen, seinen zersprungenen

Rasierspiegel. Um keinen der Spiegelsplitter zu verlieren, bewegte er sich mit den komisch verstohlenen Schritten eines Bilderbuchdiebes und trug das Glas auf der flachen Hand vor sich her wie einen frischgebackenen Kuchen.

Bexhets Toilettenartikel wurden in und um einen armseligen kleinen geweihförmigen Ast des Nachbarhauses angeordnet. Der Ast, obwohl abgestorben, ragte immer noch in die Höhe, ein Gefangener des Zements, durch den er sich in seiner Jugend bei der Suche nach der Sonne gebohrt hatte. In der Geweihgabel befestigte Bexhet den Spiegel mit größter Vorsicht und Konzentration. Er redete ihm zu und rüttelte daran und prüfte seinen Sitz, indem er ihn losließ, jeweils zwei Finger auf einmal. Er flüsterte seinem entstellten Spiegelbild sanfte, liebevolle Ermutigungen zu: »Ja nicht herunterfallen, kleines Gesicht …« Aber er fiel trotzdem, zwei- oder dreimal jeden Morgen, und Bexhet fing ihn jedesmal, wenn er sich beschwingt fühlte, geschickt mit dem Handrücken und einem kurzen triumphalen »*Eppah!*«, manchmal auch mit einem »*Oppah!*«, auf und stellte ihn in die Gabel zurück, um es erneut zu versuchen.

In die Stadt

JETA WAR VERBITTERT über ihre Ehe, die, wie sie einmal klagte, nur zustande gekommen war, weil ihr Großvater im Sterben lag. »Ich möchte meine Enkeltöchter verheiratet sehen, bevor ich sterbe«, hatte er gesagt. Bexhet war zu haben, wenn auch nicht ideal (mit einundzwanzig Jahren hatte er bereits drei Frauen hinter sich), und das war es. Jeta war selten verdrossen und bemitleidete sich nie selbst – dazu hatte sie gar keine Zeit –, aber sie hatte ein klares und dabei auch recht komisches Bild von sich als einer Frau, die zu kurz gekommen war. Dennoch glaubte Jeta daran, die Ehe der eigenen Kinder regeln zu können: *Das* war nicht das Problem. Das Problem war Bexhet, wie sie einem laut flüsternd erzählte. Die eigentliche

Schwierigkeit war jedoch, daß Jeta viel zu intelligent war für das Leben, das sie jetzt führte, und klug genug, das zu sehen.

Es war selten, bei einer Zigeunerin auf ein *modernes* Unbehagen zu treffen; die Erfahrungen waren im allgemeinen zu begrenzt. Jeta war jedoch außergewöhnlich klug. Im Gegensatz zum gluckenhaft selbstzufriedenen Bexhet war sie durch den Einfluß von Marcel zu neuen Gedanken über den Kampf der Roma angeregt worden. Sie war die einzige aus der großen Familie, die dunkle Vorahnungen hatte, und das beeinträchtigte ihren Gleichmut und ihre Toleranz gegenüber dem Leben in Albanien, ganz zu schweigen von dem in Bexhets Hof.

An einem Morgen, als selbst mir Bexhets Rasiererei etwas übertrieben vorkam, ging ich mit ihr *ando foro*, in die Stadt. Da nichts einzukaufen war, liefen wir einfach vor uns hin, und sie sprach mit einer seltenen Nachdenklichkeit über ihr Leben. Seit dreißig Jahren hatte Jeta Tag für Tag im selben Hof ihre Arbeit verrichtet; sie hatte ihre Kinder großgezogen und verheiratet. Aber selbst die Ehen – normalerweise die Domäne von Mutter und Großmutter – hatten sich für Jeta als Enttäuschung und Demütigung erwiesen. Ein Sohn nach dem anderen hatte ihre ausgeklügelten und aufwendigen Arrangements mit den Eltern eines passenden Mädchens durchkreuzt, indem sie mit den Mädchen ihrer eigenen Wahl durchbrannten oder sie schwängerten. Sie hatte noch nie Urlaub gemacht; sie war noch nie länger als ein oder zwei Tage von Kinostudio weg gewesen, und wenn, dann nur im Dienst ihrer Kinder – auf einer (erfolglosen) Fahrt in den Süden z. B., um sich eine potentielle Frau anzusehen.

Vor einem Laden mit dem Namen *Floktet* blieben wir stehen. »Was heißt *Floktet*?« fragte ich. Aus der nackten Ladenfront, hinter der man den kunstledernen Behandlungsstuhl eines Zahnarztes und vor derselben Wand einen alten gepolsterten Sessel erkennen konnte, war nichts zu entnehmen. Auf dem Ladentisch stand ein verrostetes Gerät, vielleicht aus den 40er Jahren. Es sah wie ein altmodischer Mixer aus, verchromt und kugelförmig und etwa fünfzig Zentimeter hoch. Aber aus der seltsamen Maschine ragte ein ganzes

Bündel rissiger Gummifühler, an deren Ende sich Klemmen befanden. Ein Schönheitssalon!

Ich zog Jeta hinein. Zwei adrette Kosmetikerinnen standen neben dem tiefen Waschbecken, die Hände gefaßt vor sich verschränkt. Entschuldigend zuckten sie die Schultern. Auf einem handgeschriebenen Zettel an der Wand wurde eine *Twalet complet* angepriesen – Maniküre, Pediküre und Schönheitspflege für den Gegenwert von dreißig Cents –, aber leider waren keine Utensilien da: keine Nagelfeilen, kein Make-up. Leider. Das alte Gerät auf dem Ladentisch, das wir durch das Fenster erspäht hatten, stellte sich als eine dampfbetriebene Vorrichtung zum Aufheizen von Lockenwicklern heraus, wie aus den wenigen, mit Draht zu befestigenden Bleiwicklern hervorging, die wie leere Patronenhülsen herumlagen. Es war seit Jahren nicht mehr in Betrieb gewesen. Sie hatten jedoch etwas Shampoo und irgendein grünes Waschmittel in einer Plastikflasche ohne Etikett, und so ließ ich mir die Haare waschen. Ich hatte gehofft, Jeta im *Floktet* etwas verwöhnen zu können. Es war nicht viel, aber ich freute mich riesig, als sie bereit war, sich ebenfalls die Haare waschen zu lassen – von einer *gadschi* wohlgemerkt. Jeta war so gelöst, wie ich sie noch nie erlebt hatte. Sie saß in dem Zahnarztstuhl und summte vor sich hin, blätterte verächtlich in sowjetischen Schönheitsmagazinen aus den frühen 80er Jahren, während die beiden jungen Kosmetikerinnen uns die nassen Köpfe rieben. Das Essen würde sich wegen unserer Eskapade verzögern, und Jeta würde sich mit Bexhet eine lautstarke Auseinandersetzung liefern, aber das war ihr egal. Ich habe noch eine bleierne Haarklammer aus dem *Floktet*. Sie ist angelaufen und mit Mineralien verkrustet, als hätte sie hundert Jahre auf dem Meeresboden gelegen; man kann kaum noch sehen, wozu sie einmal gut war.

Beflügelt machten wir uns wieder auf den Heimweg. Wir kamen an Dutzenden eingefallener, ausgebrannter, geplünderter und aufgegebener ehemaliger Geschäfte vorbei, mitten in Tirana. Und dann kamen wir zur staatlichen Entbindungsklinik. Jeta blieb vor dem düsteren Gebäude aus der Zeit der Diktatur stehen, ergriff meine

Hand und zog mich hinein. Auch wenn wir zu spät kommen würden, das war offenbar etwas, das ich sehen mußte. Sie stürmte am Empfang vorbei, und niemand hielt uns an, niemand stellte Fragen. Jeta benahm sich, als gehörte ihr das alles. Schweigend gingen wir durch die langen, schwach erleuchteten Säle.

Die gelb gekachelten Wände, die alten Rohrgestellbetten, das ungefilterte Stöhnen und der altmodische Geruch: Dieser Ort hatte die Atmosphäre einer psychiatrischen Einrichtung aus dem 19. Jahrhundert. Die Frauen liefen in zerschlissenen, braun werdenden Kitteln herum, saßen wartend in den Hallen, hockten auf dem Boden. Es gab nicht genug Betten. Nur wer kurz vor der Niederkunft stand, gerade gebar oder sonst irgendwie operiert wurde, hatte ein Bett – sechs in einer Reihe, zwölf in einem Raum. Geburten, Abtreibungen, all das geschah hinter einem Wandschirm direkt vor den anderen Patientinnen und nur Meter entfernt von den verängstigten Frauen, die in der Halle darauf warteten, selbst an die Reihe zu kommen. Wenigstens waren die Stationen nicht getrennt, wie in der Slowakei: ein Raum für Zigeunerinnen, einer für *gadsche*.

Wir sprachen mit der diensttuenden Ärztin. Manchmal war Penizillin da, manchmal nicht. Seit mehreren Monaten hatte es keine Betäubungsmittel mehr gegeben. Sonographen kannte man hier nicht, und es gab nur noch zwei Brutkästen – der dritte war vor einer Woche gestohlen worden, zusammen mit allen Kühlschränken des Krankenhauses samt Medikamenten. Selbst das Gesundheitsministerium war ausgeplündert worden; die Diebe waren einfach die Treppe heraufgekommen.

Aus medizinischer Sicht war die Lage so schlimm wie noch nie, wie Dr. Viollca Tarc erklärte, die seit achtzehn Jahren hier arbeitete. Dennoch war sie zuversichtlich. Unter Hoxha (dessen ganzer Stolz die albanische Gesundheitsfürsorge gewesen war) waren Verhütungsmittel verboten, Abtreibungen ebenfalls; die Frauen trieben folglich meistens selber ab und kamen erst dann zur Behandlung. Von knapp tausend starb mindestens eine auf diese Weise, wenigstens von denen, die es noch bis ins Krankenhaus schafften. Die meisten hatten ständig Schmerzen und immer wieder Infektionen, und bei vielen war so gepfuscht worden, daß sie keine Kinder mehr bekommen konnten.

Jetzt durften die Ärzte die Eingriffe vornehmen. Aber wie bei fast allen neuen Freiheiten in Osteuropa wurde das, was früher verboten war, jetzt durch fehlende Ausrüstung oder Vorräte unmöglich gemacht. Verhütungsmittel waren also jetzt erlaubt, aber es gab keine, und auch wenn Abtreibungen im Krankenhaus jetzt bestimmt sicherer waren, waren sie doch nicht minder bedrückend.

Auf unserem Weg nach draußen warfen wir auch einen Blick in die Wäscherei. In einem großen gewölbten Raum, der nur durch hohe, schmale Fenster Licht erhielt, rubbelten fünf Frauen, über niedrige Becken gebeugt, Laken auf einem Waschbrett, genau wie die *boria* zu Hause. In der Mitte des Raums stand ein riesiger Behälter über einem Ring blauer Gasflammen. Sie kochten die Laken aus. Wenn ein Laken richtig durchgewalkt worden war, hielt die Frau es mit beiden Händen hoch und inspizierte es und warf es dann wieder in den Kessel. Mit einem rosafarbenen Holzstiel fischte sie dann das nächste Laken heraus. Überall war Blut. Nicht nur die hellen Blutspritzer von Wunden und Schnitten, auch Blut von Frauen, dunkel, schleimig, klumpig. Diese kastanienbraunen Klumpen ließen sich nicht auswaschen. Erst vor einer Woche war eine Ladung neue Tücher eingetroffen, ein Geschenk der Schweizer Regierung, aber sie waren wenige Stunden nach ihrer Ankunft gestohlen worden.

Auf dem Heimweg erzählte Jeta mir, daß sie achtundzwanzigmal abgetrieben habe. (Sie benutzte die dritte Person: »Jeta hat achtundzwanzigmal abgetrieben.«) Sie hatte es selbst mit einer ausgekochten, doppelt gelegten Wäscheleine gemacht und sich hinterher meistens in der Entbindungsklinik »ausputzen« lassen. Ich fragte mich, wo sie das im Haus der Dukas hatte machen können; es gab nirgends eine Wanne, die groß genug für eine erwachsene Frau gewesen wäre. Jeta gehörte zu den Frauen, die man fragen konnte, aber ich tat es nicht.

Solche Horrorgeschichten passieren in Osteuropa oft genug, und als ich Jeta zuhörte, sah ich frühere Berichte allmählich doch in einem anderen Licht. Die Erfahrungen einer rumänischen Freundin z. B. erschienen mir dagegen vergleichsweise harmlos. Sie hatte zur Zeit Ceausescus in Bukarest zwei verbotene Abtreibungen auf ihrem Küchentisch machen lassen, bei denen ihr Freund die Tür bewacht hatte. Aber sie hatte immerhin einen Arzt gehabt – oder jedenfalls einen Namenlosen mit Strumpfmaske, der bereit war, den Eingriff vorzunehmen. Einen Beweis dafür, ob er tatsächlich Arzt war, gab es nicht, aber die Eingriffe wurden gemacht – der erste für eine Flasche Whisky, der zweite für eine Stange Kent.

Der Zoo

DAS GERAHMTE HOCHZEITSBILD steht in fast jeder osteuropäischen Wohnung – ob reich oder arm, Zigeuner oder *gadsche*. Die Gesichter der Neuvermählten blicken, nicht ganz in Lebensgröße, gerade und ernst aus dem Rahmen. Die schwarzweißen Brustbilder (immer nur Kopf und Brust, nie der ganze Körper) werden normalerweise von Hand mit Rot und Braun nachkoloriert und hängen anscheinend immer etwas hoch, knapp unter der Decke und nach vorn geneigt, so als wäre das Brautpaar nicht dazu da, gesehen zu werden, sondern selbst zu beobachten, als wäre der einzige Wächter über ein Paar, und jetzt eine Familie, dessen hoffnungsvolle erste Vorstellung von sich selbst.

Jeta ließ ihr Hochzeitsbild an der Wand hängen, bedeckte es jedoch vollständig mit Fotos von ihren Kindern, von deren Kindern, von Tieren und selbst mit Landschaftsaufnahmen – Bäume, der Blick auf einen Fluß. *Ihn* wollte sie nicht sehen, den schönen Bexhet, der sich als Herr über sie aufspielte.

Weil die moderne Fototechnik den Osten noch nicht erreicht hat, sehen all diese Hochzeitsbilder aus wie Fotos aus der Pionierzeit um die Jahrhundertwende (und im Fall vieler Zigeunerfotos wie die von Indianern um die Jahrhundertwende). Man sieht den steifen Hälsen an, wie lange das Posieren gedauert hat. Die Bilder haben nichts von den westlichen Wegwerfschnappschüssen, nichts Ungestelltes. Aber vielleicht zeigt das gestellte Bild mehr als der Schnappschuß. Auf jeden Fall war es unmöglich, die Duka-Familie ungezwungen zu fotografieren – sobald sie den schwarzen Rüssel meiner Kamera sahen, ließen sie sofort alles liegen und stehen, hielten die Arme steif zur Seite und erstarrten in Hochzeitsbildposen. Wie Zigeunerkinder überall, stürzten auch die kleinen Dukas und ihre Freunde herbei, um Aufstellung zu nehmen, was immer zu einem Gemenge drängelnder kleiner Darsteller ausartete, bei dem jeder über den jeweils Kleineren trampelte, um aufs Bild zu kommen. Selbst wenn sie durch den Sucher blickten, konnten sie nicht begreifen, daß die Kamera weiter sehen konnte als die fünf Zentimeter ihres »Auges«.

Das Bild von Nuzi und Viollca hing über der Tür des kleinen, angebauten Zimmers, das sie mit ihrem Sohn Walther bewohnten. Mit dreizehn hatte Viollca genauso ausgesehen wie heute mit achtzehn: große, grüne Augen, die eher mürrisch als fragend blickten und hart mitten in dem eckigen Gesicht saßen; die angemalten Lippen wirkten auf dem Foto schmal und schwarz. Nuzi war in einem Augenblick stolzgeschwellter, jugendlicher Schönheit festgehalten, die jetzt um einiges entspannter wirkte. Die Lippen waren voll und geschürzt; die rechte hochgezogene Augenbraue gab es bereits, aber noch nicht so ausgeprägt und gebogen. Ein hübscher Junge, ein Pinup-Foto, aber bis auf das Eitle zeigte das Bild wenig vom heutigen Nuzi – von Nuzi, dem ängstlichen Träumer.

Den ganzen Sommer trug er dieselben perfekt verwaschenen Jeans, gleichmäßig hell an den Oberschenkeln und ausgeblichen im Schritt. Die Hemdsärmel krempelte er um, wobei er immer darauf achtete, daß die umgeschlagenen Manschetten genau bis zur Grenze zwischen gebräunter und nicht gebräunter Haut am Unterarm gingen. Nuzi sah athletisch aus, dabei rührte er nie einen Finger, außer um eine Zigarette an seinen Schmollmund zu führen. Er rauchte, und er aß kaum etwas – nicht, wie man merkte, aus Mangel an Appetit, sondern weil ihm am makellosen Sitz seiner Jeans lag. Und

Dritta mit ihrem Orangenbaum aus Kunststoff und einer ihrer Puppen.
Im Hintergrund Lili, Viollca und Lela. Kinostudio, Tirana, 1992

Nuzi lief jeden Tag zu Fuß, stundenlang, in die Stadt und in ihr
herum, hin und her und durch den hügeligen, vernachlässigten Hoxha-Park. Aber auch das geschah nicht aus sportlichen Gründen, sondern um zu überleben.

Er war der einzige von den Dukas, der ununterbrochen in Bewegung war. Nuzi war mein großer Helfer, dem Hof in Kinostudio zu
entfliehen; mit ihm graste ich die Stadt ab. Ihm lag daran, daß ich
ihn verstand; er hatte eine Menge mitzuteilen. Und so entwickelten
wir ein System. *Snet pach!* entspricht im Albanischen unserem »Gesundheit« nach dem Niesen. »*Snet?*« fragte Nuzi, und wenn ich
verstanden hatte, antwortete ich triumphierend »*Pach!*«

An einem Tag, als es pausenlos regnete, liefen wir vom Skander-beg-Platz über die Straße der Märtyrer Richtung Hoxha-Park (den die Dukas liebevoll Enver-Park nannten). Unterwegs kamen wir an einem der zwei Hotels von Tirana vorbei, dem Dajti, dessen überdimensionale Säulen besten Stalin-Stil verkörperten. Vor dem Hotel rechts und links der breiten Treppe thronten zwei Zigeunerjungen in Michael-Jackson-T-Shirts auf zwei riesigen weißen Sockeln, die einen bronzenen Lenin und einen bronzenen Stalin getragen hatten, bis die beiden im letzten Jahr ihres Standortes verwiesen worden waren. Solche leeren Flächen – große marmorne Fragezeichen – gibt es in den albanischen Städten auf jedem großen Platz. Nur ein Reiter bäumt sich noch auf seinem Podest. Es ist der albanische Nationalheld auf seinem Roß – Gjergji Kastrioti, allgemein als Skanderbeg bekannt. Im 15. Jahrhundert befreite Skanderbeg für kurze Zeit Teile seines Heimatlandes von osmanischer Herrschaft. Seine kleinen Siege haben ihm die bleibende Verehrung eines unglücklichen Volkes gesichert, auch wenn die nächsten 450 Jahre wieder den Türken gehörten.

An den unwahrscheinlichsten Plätzen tauchen bestimmte lateinamerikanische Helden auf, die von den Regierungen ihrer kleinen Länder im Verhältnis von etwa einem Denkmal auf je zehn Einwohner verteilt werden (je kleiner das Land, desto eifriger offenbar die Geschenke). Selbstverständlich Bolivar, aber auch Uruguays Artigas, die z. B. beide im bescheidenen Emil-Markov-Park am Rand von Sofia zu finden sind. In Albanien gibt es keine derartige Konkurrenz, keinen Themenpark mit Nationalhelden. Man hat den Eindruck, jede albanische Kooperative oder Genossenschaft ist stolzer Besitzer eines Skanderbeg. An der Straße der Märtyrer treten die Kopien des sich aufbäumenden Helden in solchen Mengen auf, daß sie die Illusion einer Militärparade oder Sportveranstaltung verbreiten. Es gibt nur den einen Märtyrer. Und mehr denn je wirken seine Denkmäler wie ein passendes Symbol für die gelähmten Sehnsüchte seines Volkes: im gestreckten Galopp, wild entschlossen aufzubrechen, und für immer an den Sockel gefesselt.

Es schüttete wie aus Eimern. Vielleicht war es das Zwiegespräch Skanderbegs mit seinem Pferd, das Nuzi mit der aufopferungsvollen Entschlossenheit erfüllte, mir den Zoo von Tirana zu zeigen.

»Zoooo«, sagte Nuzi. »*Snet?*«

»*Pach*: Zoo«, erwiderte ich, und wir zogen uns die Jacken schützend über die nassen Köpfe und liefen den mit Brennesseln gesäumten Weg im Hoxha-Park hinauf. Wie alle Parks hatte auch dieser Bänke, und diese Bänke waren trotz des Regens mit unterschiedlich durchnäßten oder gezielt verhüllten Paaren besetzt, die zum Knutschen in die Anlagen gekommen waren. Nuzi erklärte felsenfest, daß ich unter diesen Liebespaaren keinen Rom finden würde. Wie Artani bei einem früheren Spaziergang, ließ auch er sich ständig pauschal über das Verhalten der Zigeuner aus, und zwar positiv im Vergleich zu den »Albanern«. Artani hatte verächtlich auf eine »Disco« gezeigt, auf das Schild über der Tür eines segelförmigen Gebäudes aus den 60er Jahren, das früher das Hoxha-Museum beherbergt hatte. »Du würdest nicht einen Rom da drin treffen«, sagte er höhnisch. »Warum nicht?« fragte ich und stellte es mir lustig vor, mit den Brüdern in Albaniens allererste Diskothek zu gehen. »Eine Disko ist etwas für entwickelte Leute«, erklärte er entschieden und griff dabei auf das bißchen Italienisch zurück, das wir beide beherrschten, um sicherzugehen, daß ich ihn verstand. Wahrscheinlich meinte er überentwickelte Leute – d. h. verdorben, übersättigt und ungezügelt. Also so nichts mit Disko.

Wenn die Disko für die Duka-Jungen ein Vorhof der Hölle war, dann war der Zoo für mich (und meine Nase) ihr innerster Kern. Der entsetzliche Pavillon war ein Todestrakt für Tiere. Wenn man, den Kragen fest vor die Nase gepreßt, vor den Käfigen stand, konnte man sich nur wundern, daß diese Tiere noch nicht getötet worden waren, was inzwischen mit allen albanischen Versuchstieren geschehen war, wie mir ein Forscher erzählte, und zwar aus Mangel an Nahrung. Er hatte dabei allerdings nicht an Futter für die Ratten und Kaninchen gedacht: Die Versuchstiere mit den rosa Augen waren vielmehr alle gestohlen und *als* Nahrung verkauft worden. Die

Zeitungen warnten vor den Krebserregern und Viren, mit denen diese auf dem Schwarzmarkt angebotenen Nager infiziert waren. Glücklicherweise hielt Jeta sich an Schafe.

Dennoch trieb uns benommene Neugier weiter. Es gab einen bärenartigen und einen löwenartigen Hund, die zusammen soviel Fell hatten, daß es gerade noch für einen Chihuahua gereicht hätte. Die kleinsten unbehaarten Tiere – es war unklar, was sie waren oder einmal gewesen waren – sahen wie große Babyhamster aus: rosafarbene Röhren. Zwei mit Ekzemen übersäte Schweinchen waren bei ihrer Ankunft im Hoxha-Park wahrscheinlich Pumas gewesen. Ein schwindsüchtiger Tiger lag mit hängendem Kopf krank in seinem Käfig; daneben war ein ehemaliger Schimpanse, der apathisch in einer dreckigen Pfütze unter seinem kleinen Baumbereich badete. Es gab eine tote Schildkröte und etwas, das wie ein gepreßter Torfballen aussah: war es ein Leguan? Nein, es war ebenfalls eine tote Schildkröte, aber nackt. Vielleicht hatte sich der Wärter mit dem wertvollen Panzer aus dem Staub gemacht.

Die Vögel machten nicht den Eindruck, als ob sie fliegen oder gehen oder auch nur aus dem erstarrenden Brei heraustreten könnten, in dem sie standen und von dem sie sich zu befreien suchten – das Gebräu klebte wie Kaugummi an der Schuhsohle. Im Gegensatz zu ihren Nachbarn ähnelten die Vögel wenigstens noch in etwa einer abgemagerten Version ihresgleichen. Im letzten Käfig befand sich ein Adler, dessen türkische Beinkleider jetzt einige Nummern zu groß waren und dessen Schnabel durch eine Art Osteoporose wie der Balg eines Akkordeons gestaucht und geriffelt war, so daß er aussah, als hätte er einen kräftigen Hieb abbekommen.

»Der Adler«, erklärte Nuzi mir mit unnötiger Ironie, »ist unser Wappenvogel.«

Auf dem Weg zurück in die Stadt flüchteten wir vor dem jetzt strömenden Regen in das riesige Parkcafe. In ganz Mitteleuropa erinnern saalartige Speiselokale mit einheitlich langsamer und mürrischer Bedienung an die großzügige Mißachtung der Allgemeinkosten und Gewinne in alter Zeit ... Bis auf mich und Nuzi, ein patschnasses Liebespaar, das kapituliert hatte, und eine Horde sich selbst überlassener Zigeunerkinder, die um einen Tisch in der Ecke tobten, war es leer. Die Kinder waren durch ein kaputtes Fenster hin und her gesprungen, offenbar eine Mutprobe: Wer kommt durch, ohne sich zu schneiden? Sie waren nur spärlich bekleidet, schienen aber von dem kalten Regen unbeeindruckt, der an ihren Beinen herunterlief.

»Es sind keine Roma«, versicherte Nuzi, einer etwaigen anzüglichen Bemerkung meinerseits vorbeugend. Schön, aber wer oder was waren diese Wasserbabys dann?

»Es sind Yevkos«, erklärte Nuzi mir von oben herab. »Wir nennen sie *sir*.« *Sir* ist das Romaniwort für Knoblauch. Und natürlich waren die Yevkos in keiner Weise mit den Roma verwandt – *snet?* fügte er hinzu, offenbar nicht zufrieden mit meiner skeptischen Miene.

Die Yevkos waren ursprünglich ägyptische Sklaven im türkischen Heer und dort speziell verantwortlich für die Versorgung der Pferde – ein Detail, das vermuten läßt, daß sie vielleicht doch Zigeuner waren. Was das ägyptische Etikett betraf, so schien dies der übliche Weg zu sein, sich von anderen Stämmen abzugrenzen. Denn waren nicht die Zigeuner früher selbst als Ägypter bezeichnet worden? Einige Yevkos vertraten inzwischen eifrig die ägyptische Theorie, so wie die ersten Zigeuner in Europa das ebenfalls für nützlich gehalten hatten. 1990 weihte eine Gruppe Yevkos am Ohridsee in Mazedonien eine eigene Moschee ein; dazu luden sie den ägyptischen Botschafter ein und erklärten sich (zu dessen verstörtem Erstaunen) öffentlich zu einem verlorenen ägyptischen Volksstamm.

Aus Sicht der Dukas zählte allein, daß diese Straßenkinder – und es waren offenbar überwiegend Kinder, auch wenn die Erwachsenen, die man manchmal sah, so klein waren, daß sie als Kinder durchgingen – keine Roma waren. Der »Beweis« dafür war, daß sie kein Romani sprachen. Und Romani sprechen war das, was einen Zigeuner letztlich ausmachte.

Marcel, der sich nicht nur in den Sprachen des Balkans sehr gut auskannte, sondern auch in der Ethnographie, bestätigte später, daß die Yevkos wahrscheinlich doch Zigeuner seien und zu einer Gruppe gehörten, die vermutlich lange vor den Vorfahren der Dukas in der Region aufgetaucht war. Wie andere Gruppen – die Rlia in Albanien, die Ashkali und Mango in Montenegro, Kosovo und Mazedonien – waren sie Zigeuner, die ihre Sprache verloren hatten. Das Fehlen von Unterlagen über solche Randgruppen liefert sie jeder historischen Auslegung aus. Und während die Zigeuneraktivisten diese entwurzelten Elemente vielleicht gern zurückgewinnen würden, um den Stamm aufzustocken, oder als Beweis für die Einverleibungsverbrechen gegen ihr Volk, wollen diejenigen, die auf demselben Stück Erde leben, mit ihnen nichts zu schaffen haben. Wie Mischlinge werden diese Gruppen manchmal mit größerer Feindseligkeit abgelehnt als die *gadsche*, die eigentlichen »Anderen« in der Welt der Roma. Sentimentalität gibt es bei den Zigeunern nur in den Liedern.

Nach Mrostar

EINE GANZE WOCHE war bereits verstrichen, seit ich mit Jeta die Entbindungsklinik und den *Floktet* besucht hatte, aber noch immer grollte O Babo über unser Zuspätkommen. Er hatte ihr verboten, Marcel, Gimi und mich auf einem Tagesausflug zu einigen ländlichen Zigeunergemeinden zu begleiten, und nur unter der Bedingung eingelenkt, daß er mitkäme und wir in Mrostar »kurz haltmachten«, einem Ort, der Stunden abseits unserer Route lag, damit er seinen Bruder besuchen könne.

Wir machten uns, mit Proviant versorgt, früh am nächsten Morgen auf den Weg, bewältigten einen langen Anstieg durch die kalkweißen Dajti-Berge, fuhren an Skanderbegs zerfallender Burg vorbei und kamen nach Fushkrut, wo die ärmsten Zigeuner, die ich je gesehen habe, in Lehmhütten und Reisigschuppen lebten, von denen einige nicht größer als die Umkartons von Haushaltsgeräten waren. Die ersten zwei, drei Häuser waren etwas stabiler: getünchte Bauten mit dicken Mauern aus Adobeziegeln, die wie von Hand geformt aussahen. Am äußersten Ende der Siedlung wohnten Familien in Plastiktüten. (Zigeunersiedlungen staffeln sich normalerweise wie folgt: Die annehmbarsten Zimmer sorgen vorne für Eindruck und verbergen die eigentlichen Slums hinten – Unterabteilungen mit Namen wie Niemandsland.) Die meisten Einwohner von Pushkrut arbeiteten auf einem nahen Bauernhof. Man konnte das Gerippe der heruntergekommenen Gebäude gerade noch erkennen – Dachbalken gegen einen wolkenlosen Himmel.

Binnen weniger Minuten drängten sich alle Einwohner, etwa dreihundert Menschen, um uns, wobei die kleinen Kinder den Platz zwischen den Beinen der Erwachsenen und unter deren Armen ausfüllten. So wie es immer niedergeschlagene alte Menschen mit zerfurchten Gesichtern und einige Kinder mit leichteren Behinderungen wie etwa Schielen gab, schien es immer auch eine überirdische Schönheit zu geben: einen Engel, der sofort als Model unter Vertrag genommen worden wäre, hätte man ihn in einem Pariser Bus entdeckt, oder einen kindlichen Krieger mit geschwungenen Lippen, gemeißeltem Kinn und Mandelaugen aus der *Ilias*, so schön wie ein Mensch nur sein kann.

Die Menge wurde rasch zur Last. In ländlichen Siedlungen konnte man, wenn der ganze Ort sich um einen drängte, gefangen und eingepfercht im Zentrum, wirklich Platzangst und Atemnot bekommen. »*Ov yilo isi?*« fragte Marcel, was soviel hieß wie »Alles in Ordnung?« (wörtlich: »Ist hier ein Herz?«). Ein uralter, zahnloser Mann mit einem schmutzigen Filzfes kam aus seiner Hütte gekrochen – einem Kokon aus Zweigen mit einem kunstvoll geflochtenen Dach – und sagte ja, das sei es, bis auf den Winter, wo man »die Ratten füttern« müsse. Er lachte herzlich über seinen Scherz, und sein Adamsapfel hüpfte aufgeregt und ließ rasselnd die dicken Stimmbänder seines Truthahnhalses schwingen. Er war der Älteste im Ort (wenn er auch nicht wußte, wie alt er war) und erzählte uns, daß sie, bevor sie vor etwa dreißig Jahren hierhergekommen waren, um auf dem Bauernhof zu arbeiten, als Korbflechter umhergezogen waren. Etwas von diesem Handwerk war auch noch an seiner armseligen Behausung zu erkennen, auch wenn sie nicht einmal so hoch war, daß er darin hätte stehen, und nicht so lang, daß er sich in ihr hätte ausstrecken können, ohne daß die Füße herausragten. Als er genug von uns hatte, kroch er auf die Fäuste gestützt wieder hinein, und wir verabschiedeten uns von seinen Füßen.

Gimi – Palumb Fortuna – war normalerweise tolerant und einfühlsam, aber er hatte sich geweigert, die Siedlung zu betreten, genau wie O Babo. Vom Fahrersitz aus erzählte er mir, daß diese Zigeuner in Wirklichkeit viel reicher seien als die in Kinostudio, aber »nicht zu leben wüßten«. Es war eine verbreitete, und in diesem Fall offenkundig falsche Ansicht, die aber in der Regel von sich abstrampelnden *gadsche* kam, die glaubten, daß alle Zigeuner die Goldmünzen sackweise in den Falten ihrer dreckigen Kleider versteckten.

Wir machten auch in einem anderen Dorf halt – Grabian –, das zwar arm war, aber längst nicht so erbärmlich. Hier hatten die Zigeuner, die zur Gruppe der Chergari gehörten, ganz untypisch ordentliche Zäune aus zusammengebundenen Zweigen. Im Gegensatz zu den meisten Roma, die Fremden mit tiefem Mißtrauen oder offener Feindseligkeit begegnen, waren sie freundlich und gelöst und bedrängten uns nicht mit Klagen, die wir, wie sie hofften, an »die Regierung« weitergäben. Diese Chergari waren ungewöhnlich vornehme Menschen. Ihre Haut hatte den Ton von Bitterschokolade, sie waren groß, hatten lange, schmale Gesichter und Gestalten und glattes Haar. Und wie in Fushkrut wußten auch sie nichts von den übrigen Zigeunern in der Welt, nicht einmal von anderen Gruppen in Albanien. Sie waren wie gebannt, als die kleine, karamelbraune Jeta in Romani mit ihnen sprach. Und Jeta war ihrerseits erstaunt, daß sie sie verstanden. Die Chergari wußten über ihre eigene Geschichte genausowenig und konnten uns nichts darüber erzählen (ihr Name bedeutet »Zeltbewohner«, aber das waren sie nicht mehr). Was die Gegenwart betraf, war wenig zu sagen: Es gab keine Arbeit, und sie lebten von den Eiern ihrer Enten und Hühner, ergänzt durch die Sonnenblumen und Aprikosen, die überall wuchsen.

Als wir Grabian verließen, zupfte mich eine knochendürre, alte Frau am Ärmel. Sie wollte mir etwas zeigen. Sie griff in ihre Schürzentasche und holte ein zerschlissenes Stückchen weißes Papier heraus, nicht größer als das Einwickelpapier eines Kaugummis und auf Daumennagelgröße zusammengefaltet. Die anderen saßen schon im Wagen, aber ich wartete, während sie den Zettel fahrig entfaltete. Sie hielt ihn mir dicht vor die Augen, aber ich sah nichts – vielleicht einen leichten Schmutzfleck. Ich nahm ihr den Zettel ab und prüfte die andere Seite. Nichts. Er war bis auf die verschmutzten Knickstellen leer. Enttäuscht nahm sie ihn wieder an sich, faltete ihn rasch zusammen und ließ ihn wieder in der tiefen Schürzentasche verschwinden.

Was war mir entgangen? Auf dem Stück Papier stand, wie sie behauptete, die Telefonnummer ihres Sohnes, der nach Italien geflüchtet war. Wahrscheinlich hatte sie einmal dort gestanden, in Bleistiftschrift, die längst verwischt war. Wenn sie, was wahrscheinlich war, Analphabetin war und die Zahlen niemals hatte lesen können, war das, was sie dort gesehen hatte, ohnehin schon etwas bloß Gedachtes. Ich bin jedenfalls sicher, daß sie diese Telefonnummer tatsächlich sah und auch in Zukunft sehen würde. *Te xav ka to biav*, rief die alte Frau mir nach, als ich in den Wagen stieg: »Kann ich auf deiner Hochzeit essen?«

Ich war den Tränen nah, als wir aufbrachen, und am liebsten wäre ich zurück nach Tirana gefahren. Doch wir fuhren weiter, den langen Weg nach Mrostar. Das Land war menschenleer. Mitten im Nirgendwo kamen wir an einem neuen Schild mit einer alten Sprache vorbei. »Demokratie ist ein Kampf um den Fortschritt«, stand dort, »nicht eine Kraft der Destabilisierung und Zerstörung.«

Die Albaner leben mit dem Verlassenen: verlassene Bauernhöfe, aufgegebene Felder, verfallende Hütten mit toten Fenstern, Geisterstädte. Kilometer auf Kilometer verdorren die Sonnenblumen, während alle in die Stadt eilen, um das Sonnenblumenöl der italienischen Regierung zu kaufen, das auf dem Schwarzmarkt von Tirana gelandet ist. Auf dem Land draußen waren Ziegen, aber keine Menschen zu sehen, als ob das ganze Gebiet evakuiert worden wäre – eine

Vorstellung, die etwas unheimlich Einleuchtendes bekam durch die sich über das Land ausbreitenden Bunker.

Seit dem Ende des Kommunismus bestätigt nicht nur die Rückführung angeblicher Flüchtlinge die Albaner in ihrem Glauben, daß die Welt draußen im wesentlichen feindselig gesinnt ist. Tausende von Betonkuppeln, die das ganze albanische Land schmücken, dienen als unbeholfene Mahnung. Diese seltsamen Iglus, die man nicht nur an der Küste und den wichtigen Straßen findet, sondern unerklärlicherweise auch auf abgelegenen Feldern, waren ein Einfall Enver Hoxhas, der die Albaner vom Stammeshaß abbrachte, indem er sie im Haß auf Fremde vereinte: alles potentielle Invasoren. Die Bunker sehen zweifellos lächerlich aus, doch das Abschlachten der moslemischen Glaubensbrüder im nahen Bosnien (für das die Albaner, die überwiegend Moslems sind, wenig Interesse zeigten) verleiht ihnen eine gewisse Berechtigung. Ein typisch albanischer Witz aber ist es, daß die Bunker so klein sind, daß nur Spielzeugsoldaten oder Kinder Schutz darin finden könnten. Die Bunker in den Städten wurden als Toiletten benutzt; hier, unter der hochsommerlichen Sonne, spendeten sie vielleicht barmherzigen Schatten.

Bexhets dringendes Verlangen, seinen »Bruder« zu besuchen, war erstaunlich. In den ersten Tagen bei den Dukas hatte O Babo mir erzählt, daß er einen Bruder gehabt habe, der aber gestorben sei – eine Geschichte, die er viele Male wiederholte. Als Baby war Bexhet ständig krank gewesen, während sein *binak* oder Zwillingsbruder gedieh und fett wurde und wuchs. Einmal hatte seine Mutter in die Stadt gehen müssen, und da sie keinen von beiden allein lassen wollte, hatte sie beide Kinder mitgenommen. Auf der Straße begegnete ihr eine Bäuerin, die keine Kinder hatte. Als die Bäuerin sah, daß seine Mutter zwei Kinder hatte, wollte sie eines haben, das gesunde. Natürlich sagte seine Mutter, sie solle sich zum Teufel scheren, und deshalb »gab« die Bäuerin seinem kleinen Zwillingsbruder »das Auge«. Zwei Tage später war er tot.

Aber wenn man Bexhet heute an diese Geschichte erinnerte, vergoß er gespielte Tränen über den Fluch, der noch immer auf seiner

Familie liege. Obwohl er das weinerlich wie eine Art Märchen erzählte, schien er es doch wirklich zu glauben. Was der Geschichte Kraft verlieh, war, daß sie etwas Wahres darüber ausdrückte, wie seine Leute die benachbarten Bauern betrachteten. Die Geschichte griff das typische *gadscho*-Märchen von Zigeunern und Verwünschungen auf, und in beiden Fassungen war der unumstößliche Beweis für das Böse der Wunsch des anderen, einem die Kinder zu stehlen.

Auf jeden Fall war Aziz Čiči, den wir in Mrostar besuchen sollten, kein Bruder, sondern ein Cousin; Bexhet hatte die Bezeichnung als eine Geste der Solidarität benutzt. Diese Geste und sogar die Geschichte von den getrennten Zwillingen wurde klar, als der Grund für unseren Besuch offenbar wurde: Aziz Čiči hatte einen *gadscho* umgebracht und sollte in der nächsten Woche vor Gericht kommen.

Was wir an dem Tag bereits gesehen hatten, war von einer Traurigkeit, die auch den abgehärtetsten Sozialarbeiter zum Schweigen gebracht hätte. Es war das anonyme Elend der ganzen verarmten Welt – einer Welt, die immer noch hauptsächlich von Kindern bevölkert wird. Die Tragödie in Mrostar hatte noch eine weitere, eine rassische Dimension: Ein Verbrechen war verzerrt und verstärkt worden durch die Spannung zwischen der Gruppe und der zahlenmäßig größeren weißen Umgebung. Sie zeigte außerdem die echte Unfähigkeit der Zigeuner, endlich damit aufzuhören, ihr eigener ärgster Feind zu sein, wie die *gadsche* sagten.

Wir fuhren über die größte Brücke Albaniens, die Hängebrücke, die die 10-Lek-Note ziert. Nicht weit davon fanden wir das Haus von Aziz Čiči, einen weißen Bau mit drei Zimmern, der über einem Bahngleis thronte. Es war leer. Die sonnigen Zimmer waren ausgeräumt, nur ein paar zerbrochene Stühle erinnerten daran, daß hier einmal Menschen gewohnt hatten. Ein paar zerbrochene Stühle und eine klagende Frauenstimme: In einem Hinterzimmer kniete eine ältere Frau, die uns den Rücken zukehrte, vor einem offenen Fenster und schwankte wie in Trance; es war der körperliche Ausdruck ihres getragenen, irgendwie unirdischen Klageliedes. Es war ein Lied an den *mulo*, den Geist der Toten. Waren wir zu spät gekommen?

Aus dem Haus nebenan begrüßte uns erleichtert eine Zigeunerfamilie, die Bexhet kannte, und bat uns hinein. Man konnte die Zahl der Menschen, die in diesem kleinen Haus zusammengepfercht waren, leicht überschätzen aufgrund der üblichen Galerie von Kindergesichtern, die sich gegen das Fenster drückten, und der umständlichen Angewohnheit unserer Gastgeber, die uns vor dem Haus die Hand gaben und dann noch einmal, als wir die Schwelle überschritten hatten. »Gott segne deine Beine«, sagte der Ehemann zu mir und hob meine Hand, als wolle er sie küssen. Ich lächelte schwach und blickte verstohlen zu Marcel; als wir uns gesetzt hatten (alle fünf nebeneinander auf ein Feldbett), vollendete Marcel den Satz: »Gott segne deine Beine dafür, daß sie dich hierhergebracht haben.«

Der Tote, Fatos Gremi, war ein bekannter Dieb und überall verachteter Säufer. Trotzdem hatte sich die bis zu dem Vorfall vor drei Monaten friedliche Gemeinschaft hoffnungslos in zwei Lager aufgespalten. Der ganze Bevölkerungsteil der Roma war geächtet. Niemand konnte im Laden am Ort noch Lebensmittel kaufen, und nach Einbruch der Dunkelheit hatten sie Angst, vor die Tür zu gehen. Die verzweifelten Freunde von Aziz, die die Ereignisse in dem zum Ersticken vollgestopften Zimmer schilderten, waren insoweit einer Meinung. Aber die weitverzweigte Familie der Mechkari brauchte gar nicht erst ausgestoßen zu werden, um es auch zu spüren: Die Familie von Aziz und in einem geringeren Maß die Verwandtschaft der Familie und die engeren Freunde teilten seine Schande. Auch sie galten als *mahrime*. Die Schwester von Aziz z. B. war im Dorf, aber sie machte bei dieser Rekapitulation nicht mit, und Bexhet dachte nicht daran, sie zu besuchen; sie war seine Cousine, aber im Augenblick war sie genauso verunreinigt wie ihr Bruder.

Was an jenem Tag tatsächlich passiert war, war Gegenstand des bevorstehenden Prozesses und hier im Zimmer Thema einer wirren und erstaunlich gleichgültigen Diskussion. Der betrunkene Gremi hatte vermutlich spät in der Nacht mit Steinen auf das Fenster von Aziz geworfen (einer sagte, um sieben Uhr abends, ein anderer bestand auf Mitternacht und ein dritter meinte, kurz vor Sonnenaufgang). Der aufgeschreckte Aziz war zur Tür geeilt (ein Freund gab eine äußerst schwache Pantomime zum besten) und hatte einen Schuß in die Dunkelheit abgefeuert – was heutzutage in Albanien vielleicht gar nicht so ungewöhnlich war. Aber die Kugel hatte Fatos Gremi getroffen und getötet. Der völlig verstörte Aziz hatte den Toten ins Haus gezogen.

Dann war er in Panik geraten. In der Nacht (am nächsten Morgen/Tage später) hatten er und seine Frau Gremi in einen Rupfensack genäht, in das Auto gepackt, zur Hängebrücke gefahren, den Sack mit Steinen beschwert und dann die Böschung hinuntergerollt. Aber der Fluß hatte Niedrigwasser, und am nächsten Morgen war Fatos Gremi gestrandet und Aziz Čiči war geächtet.

Keiner der Anwesenden versuchte, das Verbrechen mit Rücksicht auf Aziz zu leugnen oder die Folgen seines anschließenden Handelns in Frage zu stellen (er hatte sich sofort in die Stadt Pluk abgesetzt). Statt dessen lieferten sie konkurrierende Versionen vom zeitlichen und sonstigen Ablauf, fielen sich temperamentvoll ins Wort und versuchten, sich gegenseitig zu übertreffen, als wollten sie sagen: »Wartet erst mal, bis ihr meine Geschichte gehört habt.«

Alle durch die Bank lügen sie, dachte ich zunächst. Und sie tun es rein zum Vergnügen. Aber dann begriff ich allmählich. Sie hatten kein Gefühl für die Zeit und ließen sich durch Einzelheiten wie die Unmöglichkeit, sich an einem Sommerabend um fünf Uhr in der Dunkelheit davonzustehlen, nicht beirren. Vor allem aber betrachteten sie die Rekonstruktion von Ereignissen nicht als einen Vorgang der Erinnerung. Sie erzählten die Geschichte vielmehr so, wie sie sich ihnen im Augenblick des Erzählens darstellte. Vor unseren Augen tauchten sie, als wäre es das erste Mal, in das dramatische Geschehen ein und beschworen abermals die Gefühle, die zu einer so schrecklichen Tat paßten. Für sie war die stimmigste Version – die den Sieg davontrug – einfach die überzeugendste und lebendigste. Die heldenhafte Gegenwart war dort, wo sie waren.

Dieser Eindruck erhärtete sich, als Marcel ihnen zu erklären versuchte, was eine Berufung ist und daß es möglich sein mußte, wohlmeinende internationale Beobachter bei dem Prozeß hinzuzuziehen (bis zu dem es nur noch eine Woche war). Mitten in seinen klaren und verständlichen Ausführungen tauchte auf dem schmalen Streifen zwischen unseren Zehen und denen der Verwandten auf den Stühlen gegenüber ein Huhn auf. Die Zigeuner kicherten und glucksten wie Kinder, als hätte jemand während einer besonders weihevollen Predigt gefurzt. Und dann redeten alle lautstark und mit großem Ernst über das Huhn: Woher es gekommen war, wem es gehörte, ob man es nicht einfach in den Topf stecken sollte, bevor jemand Ansprüche anmeldete, ob die Punkte auf seinem Schnabel nicht auf eine Krankheit hindeuteten, deren verheerende Wirkung jemand daraufhin in grellen Farben schilderte, während ein anderer mit der nüchternen Präzision eines Reiseführers erklärte, daß »die Hühnerpest« mehrere Städte und Dörfer in der Gegend heimgesucht habe und jetzt auf dem Weg nach Mrostar sei. Auf den armen Aziz kam das Gespräch nie mehr zurück.

Sprunghafte Unterhaltung und das spontane, theatralische Angehen unstrittig ernster Themen war bei den Zigeunern überall gang und gäbe: Das machte sie einerseits so anziehend, gleichzeitig aber auch zu schwierigen Nachbarn. Marcel erklärte, sie seien unfähig, Prioritäten zu setzen. Tatsächlich waren ihre Prioritäten einfach unterschiedliche Prioritäten: Allen Ereignissen wurde der gleiche Wert zuerkannt, aber der Reihe nach. Was im Augenblick passierte – der Prozeß gegen Aziz, ein herrenloses Huhn –, besaß den höchsten Stellenwert. Kein Vorfall beschäftigte sie längere Zeit. Besonders gern widmeten sie sich den Ereignissen und Personen mit den größten dramatischen Möglichkeiten – d. h. mit einem in der Phantasie fortdauernden, endlos wiederholbaren und verbesserbaren Leben: so etwas wie Erinnerung.

Wir waren erschöpft und wollten unbedingt gehen, ließen uns aber dennoch davon überzeugen, daß es zu spät sei, über die unbeleuchteten, begrenzungslosen Bergstraßen nach Tirana zurückzufahren. Und so blieben wir, bekamen ein vorzügliches Hühnergericht und verbrachten eine unruhige Nacht auf Matten, die man im

Haus des Angeklagten ausgelegt hatte. Bexhet allerdings schlief draußen; es war ihm zuwider, sich an diesem Unglücksort aufzuhalten. Doch wie sich herausstellte, hatte diese Besorgnis nichts mit Aziz Čiči zu tun, sondern mit der alten Frau, der Mutter von Aziz, die wir zuerst gesehen hatten, von hinten, als sie ihr Klagelied angestimmt hatte. Als älteste Frau der Familie und der Roma-Gemeinschaft von Mrostar hatte sie sehr viel Macht. Was den Tod und Geister anging, besaß sie mehr Autorität als ihr noch älterer Mann.

Wie alle Zigeuner glauben auch die Zigeuner von Mrostar an den *mule* und fürchten ihn. Obwohl die Männer anscheinend alle Autorität besitzen und sie im weltlichen Leben auch ausüben (sie entscheiden über Strafen für eigensinnige Mitglieder der Gruppe oder verhandeln mit *gadscho*-Beamten), verfügen doch die Frauen über die dunkelsten und gefährlichsten Kräfte. Ihre Legitimation beruht auf dem Wissen um Geister und Heilmethoden und letztlich ihrer Fähigkeit, die Männer zu verunreinigen. Der Tod, die letzte Autorität, ist ein Mann (bemerkte Anne Sutherland), aber nur eine Frau kann ihn vertreiben.

Aber nicht nur vor Geistern muß man sich vorsehen. Eine Frau kann einen Mann dadurch »verunreinigen«, daß sie ihm einfach ihren Rock über den Kopf wirft oder auch nur damit droht – und beschmutzt ihn dadurch rituell, so daß er der Reinigung bedarf, bevor andere Zigeuner wieder mit ihm verkehren können. Die Frau hat die Macht, weil sie selbst von Natur aus *mahrime* ist – wenn sie verheiratet ist, also sexuell aktiv. Sie muß komplizierte Vorsichtsmaßnahmen ergreifen, um andere nicht ihrer »Unreinheit« auszusetzen. Diese genau definierten Regeln über Reinheit und Unreinheit sind die eigentliche universelle Sprache der Zigeuner, die an jedem Ort und in jedem Dialekt verstanden, wenn auch nicht immer streng befolgt wird.

Am besten haben es vielleicht die alten Frauen in der Zigeunergesellschaft. Als Frauen sind sie im Besitz mystischer Kräfte. Aber weil sie alt sind, ist ihre Sexualität keine Bedrohung mehr, und sie müssen nicht mehr all die Reinheitsrituale beachten, denn sie essen und rauchen ohnehin zusammen mit den Männern. Ganz anders als die Frauen im Westen, die während der Wechseljahre unter Umständen unter erheblichen Depressionen leiden, da ihre biologische Anziehungskraft zu schwinden scheint, gewinnen Zigeunerinnen ab einem gewissen Alter an Ansehen. Weil sie körperlich den Männern ähnlicher werden, spielt die soziale Unterlegenheit ihres Geschlechts keine Rolle mehr. Alte Menschen genießen bei den Zigeunern allgemein Achtung, und wegen ihres tieferen Wissens und ihrer Erfahrung haben alte Zigeunerinnen von Albanien bis Amerika auch bei weltlichen Dingen oft ein gewichtiges Wort mitzureden.

Mir war unklar, warum die Mutter von Aziz diese Totenlieder sang (denn eins war sicher, sie sang nicht für Fatos Gremi). Vielleicht aus einer unter den Zigeunern herrschenden Angst heraus, daß Personen, die – entweder durch den Tod oder, wie bei Aziz, durch Schande – der Achtung beraubt werden, die erst mit dem Alter kommt, unter Umständen zu bösen Geistern werden. Vielleicht versuchte sie, wie alle Mütter, für ihren Sohn etwas Günstiges herauszuholen. Bexhet jedenfalls hielt sich fern von der *puri daj*, der alten Mutter von Aziz.

JETA WAR KAUM jemals so lange von Kinostudio weg gewesen und wollte unbedingt früh los. Es war noch dunkel, als wir aufbrachen. Die Fahrt war ein Traum von kreideweißen Bergen und schwindelerregenden Pässen, die man sich besser nicht genau anschaute. Ich schlief anfangs und stellte mich dann schlafend, weil ich auf diese Weise ungestört blieb. Der Asphalt der Hauptstraße, die aus Tirana hinausführt, hört dort auf, wo Kinostudio anfängt; der vertraute, holprige Weg verriet mir, daß wir zu Hause waren. Als der Wagen wie ein Fuhrwerk aus einem Schlagloch ins andere taumelte, hob es uns alle fünf von den verschwitzten Sitzen in die Höhe. Dann schleifte der Wagen plötzlich mit der Schnauze im Staub und blieb stehen. Wir saßen fest, um dreißig Grad nach vorn gekippt, bei achtunddreißig Grad im Schatten, und kamen nicht weiter.

Als der Staub sich setzte, bot sich uns ein pharaonisches Bild: Ein Dutzend Männer mit nacktem Oberkörper zog am armdicken Tau eines Flaschenzugs. Am Fragezeichen des eisernen Hakens hing in einer großen Lederschlinge der Kadaver eines toten Pferdes. Das Pferd glitt nach unten, die Beine noch in der Schlinge, die Fesseln unwirklich erstarrt wie zum Gebet. Und dann fiel es zu Boden, die vom Star getrübten Augen noch geöffnet, schwerer und erdgebundener, als es im Leben jemals hätte sein können.

Das Pferd glänzte noch vor nassem Schweiß; stumpf standen im Fell Flecken gegen den seidigen Glanz, wie zurückgebürsteter Samt. Hunderte von Fliegen umschwirrten es und ließen sich zögernd nieder. Auf dem Boden waren eine dunkle Stelle und eine flache Vertiefung, die das Pferd gescharrt hatte, wahrscheinlich in seinem letzten Aufbäumen gegen den Tod.

Einige der Männer standen abseits und kühlten ihre vom Seil zerschundenen Hände. Eine zweite Schicht hatte sich auf beiden Seiten des sperrigen Tieres aufgestellt; die eine Hälfte stemmte sich gegen den knochigen Rücken, während die andere an den steifen, staksigen Beinen zog. Obwohl ich keine Wunde sah, waren die Männer an Händen und Brust mit schwarzem Blut verschmiert. Kinder rannten den Weg vom Nachbarviertel hinauf und zogen oder schoben verschiedene Geräte – Bretter und Schaufeln und eine Schubkarre. Schließlich wurde der Flaschenzug so hoch gezogen wie möglich, und das mächtige, von Fliegen bedeckte Tier fiel polternd auf einen wartenden Wagen. Von dort, wo ich stand, konnte ich die Männer auf dem Wagen gar nicht sehen, nur eine Reihe Fäuste, die sich von der anderen Seite in die verfilzte Mähne gruben und daran zogen.

Am Abend und auch an den folgenden Tagen wurde das Pferd mit keinem Wort erwähnt. Mit einer beschwichtigenden Geste unausgesprochener, aber unmißverständlicher Mahnung unterdrückte Jeta meine Frage – nicht, wie ich annahm, weil das Tier auf so schreckliche Weise gestorben war, sondern aus einer immer noch vorhandenen Achtung einem geschätzten Tier gegenüber.

WENIGE TAGE VOR meiner Abreise aus Albanien verließen Nicu und Dritta mit ihren Jungen Jetas Hof; ihre neue Wohnung war fertig. Einen ganzen Nachmittag lang dirigierte eine aufgekratzte Dritta alle Kinder und Brüder hin und her und packte unterwegs Kisten um, wenn sie für die kleinen, sich unter ihnen mühenden Körper zu schwer waren. Nicu und Nuzi schulterten die polnischen Sofas. Liliana trug den angestrichenen Tisch. Dritta strahlte für die Zuschauer. Ein eigenes Zuhause: Das war das größte Ereignis ihres Lebens. Und selbstverständlich war Dritta keine *bori* mehr – sie war eine *romni* geworden, eine Ehefrau. Das würde sie normalerweise erst, wenn sie selbst eine *bori* hätte – also in ein paar Jahren, wenn Djivan das kleine Mädchen aus Berat heiraten würde. Doch Dritta hatte ihre Chance genutzt; es war Zeit zu gehen.

Daheim täuschten die zurückbleibenden *boria* Gleichgültigkeit vor und erledigten ruhig weiter ihre Hausarbeit. Dritta war fort, und Viollca und Nuzi, die nächsten in der Reihe, würden bald in ihr beträchtlich größeres Quartier ziehen. Aber selbst ihre Stimmung war gedämpft. Auf dem Hof würde es sehr viel ruhiger werden. Auch Bexhet, der sein funkelndes Fahrrad putzte, war in sich gekehrt. Und Jeta, die es nicht bei ihrer üblichen Arbeit hielt, machte sich zu einigen erfundenen Erledigungen auf. Es war nicht ihre Aufgabe, an der Gemeinschaftsquelle Wasser zu holen, aber genau dort sah ich sie; sie kauerte auf dem Rand, hielt sich ein Auge zu und folgte mit dem anderen Dritta und Nicu, die ein letztes Mal um jene vertraute Ecke bogen und gemeinsam einen Stanbuli-Ofen schleppten, in den Drittas kostbarer Orangenbaum aus fluoreszierendem Kunststoff gesetzt worden war. Jeta kam mit feuchten Augen und einem leeren Eimer nach Hause zurück und schrie eines der Hühner an – *nash!* dummes Vieh! –, das im Tor zum Hof herumstand.

Kapitel 2

HINDUPEN

»SAG MIR«, FRAGTE ER, »woher kommen die Roma?« Auf ein Stück
Papier, das ich aus einer Zeitung gerissen hatte, zeichnete ich eine
Seeräuberkarte und den Weg des Exodus der Zigeuner aus Indien
vor tausend Jahren. »Und wir sind hier.« Ich machte ein Kreuz auf
der Karte, links von der Mitte. Es markierte das aus einem Zimmer
bestehende Haus von Geza Kampuš an der namenlosen Hauptstraße des Zigeunerviertels von Krompach, einer Stadt im Osten der
Slowakei, südlich von Polen, direkt westlich der ukrainischen Grenze, dicht beim rumänischen Transsilvanien in einem Gebiet, das ein
paar Generationen zuvor noch zu Ungarn gehört hatte. Wir befanden uns im Herzen von Mitteleuropa – ein Ort, aus dem Menschen
(wie z. B. Robert Maxwell, viele amerikanische Zigeuner, Andy
Warhols Eltern, meine Großmutter) kommen, nicht einer, den sie
aufsuchen. Krompach, das einmal eine Kupferfabrik besaß, in der
Geza arbeitete, ist in keinem Reiseführer zu finden. Und obwohl ich
schon einmal dort gewesen war, zögerte ich, bevor ich das Kreuz
machte. Die häufigen Grenzänderungen in dieser Gegend bedeuteten seltsamerweise, daß in der geographischen Vorstellung nur
Gewässer als feste Formen erscheinen. Länder und Hauptstädte entsprechen nicht der Landkarte der politischen Vorstellung (Polen ist
so groß wie Deutschland; Prag liegt westlich von Wien). Ich zeichnete die Grenzen Mitteleuropas so, wie sie heute sind; den übrigen
Karteninhalt, den Wanderungsverlauf, beließ ich in den verschwommenen Formen der Landmassen der fernen Vergangenheit.

Die Wanderung der Zigeuner ist mit den Gräten eines Fisches verglichen worden, die über der Landkarte von Europa liegen. Wenn man jede Gruppe oder jede denkbare Gruppe einbezog, die ihre eigene Richtung einschlug, würde es vielleicht so aussehen. Aber ich versuchte, es einfach zu halten, mit zwei Hauptströmen, die den Zug der Menschen darstellten: von Indien nach Persien – und dann eine Gabelung, nach Armenien, Syrien und dem Irak in der einen Richtung, und in das byzantinische Griechenland, zum Balkan und weiter nach Westeuropa und in die Neue Welt in der anderen. Den Finger auf dem Kreuz, drehte ich die Karte Geza zu. Er betrachtete sie, blickte auf und lächelte, entschuldigend, aber fest.

»Das paßt einfach nicht«, sagte er und lehnte sich zurück. »Es tut mir leid, aber das kann einfach nicht stimmen.«

Man hätte Gezas indische Abstammung erraten können. Hätte man ihn in einem Bus in Bombay oder in der Londoner U-Bahn gesehen, hätte man nicht zweimal überlegt: Mit der dunklen Haut, der wohlproportionierten, feinen Gestalt, den glatten, schwarzen Haaren und den tiefschwarzen Mandelaugen war er ein typischer Inder. Selbst wenn er noch nichts von Indien gehört hatte, und das hatte er wohl noch nicht, wäre Geza aufgefallen, daß er anders war als seine großen, hellhäutigen, slowakischen Nachbarn mit ihren runden Schultern, den grauen Augen, gelben Zähnen und tabakbraunen Schnauzbärten. Aber es war ein angenehmes Indiz dafür, wie unbeschwert er sich in seiner Haut fühlte, daß Geza nicht instinktiv annahm, dieses Land sei *ihr* Land.

»Und was meinst du?« fragte ich ihn und faltete die Karte zusammen. »Was meinst du, woher die Roma kommen?«

Geza drehte die Handflächen nach oben, bekam große Augen und zog die Mundwinkel nach unten – wieder dachte er nach. Nach einer Weile kehrte sein Lächeln zurück.

»Krompach?« Er zuckte die Schultern. »Ich weiß es nicht. Ich glaube, wir kommen aus Krompach.« »Und woher kommst du?« wollte eine seiner Töchter wissen, die unser Gespräch verfolgt hatte. »Aus Amerika«, sagte ich, und sie erwiderte: »Oh, da bin ich schon

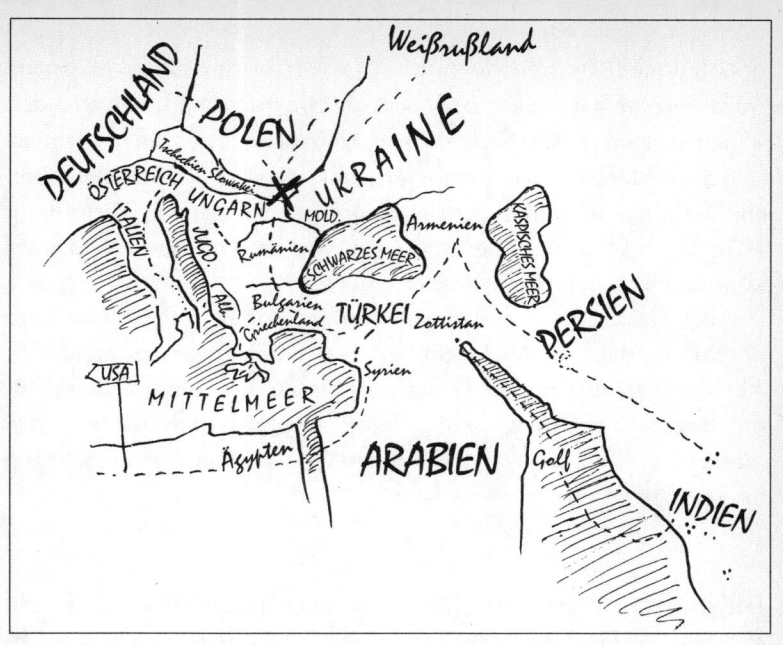

»Seeräuberkarte« mit dem Wanderungsverlauf

gewesen.« »Wirklich?« fragte ich. »Ja, das ist gleich bei Michalovce«, erklärte sie und meinte einen Ort etwa fünfunddreißig Kilometer von Krompach entfernt.

VIELLEICHT HATTE GEZA mich nur nach der Herkunft seines Volkes gefragt, um über irgend etwas zu reden. Ich habe nicht viele Zigeuner kennengelernt, die sich für solche Fragen interessierten; frühe Geschichte bestand für die meisten aus den ersten Erinnerungen der ältesten noch unter ihnen lebenden Personen. Aber ich habe auf meinen Reisen oft an Geza gedacht und ihn immer wieder getroffen. Im Lauf von vier Jahren besuchte ich mehrere Dutzend Zigeunergemeinden im ehemaligen Ostblock – in Albanien, aber auch in Polen, Bulgarien, der Tschechoslowakei, Ungarn, Jugoslawien,

Rumänien, Moldawien und Deutschland. Ob die Zigeuner von nationaler oder ethnischer Identität sprachen oder nicht, in Osteuropa waren sie von Menschen umgeben, die von nichts anderem zu reden schienen. Und dieses Nicht-Wissen unterschied sie, auch wenn sie sich dessen kaum bewußt waren. Es war, wie ich allmählich glaubte, ein Definitionsmerkmal für die Identität der Zigeuner. Wenn man nicht sagen konnte, woher man kam, war man niemand, und jeder konnte über einen sagen, was er wollte.

Aber Gezas Antwort war gut: Heimat konnte überall sein, und überall war Heimat. Vielleicht bedeuteten die Ursprünge nicht viel. Mit ihrer fast mythischen Gegenwart waren dies Menschen, die immer dagewesen waren, die aber immer wieder hatten neu beginnen müssen, wo sie auch waren. Und der Weg dorthin war immer lang und beschwerlich gewesen.

DIE INDISCHE ABSTAMMUNG der Zigeuner ist den Wissenschaftlern seit dem 18. Jahrhundert bekannt, als ein paar europäische Sprachforscher auf Menschen in ihrer Mitte stießen, die eine orientalische Sprache sprachen. Dem ungarischen Pastor Istvan Vali gelang 1753 eine Art Beweis, als er ein Jahr an der Universität Leiden war. Vali hatte dort drei Studenten aus Malabar an der Südwestküste Indiens kennengelernt und befragt. Er erstellte ein Lexikon mit tausend Wörtern ihrer Sprache (die Zusammenstellung ist nicht erhalten) und stellte, als er nach Ungarn zurückkam, fest, daß die dortigen Zigeuner sie verstanden.

Aber für ein halbes Jahrtausend ihrer Wanderungen findet sich in zeitgenössischen Berichten kaum ein brauchbarer Hinweis auf die Zigeuner – und sie selbst haben nie etwas aufgeschrieben. Die dunkle Hautfarbe ließ die frühen nichtzigeunerischen Chronisten ebenfalls nicht an Indien als das Ursprungsland denken, auch wenn »exotische« östliche Länder logischerweise ins Bild rückten. Seit sie zum ersten Mal schriftlich erwähnt wurden – in der *Geschichte der Könige der Erde* (950) des persischen Chronisten Hamza ibn al-Hasan

Ein Roma-Ehepaar in Böhmen mit seinem Hochzeitsbild, 1991

al-Isfahani –, hat man den Zigeunern viele Namen gegeben, die meistens abfällig waren: Tataren, Heiden, Sarazenen, Griechen, Türken, Juden, Dschats; Athingani, Atzinganoi, Romiti, Böhmen, »Närrisch aufgemachte griechische Böhmen«, Pharaonenvolk, Ägypter, Luri, Zingari, Zotts.

IN SEINEM 1783 erschienenen Buch *Die Zigeuner* vermittelte Heinrich Grellmann von der Universität Göttingen einen Überblick über die große Verwirrung, die in der Frage der Herkunft der Zigeuner herrschte.

Weil sie also Zigeuner (Cingani) heißen, so sollten sie bald von griechischen Ketzern, Athinganer genannt, herstammen; bald aus der Africanischen Provinz, die ehedem Zeugitana hieß, ausgewandert; bald die von Julian dem Abtrünnigen aus der Stadt Singara in Mesopotamien vertriebenen Flüchtlinge, seyn. Wiederum versetzte man sie an das Gebürge Caucasus, und machte sie zu Zochoren; oder an den Mäotischen See, und ließ sie von den Zichen abstammen ... noch ein anderer holt sie ebenfalls aus Mauretanien, und um seine Meynung auch durch ihren Namen zu rechtfertigen, so macht er sie zu Nachkommen von Chus: ... Man wollte auch gehört haben, daß die Zigeuner sich selbst More nenneten, und den Nahmen Amori (nicht Amori, sondern dscha More, geh du – Kerl!) oft unter sich gebrauchen, und nun wurden sie gar Amoriter.

... Daher wurden sie bald Torlaquen, Fakirs und Kalendars. Bald Ueberbleibsel von Attila's Hunnen; bald Avaren, die Carl der Große zu Paaren trieb; bald Perscheneger, die im zwölften Jahrhunderte ihre letzte Rolle spielten; oder auch ein aus allerley schlechten Menschen zusammengerottetes Gesindel, das, im Ganzen genommen, gar kein Vaterland habe, wie dessen Nahme, Zigeuner, auch besage, der so viel sey, als, Ziehe einer, und daher komme, daß unsere Teutschen Vorfahren jeden Landstreicher Ziehegan genannt hätten.

Grellmann war zwar nicht der einzige, der die Verbindung mit Indien erkannte, aber er war der erste, der die Frage nach der Herkunft einer strengen sprachlichen Analyse unterzog und damit einer neuen Wissenschaft den Weg ebnete, die ein Historiker »Sprachpaläontologie« nannte. Grellmann erstellte einen fünfzehnseitigen vergleichenden Katalog mit Romani-Wörtern und deren »hindostanischen« und englischen Entsprechungen, wobei er zwischen ihnen eine Übereinstimmungsrate von etwa eins zu drei erreichte und endgültig jeden Zweifel an der Herkunft der europäischen Roma beseitigte.

Und dann, als wollte er die Hypothese von den exotischen Ursprüngen noch zwingender machen, trug Grellmann auch dazu bei,

Klischees über Zigeuner festzuschreiben: von leichtfertigen Frauen, Aasessern und selbst von denen unter ihnen, die »Geschmack am Menschenfleisch« finden – eine Verleumdung, die zu widerlegen über ein Jahrhundert dauerte. In *Die Zigeuner* räumte er zeitgenössischen Berichten über Ereignisse aus dem Vorjahr (1782) im Bezirk Hont (damals Teil von Ungarn, heute der Slowakei) reichlich Raum ein. Der Fall umfaßte über 150 Zigeuner, von denen 41 in der Folter gestanden, Kannibalen zu sein. Fünfzehn Männer wurden gehängt, sechs auf das Rad geflochten, zwei geviertelt und acht Frauen enthauptet – bis eine vom habsburgischen Kaiser Joseph II. angeordnete Untersuchung ergab, daß alle vermeintlichen Opfer noch lebten.

Aber der Makel des Kannibalismus blieb haften. Noch 1929 wurde in der Slowakei eine Bande räuberischer Roma beschuldigt, ihre Opfer zu verspeisen, und obwohl die Anklage fallengelassen wurde, sorgte sie doch wochenlang für Sensationsschlagzeilen.

Frühe Spekulationen von *gadsche* über die Heimat der Zigeuner kamen meistens in Form von Bibellegenden auf – alles persönliche Auslegungen, für die das Buch der Bücher sich immer wieder als anfällig erwiesen hat. Und so hieß es, die Zigeuner seien die verfluchten Abkömmlinge des Kain und verdammt, durch die Welt zu ziehen. (In semitischen Sprachen – Hebräisch, Aramäisch u. a. – bedeutet *kain* »Schmied«, vielleicht der Beruf, mit dem Zigeuner am engsten in Verbindung gebracht werden.) »Wenn du den Acker bebauen wirst, soll er dir hinfort seinen Ertrag nicht geben. Unstet und flüchtig sollst du sein auf Erden.« (1. Mose 4,12) Diese Stelle hat als Erklärung dafür gedient, daß die Zigeuner sich nie sehr zum Landbau hingezogen fühlten, ein Zug, den sie vielleicht selbst (arglistig) als ihren »Fluch« bezeichnen. Reden zeitgenössischer Zigeunerführer beginnen sehr oft mit einer Erwähnung des biblischen Fluchs gegen ihr Volk. Doch solche »Beweise« belegen vor allem, wie bedauerlich es ist, daß die Zigeuner keine eigene Bibel haben – wenngleich sie nach einer anderen Legende einst eine Bibel hatten. Ich habe nichts dergleichen in Albanien gehört, aber einer Erzählung aus Bulgarien zufolge schrieben die Zigeuner, als Gott die verschiedenen Religionen austeilte, die ihre auf Kohlblätter, aber es dauerte nicht lange, da hatte ein Esel das heilige Buch gefressen. Eine andere eigenartige Geschichte über heißhungrige Blasphemie kommt aus Rumänien: Die Zigeuner bauten eine Kirche aus Stein, die Rumänen eine aus Schinken und Speck. Die Zigeuner feilschten so lange, bis die Rumänen einwilligten, die Gebäude zu tauschen – und aßen ihre Kirche prompt auf. In der serbischen Version besteht die Kirche aus Käse, und es wird außerdem erklärt, warum die Zigeuner betteln: Der Grund, warum die Zigeuner von Tür zu Tür gehen und um Geld betteln, ist der Fabel nach der, daß die Serben ihnen noch immer Geld für ihre Kirche schulden; die Bettler sammeln also nur, was ihnen zusteht.

Die Zigeuner selbst haben keine Helden. Es gibt keine Sagen von einer großen Befreiung, von der Gründung des »Staates«, von einem gelobten Land. Sie haben keinen Romulus und keinen Remus, keinen umherziehenden, kämpfenden Äneas. Sie haben weder Denkmäler noch Schreine, keine Nationalhymne, keine Ruinen. Und keine Bibel. Bis auf die gut hundert Wörter und Redewendungen, die drei Nichtzigeuner im 16. Jahrhundert aufgeschrieben haben, gibt es keine Belege für das frühe gesprochene Romani. Sie haben jedoch Sagen über die Herkunft und die Wanderung. Oder jedenfalls werden ihnen solche Sagen zugeschrieben.

Wie viele andere Nationen auch, erheben die Zigeuner in ihren Geschichten den Anspruch auf einen biblischen Stammbaum, selbst wenn es nicht der feinste ist. Sie erzählen von der Verdammnis, umherzuziehen, weil die Zigeuner Joseph und Maria keine Hilfe bei deren Flucht aus Ägypten geleistet hätten; weil sie Judas »gesagt« hätten, er solle Christus verraten; weil sie Abkömmlinge der Schurken seien, die die Kinder von Bethlehem ermordet haben (Kindsmord wird immer als schlimmste Verleumdung gegen besonders verhaßte Gruppen vorgebracht; auch die Juden und die Gnostiker wurden dieses Verbrechens beschuldigt); weil sie die Nägel geschmiedet hätten, mit denen Christus ans Kreuz geschlagen wurde. Diese Geschichten wurden sogar von den Zigeunern selbst verbreitet, vielleicht um die Legende von einer ägyptischen Heimat zu festigen, die zunächst so nützlich erschienen war.

Die folgende Geschichte über den Schmied der Nägel Christi wurde in den 20er Jahren von Konrad Bercovici in Mazedonien aufgeschrieben. Auch wenn diese Übersetzung nicht wirklich typisch ist für die zigeunerische Art, Geschichten zu erzählen, gebe ich sie hier doch in voller Länge wieder. Erst am Schluß der Erzählung taucht ein Zigeuner auf (als ein nachträglicher Einfall, als letzte Hoffnung, die vor den Toren Jerusalems lagert), aber es handelt sich hier, in ihren verschiedenen Formen, um die vielleicht bekannteste der frühen Legenden, und es ist die einzige, die von Zigeunern, die ich kennengelernt habe, gelegentlich wiedererkannt wurde.

Als den römischen Gefängnisaufsehern die Person des Yeshua ben Miriam übergeben wurde, den die Welt später Jesus nannte, damit sie ihn kreuzigten, weil er schlecht vom Kaiser von Rom geredet hatte, wurden zwei Soldaten ausgeschickt, vier kräftige Nägel zu besorgen. Für jeden, der gekreuzigt werden sollte, erhielten die Soldaten achtzig Kreuzer, um bei einem Schmied Nägel zu kaufen. Nachdem die Soldaten die achtzig Kreuzer ausgehändigt bekamen, mit denen sie die Nägel kaufen sollten, verweilten sie zunächst in einem Gasthaus und gaben die Hälfte der Münzen für den süßsauren Wein aus, den die Griechen damals in Jerusalem verkauften. Es war schon spät am Nachmittag, als sie sich wieder an die Nägel erinnerten, und sie mußten bei Einbruch der Dunkelheit zurück in ihrer Unterkunft sein ...

Hastig stolperten sie aus dem Gasthaus, nicht mehr ganz nüchtern, und als sie zu dem ersten Schmied kamen, sagten sie laut zu ihm, um ihn so einzuschüchtern, daß er die Arbeit erledigte, obwohl nicht genug Geld da war für das Eisen und die Arbeit:

»Mann, wir wollen sofort vier große Nägel gemacht bekommen, um Yeshua ben Miriam zu kreuzigen ...«

Der Schmied war ein alter Jude, der das längliche, bleiche Gesicht und die hellbraunen Augen von Yeshua ben Miriam gesehen hatte, als dieser einmal in seine Werkstatt gekommen war. Und der Mann trat hinter seiner Esse hervor, an der er gearbeitet hatte, und sagte:

»Ich will keine Nägel für die Kreuzigung des Yeshua ben Miriam schmieden.«

Da legte einer der Soldaten die vierzig Kreuzer auf den Tisch und brüllte:

»Hier ist das Geld für die Nägel. Wir sprechen im Namen des Kaisers!« Und sie richteten ihre Lanzen auf den Mann … Die Soldaten durchbohrten ihn mit ihren Lanzen, nachdem sie seinen Bart in Brand gesetzt hatten.

Der nächste Schmied wohnte etwas weiter entfernt. Der Nachmittag war bereits fortgeschritten, als sie dorthin kamen, und sie sprachen zu ihm:

»Schmiede uns vier kräftige Nägel, und wir bezahlen dir vierzig Kreuzer dafür.«

»Ich kann für den Preis nur vier kleine Nägel schmieden. Ich habe Frau und Kinder.«

»Jude«, schrien die Soldaten ihn an, »mach uns die Nägel und hör auf zu schwätzen!« Dann steckten sie seinen Bart in Brand.

Zu Tode erschrocken, ging der Jude an seine Esse und fing an, die Nägel zu schmieden. Einer der Soldaten, der ihm dabei helfen wollte, beugte sich vor und sagte:

»Mach sie schön stark, Jude, denn morgen früh kreuzigen wir Yeshua ben Miriam.«

Als dieser Name genannt wurde, erstarrte dem Juden die mit dem Hammer erhobene Hand … »Ich kann die Nägel nicht schmieden, mit denen ihr Yeshua ben Miriam kreuzigen wollt«, rief der Jude und richtete sich zu seiner vollen Größe auf. »Ich kann es nicht. Ich kann es nicht.«

Die beiden wütenden, betrunkenen Soldaten durchbohrten ihn wieder und wieder mit ihren Lanzen.

Die Sonne versank bereits hinter den Bergen, und die Soldaten waren in großer Eile. Sie rannten zu einem dritten Schmied, einem

Syrer. Sie betraten seine Werkstatt, als er gerade dabei war, die Arbeit für diesen Tag zu beenden. Von ihren Speeren tropfte noch das Blut, als sie den Mann aufforderten:

»Khalil, mach uns vier kräftige Nägel. Hier hast du vierzig Kreuzer dafür. Und beeil dich!«

Der Syrer sah die blutigen Speere und ging wieder an den Blasebalg … Der Mann legte den Hammer beiseite. Und auch er wurde von den Lanzen durchbohrt.

Als ich Zigeunern in Mazedonien diese Geschichte erzählte, verbesserten sie mich an dieser Stelle. Khalil war selbstverständlich ein Albaner; und in Bulgarien wurde Todor aus ihm, nach dem früheren Diktator Todor Schiwkow.

Hätten die Soldaten nicht vierzig der achtzig Kreuzer vertrunken, hätten sie in ihr Lager zurückkehren und erzählen können, was geschehen war, und hätten so das Leben Yeshuas gerettet. Aber ihnen fehlten vierzig Kreuzer, und deshalb liefen sie zu den Toren Jerusalems hinaus, wo sie auf einen Zigeuner stießen, der gerade sein Zelt aufgeschlagen und den Amboß aufgestellt hatte. Die Römer befahlen ihm, vier kräftige Nägel zu schmieden und legten ihm die vierzig Kreuzer hin.

Der Zigeuner steckte zuerst das Geld in seine Tasche und machte sich dann an die Arbeit. Als der erste Nagel fertig war, packten die Soldaten ihn in einen Sack. Als der Zigeuner den zweiten Nagel geschmiedet hatte, taten sie ihn in den Sack. Und als der Zigeuner den dritten Nagel fertig hatte, taten sie ihn ebenfalls in den Sack. Als der Zigeuner mit dem vierten Nagel begann, sagte einer der Soldaten:

»Danke, Zigeuner. Mit diesen Nägeln werden wir Yeshua ben Miriam kreuzigen.«

Er hatte den Satz kaum zu Ende gesprochen, als die zitternden Stimmen der drei Schmiede, die umgebracht worden waren, den Zigeuner beschworen, die Nägel nicht zu schmieden. Die Nacht brach herein. Die Soldaten hatten solche Angst, daß sie fortrannten, bevor der Zigeuner den letzten Nagel zu Ende geschmiedet hatte.

Der Zigeuner, der froh war, die vierzig Kupferstücke eingesteckt zu haben, bevor er mit der Arbeit begonnen hatte, schmiedete den vierten Nagel fertig. Als er den vierten Nagel fertig hatte, wartete er, daß er abkühlte. Er goß Wasser auf das heiße Eisen, aber das Wasser verdampfte, und das Eisen blieb so heiß, wie es gewesen war, als es mit der Zange ins Feuer gehalten worden war. Deshalb goß er etwas mehr Wasser auf den Nagel, doch der glühte weiter, so als wäre das Eisen ein lebendiger, blutender Leib und das Blut das sprühende Feuer. Deshalb nahm er noch mehr Wasser, aber das Wasser verdampfte, und der Nagel glühte fort und fort.

Ein großer Teil der nächtlichen Wüste wurde von dem glühenden Nagel erleuchtet. Entsetzt und zitternd packte der Zigeuner sein Zelt auf seinen Esel und floh.

Gegen Mitternacht schlug der einsame Wanderer müde und gehetzt sein Zelt zwischen zwei hohen Sanddünen wieder auf. Aber da, vor seinen Füßen, lag der glühende Nagel, den er doch vor den Toren Jerusalems zurückgelassen hatte. Da er sich dicht neben einer Quelle befand, holte der Zigeuner die ganze Nacht Wasser und versuchte, das Feuer des Nagels zu löschen. Als der letzte Tropfen der Quelle verbraucht war, warf er Sand auf das heiße Eisen, aber es hörte nicht auf zu zischen und zu glühen. Wahnsinnig vor Furcht, rannte der Zigeuner noch tiefer in die Wüste.

Als der Schmied am nächsten Morgen zu einem arabischen Dorf kam, schlug er sein Zelt auf. Doch der glühende Nagel war ihm gefolgt.

Und dann geschah etwas. Ein Araber kam und bat ihn, mitzukommen und den eisernen Reifen eines Rades zu flicken. Sofort nahm der Zigeuner den glühenden Nagel und flickte damit den zerbrochenen Eisenreifen. Dann sah er mit eigenen Augen, wie der Araber weiterfuhr.

Als der Araber fort war, zog der Zigeuner weiter und wagte nicht, sich umzuschauen. Nach vielen Tagen, als er es immer noch nicht wagte, sich umzuschauen, und Angst hatte, die Augen zu öffnen, wenn es dunkel wurde, kam der Zigeuner nach Damaskus und baute dort seine Esse auf. Monate später brachte ihm ein Mann den Griff eines Schwertes zum Reparieren. Der Zigeuner entfachte das Feuer. Der Griff fing an zu glühen, vom Eisen des Nagels am Griff. Der Zigeuner packte seine Sachen und rannte erneut fort.

Und dieser Nagel erscheint immer in den Zelten der Nachfahren des Mannes, der die Nägel für die Kreuzigung von Yeshua ben Miriam geschmiedet hat. Und wenn der Nagel erscheint, laufen die Zigeuner fort. Deshalb ziehen sie von einem Ort zum anderen. Deshalb wurde Yeshua ben Miriam mit nur drei Nägeln gekreuzigt, und seine beiden Füße wurden übereinandergestellt und mit nur einem Nagel durchbohrt. Der vierte Nagel zieht von einem Ende der Erde zum anderen.

Die Geschichte handelt nicht, wie es zunächst den Anschein hat, vom Zigeuner als einem Opportunisten, denn er tut ja nur ahnungslos seine Arbeit (daß er den vierten Nagel fertigstellt, zeugt nur vom Stolz des Handwerkers, denn die mit Speeren bewaffneten Römer waren inzwischen verschwunden). Welche Erklärung eine solche Geschichte für das traditionelle Umherziehen der Zigeuner auch bieten mag, jedenfalls gehen die Zigeuner darin nach wie vor eifrig ihrem Handel im Nahen Osten nach. Sie verrät uns nicht, wie sie dorthin gekommen sind, woher sie gekommen sind oder warum sie Indien verlassen haben.

Niemand weiß genau, wann oder warum die Vorfahren der europäischen Zigeuner von Indien nach Persien gezogen sind. Aber Sprache ist Erinnerung, und daß die Vorfahren der Zigeuner in Persien waren, geht aus den vielen persischen Wörtern im heutigen Romani hervor. *Baxt*, im Romani »Glück«, kommt aus dem Persischen; *sir* heißt Knoblauch, *mom* ist Wachs, *zor* die Kraft und *zen* der Sattel.

Die meisten sind sich darin einig, daß der Exodus im 10. Jahrhundert begann. 950 berichtete jedoch der persische Geschichtsschreiber Hamza (auf Arabisch) von Bahram Gur, von 420 bis 438 Schah von Persien, der »voller Sorge um seine Untertanen« zwölftausend »Zott«-Musiker ins Land holte, um sie zu erfreuen (allerdings ist »Zott« der Begriff, den die Araber damals für alle Inder gebrauchten). Sechzig Jahre später, 1011, erscheint eine ähnliche Schilderung im *Heldenbuch von Iran aus dem Schah Nameh des Firdussi,* auch *Das Buch der Könige* des persischen Dichters Firdussi. Firdussi weitet die Geschichte aus und läßt sich über das anschließende Schicksal der »Zigeuner«-Musiker aus.

Der Statthalter von Bahram Gur berichtete ihm, daß die Unzufriedenheit wachse, weil die Reichen zur Begleitung von Musik tränken, wohingegen die Armen dies nicht könnten … Der weise Schah sandte unverzüglich mit Dromedar einen Brief an [seinen Schwiegervater] Schengil in Indien und bat diesen um 10 000 Lurian, Männer und Frauen, die meisterlich die Laute zu spielen vermochten. Als die Lurian erschienen, empfing der Schah sie und schenkte jedem von ihnen einen Esel und einen Ochsen und der ganzen Gruppe eintausend Eselsladungen Weizen – alles in der Hoffnung, sie würden sich in seinem Königreich niederlassen und das wüste Land bebauen. Die Lurian verzehrten den Weizen und die Ochsen unverzüglich und verließen die Hauptstadt wieder … Mit eingefallenen Wangen kehrten sie am Ende des Jahres zurück, und der Schah tadelte sie sehr: »Ihr hättet das Getreide nicht verschwenden sollen. Jetzt habt ihr nur mehr eure Esel. Stimmt eure Instrumente, bindet an jedes ein seidenes Band und packt sie auf eure Esel.« Diese Lurian ziehen noch heute durch die Welt, erbetteln sich ihren Lebensunterhalt, schlafen mit den Wölfen, leben wie Hunde, immer auf der Straße, und stehlen Tag und Nacht.

Diese Geschichte hat, auch wenn sie fraglos von zweifelhafter Verfasserschaft ist, vor allem die Zigeunerforscher fasziniert, weil zumindest in Osteuropa die Roma noch Saiteninstrumente spielen wie die Gadulka, die der Laute ähnelt, allerdings aufrecht und mit einem

Bogen gespielt wird. Ich selbst habe allerdings nie auch nur ein einziges dieser birnenförmigen Instrumente gesehen. Die Zigeuner hatten alle möglichen Blasinstrumente, vor allem die Zurna, eine langgestreckte Schalmei mit doppeltem Rohrblatt, aber auch Gitarren und Geigen, auf denen sie ihre Lambadas bliesen und zupften und sägten – den brasilianischen Hit, der auf dem Balkan die gesamte Volksmusik ausgelöscht zu haben schien. (Zumindest ein Akademiker war von diesem Trend begeistert – ein rötlichbrauner kroatischer Riese namens Svanibor Pettan, Doktorand an der Universität Maryland. Er schrieb eine Doktorarbeit über Roma aus Kosovo und die Lambada.)

Die meisten Fachgelehrten stimmen darin überein, daß die Zigeuner Indien irgendwann im 10. Jahrhundert verlassen haben. Einen beträchtlich früheren Aufbruch favorisieren diejenigen, die ein heroisches Bild der frühen Zigeuner zeichnen möchten: Eine Gruppe »Zotts« kam um 700 nach Persien (das damals Teil des arabischen Reichs war). Nach dieser Theorie, die auf die Arbeit des holländischen Historikers M. J. de Goeje aus dem 19. Jahrhundert zurückgeht, kamen die Zigeuner nicht auf dem Land-, sondern auf dem Seeweg. Und sie kamen gewaltsam.

Die neuen arabischen Herrscher brachten danach zehntausende indische Bauern vom Indusdelta herüber, über das nördliche Arabische Meer und den Persischen Golf hinauf. Sie wurden am sumpfigen Ufer des Tigris angesiedelt, zusammen mit einigen tausend Büffeln. Obwohl diese Zotts als Sklaven ins Land gekommen waren, erhoben sie innerhalb eines Jahrhunderts eigene Steuern für alle Kaufleute, die ihre Kanäle und Straßen benutzten. Bagdad betrachtete diese Zott-Gemeinschaft als massive Bedrohung, denn im Jahr 820 entsandte der Kalif Truppen gegen sie. Vierzehn Jahre lang leisteten sie Widerstand: vielleicht die einzige Zeit in der Geschichte, in der die Zigeuner (oder Urzigeuner) ihr eigenes kleines Königreich oder sogar eine unabhängige Kolonie hatten. 834 gelang es dem nächsten Kalifen, ihre Kanäle abzuriegeln und ihre Felder zu überfluten und »Zottistan« auf diese Weise auszulöschen. Nach einer fürchterlichen Schlacht, in der über fünfhundert Zottistani geköpft wurden, gerieten weitere 27 000 in Gefangenschaft. Drei Tage wurden sie vor der johlenden Menge in Bagdad zur Schau gestellt, dann brachte man die gesamte Zott-Bevölkerung nach Nordosten. Einige von ihnen zogen (Donald Kenrick zufolge) nordwärts nach Armenien und schließlich zum Balkan und nach Europa. Diese unerfahrenen, entwurzelten Inder sind zweifellos auf andere Inder gestoßen, die im Zuge ihrer traditionellen Handelsgeschäfte von Persien nach Westen zogen, und aus ihnen gingen die europäischen Zigeuner hervor. Nach dieser Darstellung müßten die ersten Zigeuner Indien spätestens um 720 verlassen haben.

Aufgrund der Sprache können wir sagen, daß die Zigeuner sich nicht sehr lange im arabischen Reich aufgehalten haben, weshalb die besonders konservativen Historiker die Zotts aus Zottistan im allgemeinen nicht in ihre Theorien einbeziehen. Während es im Romani viele persische Wörter gibt, haben sich nicht einmal zehn Wörter arabischer Herkunft gehalten (wobei türkische Wörter nicht mitgerechnet sind, die später auf dem Balkan aufgegriffen wurden). Nur zwei Wörter im Romani kommen definitiv aus dem Arabischen: *kis* (Geldbeutel) und *berk* (Brust).

Mit Armenisch ist die Sprache dagegen stark durchsetzt: *dudum* heißt Kürbis, *bov* Ofen, *chovexani* die Hexe, *grast* das Pferd, und das Wort für Leder ist im Romani das armenische *mortsi*. Die Zigeuner müssen also auf ihrem Weg nach Europa durch Armenien gezogen sein. Der nachhaltigste Einfluß des Armenischen auf das Romani bestand jedoch in einer Veränderung der Aussprache. Worte mit »bh«, was wie ein aspiriertes »b« gesprochen wird, wurden zu »ph«. Im mittelöstlichen oder »asiatischen« Romani war und ist das Wort für Schwester nach wie vor *bhen* (wie im Hindi), in Armenien und folglich in Europa dagegen *phen*. Auf der Grundlage dieser Veränderung – ja dieses Wortes – hat der englische Sprachwissenschaftler und Zigeunerforscher John Sampson in den 20er Jahren als erster die Romani-Dialekte und damit die Wanderung der Zigeuner in zwei große Gruppen unterteilt.

Den sprachlichen Versteinerungen nach vertrieben allerdings die Seldschuken mit ihrem Einfall im 11. Jahrhundert sowohl die Armenier als auch die Zigeuner, die mit diesen zusammenlebten. Sie zogen in die westbyzantinischen Gebiete von Konstantinopel und Thrakien – Gebiete, die noch immer stark von Zigeunern bevölkert werden –, wo der erste Hinweis auf sie 1068 auftaucht, in einer auf dem Berg Athos geschriebenen Hagiographie. Von dort breiteten sie sich im 13. Jahrhundert auf dem Balkan aus und bald darauf auch im übrigen Europa.

Die Zeit des byzantinischen Einflusses war sehr prägend. Das Romani enthält viele griechische Elemente, und der griechische Begriff für Zigeuner, *atzinganoi*, bildete die Grundlage für das italienische *zingari*, das französische *tziganes*, das deutsche *Zigeuner*, das ungarische *ciganyok*, das rumänische *tsigani*, das tschechische *cikan* und viele andere geläufige und im allgemeinen wenig schmeichelhafte Namen. Die Verleumdung war keine neuere Entwicklung: Der griechische Begriff *atzinganoi* leitet sich vom Namen einer ketzerischen Sekte ab, den Athinganoi (die Zigeuner wurden damit gebrandmarkt, weil sie das Wahrsagen betrieben). Gegen Ende des 14. Jahrhunderts wurden die Zigeuner selbst zu den Ursachen für den Niedergang des Byzantinischen Reiches gezählt.

Vor den osmanischen Türken zogen sie zum Balkan: Ein Auftrag zweier Zigeuner an einen Goldschmied aus der Republik Ragusa (also Dubrovnik) stammt aus dem Jahr 1378. (Es gibt Zeugnisse dafür, daß sie sich bereits im 12. Jahrhundert in den rumänischen Fürstentümern aufhielten.) Mehr als jeder andere Teil der Welt und ungeachtet dessen, wie ungastlich diese Region geworden ist, ist der Balkan seit ihrem ersten Auftreten im Mittelalter für die Zigeuner zu einer Art Heimat geworden. Vom Balkan aus unternahmen sie ihre großen Züge nach Westen – im 15. Jahrhundert, im 19. Jahrhundert und jetzt erneut in der nachkommunistischen Ära. Und nach Ost- und Mitteleuropa sollten sie auch immer wieder zurückkehren.

Zu Beginn ihrer Zeit auf dem Balkan nahmen die Zigeuner eine eigenartige Stellung in der Gesellschaft ein: Sie waren gleichzeitig mächtiger und, ab dem 19. Jahrhundert, unfreier als je zuvor. Beides hatte mit der Struktur des ländlichen Feudalismus zu tun. Die Zigeuner waren gesucht und wurden festgehalten – nicht wegen irgendwelcher Verbrechen, sondern wegen ihrer Fähigkeiten. Blech- und Kupferschmiede, Schlosser und vor allem Hufschmiede, aber auch die begehrten Musiker unter ihnen waren geschätzt und sogar umkämpft.

Weil sie sich zwischen streng getrennten Klassen, zwischen Bauern und Grundbesitzern, bewegten und beiden zu Diensten sein konnten, gelang es ihnen, sich eine wirtschaftliche Nische zu schaffen. Gesellschaftlich und familiär blieben sie unter sich – natürlich weil sie ausgeschlossen waren, aber auch (oder letztlich) aus freien Stücken. Tatsächlich hat die von ihnen bevorzugte Arbeit immer Abgeschiedenheit und Solidarität erzwungen; genau wie die Sprache sind auch ihre beruflichen Tätigkeiten ein Schlüssel zu ihrem kulturellen Überleben (etwas, das von den kommunistischen Regimen begrüßt wurde, die versuchten, sie in eine neue und anonyme proletarische Kraft umzuwandeln – allerdings ohne Erfolg). Es muß doch etwas daran sein, daß Zigeunergruppen auch heute noch in den meisten Fällen nach ihren traditionellen Berufen bestimmt werden, selbst wenn sie schon seit Generationen keine Ziegelmacher, Kammmacher, Kräutersammler oder ähnliches mehr sind.

Eine solche Gruppe von Arbeitskräften, die sich in der Regel eher durch Migration als durch Eroberungen herausbildet, wird von den Soziologen »Minderheit der Mittelgruppen« genannt. Sie ist kulturell eine Randgruppe und fühlt sich vielleicht weder an ihrem neuen Standort wohl noch unter anderen, genauso isolierten »Verwandten« irgendwo abseits in der Diaspora.

Eine Parallele, zumindest soweit es die frühen Beziehungen zwischen Zigeunern und Bauern auf dem Balkan betrifft, findet sich unter Umständen in den Erfahrungen der mitteleuropäischen Juden, die nach dem amerikanischen Sezessionskrieg in den amerikanischen Süden wanderten und dort vom Hausieren bei den soeben befreiten Sklaven lebten. In seinem Buch über die Juden in Atlanta, *Strangers Within the Gate City*, schreibt Steven Hertzberg:

> ... der Geschäftsverkehr wurzelte in der Randstellung von Käufer und Verkäufer. Der Jude hatte kaum Kapital, sprach gebrochen Englisch, war mit regionalen Sitten nicht vertraut und wurde von den einheimischen Weißen in einigen Fällen als Eindringling betrachtet. Ähnlich wurde auch der freigelassene Sklave von den ehemaligen Konföderierten verachtet und gefürchtet. Vielleicht noch wichtiger war, daß nur wenige der Neuankömmlinge vor ihrem Zug nach Süden mit Schwarzen zusammengekommen waren, und so waren sie »eher bereit, aufgrund ihrer tatsächlichen Erfahrung mit den Schwarzen zu reagieren, als aufgrund einer verworrenen Geschichte von Sklaverei, Schuld und krankhaftem Haß ...«

Hertzberg zitiert aus Eli Evans' *The Provincials: a Personal History of Jews in the South*: »Wenn der Neger den Juden anlächelte, ... lächelte der Jude zurück.« Aber während heute viele Juden jede Anspielung auf ihre Geschäftstüchtigkeit als verleumderisches Klischee betrachten, praktizieren die meisten heutigen Zigeuner diese Haltung gegenüber Nichtzigeunern immer noch voller Stolz: Abmachungen mit Fremden beschränken sich weitgehend auf das Geschäftliche. In schwierigen Zeiten hat man die Zigeuner, wie die Juden, immer zum »Feind im Innern« erklärt, und wie die Juden waren sie Händler, die für sich selbst arbeiteten, und wurden deshalb von denen verachtet, die an die tägliche Mühsal der Landwirtschaft gebunden waren oder als Angestellte für Lohn arbeiteten.

In Bulgarien und Rumänien beschrieben die Menschen die Arbeit, die die Zigeuner seit 1989 verrichtet haben, mir gegenüber als »Judenarbeit«, *biznitsa*. Sie meinten damit jede Arbeit, die nicht mit der Hand gemacht wurde; jede Arbeit, bei der man »viel« Geld ohne viel Schweiß verdiente und die daher von vornherein anrüchig war. Einige Bukarester Zigeuner verkauften z. B. aus offenen Koffern auf der Straße Carpați, die stärksten und billigsten rumänischen Zigaretten. Der »Trick« bestand dabei darin, daß man an dem Tag, an dem der begrenzte Vorrat an Carpați in der Stadt eintraf, sehr früh auf den Beinen war, den ganzen Bestand aufkaufte und dann zu einem stark erhöhten Preis weiterverkaufte. Oder sie holten sich aus der Türkei einen LKW abgetragener Jeans und verkauften sie zu einem höheren Preis. Das waren Judengeschäfte, Zigeunergeschäfte – kein Kapitalismus, ein Begriff, der hier immer noch mit cleveren westlichen Importen und amerikanischer Hilfe gleichgesetzt wurde. Aber es war nicht nur der Gedanke an den Profit, der an den von der kommunistischen Ideologie durchdrungenen Einheimischen fraß. Es war die Angst vor der Arbeit an sich. Die Zigeuner machten sich schuldig, weil sie Initiative zeigten; und das war fremd und verdächtig und bedrohlich für Menschen, die im Kommunismus ihre Verachtung oder Verzweiflung dadurch zum Ausdruck brachten, daß sie an den Arbeitsplätzen, auf die sie ein absolutes Anrecht hatten, so wenig wie möglich taten.

Auf jeden Fall hatten die Zigeuner im Mittelalter in Mittel- und Osteuropa Arbeit: Sie gingen von sich aus den Arbeiten nach, die niemand sonst machen wollte oder konnte, und sie verkauften ihre Waren und Dienste an der Haustür. Aber dort endet für den Augenblick auch schon die Gemeinsamkeit zwischen Zigeunern und Juden als umherziehende Zwischenhändler. Von einer Bilderbuchkarriere weit entfernt, wurde ihre Situation auf dem Balkan derjenigen der Schwarzen in Amerika immer ähnlicher. Man schätzte ihre Arbeit – und sie zahlten Steuern; aber vom Ende dieser Periode bis zur Mitte des 19. Jahrhunderts waren sie auch versklavt.

Trotz der großen Zahl der Zigeuner (etwa zwölf Millionen gegenüber rund dreizehn Millionen Juden in der Welt heute) bleibt ihre wahre Geschichte – ihre Herkunft und Diaspora und der bemerkenswerte innere Zusammenhalt – eine Epoche von verschwindend geringem Interesse. Und auch die romantischen Vorstellungen vom Zigeunerleben, die im 19. Jahrhundert in der Malerei, der Literatur und Musik in Mode kamen, waren ernsthaften Untersuchungen

Jan Marcinkiewicz, der König der Zigeuner auf den Ländereien der Familie Radziwill in Litauen, stattet Fürst Karol Radziwill in dessen Palast in Nesswisch einen Besuch ab. Dieser Stich nach einer Zeichnung von Wojciech Gerson erschien in Jan Jaworskis *Kalendarz Polski Ilustrowany za rok 1867* (Illustrierter polnischer Kalender für 1867); diese Begegnung hatte allerdings im Jahrhundert davor stattgefunden.

kaum dienlich. Im bedeutenden *Times Atlas of World History* findet man unter dem Stichwort Völkerwanderung noch immer keinen Hinweis auf sie. Man muß statt dessen auf kleine Fachblätter wie das *Journal of the Gypsy Lore Society* zurückgreifen – und, was vielleicht am interessantesten ist, auf die Linguistik.

Neben einem Ursprungsort und der Wanderungsroute ist auch eine kontroverse ethnische Möglichkeit ein Ergebnis der Sprachforschung. Sie bezieht sich auf das Wort, mit dem die Zigeuner sich überwiegend selbst bezeichnen (und das wörtlich »Mann« oder »Ehemann« bedeutet): *rom* bei den europäischen Zigeunern, *lom* im armenischen Romani und *dom* in den persischen und syrischen Dialekten. (Und dabei erkennen wir, daß der Begriff Rom überhaupt nichts mit Rumänien zu tun hat, wo die Zigeuner seit Jahrhunderten in großer Zahl leben.) *Rom, dom* und *lom* entsprechen phonetisch dem Sanskritwort *domba* und dem modernen indischen Wort *dom* oder *dum*, die sich auf eine bestimmte Gruppe von Stämmen beziehen, die uns vielleicht vertraut erscheinen.

Im Sanskrit bedeutet *domba* »Mann einer niederen Kaste, der von Singen und Musik lebt«. In den modernen indischen Dialekten haben die entsprechenden Wörter eine ähnliche oder verwandte Bedeutung: in Lahnda bedeutet es »Diener«, in Sindhi »Kaste umherziehender Musiker«, in Pandschabi »umherstreifender Musiker«, in Westpahari »dunkelhäutiger Mann einer niederen Kaste«. Hinweise auf die Dom als Musiker gibt es seit dem 6. Jahrhundert. In Indien gibt es die Dom heute noch; es sind Nomaden, die verschiedene Berufe ausüben: Korbflechten, Schmieden, Metallbearbeitung, Straßenreinigung, Musizieren. Es verwundert nicht, daß viele der Theorie anhängen, die in den Dom die Urzigeuner sieht.

Aber nicht alle. Judith Okely mißbilligt, vor allem mit Blick auf britische Landfahrer, das ganze Gerede von der indischen Herkunft, in dem sie nur eine weitere Exotisierung und Marginalisierung dieses weit herumgekommenen und seit langem in Europa siedelnden Volkes sieht. Viele heutige Schriftsteller und Aktivisten unter den Zigeunern sind dagegen fasziniert, sprechen sich aber für eine stilvollere Genealogie aus: So hört man z. B., daß die Zigeuner von den Kshattriyas abstammen, einer Kriegerkaste gleich unter den Brahmanen. Eine nicht eindeutige Herkunft hat schließlich auch etwas für sich: Man kann der sein, der man sein möchte. Unter den Zigeunern war ein ständiges Sich-selbst-Neuentdecken das wichtigste Instrument zum Überleben, aber das Nichtwissen hatte natürlich auch eine furchtbare Entfremdung zur Folge, wie z. B. die erzwungene

Zwei Zigeunerkinder spielen im Fluß Copşa Mică, Rumänien.
In dieser transsilvanischen Stadt sind alle Schafe schwarz – wie jeder
und jedes andere auch. Die Bewohner trinken viel Milch,
weil sie glauben, daß Milch sie, wie ein sehr alter Einwohner sagte,
wenigstens »innen weiß hält«.

Namensänderung in Bulgarien Ende der 80er Jahre. Schon können viele bulgarische Zigeuner sich nicht mehr an den eigenen Namen erinnern. Oder zumindest geben sie vor, es nicht mehr zu können (und was ist schlimmer?). Solche Erfahrungen haben die Notwendigkeit verstärkt, eine angemessene Rom-Identität aufzubauen. Für manche hieß das lediglich: der ohrenbetäubende Lärm der früher verbotenen Zigeunermusik, Tag und Nacht. Für andere erwächst aus einem beispiellosen Stolz auf die eigene Herkunft eine neue Identität, die man »Hindupen« nennen könnte.

GEZA KAMPUŠ WOHNTE in der schönen Ecke des Zigeunerviertels von Krompach. Der gepflasterte Weg zu seiner Haustür war von Rosen gesäumt. Aber etwas weiter die Straße hinunter versank alles in einer Verwahrlosung, die mich, obwohl sie keineswegs ungewöhnlich war, immer wieder neu schockierte. Eine Familie, die nur aus einem ständig betrunkenen Vater und drei schielenden Kindern zu bestehen schien, wohnte in einem verlassenen unterirdischen Betonbunker. In den meisten anderen Familien fehlten die Männer, die öfter im Gefängnis als bei der Arbeit waren (wie in Albanien und überall dazwischen grassierte in der Ostslowakei die Arbeitslosigkeit, und die Zigeuner standen immer als erste auf der Straße).

Sie schienen mehr oder weniger im Freien zu leben. Vor ihren heruntergekommenen Hütten hatten diese Zigeuner Höfe mit Schlamm und Abfall und zerbrochenen Möbeln, auf denen pausenlos spielende Kinder und der räudige *rikono*, der Familienhund, herumtobten. Die Hunde der Zigeuner – allgegenwärtig, aber nicht wie unsere »Lieblinge« – sind offenbar entweder lahm oder haben nur noch ein Auge oder einen Stummelschwanz, als bestünde ihre Hauptaufgabe nicht darin, zu beschützen oder vertrauenswürdig zu erscheinen, sondern darin, den Menschen zu helfen, die eigenen Defekte leichter zu ertragen. Und in dieser Region, die einer Untersuchung zufolge das höchste Aufkommen an Inzucht in Europa für sich beanspruchen kann, gab es viele Defekte: Einwärtsschielen,

Einige der ärmsten Roma leben in den zahlreichen ländlichen
Siedlungen der Ostslowakei. Zehra, 1991

Auswärtsschielen, Gesichtszucken – das waren die leichteren Miß-
bildungen.

Auch wenn das Innere der Behausungen selbst in den ärmsten
Zigeunervierteln von Krompach sauber war, glich das Äußere immer einer Müllhalde (das war offenbar die von den Zigeunern
bevorzugte Regelung: Die beiden britischen Schriftsteller S. G. B.
St.-Clair und Charles A. Brophy, die in den 60er Jahren des 19. Jahrhunderts drei Jahre in Bulgarien lebten, machten die gleiche Erfahrung). Der Unrat stand in krassem Gegensatz zu den benachbarten

Anwesen der stolzen Bauern in ihren gebügelten Gewändern, bei denen die Zigeuner, wie man sich denken und in diesem Fall auch verstehen kann, nicht gern gesehen waren. Egal wie hoch die Slowaken ihren Hühnerzaun zogen, oder wie sorgfältig sie die Mauern und Absperrungen mit Glasscherben besetzten, sie pflanzten immer auch für die Zigeuner mit. Die Masai in Ostafrika glauben, wie es heißt, daß alles Vieh ihnen gehört; die Roma im Osten der Slowakei sind offenbar der gleichen Ansicht bei Kartoffeln.

Selbst dort, wo sie jahrhundertelang nicht nomadisch gewesen waren, wie in der Slowakei, pflanzten sie nichts an. Nur in Albanien und einigen Gegenden Rumäniens habe ich Zigeuner angetroffen, die den Boden bearbeiteten – oder deren Vorfahren es getan hatten. Zigeuner nahmen vielleicht Arbeit als Erntehelfer an, aber sie bauten selbst nichts an – weil sie es für unter ihrer Würde hielten (was sie sicher taten), oder weil sie eventuell oder tatsächlich vorhatten, noch vor der Ernte weiterzuziehen, oder weil sie nie selbst Land besessen haben. Unter den Kommunisten arbeiteten Zigeuner in landwirtschaftlichen Genossenschaften; aber sie fingen mit nichts an, und sie hörten mit nichts auf, vom ehemals gemeinschaftlichen Land vertrieben, als die Kollektive allmählich in private Hände übergingen.

Eine andere Erklärung bot Milena Hübschmannová, eine Sprach- und Zigeunerforscherin aus Prag, mit der ich die Ostslowakei bereiste: Keiner hatte in der ursprünglichen indischen Kaste jemals einen Spaten angerührt. Ähnlich bemerkt auch V. S. Naipaul: »Landreformen überzeugen den Brahmanen nicht davon, daß er ohne Schande die Hand an den Pflug legen kann.«

Dr. Hübschmannová ist mehrmals in Indien gewesen und hat nie eine Gelegenheit ausgelassen, auf die kulturellen und sozialen Parallelen hinzuweisen, die für sie neben der Sprache der endgültige Beweis für die indische Herkunft waren. Da war z. B. das wirtschaftliche Organisationssystem *jati*, bei dem die Klasse an den Beruf gebunden ist und durch ihn bestimmt wird (eigentlich heißt *jat* nur »Kaste«, aber man versteht im allgemeinen unter den Kasten die vier

Ein typischer, sauberer Roma-Wohnraum in Sinteşti, Rumänien, 1994

varnas – Brahmanen, Kshattriyas, Vaishyas und Shudras plus die Unberührbaren –, während es in Wirklichkeit rund zweitausend *jats* gibt). Das System wurde von den Roma eindeutig kopiert, und Jäten wurde von ihnen nicht als Arbeit anerkannt. Hochspezialisierte Arbeiten waren nicht der einzige Aspekt, der vom indischen Hierarchie-Regelsystem übrigblieb; genauso wichtig war es, wie die Arbeit ausgeführt wurde, wobei der rituellen Reinheit große Bedeutung zukam.

Milena ging so in der ausführlichen Erklärung des *jati*-Systems auf (zählte jede der zahllosen Kasten an einem dünnen Finger auf), daß sie die Bäuerin mittleren Alters gar nicht zur Kenntnis nahm, die uns lauthals verscheuchte – »Verschwindet, ihr Zigeunerfreunde!« und »Warum nehmt ihr sie nicht mit in euer Institut, ihr Großstadtwissenschaftler, oder schickt sie nach Afrika?« Wir winkten der Horde Zigeunerkinder, die uns bis zu Milenas orangefarbenem Lada gefolgt waren, zum Abschied zu, und als wir losfuhren, fragte ich

Spielende Roma-Kinder in ihrer Siedlung in Krompach, Ostslowakei, 1991.
Neben dem Spielen mit Fahrradrädern war Flohhüpfen bei den Kindern
sehr beliebt, das sie mit Kronenkorken und Blechdeckeln spielten.
Eine Gruppe Kunststudenten aus Prag malte eine Woche mit den
Kindern aus Krompach. Die kleinen Mädchen malten hauptsächlich
Feen, Prinzessinnen und Engel, alle mit blonden Haaren.

sie nach dem Unrat. Die Wohnungen waren innen so sauber, so
liebevoll und hübsch angemalt ... aber die Höfe! Sie waren nicht zu
benutzen, weil es derartig stank.

Ich würde sie nicht so schnell vergessen, die schmutzbedeckten
Grabhügel aus alten Autoreifen, den stechend riechenden Gemüse-
brei aus zermatschtem Abfall, die Konservendosen und Knochen
und Fischköpfe, die ausgedienten Haushaltsgeräte mit ihren an Ka-
rikaturen erinnernden Sprungfedern, die kläglich veraltet und wie
geborsten aussahen. Auf mich wirkte das wie die Verzweiflung und
Armut, die man von den bewohnten Müllhalden in Bombay kennt.
Und trotzdem wimmelte es in den Zigeunervierteln von den üblichen eitlen Teenagern (tätowiert, mit angemalten Lippen und her-

ausgeputzt); auch die Erwachsenen waren alles andere als melancholisch, falls ständiges und lautstarkes Lamentieren ein Indiz war. Und die Kinder waren absolut nicht träge: Eine große Zahl Gassenjungen, die sich schon so lange nicht mehr gewaschen hatten, daß man sie kaum noch erkennen konnte, turnte in den Ruinen herum und spielte fröhlich die Spiele, die alle Kinder spielen – Reifen mit einem Stock vor sich hertreiben, Flohhüpfen mit verrosteten Deckeln und Flaschenverschlüssen als Notbehelf. »Es war nicht schmutzig«, erklärte Milena ungerührt. »Es sah nur schmutzig aus.«

Spezialisten sehen oft das, was ihrer Meinung nach die Wahrheit ist, nicht das, was sie vor Augen haben. Mitten in einem stinkenden Slum konnte Milena bewundernd »wahre Rom-Kultur« ausmachen. Sie konnte an keinem Zigeuner etwas Schlechtes erkennen – ein Dieb war kein Dieb, sondern, sagen wir, jemand, der, seiner traditionellen wirtschaftlichen Nische beraubt, eine neue, aber immer noch symbiotische Beziehung zu dem *gadscho* hergestellt hatte, von dem er in einer wirtschaftlich und politisch krisenhaften Zeit seine Güter im Austausch gegen Status bezog, ein Status, der dem *gadscho* durch den Rom verliehen wurde, der sich, während er ihn entlastet, als opferbereiter Sündenbock anbietet etc. ... Sie meinte es ernst; aber sie hatte auch nicht völlig unrecht.

Laut Milena ließen die Zigeuner den Platz vor dem Haus verkommen, weil für sie (»wie in Indien«) der Müll *anderer Menschen* als besonders unrein galt und Kontakt mit ihm zu ritueller Verunreinigung führen konnte – für sie eine weit größere Gefahr als die Krankheiten, die er wahrscheinlich auch mit sich brachte.

Die Zigeuner können ihrerseits genauso entsetzt sein über *gadscho*-Unrat, dessen die *gadsche* sich nicht einmal bewußt sind – das Halten von Hunden im Haus beispielsweise und, was noch schlimmer ist, die Duldung von Katzen und ihre Einschätzung als besonders reinliche Tiere. Für die Zigeuner ist die Katze *mahrime*, unrein, weil sie sich das Fell und die Genitalien leckt und so allen Schmutz in sich aufnimmt. So wie die Zigeuner ihre Häuser innen sauber hielten, waren diejenigen, die ihre Kultur noch nicht völlig verloren hatten, sehr darauf bedacht, sich nicht durch unpassendes Kochen und Waschen innerlich zu verunreinigen; entsprechend war bei einem Tier die wichtige Unterscheidung zwischen einem *zuhho* (reinen) Inneren und einem *mahrime* Äußeren ausschlaggebend dafür, ob es als Haustier oder als Mahlzeit akzeptabel war oder nicht. So gelten Igel bei manchen Zigeunern als Delikatesse, weil ihre Stacheln Sauberkeit bedeuten. Pferde schätzt und liebt man überall, zum Teil auch deshalb, weil sie sich nicht durch Lecken selbst beschmutzen.

Bei den britischen Zigeunern durften einige Tiere wie Schlangen, Affen und Ratten (die man nur als »lange Schwänze« bezeichnete) nicht einmal erwähnt werden, ohne eine Verunreinigung zu riskieren. *Saps*, Schlangen, waren besonders abstoßende und gefährliche

Verunreiniger, weil sie ihre Haut abwarfen und so das Innere nach außen kehrten und weil sie andere Tiere ganz fraßen und damit auch deren schmutzige Haut verschlangen. (Ich habe einmal, als ich das noch nicht wußte, eine Anstecknadel in der Form einer Schlange getragen; die rumänischen Zigeunermädchen, die das sahen, zeigten echte Angst und wollten sich mir nicht nähern.) Diese Tabus werden unterschiedlich streng beachtet, aber es gibt sie überall, bei den angepaßten Zigeunern genauso wie bei den völlig entwurzelten Slumbewohnern. Waren diese Sitten also die Spurenreste der orientalischen Kastenherrschaft, wie Milena meinte? Oder waren es nur die abergläubischen Überbleibsel hygienischer Maßnahmen, die zu Zeiten des Nomadendaseins sehr vernünftig gewesen wären?

VIELE SITTEN DER Roma erheben offenbar Anspruch auf eine indische Herkunft, nicht nur in Osteuropa, sondern überall, wo diese Menschen in der Diaspora leben, von Australien bis Argentinien. Fachleute warnen vor den verführerischen Theorien einer kulturellen Monogenese und verweisen darauf, daß manchmal auch Nichtroma an diesen Aktivitäten teilhaben. Die These jedenfalls bleibt eine unbewiesene, für einige auch eine unwiderstehliche Möglichkeit. Der Zigeuneraktivist und Historiker Ian Hancock weist auf die Verwendung der indischen Tonleiter *bhairavi* bei den Roma hin, und auch auf eine Art »Mundmusik«, *bol* genannt, die aus rhythmischen Silben besteht und den Klang von Trommeln imitiert. In Ungarn hat eine Form des Stocktanzes, die in Rumänien *rovliako khelipen* heißt, indische Parallelen. Die Sitte der Hindus, den Besitz eines Toten zu verbrennen, lebt bei den Zigeunern Westeuropas fort; britische Zigeuner stecken noch immer den Wohnwagen eines gestorbenen Stammesältesten an. (Und vor langer Zeit wurden auch ihre Witwen verbrannt – eine offensichtliche Parallele zur indischen *sati*.) Die traditionelle Methode, interne Streitigkeiten unter den Zigeunern zu schlichten, ist im Osten wie im Westen das (nach dem Griechischen) *kris* genannte Tribunal, das mit dem indischen *pan-*

chayat übereinstimmt, das im wesentlichen die gleiche Form und den gleichen Zweck hat.

In Indien ist Shiva am Dreizack oder *treshul* zu erkennen, den er trägt. Heute gebrauchen europäische Roma dieses Wort, wenn sie vom christlichen Kreuz sprechen. Die Verehrung der Schicksalsgöttin der Zigeuner bringt jedes Jahr im Mai viele Pilger in die Camargue nach Les-Saintes-Maries-de-la-Mer. Die heilige Sara, wie sie in Les-Saintes-Maries heißt, war die ägyptische Magd der beiden Tanten von Jesus, die beide Maria hießen; sie wird auch mit der Gemahlin von Shiva gleichgesetzt, der schwarzen Göttin Kali (die auch unter den Namen Bhadrakali, Uma, Durga und Syama bekannt ist).

»Wie in Indien« (um eine Lieblingsformel Milenas zu gebrauchen) dürfen nur bestimmte Gruppen gemeinsam essen, ohne eine Verunreinigung zu riskieren. Weil die richtige Kastenzugehörigkeit der eigenen Bekannten nicht vorausgesetzt werden kann, sind einige Utensilien unter Umständen verboten. Die Mundberührung von gemeinsam benutzten Besteckteilen wird selbst in den ärmsten Haushalten strikt vermieden; sehr oft hat jeder ein eigenes Messer, das er auch bei sich hat, falls er einmal außer Haus essen muß. In der auf Tradition bedachten Zigeunerkultur (Romipen oder Romanipen) werden Flüssigkeiten aus einem Gefäß aus einiger Entfernung in den Mund gegossen, damit die Lippen nicht den Rand des Gefäßes berühren; und der Rauch einer Gemeinschaftspfeife wird durch die Faust inhaliert (im Romani wird der Rauch »getrunken«, nicht »gepafft«), die man um das Mundstück schließt. (Anne Sutherland beschreibt ein Essen mit ein paar befreundeten amerikanischen Roma in einem Lokal in Illinois, bei dem sie lieber mit den Händen aßen als mit dem Restaurantbesteck.) Wie in indischen Bräuchen unterscheiden auch die Roma Krankheiten nach rituellen Gesichtspunkten. Es gibt Krankheiten, die die Gruppe »natürlich« (und in zunehmendem Maß) befallen, wie Herzerkrankungen und nervöse Anspannung, die durch Zigeunermedizin behandelt werden können. Und dann gibt es Krankheiten, die in dem Sinn invasiv sind, als sie von unbefugtem Kontakt mit *gadsche* herrühren (bei ihnen muß man den zuständigen Arzt aufsuchen – d. h. einen *gadscho*-Arzt); dazu gehören natürlich alle sexuell übertragenen Krankheiten.

Es war nur eine Frage der Zeit, daß die Roma bei ihrer Suche nach einer positiven Identität ihren indischen Ursprung erkennen und annehmen würden.

IM MAI 1991 fuhr ich nach Skopje, der Hauptstadt Mazedoniens in Südjugoslawien (wie es damals noch hieß), die nach einem schweren Erdbeben 1963 wiederaufgebaut worden war. Ich kam am Beginn des dreitägigen Festes zum St.-Georgs-Tag an, das von Moslems wie Christen ausgiebig gefeiert wird. Rund 40 000 Bewohner leben hier in Europas größter Zigeunersiedlung in einer inzwischen eigenen Stadt, Šuto Orizari, oder kurz Šutka.

Ich stattete Šaip Jusuf einen Besuch ab. Er war ein Djambas-Zigeuner, was bedeutete, daß seine Vorfahren Pferdehändler oder, wie er meinte, Akrobaten waren. Šaip war selbst Turner gewesen, sogar »Turnlehrer«, bis er ein Bein verlor. Šaip hatte außerdem eine der ersten Romani-Grammatiken geschrieben und 1953 die erste *pralipe* (Bruderschaft) in Jugoslawien gegründet, einen Zigeunerclub.

Der Taxifahrer vom Grand Hotel in Skopje (jede osteuropäische Hauptstadt hat ihr Grand Hotel) setzte mich am Rand von Šutka ab. Er weigerte sich, in das Zigeunerviertel zu fahren. Aber es kam noch schlimmer. Wie sich herausstellte, wohnte Šaip gar nicht in Šutka, was ich einfach angenommen hatte, sondern in einem gemischten Viertel daneben, wie mir ein freundlicher junger Rom erklärte, der den Zettel mit der Adresse studierte. Es war eine heruntergekommene Vorstadtsiedlung mit bepflanzten Vorgärten, Kieswegen und rostigen Toren vor den getünchten, einzelstehenden und ein wenig verschnörkelten Häusern an den breiten, kurvigen Wohnstraßen.

Trotz einer falschen Wegbeschreibung, die ich einer fröhlichen Horde neun- oder zehnjähriger, barfüßiger Zigeunerjungen verdankte, die eine Schubkarre mit einem jämmerlich blökenden jungen Schaf schoben, fand ich das Haus von Jusuf schließlich.

Šaips große, vollbusige, kichernde Frau Keti hüpfte im Vorgarten auf einem zusammengerollten, patschnassen Teppich herum. Der St.-Georgs-Tag war die Zeit für den Frühjahrsputz, und alles im Haus, von der indischen Figurensammlung bis zu den Bettgestellen, kam zum Abspritzen nach draußen. Auf dem zementierten Hof war es naß und rutschig.

Hinter Keti (sie war eine Erlije, eine türkische Zigeunerin) sah ich Šaip an einem Tisch sitzen, mit zwei Büchern, einer kegelförmigen, türkischen Kaffeekanne aus poliertem Messing und einer dazu passenden fingerhutgroßen Tasse. Er sah mich erst, als ich vor ihm stand. Er nahm sein Bein ab – eine rosa Kunststoffprothese osteuropäischer Herkunft –, um den Schuh anzuziehen. Als der Schuh auf der Prothese saß und Šaip das Bein wieder angeschnallt hatte, bot er mir einen Sok an. Das hellgrüne, mazedonische Getränk kam auf den Tisch, und wir machten es uns bequem für ein heiteres, einseitiges Gespräch, wie es für Šaip typisch war.

»*Aksha, ak, yak; khan, khan, kan. Nak, nak, nak. Jeep, cheep, cheeb …*«, begann er und forderte mich nach jeder Wortgruppe auf, die Wörter und zugleich seine ulkigen mimischen Unterstreichungen zu wiederholen. Ich gebe sie phonetisch wieder, diese Wörter in Sanskrit, Hindi und Romani für Auge, Ohr, Nase und Zunge. Seine Begeisterung sprang rasch über, denn es gab viele Entsprechungen, die alle auch einem Laien einleuchteten. Für »Wasser« stehen *paniya, pani* und *pani*; »Haar« heißt in Sanskrit *vala*, in Hindi und Romani *bal*. »Volk« heißt in allen drei Sprachen *manusha*. Das Wort für »Sonne« heißt in Sanskrit *gharma*, wird in Hindi zu *gham* und in Romani zu *kham*.

»*Me pina pani*«, sagte Šaip, »ich trinke Wasser« auf Hindi (wörtlich: ich trinken Wasser). »*Me piav pani*«, das gleiche auf Romani. »*Me piav Sok*«, parierte ich und tat, was ich konnte.

1948 WAR ŠAIP mit Chergari herumgezogen, nomadischen türkischen Zigeunern (deren entfernte Verwandte ich in Albanien kennenlernte) und hatte ihre Geschichten und Wörter für seine Grammatik gesammelt. Als er nach Skopje zurückkam, erzählte er diese Geschichten vor Roma-Gruppen. Was sie erstaunt haben muß, waren nicht die Geschichten selbst, sondern daß er sie mit lauter Stimme öffentlich vortrug, denn im Nachkriegsjugoslawien Titos durfte man kein Zigeuner sein. Wie unter der Herrschaft der habsburgischen Kaiserin Maria Theresia, als die Zigeuner zu »Neu-Madjaren erhoben« wurden, wurden aus Titos Zigeunern »Jugoslawen«; auf diese Weise würden, wie man auch in anderen kommunistischen Regimen hoffte, die ethnischen Unterschiede verschwinden.

Šaip ermunterte die Leute, auf ihrer Identität als Rom zu bestehen, die auch für ihn erst zu einer positiven Identifizierung geworden war, als er die indischen Wurzeln entdeckte. Die Erkenntnis kam von einem Onkel, der als Soldat der türkischen Armee im Ersten Weltkrieg in indische Gefangenschaft geraten war und festgestellt hatte, daß sein Romani ihm das Hindi erschloß. Und Šaip forderte die Menschen auf zu schreiben.

Sein Tatendrang hatte seine Kameraden elektrisiert, auch wenn Šaip, als ich ihn kennenlernte, längst durch jüngere und charismatischere – auf jeden Fall militantere – Führer ersetzt worden war. Aber er war immer noch dabei, den Gürtel enger geschnallt als es eigentlich ging, die obere Schicht seiner weißen Haare in feuriges Henna getaucht. Und er war nach wie vor angesehen – jeder in Šutka schien ihn zu kennen.

Šaip hatte sich stark bei den Vorbereitungen für den ersten Weltkongreß der Zigeuner 1971 in London engagiert, der zum Teil von der indischen Regierung finanziert worden war. Auf der Grundlage der Verbindung zu Indien wurde die International Romani Union 1979 schließlich als eigene ethnische Gruppe in die Vereinten Nationen aufgenommen. Auf dem Kongreß 1978 in Genf bekam das Thema Indien bereits einige theatralische Züge: Einer der Botschafter von Frau Gandhi hatte die Taschen voll mit symbolischem indischem Salz und indischer Erde; und seitdem erschallt (wenn auch nur aus ein oder zwei Ecken) der Ruf nach Wiedervereinigung der »indischen Weltbürger« und des Amaro Baro Them, Unseres Großen Landes, der Heimat der Vorfahren.

In Skopje wurde es dunkel. Wir sammelten klappernd das mit Kaffeesatz verklebte Messinggeschirr ein und gingen ins Haus. Und dort, hinter dem Motorrad, das ihn sein Bein gekostet hatte, erstrahlte Šaips Leidenschaft.

Das Wohnzimmer der Jusufs war ein Basar, oder ein Tempel, oder beides: es war ein Arkadenschrein. Es gab Tafeln und Figuren und Bilder von Ganesha, dem indischen Gott mit dem Elefantenkopf. Šaip hatte Schreine für die göttlichen Mütter Parvati und Durga und für Kali, die schwarze Göttin – bei den Roma die beliebteste. Die wilde, schielende Kali wird meistens mit heraushängender Zunge dargestellt. Manchmal hat sie Hunderte von Brüsten.

Unter einer seidigen indischen Fahne über dem an die Wand genagelten Steuerrad – das ein Wagenrad darstellt und die Zigeuner versinnbildlicht – waren die Indira-Schreine. Große Farbfotos von Indira Gandhi: Frau Gandhi allein, mit Šaip, der hinter ihrer rechten Schulter gerade noch zu erkennen ist, mit Šaip im Profil. Und dann hing da noch ein großes Bild von Tito, einem weiteren Schutzheiligen der Familie Jusuf (Šaip hatte ein Buch über Tito übersetzt, das er mir zwar nicht zeigen wollte, aber »eine Huldigung« nannte.) Auf einem Sofa saß ein rundlicher, junger Mann namens Enver, ein Freund der Familie. Er entfernte das Zellophan von einer neuen Packung Alas-Zigaretten und wickelte es um einen groben Kamm. Den hielt er an den Mund und spielte als eine Art Willkommen auf seinem selbstgebastelten Instrument »El condor pasa«: »I'd rather be a hammer than a nail. Yes, I would. Yes, I would. If I only could, I surely would …«

»1971«, fuhr Šaip fort, hielt dann aber inne, um die Schwesternschaft der indischen Kunststoffpuppen auf dem Bücherregal zu ordnen, »erklärten sich 24 505 Jugoslawen zu Roma.« Ich stellte mir 24 505 Zigeuner vor, die wie bei einem Massentreffen Anonymer Alkoholiker aufstanden und »sich erklärten«. »1981 waren es 43 125.«

Aber die lokalen Intellektuellen, die Dichter von Šutka, bezeichneten sich nicht als Roma, sie waren schon einen Schritt weiter. Der junge Ramche Mustapha, tagsüber Müllmann, abends Dichter, zeigte mir seinen Paß: unter Staatsbürgerschaft stand »Jugoslawe«, unter Nationalität »Hindu«. *Ramche Mustapha, Hindu!*

Sie versuchten nicht zu verheimlichen, daß sie Zigeuner waren – was auch die vielen bulgarischen Roma waren, die darauf bestanden, Türken zu sein. Und sie leugneten auch nicht, Moslems zu sein; sie sahen darin einfach keinen Widerspruch. Ähnlich dachten sich Šaip – der ursprünglich Moslem, aber jetzt Hindu war – und seine moslemische Frau nichts dabei, am St.-Georgs-Tag eine griechisch-orthodoxe Messe in der Kirche am Ort zu besuchen. Als ich ihn fragte, warum sie zur Messe gingen, sagte Šaip nur ruhig und klar, als redete er mit einem besonders dummen Menschen: »Es ist St.-Georgs-Tag.« Die Dichter schmückten ihr Romipen, ihr Zigeunertum, dagegen eher aus oder stellten es einfach zur Schau – oberflächlich betrachtet eklektisch, aber im Grunde doch eindeutig und erkennbar –, das sie hier am Ursprungsland festgemacht hatten.

Šaip wollte nichts davon hören, wie gefährlich solche Bekundungen einer fremden Identität für Zigeuner in der Vergangenheit waren. Ich erzählte ihm z. B., daß die ersten auf den Britischen Inseln registrierten Zigeuner, die sich 1505 bei Jakob IV. als Pilger aus Kleinägypten vorstellten, sofort wieder ausgewiesen wurden – als die Ausländer, die sie zu sein behaupteten.

Šaip tat Ereignisse dieser Art jedoch als »alte Geschichte« ab – älter offenbar als der Exodus aus Indien. Und so erwähnte ich, wie 1983 ein Rom aus dem polnischen Radom mit seiner Kampagne, alle europäischen Zigeuner in die indische »Heimat zurückzuführen«, sich ziemlich schnell zu einem Ausgestoßenen unter den örtlichen Roma gemacht hatte. Doch Šaip erklärte, daß er nicht an eine endgültige Rückkehr denke – »In dem Fall würden wir besser Amerika zu unserer Heimat erklären.« Und um gerecht zu sein, wie bei den meisten Roma und anders als bei der übrigen Menschheit, war Šaips Ehrgeiz nicht auf eine Heimat, ein Romanistan gerichtet. Solche Bestrebungen konnten durchaus das Gegenteil bewirken: In Deutschland z. B. spielt die Forderung von Zigeuneraktivisten nach der doppelten Staatsbürgerschaft (die kein Deutscher erhält) den Behörden in die Hände, die sie nicht anerkennen wollen.

Zum Teil auch wegen anderer Vorbehalte, jedenfalls wurde Šaips Salon mit einem runden Dutzend junger Dichter mit einer gewissen Verachtung betrachtet, vor allem von den älteren Roma Šutkas. (Die jungen Dichter wollten die Geschichte von Papusza hören, die von konservativen polnischen Zigeunern in den 50er Jahren so geächtet worden war.) Daß sie schrieben und auch anfingen zu veröffentlichen, stellte sie außerhalb der Zigeunerkultur, einer Kultur, die das Kollektive betont und die Introspektion meidet, eine Kultur insbesondere, die *live* ist, als ob das Aufzeichnen die literarische Entsprechung dafür wäre, die Räder gegen einen Wagen zu tauschen.

Die Dichter waren nicht die einzigen jungen Leute im Viertel, die auf den indischen Zug sprangen. »Songs wie ›Ramo Ramo‹ und ›Sapeskiri‹ (die Schlange), beide durch indische Filme angeregt, wurden auf der Stelle zu Hits«, schreibt die amerikanische Musikwissenschaftlerin Carol Silverman. Viele junge Frauen in Šutka, die es leid waren, die unförmigen türkischen Hosen zu tragen, wie von ihnen erwartet wurde (und in denen jeweils zwölf Meter Stoff steckten), trugen immer öfter Saris. Die neue Mode ließ sich vielleicht auch durch ein Festival mit indischen Erfolgsfilmen erklären, aber was immer sie von ihrer Verbindung mit den Schauspielerinnen wußten, es war eine spontane Identifikation entstanden.

Natürlich war es irgendwie absurd, diese Geschichte mit Indien: Man stelle sich vor, man macht einen Kult aus dem Land, das die eigenen Vorfahren vor über tausend Jahren bewohnt haben, oder übernimmt dessen Kleidung. Natürlich gab es Kleidungsstücke und Wertvorstellungen, die von den Zigeunern in der Diaspora übernommen worden waren, aber ohne eine religiöse Komponente und die Dynamik eines gelobten Landes erschien das alles unsinnig;

Šaips Sammlung von Plastik-Ganeshas, all die niedlichen Figuren mit dem Körper kleiner Jungen und dem Kopf von Elefanten, hätten geradesogut Spielzeugtrolle sein können. In dem Fall war es egal; sie erfüllten ihren Zweck.

Eigentlich wünscht man sich einen Zigeunerhelden, einen Gilgamesch oder Gawain oder gar einen Zapata – einen Krieger oder einen Dichter, aber nicht diesen knuddeligen Jumbo. Doch bei genauerem Hinsehen war Ganesha gar kein so schlechtes Maskottchen für eine aufstrebende Gruppe von Zigeunerbarden: In der Überlieferung der Hindu war Ganesha ein Verehrer der Dichtkunst und schrieb zu Füßen von Vyasa das ganze *Mahabharata* nieder. Darüber hinaus ehrt Ganesha den noch jungen Sinn für die Rom-Hindu-Identität, denn der Elefantengott ist der Schutzheilige der Anfänge.

Kapitel 3

ANTOINETTE, EMILIA UND ELENA

AUCH WENN ICH dem Krieg in Jugoslawien aus dem Weg ging, sah ich doch in ganz Osteuropa immer wieder Schlachtfelder: die ausgebrannten oder niedergerissenen Zigeunersiedlungen. Aber während ich den nationalistischen Brandstiftern folgte, vom ländlichen Rumänien ins industrielle Böhmen, begegneten mir auch subtilere und verdecktere Formen der Gewalt. Oft ging sie von Zigeunern aus und richtete sich gegen Zigeuner.

In Bulgarien fand ich diesen destruktiven Zug in den Geschichten zweier völlig verschiedener Zigeunerinnen. Neben der Tschechoslowakei ist Bulgarien das Land, in dem die Zigeuner am stärksten aus ihrer traditionellen Kultur gerissen wurden. Viele sprechen kein Romani mehr. Die Verwahrlosung ihrer Siedlungen – in der Stadt und auf dem Land, in und vor den Häusern – steht in nichts der in den schlimmsten Favelas Brasiliens nach und bezeugt den Verlust ihres Romipen. Aber es gibt verschiedene Arten der Entwurzelung; auch bei den Privilegierten konnte man sie finden. Antoinette war eine intelligente, gewandte Frau, die als Mädchen vom Establishment dem üblichen Zigeunerschicksal voller Hoffnung entrissen worden war. Emilia wurde dagegen ein Opfer des strengen Wertsystems der Zigeuner, das im Interesse des Überlebens der Gruppe gerade dazu da ist, die soziale Beweglichkeit zu bekämpfen.

Ich lernte Emilia erst bei meinem letzten Besuch in Bulgarien durch ihre Freundin Elena Marushiakova kennen, eine bulgarische Ethnographin, die dafür bestraft worden war, daß sie den offiziell festgelegten Status der Zigeuner in Frage gestellt hatte. Elena war sehr dünn. Sie rauchte die starken BT-Zigaretten (Bulgarian Tobacco) Kette und kleidete sich wie eine Studentin, weiter Pullover und Jeans. Mit ihrem wirren, ungekämmten Haar und den Sommersprossen sah sie wie sechzehn aus – eine Sechzehnjährige, die rauchte, um aufzufallen. In Wirklichkeit war sie über dreißig und Mutter zweier Kinder von zehn und vier Jahren.

Wir reisten durch Bulgarien und kamen natürlich auch nach Sliwen, eine Stadt mit hunderttausend Einwohnern und allgemein bekannt als »die Zigeunerhauptstadt« (über die Hälfte der Bewohner waren Zigeuner). Am Abend, bevor wir losfuhren, sagte eine ihrer bulgarischen Freundinnen gedankenlos: »Paßt in Sliwen auf. Da sind viele Zigeuner.« Elena hatte erstaunlicherweise nicht die üblichen Vorurteile.

Mit dem Zug durchquerten wir das Balkan-Gebirge und fuhren fast durch ganz Bulgarien. Die Grasflächen in verschiedenen Grüntönen und die gelben rechteckigen Sonnenblumenfelder wechselten immer wieder mit langgestreckten Obstplantagen ab: niedrige, sorgfältig ausgeschnittene Obstbäume, Aprikosen, Pflaumen und Kirschen. Dieses heitere, geschäftige Bild war ganz anders als die ausgedörrten Streifen an den Straßen Albaniens. Der auffälligste Unterschied lag jedoch nicht in der Landschaft selbst, sondern in der offenkundigen Zielstrebigkeit ihrer Bewohner. Bulgarien ist ein intensiv bebauter Fleckenteppich, und die Bulgaren, die aus dem Zugfenster schauen, werden mit diesem farbenfrohen, ländlichen Bild wie aus einem Kinderbuch belohnt – und dazwischen die riesigen Chemiewerke mit ihren ebenfalls bunten Rauchschwaden. Letztere ausgenommen, scheint Bulgarien ein Paradies zu sein: Flüsse und Berge, alte, bemalte Klöster, Weinberge und reifes Obst und Urlaubsorte am Meer, und das alles in einem südeuropäischen Klima. Aber den Zigeunern bedeuteten diese Prospektvielfalt und der Reichtum wenig. Es war ihnen völlig egal. Für sie hatte der eigentliche Sinn eines Ortes mit der menschlichen Landschaft zu tun, und im Hinblick auf die große Zigeunerbevölkerung war Bulgarien eine Einöde – eine Steppe menschlicher Intoleranz.

Die städtischen Zigeuner Bulgariens gehören zu den besonders stark
entwurzelten in Osteuropa. Diese Jungen schnüffeln wie fast alle
Straßenkinder und halten sich mit Betteln und Stehlen über Wasser.
Einige Kinder gehen der Prostitution nach (1991 beispielsweise ein
neunjähriges Mädchen). Nicht alle diese Kinder sind Waisen,
aber die meisten leben in den Bahnhöfen, zwischendurch auch immer
wieder einmal in Heimen. Sofia, 1993

Elena schilderte, wie sie mit Zigeunern in Berührung gekommen
war. Es fing an, als sie noch eine Pionierin war – »Weißt du, eine
von diesen glücklichen kleinen Kommunistinnen mit einem roten
Halstuch«. Elena mußte bei einem Ausflug ans Schwarze Meer eine
Horde Zigeunerkinder beaufsichtigen. (Die Gruppen waren unterteilt, niemand hatte die Zigeunerkinder übernehmen wollen, und so
hatte Elena als jüngste sich »freiwillig« bereit erklärt.) Gegen Ende
der Ferien war einem der anderen Pioniere ein Armband abhanden
gekommen. Elenas Gruppe wurde beschuldigt (es konnte nur ein

Zigeuner sein), und sie möge doch bitte den Schuldigen finden, verlangte der Direktor. Elena erwiderte, daß keines der Kinder ihrer Gruppe das Armband gestohlen haben konnte, weil sie den ganzen Tag im Ferienort Warna gewesen waren. (»Keines der Zigeunerkinder konnte schwimmen«, sagte Elena und erklärte, warum sie öfter Ausflüge weg von der Küste gemacht hatten. »Das Meer machte ihnen nicht soviel Spaß. Das zeigte nur, wie anders sie waren.«)

Aber der Direktor blieb hartnäckig. Elena kniff die Augen zusammen, als sie ihn nachmachte, wie er seine Forderung nach einem Schuldigen wiederholte. »Ich blieb bei der Wahrheit«, fuhr sie fort, »weil ich nicht wußte, was ich sonst hätte sagen sollen. Die Kinder hatten Angst wegen des Armbands. Vielleicht hatten sie immer Angst. Sie hatten jeweils nur eine Garnitur zum Anziehen, achteten sehr auf ihre Sachen, wuschen sie ohne Aufforderung, selbst die Kleinsten, die Sieben- und Achtjährigen. Sie waren viel sauberer als die bulgarischen Kinder.«

»Und was passierte mit ihnen?«

»Ich habe es nicht erfahren. Vielleicht gar nichts. Ich selbst flog aus dem Komsomol raus. Das war 1975 eine ernste Angelegenheit. Mir war klar, ich würde jetzt nicht studieren können. Es war kein Problem gewesen, daß meine Eltern beide nicht in der Partei waren, aber jetzt wurde das von den Behörden als Beweis für unsere generell staatsgefährdende Einstellung gewertet. Es war eine aufreibende Zeit. Aber diese Erfahrung hat mich verändert. Und du kannst dir nicht vorstellen – ich war so stolz gewesen, als ich mein rotes Halstuch bekam!«

Die kleine Emilia war eines der Mädchen aus Elenas Gruppe; ihre Eltern luden Elena zu sich nach Hause ein, als sie von dem Zwischenfall mit dem Armband hörten. »Ihre Familie wohnt in einem der ältesten und schlimmsten Zigeunerviertel Sofias, ein Viertel, in das ich vorher nie gegangen wäre. Es galt als sehr gefährlich.« Obwohl ihre Familie dagegen war, fing Elena mit siebzehn an, sich dort aufzuhalten. Das war damals tatsächlich gefährlich, aber nicht so sehr wegen der Zigeuner, sondern wegen der Behörden. Die Post der

Familie Marushiak wurde überwacht (ein Telefon hatten sie nicht); Männer in langen, grauen Mänteln tauchten zu Hause auf und stellten Elena und ihren Eltern Fragen über ihre Aktivitäten.

»Aber es hatte auch immer etwas Komisches«, sagte sie. Jedenfalls hinterher, dachte ich. »Nein, es war wirklich lächerlich. Die Polizei kam und machte Trara. Sie sprachen über alles, nur über das nicht, was sie herausfinden sollten. Sie stellten nie direkte Fragen. Nach den Zigeunern konnten sie nicht fragen, weil es die Zigeuner offiziell gar nicht gab!« Das war tatsächlich so: Obwohl es inzwischen eine nicht zu übersehende Bevölkerungsgruppe von immerhin achthunderttausend Zigeunern im Land gab (fast zehn Prozent aller Bulgaren), waren sie bei statistischen Erhebungen nie berücksichtigt worden – nur bei denen des Innenministeriums, also der Polizei.

Elena klärte mich über die Hintergründe dessen auf, was inzwischen zur Obsession ihres Lebens geworden war. In der Verfassung von 1947 hatten die Zigeuner den Status einer nationalen Minderheit, was ihnen zumindest erlaubte, die eigene Sprache zu sprechen – dieser Status wurde in der Neufassung von 1971 jedoch gestrichen. Jetzt waren alle gleich, ob sie wollten oder nicht. Den Bulgaren gleich bedeutete, daß Unterschiede nicht geduldet wurden. Ein ungeschriebenes Gesetz, das aber sehr gut verstanden wurde, verbot ab 1978 den Verkehr zwischen »ethnischen Bulgaren« und Zigeunern, ja selbst die Erwähnung der Zigeuner in der nationalen Presse und im Fernsehen. (Daher auch Euphemismen wie »unsere dunkelhäutigen Brüder«, die von der »befreiten« Presse noch immer gern gebraucht werden.) Bald wurden die Zigeuner, und auch die Türken, aufgefordert, ihre Namen einzubulgarisieren; aus Ali wurde so Ilia und aus Timaz Todor. Sie durften nicht mehr Romani sprechen, nicht mehr musizieren und keine »folkloristische« Kleidung mehr tragen. Dazu kam, daß viele Zigeuner, wie die Ethnographin Elena wiederholt betonte, ihren traditionellen Beruf verloren hatten – als Korbflechter, Löffel- und Bürstenmacher, Kräutersammler, Musiker, Schmied und so fort. Diese Identitätselemente, darin stimmten Elena und ich überein, waren für eine Gruppe ohne Land oder

Dieser Korbflechter aus der Gegend von Plowdiw
verdient seinen Lebensunterhalt mit dem Gewerbe, das seine Familie
seit Jahrhunderten ausgeübt hat. In ländlichen Gebieten,
wo es oft keine Arbeit gibt (und keine staatlichen Sozialleistungen),
hat die wirtschaftliche Not traditionelle Handwerksberufe
wiederaufleben lassen. Bulgarien, 1992

schriftliche Aufzeichnungen ganz besonders wichtig. Jetzt wußten viele bulgarische Zigeuner nicht mehr, was ihre Vorfahren gearbeitet hatten, und oft kannten sie nicht einmal mehr den Namen, den ihre Familie noch vor wenigen Generationen getragen hatte.

In Sliwen trennte ich mich von Elena (wir wollten keine Familie über Gebühr beanspruchen). Wir wollten in ein paar Tagen wieder zusammenkommen, um mit dem Zug zurück nach Sofia zu fahren. Eine englische Freundin hatte mich mit Antoinette und Gyorgy bekannt gemacht, und sie hatten mich zu sich eingeladen.

ANTOINETTE NAHM DIE Rose, die ich ihr mitgebracht hatte, zwischen zwei Finger und stellte sie mitsamt dem Zellophanpapier und der Schleife vom Bahnhofskiosk in eine hohe, geriffelte Vase. Die kam dann auf das Fernsehgerät zwischen zwei Eiffeltürme: der eine aus Messing mit eingebautem Thermometer, der andere aus Porzellan.

»*Eh, oui*«, hauchte sie, neigte den Kopf und faltete die Hände vor der Brust. Antoinette sammelte Postkarten mit Frauen in derart weiblichen Posen. Wir sprachen Französisch, das sie auf dem französischen Lyzeum in Bulgarien gelernt hatte. Sie freute sich, Besuch zu haben. Sie hatte niemanden, mit dem sie Französisch reden konnte, und wie es schien, auch niemanden, mit dem sie Bulgarisch hätte reden können. Wir sprachen von Paris, wo sie ein Mal gewesen war und das, wie sie sagte, ihre geistige Heimat sei.

»*Georges et moi, nous y sommes allés, il y a cinque ans.*«

»*C'est vrai?*« erwiderte ich gleichgültig und handelte mir damit eine komplette Sitzung mit dem Fotoalbum der Familie auf dem Teppich ein: Antoinette vor dem Eiffelturm, Gyorgy vor dem Eiffelturm, Antoinette und Gyorgy vor dem Eiffelturm …

Die Zigeuner von Sliwen waren seit langem hier und wurden unterteilt in die bessergestellten christlichen Zigeuner, meistens ehemalige Eisenarbeiter, und die Xoraxane, die »türkischen« oder moslemischen Zigeuner, die nie mit einem bestimmten Handwerk in Verbindung gebracht wurden. Sie lebten erbärmlich und buchstäblich auf der anderen Seite der Bahngleise, hinter einer hohen Mauer, die in den 60er Jahren errichtet worden war, um sie außer Sichtweite zu halten, in Minighettos mit Namen wie »Bangladesch« und »Ob es dir gefällt oder nicht«. Antoinette und Gyorgy wohnten in keiner dieser Siedlungen; sie hatten eine Wohnung in einem großen Block, der gar nicht zur Stadt zu gehören schien und von Zigeunern und *gadsche* bewohnt wurde.

Ich bemühte mich, nicht in Klischees zu verfallen, und das tat auch Antoinette. Wie sie so neben mir auf dem Flickenteppich saß, die Beine zierlich seitlich angezogen, wirkte oder bewegte Antoinette sich überhaupt nicht wie eine der Zigeunerinnen, die ich bisher kennengelernt oder gesehen hatte. Sie war hochgewachsen, blaß und blond, und sie war ungewöhnlich – übertrieben – förmlich und mädchenhaft. Sie hätte geradewegs den Seiten einer Ausgabe der *Brigitte* der 50er Jahre entstiegen sein können. Das rot-gelbe Blümchenkleid umschmeichelte sie, und die gekräuselte Schürze war hinten mit einer großen Schleife fest zugebunden, was ihre schmale Taille gut zur Geltung brachte. Das helle Haar hatte sie zu meringuesteifen Spitzen hochtoupiert; über der Stirn kräuselte sich ein gelbes Band. Sie hatte wunderschöne große, traurige, braune Augen. Sie war nicht hübsch, aber kein Makel entging der Abhilfe, und die ganze Mühe, die sie sich stets lächelnd machte, hatte etwas Rührendes.

Ich fragte Antoinette, warum sie nicht im *Mahala*, dem Viertel der christlichen Zigeuner wohnten.

»Ich wohne nicht gern so gedrängt, *à l'italienne*.« Wenn möglich, benutzte sie eine mitteleuropäische Formulierung und distanzierte sich so von der Welt der Zigeuner (die ja wirklich chaotischer hausen als alle Italiener).

Sie erzählte mir von der ersten Zeit mit »Georges«. »Donka, meine Großmutter, war gegen ihn. Sie sagte: ›*Mais ma petite fille, il est un peu paysan*‹« – dem Antoinette erklärend hinzufügte, »Es stimmt, er ist sehr dunkel«. Antoinette senkte den Blick und legte eine Hand leicht auf ihr Schlüsselbein. »Aber wie dieser Mann tanzt!«

Gyorgy und Antoinette, Sliwen, 1992

An diesem ersten Abend konnte ich mich in einem örtlichen Restaurant selbst davon überzeugen. Die drei jüngeren Brüder von
Gyorgy hatten eine ausgezeichnete Band, die auf Hochzeiten sehr
gefragt war. Gyorgy selbst spielte nicht – er war ein europäischer
homme d'affaires –, tanzte aber oft mit Antoinette, und die beiden
gaben ein attraktives Paar ab. Hin und wieder sang Gyorgy auch,

etwas von »Engelbert« oder Tom Jones. Sein »Release Me« war Extraklasse. »Pleeease release me, let me goooh ... You don't love me anymore ...« und Antoinette zerfloß, wenn er es sang.

»Meine Familie war enttäuscht, weißt du. Ich hatte das Lyzeum besucht, ich war die einzige *gitane* dort, und niemand wußte es.«

Die wenigen ausländischen Schulen in Bulgarien galten als die besten und wurden im allgemeinen nur von Kindern hoher Funktionäre besucht. Antoinette war ungewöhnlich vielseitig. Mit ihren messingfarbenen Sommersprossen und dem modernen Kleid – die meisten Zigeunerinnen in Sliwen trugen zumindest noch lange (wenn nicht besonders traditionelle) Röcke – erinnerte sie mich an ein amerikanisches Mädchen, das zum sechzehnten Geburtstag eine neue Nase bekommen hatte: Es paßte zwar nicht alles so recht zusammen, aber viel tiefgreifender hatte sich ihr Ausdruck verändert (dieses Geheimnis für immer zu wahren). Es waren einige Parteibeziehungen nötig, die völlige Ummodelung von Antoinette zu erklären, aber das leugnete sie einfach. Es war, als hätte ich sie gefragt, ob das Blond ihrer Haare echt ist.

Leugnen, falsche Selbstdarstellung: Das war die entscheidende Erfahrung vieler Zigeuner, vor allem in Bulgarien. Hier konnten sie als Angehörige der noch größeren türkischen Bevölkerungsgruppe durchgehen, was sich besonders unter der osmanischen Herrschaft als nützlich erwiesen hatte. (Die Identifizierung vieler bulgarischer Roma mit Türken war allerdings nicht immer opportunistisch; sie stellt auch den seltenen Fall echter Anpassung von Zigeunern dar.) Im ehemaligen Ostblock allerdings war jeder an routinemäßiges und dreistes Lügen gewöhnt, und auch an ritualisiertes, offizielles Lügen. Die Bulgaren standen, wie andere Weiße, wenigstens offen zu ihrem Haß auf die Zigeuner. Aber das war vorhersehbarer als die Reaktion der bulgarischen Zigeuner. Zu einer Zeit, in der überall auf der Welt nicht mehr die Klasse oder das Geld der wesentliche Sozialisierungsfaktor war, sondern die ethnische Komponente, träumten die Zigeuner hier von rassischer Anonymität.

In Sofia hatte Elena mich Gospodin Kolew vorgestellt, dem einzigen Zigeunermitglied des einstigen Zentralkomitees der Kommunistischen Partei (Abteilung Propaganda und Agitation). Die Kommunistische Partei Bulgariens hatte einmal über dreitausend Zigeuner als Mitglieder, aber sie waren alle nur einfache Mitglieder. Erst später erfuhr ich, daß der hochgestellte Kolew ein Onkel von Antoinette war.

Gospodin (was »Herr« heißt) Kolew war besonders stolz darauf, sich schon vor langem für spezielle Roma-Internate eingesetzt zu haben, wo »sie lernen würden, zivilisiert wie Bulgaren zu werden« – außerdem zu kochen und einen Tisch zu decken. Ich besuchte eine rein »technische« Zigeunerschule in Sliwen. Die Kinder sollten berufliche Fähigkeiten erlernen, und das taten sie auch, wie in einem Ausbeutungsbetrieb. (Zehn- und Elfjährige bauten die Kugellager in Bürostühle ein, die, wie ich erfuhr, überwiegend an ungarische Firmen verkauft wurden.) Solche Schulen gibt es in ganz Bulgarien immer noch; sie glichen eher Waisenhäusern oder Erziehungsanstalten, weniger dem Lyzeum.

Ich fragte Kolew nach dem Verbot, das die Kommunistische Partei Bulgariens 1984 über die Sprache und Musik der Zigeuner verhängt hatte und das 1989 nach dem Sturz von Todor Schiwkow aufgehoben worden war.

»Die Bulgaren wollten keine Zigeunerlieder, weil damals serbische und bulgarische Musik beliebter war.«

»Und die Namensänderungen?«

»Da die Zigeuner in allen Ländern die heimische Religion annehmen, nehmen sie auch heimische Namen an. Sie hatten immer bulgarische Namen. Und die, die türkische Namen hatten, änderten sie erstmals 1940, unter der *Monarchie*. Es stimmt, daß wir 1962 diese Kampagne aufgegriffen und mit den Zigeunern angefangen haben, damit sie echte Bulgaren würden.«

Die Pomaken, bulgarische Moslems, waren die nächste Gruppe, die in den 70er Jahren umbenannt wurde; als letzte kamen in den 80er Jahren die Türken an die Reihe. Etwa dreihunderttausend von

Das erste Ritual für das Kleinkind eines moslemischen Rom in Stoliponowo, einer großen, hauptsächlich von Zigeunern bewohnten Siedlung am Rand von Plowdiw, Bulgarien. Mit sechs Monaten werden den Jungen zum ersten Mal – unter dem Beifall der ganzen Nachbarschaft – die Haare geschnitten, dann werden sie wie ein Sultan gekleidet und auf den Schultern durch die Siedlung getragen. Dieser Brauch, ein Vorspiel zur Beschneidung, wird *sunset biaf* genannt: »Beschneidungshochzeit«. 1992 ihnen wurden auf einen »Ausflug« ohne Rückkehr in die Türkei geschickt – ein Vorfall, der internationale Entrüstung auslöste, die schließlich mit dazu beitrug, den rangältesten Diktator des Ostblocks zu verjagen.

»Die Zigeuner haben sich auf jeden Fall nicht widersetzt. Und warum? Weil die türkischen Namen, die sie hatten, nicht typisch türkisch waren. Ein Zigeuner namens Suliman wurde Sulio genannt: Sie hatten sich bereits von den Türken distanziert, verstehen Sie, sie *wollten* Bulgaren werden. Auf der ganzen Welt vermeiden es die Zigeuner zu zeigen, daß sie Zigeuner sind.«

In dem Punkt hatte er recht, wenngleich sie es in Bulgarien hauptsächlich dadurch taten, daß sie behaupteten, Türken zu sein … Zwei der drei Zigeuner, die nach 1989 Parlamentsmitglieder wurden, lehnten es ab, ihre Volkszugehörigkeit anzunehmen oder sich gar zu ihr zu bekennen.

Ende der 50er Jahre war Antoinettes Onkel einem Ausschuß der Kommunistischen Partei beigetreten, der »das Zigeunerproblem« lösen sollte. Er verbot 1958 als erstes das Nomadentum. Fünfunddreißig Jahre danach hatte Kolew seine Ansichten nicht im geringsten geändert. »In einer technologischen Industriegesellschaft ist Schluß mit dem umherziehenden Zigeuner.« In dieser Beziehung konnte Kolew stolz sein: Es gibt in Bulgarien keine »umherziehenden« Zigeuner. »Was ist erhaltenswert?« fragte er. »Welche vermeintlichen Zigeunerberufe gibt es? Kupfer ist durch Kunststoff ersetzt worden. Den Zigeunern wurde die Chance eingeräumt, Bulgaren zu werden; Unterschiede konnten nicht zugelassen werden.«

Kolew schien in seinem Triumph gar nicht bemerkt zu haben, daß sich diese Unterschiede seit dem Ende der Herrschaft seiner Partei erheblich vergrößert hatten. Er war immer noch der Version seiner ruhmreichen Tage verhaftet, und seine Sprache war reinstes ZK-Bulgarisch: »Anpassung ist ein objektiver historischer Prozeß.«

Aber offenbar kein unabwendbarer. »Selbst heute haben Zigeuner, die unter Bulgaren wohnen, noch ihre rückständigen Gewohnheiten. Sie sind unsauber. Sie müssen von ihren bulgarischen Nachbarn lernen, wie man lebt. Das Zigeunerghetto ist so dunkel wie Indien.«

ANTOINETTES GUTAUSSEHENDER BRUDER Stefan, der sie einmal zum Essen in ihrer Wohnung besuchte, war Arzt und strahlte die entsprechende Ruhe aus; er war so dunkel wie ein Inder. Die Hautfarbe war für Antoinette das Hauptkennzeichen, wenn sie einen Menschen beschrieb, aber die ihres Bruders hatte sie nie erwähnt. Wir saßen bei einem kleinen Imbiß aus Salamiröllchen, die mit Streichkäse und Gurken gefüllt waren. Mit bunten Zahnstochern garniert, sternförmig auf einem roten Pappteller angeordnet und mit paprikabestäubten, gefüllten Eiern verziert, war dieses hübsche, ambitionierte Angebot so ganz anders als das einfache und reichliche Essen, das ich bei vielen Zigeunerfamilien bekommen hatte; es sah eher wie eine weitere Inspiration aus der *Brigitte* aus. Antoinette behielt mich fest im Auge. Ich spürte, wie sie in meinem Gesicht nach Vorurteilen suchte.

Stefan erzählte von einer Kinderlähmungswelle in Sliwen, die besonders die ärmeren Zigeunerviertel jenseits der Bahngleise getroffen hatte. Er war einer von sechs Zigeunerärzten in Sliwen. Die meisten seiner bulgarischen Kollegen »lassen sich im *Mahala* nicht sehen«, wie er sagte. »Sie tun nur das, was absolut nötig ist. In dieser Gemeinschaft« – und damit meinte er die Zigeunergemeinschaft – »liegt die Säuglingssterblichkeit bei dreiundzwanzig pro tausend. Und jetzt diese Epidemie. Natürlich ist es selbst für die Ärzte ein Problem, die helfen wollen. Die Zigeuner lehnen Impfungen ab, weil sie meinen, das mache ihre Babys steril.«

Ich erzählte ihm eine ähnliche Geschichte aus *The Book of Boswell*, das der englische Zigeuner Gordon Boswell geschrieben hatte. »Ich lasse mich nicht vergiften«, hatte Boswell einer Sanitäterin gesagt, die ihn hatte impfen wollen. Es war die Angst vor einer rituellen – vielleicht auch einer körperlichen – Verunreinigung dadurch, daß man einen Kontakt seines Körperinneren mit unreinen *gadscho*-Präparaten und Kultur zuließ. Antoinette hatte ihre eigene Erklärung für die Polioepidemie in Sliwen: »Die türkischen Zigeuner sind schmutziger als unsere christlichen Zigeuner.« Sie hatte recht. Dennoch war unklar, welche Art von Schmutz sie meinte: Dreck oder Mangel an Kultur.

Ich wollte unbedingt das verrufene *Mahala* sehen, und sah es später auch, aber nicht mit Antoinette: Weder sie noch ihr Bruder, der Arzt, gingen dorthin, zumindest nicht mit mir. Statt dessen schlug Antoinette einen Gang durch die angenehmeren Zigeunerviertel vor. »Sie sind nicht alle so unzivilisiert«, sagte sie. Für Antoinette waren die Zigeuner immer »sie«.

Bevor Stefan an diesem Nachmittag wieder seiner Wege ging, kehrten wir in ein kleines Cafe am Rand des *Mahala* ein. Antoinette hoffte, ihn überreden zu können, den Abend mit uns zu verbringen. Sie stellte Musik in Aussicht, eine Hochzeitsfeier. Es war ein Fehlschlag. Er war bedrückt, keine Frage, wenn auch nicht nur wegen der Epidemie und der Ungerechtigkeiten, die sie mit sich brachte. Wie seine bleiche Schwester fühlte auch Stefan sich nicht wohl in seiner Haut.

Zwischen den Wohnblocks von Sliwen laufen keine Pferde herum, aber ihr Bild ist bei Zigeunern in jedem Haus gegenwärtig. Auch in diesem Cafe war es so, an den Wänden, auf den Tellern – der Blick auf ein verlorenes Leben. Wie auf Pferdebildern pferdevernarrter Mädchen in anderen Ländern waren auch diese Pferde meistens dunkelbraun. Tatsächlich ist ein Pferd, das in der Branche als »Zigeunerpferd« bezeichnet wird, gescheckt: schwarzweiß, gesprenkelt, gefleckt. Bei den Zigeunern standen diese Tiere immer – uneindeutig, fast getarnt – ganz oben in der Gunst.

Als Stefan aufstand, um Kaffee zu holen, kam ein Mann, den Antoinette kannte, an unseren Tisch und setzte sich zu ihrem größtem Unmut zu uns. Mitko Tonchew hatte ein längliches, glattes, dunkles Gesicht, eine wilde Entschlossenheit und das Bedürfnis zu reden. Er war nach Sliwen gekommen, weil er schweißen konnte;

angeblich gab es hier »in der Industrie« Arbeit. Er war eher verzweifelt als verbittert über die Erkenntnis, daß er als Zigeuner am Ende der Schlange der Arbeitsuchenden stehen würde. »Früher war es nicht so. Wir wußten gar nicht, daß wir Zigeuner waren. Jeder hatte Arbeit. Jetzt sind wir uns selbst gegenüber nicht mehr frei.«

Antoinette war verärgert über diese Bemerkung und übersetzte sie mir nur widerwillig, fügte aber hinzu, daß Mitko Tonchew »weder geistreich noch intelligent« sei. Sie zeigte deutlich ihre Verachtung für ihn und seine Ansichten, indem sie die ganze Zeit, in der er redete, in ihren Taschenspiegel blickte und wie unter Zwang die Handtasche auf- und zumachte, die sie immer bei sich hatte und die an der Seite die verschnörkelte Aufschrift »Paris Elégance« trug.

Später, als Stefan gegangen war, sagte Antoinette, wahrscheinlich habe die Hochzeitsfeier ihren Bruder verschreckt. »*Pauvre* Stefan, er findet keine Zigeunerin als Frau, weil er so intelligent ist.« Und eine Bulgarin konnte er nicht heiraten, weil er so dunkel war.

Die Straßen des *Mahala* – seit über hundert Jahren eine Zigeunersiedlung – waren an diesem Samstagnachmittag im Mai voller Menschen. Ein Menschenstrom, hauptsächlich junge Frauen in langen, die Hüften umschmeichelnden Röcken, kam uns auf der Hauptstraße entgegen. Einige der Mädchen führten eine Band mit Zurna-Spielern an, die die hölzernen, kelchförmigen Enden ihrer Blasinstrumente steil in die Höhe hielten und eine schrille Lambada zum Himmel schickten. Einige der Zurnas waren voll Geld gestopft, was den eigenartigen Laut erklärte und vielleicht auch den Winkel, in dem sie die Instrumente hielten. Die Menge kam nicht von einer Hochzeit, sondern von einer *čeiz*, bei der die Mitgift eines Mädchens gesammelt und einige Tage im Haus ihrer Eltern vor der Hochzeitsfeier zur Schau gestellt wird.

Antoinette nahm mich bei der Hand und führte mich in das *čeiz*-Haus. »*Amerikanka, Amerikanka*«, murmelten einige, als wir vorbeigingen. Ich war also angekündigt worden. Es schien so, als wäre ich eine Art wandelnder Eiffelturm, ein Beweis für die Weltläufigkeit Antoinettes.

ПОКАНА
АСАН и ШОНА
ОРМАНДЖИЕВИ
Ви канят най-учтиво да присъствате на
сватбеното тържество на дъщеря им
НЕЛИ с ДАНАИЛ, което ще се състои
на 19 септември, 1976 год., в ресторант
„Чайка" (плажа) от 18 часа.

Eine Einladung zu einer rumänischen Zigeunerhochzeit
mit dem Bild des verlobten Paares, 1976

Im Haus sah es aus wie beim Schlußverkauf in einem Warenhaus.
Wände und Böden aller drei Zimmer der niedrigen Doppelhaus-
hälfte waren bedeckt mit glänzenden, neuen »Perser«-Teppichen,
Handtüchern, Badematten, Läufern und Bettvorlegern, auf denen
biblische Szenen, Pfauen und füllige Haremsdamen dargestellt wa-

ren. Sie hingen wie Ölgemälde an den Wänden – jedes mit genügend Platz und einige ausgesuchte Stücke angestrahlt. Darauf festgesteckt waren die Hauptattraktionen unter den Brautgeschenken: spitzenbesetzte Unterwäsche und Nachthemden, flott drapiert, so als würde gerade ein Windstoß hineinfahren.

Ein anderes Zimmer glich einem Geschirrmarkt: aprikosenfarbenes Porzellangeschirr mit Lüster, Weingläser mit Goldrand, rosafarbene Teeservice mit romantischen Schäferszenen, fingerhutgroße Mokkatassen – alles auf einem pfirsichfarbenen Altar zu einer zerbrechlichen Pagode aufgetürmt. Und überall waren Hausschuhe: Hausschuhe für sie, Hausschuhe für ihn, schottisch gemusterte, aus besticktem Satin, aus Filz, die alle auf eine gewisse Häuslichkeit schließen ließen. Nach der Hochzeit, so schien es, wurden Schuhe nicht mehr gebraucht.

Im nächsten Zimmer stand das satinüberzogene Bett, mit Kunststoffrosen und weiteren Nachthemden übersät. Auf dem Kissen saß eine große Kunststoffpuppe in einem Konfirmationskleid aus Spitze. Diese Puppe war ein Exvoto für viele, gesunde Kinder, und sie würde auf der Motorhaube eines hupenden Autos sitzen, wenn der ganze Hochzeitstrubel vorbei war. Das Paar würde nie in einer Kirche oder standesamtlich heiraten – es würde auch keinerlei offizielle Dokumente geben. Nach Zigeunerbrauch waren sie längst verheiratet, und die *čeiz* war (anstelle eines Brautpreises, der unter den seit langem ansässigen Zigeunern von Sliwen nicht mehr gezahlt wurde) der Beweis. Auf dem Bett lag soviel Zeug, daß das jugendliche Brautpaar, das sich zusammen mit seiner Beute zur Schau stellte, kaum noch zu sehen war. Arm in Arm saßen sie da in weißen, bis zum Hals zugeknöpften Rüschenhemden. Die Braut war niedlich, etwas verschüchtert und schien ein wenig verwirrt von den duftigen, roten Bikinis, die an der Wand über ihrem Kopf hingen. Das Paar lächelte ununterbrochen, so als würde jemand es fotografieren, und gelegentlich tat das jemand auch.

Als wir nach Hause liefen, schilderte Antoinette ihre eigene *čeiz*. »Es gab so viele Geschenke, daß die ganze Familie ausziehen und im

Wagen schlafen mußte! Und dabei war es ein großes Haus. Ich habe bedeutende Sachen bekommen«, sagte sie und gab mir zu verstehen, daß eine Lyzeumschülerin nicht mit einem Stapel Reizwäsche abgespeist wurde. »Zum Beispiel meine *bibliothèque*«, sagte Antoinette – und meinte damit den Schrank mit Glastür, in dem sie jetzt ihr funkelndes Teeservice und die Porzellanfigürchen aufbewahrte.

»Ich wollte niemanden dabeihaben, ich schämte mich natürlich.« Die *čeiz* ist ein Zigeunerbrauch, und keine ihrer Freundinnen vom Lyzeum beging ihre Verlobung auf diese Art. »Aber meine Eltern bestanden darauf, und am Ende ging alles gut, weil viele intelligente Leute aufkreuzten.« Damit meinte sie, wie sich im Verlauf ihrer Schilderung herausstellte, daß viele *gadsche* gekommen waren, ihren Fischzug zu bewundern.

Es war Hochzeitssaison. Am nächsten Tag gingen wir zu einer anderen Feier in einem Kellerlokal. Obwohl Antoinette fraglos ein Ehrengast unter den fröhlich feiernden Zigeunern war, bedauerte sie sofort, gekommen zu sein. Am Kopfende unseres Tisches protzte eine aufgetakelte, ausgeflippte Frau in rosa Pailletten mit ihren Sachen; für Antoinette war das aber nicht einmal das schlimmste. Die Braut war hochschwanger, und es war eine Mischehe. Antoinette war ungeheuer stolz auf ihre bulgarischen Freunde, aber sie gehörten nicht zu denen, die einen Zigeuner oder eine Zigeunerin geheiratet hätten, die für Antoinette ganz klar zur Unterschicht gehörten. Es war alles ziemlich verwirrend.

An meinem letzten Abend in Sliwen aß ich mit Antoinette, Gyorgy und Freunden in einem Restaurant außerhalb der Stadt, das sich in einem ehemaligen Jagdhaus Todor Schiwkows befand. Es sah aus wie eine rustikale Skihütte, mit kleinen Findlingen als Sitzgelegenheit um eine Feuerstelle aus Natursteinen und Geweihleuchtern. Ich hatte bei dieser Reise nicht viel von Gyorgy gesehen. Anscheinend hatte er geschäftlich viel zu tun (was das war, wurde jedoch nie klar). An jenem Abend erschien er und saß am Kopfende des Tisches zwischen Antoinette – die mit Haarfestiger behandelten blonden

Strähnen waren hochgekämmt und aufgetürmt zu einem abgeflachten Stapel aus Achten – und seiner Sekretärin Yuliana.

Yuliana war eine junge Bulgarin, die ihren Beruf als Lehrerin gegen eine Arbeit bei Gyorgy eingetauscht hatte – und gegen ein neues Äußeres: roter Minirock aus Leder und passende Stöckelschuhe, ein schwarzes Lederbustier und dunkler Lippenstift, dazu dicker, schwarzer Eyeliner rund um beide Augen. In Sliwen war so etwas nicht etwa nuttig, es war modisch. Und egal wie sie aussah, als Bulgarin war Yuliana ein guter Fang, nicht nur in ihrer Rolle als Freundin, die sie anscheinend war, sondern auch als Sekretärin: Heute die *gadschi* einstellen, und die Geschäfte würden bald folgen. Antoinette schien die Situation zu akzeptieren.

Gegen Ende des Essens beugte sich Gyorgy zu mir herüber und fragte mich, halb anzüglich, halb feindselig und volltrunken: »Glauben Sie an einen Zigeuneradel?« Er meinte mit Sicherheit nicht den alten edlen Wilden, sondern eher einen Adel, der auf Charakter beruhte, nicht auf Kasten. Gyorgy, »*le paysan*«, wollte vor allem geachtet werden. Seine Erkundigung war Teil einer unterschwelligen Unsicherheit und Anklage, die sich immer aus heiterem Himmel in Fragen entlud wie: »Würden Sie jemals einen Zigeuner heiraten?«

Antoinette und Gyorgy und Yuliana hatten es sich erstaunlicherweise nicht ausreden lassen, mich am nächsten Morgen zum Bahnhof zu bringen. Alle drei erschienen (schon wieder umgezogen) in ihrer feinsten Abendgarderobe – um fünf Uhr früh. Antoinette winkte, bis ich ihren Blicken entschwand, ihre Paris-Elégance-Tasche an die Brust gepreßt.

Im Zug zeigte sich Elena, die bei dem Abschiedsessen dabeigewesen war, nicht überrascht, daß ich diese freundliche, intelligente Frau so wenig überzeugend, so verloren wirkend fand. »In Sofia wäre sie besser aufgehoben«, sagte sie. Oder in Paris. In Bulgarien, erklärte sie, waren die Maßnahmen zur »Eindämmung« oder Assimilation der Minderheiten besonders hart gewesen und waren ab Mitte der 80er Jahre weiter verschärft worden. Und diese Maßnahmen hatten auch Elena getroffen.

Der Armbandzwischenfall am Schwarzen Meer hatte Elena immerhin nicht die Universität versperrt. Doch als sie sich spezialisieren wollte, mußte sie erfahren, daß man Zigeuner dafür nicht geeignet hielt, auch nicht an der ethnographischen Fakultät. Elena mußte in die Tschechoslowakei gehen, um zu promovieren. Als sie nach Sofia zurückkehrte, kam sie auf irgendeine unerforschliche Weise ans Nationale Ethnographische Institut. »Ich weiß nicht, warum sie mich genommen haben.« (Ihre Dissertation hatte man als romantisches Märchen abgetan.) »Vielleicht, um mich im Auge zu behalten. In den ersten zwei Jahren war alles ruhig. Aber dann, ab 1985, drohte der Direktor mir. Der Unterschied zu früher war, daß er es ganz offen tat. Es war nichts Schlimmes, Leute zu bedrohen. Er sagte mir schlicht, daß vom Zentralkomitee eine Anweisung ergangen sei, in der stehe, daß ich jegliche Agitation im Zigeuneruntergrund einzustellen habe« – Elena lachte, denn sie brauchte gar nicht groß zu erklären, daß es laut Gesetz gar keinen Zigeuner-»Übergrund« gab. »Wenn ich nicht sofort zur Zusammenarbeit bereit wäre, würde ich vom Institut ausgeschlossen, und selbstverständlich auch von jeder Lehrtätigkeit … Ich versuchte, die Sache mit Humor zu nehmen: Wenn ich schon die Straßen kehren müßte, wäre ich wenigstens endlich unter Zigeunern.« Tatsächlich waren anscheinend sämtliche Straßenkehrer im Ostblock Zigeuner.

Der Zug huschte an einer riesigen und schmutzigen Hühnerfarm vorbei. Ich versuchte Elena zu erklären, wie Hühnerfarmen im Westen aussahen. Sie war etwas ratlos über die Sorge um die Rechte von Tieren und schon gar, aus irgendeinem Grund, um die Rechte von *Hühnern*, und sie konnte nicht verstehen, daß jemand etwas gegen Hühner haben könnte, die besonders gemästet werden.

»Du hast bestimmt noch nie ein gerupftes bulgarisches Huhn gesehen«, sagte sie und blieb beim Thema. Und dann erzählte sie mir, wie sie während der besonders schlimmen Lebensmittelknappheit im letzten Winter die Zigeunerviertel Sofias abgegrast und ein Huhn von jemand gekauft hatte, den sie kannte, und es triumphierend nach Hause gebracht hatte.

»Ich mußte es in der Badewanne töten. Vesselin [ihr Mann] konnte kein Blut sehen, aber ich auch nicht, und ich traf immer daneben, und das Huhn wollte nicht sterben. Aber zufällig kam mein Vater vorbei und beendete die Sache und sagte, wir hätten es mit einem unserer schweren, unveröffentlichten Manuskripte erschlagen können. Eins stand fest – man würde mir nie erlauben, meine Untersuchung zu veröffentlichen. Es ist doch lustig, oder, daß das, was vorher nur verboten war, jetzt absolut unmöglich ist ...« Sie brach ab und ging hinaus auf den Gang, um eine Zigarette zu rauchen.

Elena sprach von dem üblichen und unausweichlichen Problem, das im gesamten ehemaligen Ostblock herrschte: An die Stelle politischer Einschränkungen waren wirtschaftliche Einschränkungen getreten. Es war kein Geld da für die Veröffentlichung, kein Papier und kein Markt für die seltsamen »wissenschaftlichen« Wälzer, die von allen Instituten und Akademien herausgebracht wurden. (Jeder aus dem alten Regime, ob Literaturkritiker oder Studienrat, wurde »Wissenschaftler« genannt.) Elena schätzte, daß es zehn Jahre dauern würde, ein Buch in Bulgarien zu veröffentlichen, *nachdem* es von einem Verlag angenommen wurde. Ein Artikel konnte drei Jahre warten, und wenn man das Manuskript kurze Zeit zurücknahm, um es zu aktualisieren, verlor man seinen Platz in der Warteschlange.

Der größte Teil von Elenas Untersuchungen war also noch unveröffentlicht, wenngleich es ihr gelungen war, einen Beitrag in der ethnographischen Zeitschrift *Kontakti* unterzubringen. Dies war eine neue Zeitschrift, die von denselben Leuten geleitet wurde, die ihre Sachen bei der alten Zeitschrift immer abgelehnt hatten. Damals hieß sie *Rod-o-lyubie* oder *Liebe zu deinem Clan*. Ich erinnerte Elena an ihr Versprechen, mich mit Emilia bekannt zu machen, ihrer Freundin vom Warna-Ausflug vor fast zwanzig Jahren. Bis wir sie ausfindig gemacht hatten, brachte Elena mich über die Nöte des Mädchens auf das laufende, die alle mit der Hierarchie in der Zigeunergemeinschaft zu tun hatten – Strukturen, die weit unverrückbarer waren als jedes Regierungsprogramm. Nach mehreren Anläufen trafen wir Emilia zu Hause an: eine Wohnung in einem heruntergekommenen modernen Wohnblock in Sofia. Im Gegensatz zu Antoinette war sie locker und gelassen und sehr offen. Elena sagte ihr, daß ich gern ihre Geschichte hören würde, und sie willigte achselzuckend ein. Sie sprach Bulgarisch. Elena übersetzte.

» Es war die einzige Nacht, die ich jemals allein mit meinem Mann zusammen war«, berichtete Emilia von ihrem Ausreißversuch. 1978, mit dreizehn Jahren, war sie mit Plamen davongelaufen – den ganzen Weg bis zum Haus seiner Großmutter, zwei Kilometer entfernt in einem anderen Zigeunerviertel von Sofia.

»Als *meine* Großmutter ausgerissen ist, ist mein Großvater gekommen und hat sie mit einem Pferd geholt.« Aus Emilias Sicht war definitiv eine Verbesserung eingetreten: »Plamen hat einen Wagen gemietet. Es war ein Wagen aus dem Westen.«

Durchbrennen an sich war nichts Skandalöses. Es kam bei den Zigeunern häufig vor, vor allem bei ansässigen Gruppen, wie der von Emilia. Sie wohnten seit Generationen im selben beengten Viertel von Sofia, das, als ich es kennenlernte, noch immer kein fließendes Wasser hatte, nur eine Reihe Tröge mit Hähnen. Das alte System des Brautkaufs war zu teuer geworden und tendierte dahin, starren, ja dynastischen Bestrebungen Vorschub zu leisten, die von den jungen Leuten kaum geteilt wurden. Da es die einzige Möglichkeit war, einer arrangierten Ehe zu entkommen, war Durchbrennen so beliebt wie nie. Tatsächlich war es ein Euphemismus für sexuellen Verkehr, und das war wiederum gleichbedeutend mit Ehe. Das System konnte jedoch einen schlechten Ausgang haben, zumindest für die Mädchen. Immer mehr junge Männer griffen zu der einfachen Methode der Entführung; das bedeutete Verlobung, ob das Mädchen einverstanden war oder nicht – sofern nicht irgend etwas schiefging. Und schiefgehen konnte es vor allem in der Frage der Jungfräulichkeit. Möglicherweise war das Mädchen keine Jungfrau mehr – oder sie konnte den Beweis dafür nicht erbringen.

Früh am Morgen nach der Nacht außer Haus kehrten Emilia und

Plamen in ihr Viertel zurück, diesmal mit der Straßenbahn und mit dem blutbefleckten, zusammengefalteten Bettlaken in einer Plastiktüte. »Die Straßenbahn war voller verschlafener Menschen, die zur Arbeit fuhren. Ich erinnere mich, daß wir die einzigen waren, die wirklich wach waren. Wir waren so glücklich.« Die morgendliche Fahrt durch Sofia war der letzte Augenblick der Ruhe für die Neuvermählten. Über Nacht waren Emilia und Plamen in einen Dschungel von Tabus geraten: die möglichen Vergehen, die die Lebenslandschaft der erwachsenen Zigeuner prägen – eine Landschaft, die danach angelegt ist, die Frauen »im Griff zu haben«. Es war nicht die Ehe an sich, die für die Frauen das Aus bedeutete, sondern der Beginn der Menstruation (wenngleich beides meist zusammenfiel): Von diesem Punkt an hatten die Frauen die Macht, die Männer zu verunreinigen. Aber wenn schon die meisten Tabus und Gewohnheitsrechte auf die Frauen zielten, dann war es (selbstverständlich) auch ihre Pflicht, für deren Einhaltung zu sorgen.

Als sie wieder in ihrem Viertel waren, führte der erste Weg sie zum Haus der Eltern von Plamen. Die Teenager überreichten die Plastiktüte seiner Mutter, die die für den Beweis erforderlichen Tests durchführen würde. Blut allein genügte nicht, Emilias Tugend zu begründen; nachdem Plamen und alle übrigen Männer aus dem Haus gescheucht waren, wurde das blutbefleckte Laken auf dem Küchentisch ausgebreitet und mit *rakia* besprenkelt, dem heimischen Pflaumenschnaps. Die Frauen scharten sich um den Tisch und warteten.

»Es war die schlimmste halbe Stunde meines Lebens«, erinnerte Emilia sich. Denn nur wenn der *rakia* das Blut zu einer Blume verformte, war alles in Ordnung. »Schweineblut erblüht nicht richtig«, erklärte sie und deutete an, was ein verzweifeltes Paar vielleicht versuchte, wenn es den Verlust der Jungfräulichkeit kaschieren wollte – oder, was unter diesem Druck wahrscheinlicher war, das Versagen des Jungen.

»Nach dem *rakia*-Test ging ich heim zu meinen Eltern, und am nächsten Tag kam Plamen zu uns und bat meine Mutter um meine

Hand. Ich durfte ihn nicht sehen, bevor alles geregelt war – was mir nichts ausmachte.« Als ich Emilia kennenlernte, war sie siebenundzwanzig und sah zehn Jahre älter aus, außer wenn sie lachte.

Es war Sache der *babas* und *dajs*, der Großmütter und Mütter, die Ehen zu arrangieren, und als Plamen kam, um zu fragen, wies Emilias Mutter ihn ab. Natürlich würde am Ende alles gut ausgehen. Sie waren nicht gerade begeistert von Plamen, aber Emilia war mit ihm durchgebrannt, und sobald sie den Test bestanden hatte, würde das Mädchen gehen müssen. »Baba tobte mit mir.«

Obwohl das Paar bereits durchgebrannt war, war Emilias Familie nicht bereit, einen solchen Schatz gehen zu lassen, mit ihren großen, grünen Augen, dem dichten, schwarzen Haar und dem vollen, jungen Körper – umsonst gehen zu lassen. Plamen mußte mehrere Male wiederkommen und erneut fragen, was ein Wink an seine Familie war, ihre »Wertschätzung« für Emilia aufzubessern. Als Emilia vom Tisch aufstand, um das Fotoalbum zu bringen, holte Elena etwas aus: »Die Verzögerung gab seiner Familie Zeit, ›Kaninchen zu jagen‹ – d. h. die Geschenke für ihre *čeiz* zusammenzubekommen, nämlich Gold.«

Wie Antoinette blühte auch Emilia auf, als sie von ihrer *čeiz* sprach. »Ich saß mit all den neuen Sachen den ganzen Tag da, mitten auf dem Bett.« Man konnte sich Emilia gut als heimkehrende Königin auf ihrem Schiff vorstellen (das Bett in ihrer jetzigen Wohnung war ein geschmückter Viermaster aus einem transparenten lila Hauch). Emilia reichte mir ein Foto aus ihrem Hochzeitsalbum, das sie in ihrem ganzen Staat zeigte, vor ihrer Jagdbeute aus farbenfrohen Geschenken mit Pelzcharakter oder Lüsterglanz. Sie trug ein weißes Kleid und einen passenden steifen Hut, der einer umgestülpten Schale ähnelte, mit geblümten Troddeln, die wie aufgereihtes Popcorn herunterhingen.

»Was ist das auf deinen Händen?« fragte ich, im Zweifel, ob die ledrigen, mit Krallen versehenen Finger auf dem Foto einer Dreizehnjährigen gehörten. Es war Henna – das immer wieder verwendet wurde zur »Reinigung« der Braut während des wochenlangen

Rituals aus Tänzen und Nickerchen und Umziehen und zuletzt einer »Taufe« im Stadtbad, bei der nur Mädchen dabei waren.

»Je länger das Henna auf den Händen bleibt, desto länger liebt dich dein Mann.« Emilia zuckte die Schultern. »So heißt es jedenfalls.« Die fleckigen Hände entsprachen dem blutbefleckten Laken, das bereits in eine Flagge verwandelt worden war und von einer jüngeren Schwester von Plamen, dem stolzen Besitzer einer garantiert jungfräulichen Braut, durch das Viertel getragen wurde. Die blutige Flagge schien so gar nicht zur Ängstlichkeit der Zigeuner in Sachen Sexualität zu passen. Ich glaubte dem alten Mann aus Emilias Nachbarschaft, der mir erzählte, daß er seine Frau – und Mutter seiner fünf Kinder – noch nie nackt gesehen habe. Derselbe Mann hatte eine Tätowierung, die seinen ganzen Wanst bedeckte: eine üppige Nackte. Zur Freude einer versammelten Kinderschar aus der Gegend konnte er den kugeligen Torso bewegen und die auftätowierte Muse aktivieren, die dann eine richtige Bauchtänzerin war.

Das Ansehen der Bilder überwältigte Emilia. Sie benutzte Elena und mich als stellvertretende Brautjungfern und arrangierte eine Vorführung. Von Emilia angeführt, zogen wir ernst um den Küchentisch, sorgsam Fuß vor Fuß setzend, ein Zug der Grazien (die im Ernstfall natürlich drei Jungfrauen sein müßten). Emilia war zu taktvoll gewesen, mich persönlich zu fragen, aber später hatte sie Elena über meinen Stand als Ehefrau und Mutter ausgequetscht. Sie war zwar um vieles kultivierter als die Frauen aus dem albanischen Kinostudio, aber auch sie hielt mich, wie Elena berichtete, für unfruchtbar.

Wir wandten uns wieder dem Fotoalbum zu, und Emilia zeigte auf ein Bild von sich am letzten Tag der Hochzeitswoche: Diesmal war sie so gekleidet, wie man sich eine westliche Braut vorstellte, mit einem gekauften, sternenfunkelnden Spitzenkleid. Die Schuhe hatte sie in der Hand. Als Elena meine Verwunderung bemerkte, erklärte sie mir warum: »Nach der vielen Tanzerei gehen die Mädchen sammeln.« Diese zierlichen Schuhe – ja, da gab es auch einen Schnappschuß – würden bald mit neuen Lew-Scheinen vollgestopft sein.

Die achtzehnjährige Emilia inmitten ihrer *čeiz* (Hochzeitsgeschenke), 1978

Auf dem nächsten Bild saß die kindliche Braut in einem bemalten Wagen, der mit Hochzeitsgeschenken vollbepackt war und von zwei Pferden gezogen wurde; hinter ihm gingen in einer Reihe die Männer. Als ich mich über das Album beugte, erzählte Emilia: »Wir wurden zum Haus von Plamens Eltern gefahren, wo wir wohnen würden.« Auf dem nächsten Foto trat Emilia durch eine Tür – vermutlich überschritt sie die eigene Schwelle –, aber statt getragen zu werden, trug sie selbst ein kleines Kind auf den Armen, laut Elena die traditionelle Bitte um Fruchtbarkeit. Später berichtete Elena, was das Foto nicht zeigte. Emilias Gebete waren bereits erhört worden: Als perfekte Braut trug sie auch schon ein Kind unter ihrem Herzen … Die letzten Bilder zeigten Emilia auf der abschließenden Feier. Sie verschwand fast unter den Geldscheinen, die wohlmeinende Gäste ihr auf das Brautkleid geheftet hatten.

Mehr Bilder gab es nicht, doch Emilia fuhr mit ihrem Bericht fort, der Bericht einer wahrhaft langen Hochzeit. »Am nächsten Tag wusch meine Schwiegermutter mich und gab mir ein kleines Glas *rakia.*« (»Um auf ihre Jungfräulichkeit zu trinken«, warf Elena sachkundig ein.) Emilia erinnerte sich an jede Einzelheit ihrer Hochzeit und beschrieb die Ereignisse voller Freude und Stolz – vielleicht, weil es schon bald darauf so schlimm kommen sollte.

Eine Woche später kam der sechzehnjährige Plamen zur Armee, um seinen Wehrdienst abzuleisten. In diesen zwei Jahren sahen sich die beiden viermal. Und dann, sechs Monate nach seiner Entlassung 1980, rückte Plamen erneut ein. Als er einem polnischen Touristen in der Cafeteria eines Warenhauses einen Plattenspieler stahl, wurde er gefaßt und kam für zwei Jahre ins Gefängnis.

An diesem Punkt ihrer Geschichte wechselte Emilias Stimmung (das laute Lachen verstummte). »Es war ein langes Warten, und obwohl ich Rumen hatte« – der Sohn von Plamen, der inzwischen vierzehn Monate alt war und mit seinen Hamsterbacken und den großen, grünen Augen ganz nach der Mutter kam –, »war es keine glückliche Zeit. Plamens Mutter war eine Hexe. Ich habe Tag und Nacht geschuftet, habe für die ganze Familie gewaschen, auch als ich noch gestillt habe. Dann bin ich zurück nach Hause gegangen, was unbeschreibliche Szenen gegeben hat. Plamens Vater versuchte, das Geld zurückzubekommen, das er für die Hochzeit ausgegeben hatte.«

Es gibt unter den Zigeunern nur wenige Tabus, die so hochgehalten werden wie die Treue zu einem Mann, der im Gefängnis sitzt. Plamen hatte keine Vorstrafen, als er für zwei Jahre eingesperrt wurde; ohne Frage wirkte es sich auf ein Gerichtsverfahren aus, daß jemand Zigeuner war, auch wenn deren Vergehen meistens weniger schwer waren. Resignation kommt in den vielen Liedern der Zigeuner über das Gefängnisleben zum Ausdruck, und in den zahllosen Verboten für diejenigen, die draußen warten. Die fünfzehnjährige Emilia war nicht mit einem anderen Mann durchgebrannt – noch nicht. Aber die Schwiegermutter zu verlassen, war ungebührlich, und wenn ihre Eltern sich vor sie stellten, dann teilweise deshalb, weil sie der Meinung waren, Emilia habe unter ihren Möglichkeiten geheiratet.

Als Plamen etwa sechs Monate nach seiner Verurteilung bedingt entlassen wurde, war er nicht wiederzuerkennen. »Er war blau«, sagte Emilia. »Von oben bis unten war er tätowiert. Er hatte sich sogar …« Sie brachte es nicht über sich, es auszusprechen, und deshalb erzählte Elena, die die ganze Geschichte kannte, für sie weiter: »… eine Ratte auf den Penis tätowieren lassen.«

EIN ZIGEUNER KANN seiner Frau den Laufpaß geben und sie mit dem Stigma sitzenlassen, verlassen worden zu sein – was ihren Wert drastisch vermindert. Denn selbst wenn die »Geschiedene« noch ein Teenager ist, wird sie wahrscheinlich nur noch einen geschiedenen Mann oder einen Witwer abbekommen. Auch wenn sie es war, die gegangen war, war Emilia doch mit fünfzehn eine gebrauchte Ware. Und sie wußte, was das hieß. Nachdem wir zu der Tätowierungsgeschichte gekommen waren, schwand Emilias Begeisterung an der Unterhaltung verständlicherweise, und es war an Elena, mir zu erzählen, wie es weiterging. Mit Emilia sprachen wir noch eine Zeitlang über andere Dinge und gingen dann zurück in Elenas Wohnung, wo ich untergekommen war. Sie freute sich, daß mir diese Geschichte genauso nachging wie ihr vor vielen Jahren.

»Die Geschichte hat noch eine andere wichtige Seite«, fuhr Elena ohne Unterbrechung fort, als wir auf dem Boden saßen, BT rauchten und getrocknete Kirschen aus einem Glas aßen. »Emilia hat noch eine ältere Schwester, Nadja. Ich habe sie nie kennengelernt, aber von ihr war immer nur als ›die Häßliche‹ die Rede. Nadja hatte Jahre vorher geheiratet, ungefähr zu der Zeit, als Emilia mit mir die Fahrt nach Varna unternahm. Und dann ließ Boiko – Nadjas Mann – sie sitzen.« Bald wurde klar, daß Elena, die immer zuerst Ethnographin war, eine interessante Seite der traditionellen Zigeunersitten anschnitt. »Und warum wurde Nadja verstoßen? Weil sie nicht innerhalb eines Jahres ein Kind bekommen hatte. Nach ihren

Regeln war das normal – Boiko handelte im Rahmen seiner Rechte als Mann.« Und während Elena erzählte und ich mir Notizen machte, wusch Vesselin das Geschirr ab und machte die Kinder bettfertig.

»Nadja, die hinausgeworfen worden war und nirgendwohin konnte, hatte keine andere Wahl, als Sofia zu verlassen. Sie fuhr mit dem Bus nach Warna, und als das im Viertel bekannt wurde, verbot es der Vater des Mädchens, ihren Namen zu nennen. Bei Strafe von Verunreinigung.« Es gab zwar nicht sehr viele Zigeunerinnen unter den Prostituierten, aber meistens gingen sie nach Warna, dem Ferienort, an dem Elenas Initiation erfolgt war. »Aber Emilia ließ sich durch das Beispiel ihrer Schwester nicht abschrecken. Sobald Plamen wieder hinter Gittern war, offenbarte sie ihren Eltern ihre Liebe zu Branko, einem hochgewachsenen, neunzehnjährigen jungen Mann aus Kostenbrau« – einem Dorf bei Sofia. Und Branko gehörte zu einem anderen Stamm, den Grastari oder Lovara.

Elena war in ihrem Element: »Die Lovara sind [oder waren] Pferdehändler. Sie waren die letzten Nomaden unter den bulgarischen Zigeunern und sind es zumindest zeitweise auch heute noch. Sie halten sich von anderen Zigeunern fern und verkaufen Autos und andere Dinge – Handel jeder Art, Gold und Waren für den Schwarzmarkt. Einige von ihnen sind unglaublich reich. Sie betrachten sich als den Adel, und andere Zigeunergruppen scheinen das genauso zu sehen. Emilias neue Verbindung war für ihre ehrgeizigen Eltern etwas äußerst Aufregendes, und auch wenn sie die Gefahren kannten, packten sie den kleinen Rumen in das Hinterzimmer und schoben Emilia zur vorderen Tür hinaus.«

Branko brachte Emilia hinaus nach Kostenbrau, um sie der Familie vorzustellen. Wenn sie sie sahen, so Elena, die die Überlegungen des Jungen nachvollzog, würden sie über ihre einfache Herkunft hinwegsehen (»sie waren nicht schlecht – Emilias Vorfahren waren Bürstenmacher«; aber sie waren nichts Besonderes). »Sie wurde nicht im Haupthaus empfangen, sondern mußte mit ihrem geblümten Koffer draußen auf dem Feldweg warten.«

Es war nicht schwer, Elena dazu zu überreden, mich nach Kostenbrau zu begleiten, wo diese außergewöhnliche Familie noch immer wohnte. Wir fuhren eine halbe Stunde mit dem Bus stadtauswärts, um Stanka zu besuchen, Brankos Großmutter, angeblich um mir wahrsagen zu lassen (Stanka war eine berühmte Wahrsagerin). Sie war schlank, dunkelhaarig und hatte die ansprechende Blässe einer Indianerin. Über mich erfuhr ich bei diesem Besuch wenig. Aber Elena gelang es, die alte Stanka dazu zu bringen, etwas über die unter einem schlechten Stern stehende »Ehe« von Emilia und Branko zu erzählen. »An dem Mädchen lag es nicht«, begann die alte Frau. »Es lag daran, wie sie erzogen wurde.« Während unseres gesamten Besuchs liefen Stankas eigene Schwiegertöchter oder deren Töchter schwer bepackt mit Wäsche im Haus hin und her, ohne uns zu beachten. Das waren Leute, die fünf Bottiche zum Waschen benutzten, zwei mehr als die vorgeschriebenen drei, so daß nicht nur die Männerwäsche von der Frauenwäsche getrennt wurde, sondern auch die, die oberhalb der Taille getragen wurde, von der, die unterhalb davon getragen wurde, und außerdem die Unterwäsche (die Stapel der Männer und die der Frauen, die getrennt gewaschen wurden). Die Gruppe war gegen jedes Einheiraten – was nicht nur *gadsche* ausschloß, sondern auch alle anderen Zigeuner.

»Woher weiß man, ob sie sauber ist?« fragte Stanka uns. »Was weiß sie darüber? Ihre Leute wohnen in der Stadt, in Wohnungen. Sie sind seßhaft.« Offensichtlich war Stanka das nicht klar, aber auch ihre Leute waren seßhaft. Umherziehen spielte eine große Rolle in ihrer Folklore, auch wenn sie sich seit ewigen Zeiten nicht mehr von der Stelle gerührt hatten. Diese Familie betrieb das einzige Restaurant in Kostenbrau – der erste privat geführte Betrieb im Umkreis von vielen Kilometern. Und sie hatten ein großes, hell gestrichenes Haus. Es war das größte an der Hauptstraße. Aber sie wohnten nicht darin. Wir fanden Stanka dort, wo sie sich tatsächlich aufhielten, an der Rückseite, halb im Freien, der ganze Clan von über einem Dutzend Menschen zusammengepfercht in zwei wohnwagenartigen Bauten und umgeben von Autos in verschiedenen Stadien der Auflösung: ausgeschlachtet, zusammengebaut, angemalt, ausrangiert.

Auch wenn dieses Bild nur eine Ahnung vom Wanderleben vermittelte, war es doch ein Hinweis darauf, warum umherziehende Zigeuner bei Regierungen und seßhaften Menschen immer und überall Anstoß erregt haben. Anders als die seßhaften Zigeuner, deren Auskommen von einem steten Verhältnis zu den *gadsche* abhing, unter denen sie lebten, nahmen diese Zigeuner, was sie brauchten, und zogen dann weiter. (Nur unter den Fahrenden galt der Betrug als brauchbarer Lebensweg.) In Kostenbrau wurden Autos für den schnellen Weiterverkauf hergerichtet, wie Stanka stolz bestätigte. Früher wurden die Mängel der Pferde vertuscht – sie wurden eingeölt oder mit der Teerbürste behandelt (was dem Zurückdrehen des Kilometerzählers entspricht) –, eine Praxis, die nicht nur von Volkskundlern belegt ist, sondern auch von Rom-Ethnographen.

Im Schneidersitz saßen wir auf einer Matratze im Freien, und Stanka hantierte mit ihrer Pfeife, bis sie es schließlich aufgab und den Tabak einfach kaute. Ich war gekommen, um mir die Karten legen zu lassen, weil ich Stanka kennenlernen wollte. Ich wußte, daß das Wahrsagen bei den Zigeunern reines Theater ist – nur dazu da, leichtgläubigen *gadsche* Geld abzunehmen. Kein Zigeuner würde durch Kartenlegen oder irgendeine andere Form der Wahrsagerei an einer Straßenecke oder im Wohnzimmer nach Lösungen suchen. Und deshalb räume ich nur sehr widerwillig ein, daß Stanka meine Situation geradezu unheimlich genau einschätzte. Vielleicht konnte sie, wenn auch sonst nichts, gut im Gesicht eines Menschen lesen. Aber sie erzählte mir z. B. detailliert von der Krankheit eines mir nahestehenden Menschen. Als sie fertig war, gab ich ihr das Geld, und sie packte die Karten weg. Zusammen mit dem Honorar verschwanden sie unter ihrem Rock in der verborgenen Tasche, die dort hing, lose wie ein Futterbeutel unter der obersten Schicht. (Der Beutel wird *posoti* genannt. »Zum Stehlen wie geschaffen«, sagte Elena bewundernd.)

Hinter uns erstreckte sich ein großes, flaches Feld. Stanka, die den

Stanka daheim in Kostenbrau, 1992

Blick darüber schweifen ließ, ähnelte immer mehr einer indianischen Squaw. Sie trainierte ihre Augen an irgend etwas Ausgefallenem. Ich fragte sie, ob ich es mir einmal ansehen könnte, und sie schüttelte den Kopf (in Bulgarien immer ein Verwirrspiel, denn ihr Kopfschütteln, das ja bedeutete, bedeutet bei uns nein). Ich schlenderte über den weichen Boden auf ein eigenartiges klassisches Gebilde zu. Es war ein kleiner Zementbau, ein Mini-Pantheon, mit Giebelfeld, Säulengang und Säulen im Flachrelief. Ein mächtiges Kettenschloß kennzeichnete den Eingang. Es war das Grab von Stankas Mann. In dem Tempel über seinem Grab befanden sich zwei Autositze, ein Stück hochfloriger Teppich, eine Auswahl importierter Schnäpse und Liköre und ein kleines Fernsehgerät. Es war seit seiner Beerdigung vor zwei Jahren nicht mehr benutzt worden.

Warum wohnten sie nicht in ihrem Stadthaus? Stanka zuckte die Schultern. »Es ist für Gäste.« Das hieß, für das Prestige, wie die eingerichtete Grabstätte, die zeigen sollte, daß sie es sich leisten konnten, Möbel und ein Fernsehgerät wegzuwerfen. »Was zählt, ist dieser Blick«, fuhr sie fort und machte meiner neugierigen Fragerei damit ein Ende. Ich fragte sie, wo sie als junge Frau gereist sei. »Oh, durch Tausende von Feldern, in alle Richtungen: die Karpaten, der See, das Meer im Westen« – die Adria. Sie nannte Länder nie beim Namen.

Ob sie wieder so herumziehen wolle, jetzt, wo es nicht mehr verboten ist? »Nah«, erwiderte Stanka und spuckte einen Schwall Tabak aus, um dem Nachdruck zu verleihen. »Jetzt ist es unmöglich: Die Verunreinigung ist schrecklich. Es wäre nicht angenehm. Wenn ich heute herumfahre, dann mit dem Auto.« Ohne sich umzudrehen wies sie mit dem Daumen in die Richtung eines alten, aber immer noch glänzenden braunen Mercedes am Weg, der Wagen auf dem Gelände, der noch den vollständigsten Eindruck machte.

In diesem braunen Mercedes war, nur ein Jahr nachdem sie nach Kostenbrau gekommen war, Emilia mit ihrem geblümten Koffer in das alte Viertel von Sofia zurückgebracht worden. Stanka hatte ihrem Enkel nachgegeben. Sie hatte Branko erlaubt, Emilia zu heiraten – aber nur auf dem Standesamt, was bei den Lovara noch weniger galt als bei anderen Zigeunern. Eine Hochzeit sollte es nicht geben, und natürlich auch keinen Brautpreis (der, im Osten wie im Westen, dem Listenpreis eines Neuwagens entspricht).

Auf der Heimfahrt im Bus nach Sofia erzählte Elena weiter. »Emilia wurde erneut schwanger, und sie, Branko und dann der kleine Rambo wohnten in dem großen Haus.« Jetzt verstand ich: Das Haus war »für Gäste«. »Sobald sie nicht mehr stillte, wurde Emilia zurückgeschickt. Branko heiratete binnen sechs Monaten ein zweites Mal – eine große Zigeunerhochzeit. Und seine Familie behielt Rambo. Emilia versuchte, ihn zurückzubekommen. Sie kreuzte mit ihrem Vater auf und holte ihn, doch die Grastari kamen nach ein paar Tagen mit ihrem Mercedes und holten ihn wieder zurück.«

Emilia hatte vor einem bulgarischen Gericht (das allein ihre Ehe mit Branko anerkannte) um das Sorgerecht gekämpft und gewonnen. »Aber Brankos Familie nahm ihr Rambo erneut weg.« Gegen diese Zigeuner konnte Emilia nichts ausrichten, und sie wußte es. Sie hatte ja noch Rumen, aber Plamen und Branko und Rambo hatte sie verloren. »Nicht einmal ihre Eltern hatten etwas eingewendet, als sie das Haus zum dritten Mal verließ. Sie konnten nichts mehr für sie tun.«

Eine Zeitlang war Emilia bei Elena geblieben. Dann hatte sie in Belgrad gelebt und war bis nach Slowenien gekommen. Jetzt wohnte sie mit Rumen dort, wo ich sie kennengelernt hatte. Sie hatte einen *gadscho*-Freund – einen verheirateten Mann, der die Miete zahlte und kam und ging. Wie ihre ältere Schwester Nadja, »die Häßliche«, war Emilia jenseits der Grenzen des Erlaubten.

Bevor ich Sofia verließ, bat ich Elena, mich zu Emilias Familie zu bringen, den Menschen, die die in Ungnade gefallene Pionierin das erste Mal aufgenommen hatten. Sie hatte sie selbst seit vielen Jahren nicht mehr gesehen. Die Mutter umarmte Elena lange und brach in Tränen aus, als die Rede auf ihre »kleine« Tochter kam. »Es ist uns im Moment unmöglich, Emilia zu sehen. Ich weiß nicht einmal, wo sie wohnt.« Das stimmte nicht. Ihre Mutter sah sie sehr wohl, aber diese Besuche waren ein ängstlich gehütetes Geheimnis. Ob Elena schon die gute Nachricht gehört habe? Emilias Mutter griff in ihre Tasche und zog ein Farbfoto heraus, ein Foto von »der Häßlichen«. Es zeigte Nadja, Emilias »unfruchtbare« und, wie sich herausstellte, recht hübsche ältere Schwester, auf der Strandpromenade von Varna mit ihrem neuen Mann, seiner Posaune und, mit passenden Mützchen, den gerade geborenen Zwillingen.

Kapitel 4

DAS UNFOLGSAMSTE VOLK DER WELT

AM 20. SEPTEMBER 1993 gerieten die Zigeunerbrüder Rupa-Lupian Lacatus und Pardalian Lacatus in dem transsilvanischen Dorf Hădăreni in einen Streit mit dem jungen Rumänen Chetan Craciun und seinem Vater, bei dem Chetan erstochen wurde. Als Vergeltung erschlugen andere Rumänen die jungen Zigeuner mit Mistgabeln und Schaufeln. Ein dritter Zigeuner, Mircea Zoltan, wurde »zu Hause verkohlt« (wie es in dem auf Englisch abgefaßten rumänischen Bericht hieß). Eine Gruppe Dorfbewohner steckte danach vierzehn Zigeunerhäuser in Brand und zerstörte dreizehn andere und trieb in derselben Nacht 175 Zigeuner aus dem Ort, deren Familien seit siebzig Jahren dort gelebt hatten. Mehrere Polizisten sahen an dem Abend tatenlos zu; die Feuerwehr traf gegen Mitternacht ein, Stunden nach Ausbruch des Feuers. Nach Aussagen der vertriebenen Zigeuner war die Feuerwehr auf Anordnung von Gheorghe Bucur, dem stellvertretenden Bürgermeister von Hădăreni, zurückgehalten worden; er selbst hatte bei dem Brand zugesehen. Einige Zigeuner versuchten, am folgenden Tag in das Dorf zurückzukehren und sich notdürftig in den Resten der Häuser einzurichten, aber sie wurden nach wenigen Wochen wieder verjagt. Eine Frau, die versucht hatte zurückzukommen, berichtete, sie sei angespuckt und verhöhnt worden und habe um ihr Leben gefürchtet. »Sie läuten die Kirchenglocken, sobald sie einen von uns sehen«, erzählte sie, »und wir wissen, was das bedeutet.« Ein Jahr danach lebten die meisten Zigeuner immer noch versteckt. Niemand war vor Gericht gekommen, und an die Zusage einer Untersuchung erinnerte sich kaum noch einer.

Die einschneidendste Veränderung für die Zigeuner in Mittel- und Osteuropa seit den Revolutionen von 1989 war die drastische Eskalation von Haß und Gewalt gegen sie. Allein in Rumänien hat es über fünfunddreißig schwere Angriffe auf Siedlungen gegeben, hauptsächlich in abgelegenen, ländlichen Gebieten und meistens in Form von Brandstiftung und Schlägen, wenngleich auch einige Zigeuner ermordet und Kinder zu Krüppeln gemacht wurden. Istvan Varga z. B., ein dreijähriger Junge aus Transsilvanien, wurde in einem Heuschober verbrannt.

Ziemlich bald nach der Revolution und der Hinrichtung der Ceausescus begannen die Übergriffe, die rasch an Heftigkeit gewannen; Siedlungen fielen wie bei einem überdimensionalen Dominoeffekt, der bis an die Grenzen Rumäniens reichte. Im Januar 1990 wurden in Reghin in Zentraltranssilvanien in einer Gemeinschaftsaktion von Ungarn und Rumänen ohne jeden Anlaß drei Häuser in Brand gesteckt, die Zigeunern gehörten. Am 11. Februar 1990 wurden in Lunga im Westen Transsilvaniens sechs Häuser zerstört, und vier Roma starben bei einem Streit mit Ungarn aus der Gegend. Im selben Monat wurden bei Satu Mare fünfunddreißig Zigeunerhäuser von ungarischen Bewohnern der Stadt Turulung zerstört. Im April wurden Zigeunerviertel in Seica Mare und Cîlnic verwüstet; in keinem Fall gaben die Angreifer einen Grund oder auch nur einen Vorwand an.

Im Juni wurden Hunderte von Bergarbeitern aus dem Jiu-Tal in Nordrumänien mit Keulen bewaffnet in einem Sonderzug nach Bukarest gebracht. Sie kamen aufgrund eines Hilferufs des neuen Präsidenten Ion Iliescu, um den ersten größeren Protest gegen seine Regierung zu beenden. Obwohl die »Feinde des Staates« (manchmal auch »Feinde der Demokratie« genannt) von offizieller Seite als Studenten identifiziert wurden, waren viele der heraus- und angegriffenen Opfer Zigeuner, die Kilometer von den Demonstrationen entfernt attackiert wurden. Umherziehende Bergarbeiterbanden

Karte von Rumänien mit den Orten, an denen es zu
gewalttätigen Übergriffen gegen Roma gekommen ist

wurden von Polizisten, wie einige Opfer später berichteten, direkt
vom Zug zu Zigeunervierteln eskortiert. Sie schlugen sie auf den
Straßen und in ihren Häusern. Die Habseligkeiten vieler Zigeuner
wurden von den Bergarbeitern geplündert, die erklärten, die Sachen
seien ohnehin alle gestohlen. Eine schwangere Zigeunerin erzählte
einem rumänischen Reporter, sie sei von einem Bergarbeiter oder
jemandem, der sich als solcher ausgab, auf einem Lastwagen im
Beisein ihrer kleinen Nichte vergewaltigt worden. Eine alte Zigeunerin erlitt einen tödlichen Herzanfall, als sie mitansehen mußte, wie
ihre Kinder und Enkelkinder aus ihren Verstecken unter den Betten
und in den Schränken gezerrt und zusammengeschlagen wurden.
Letzte Entwürdigung für viele derjenigen, die angegriffen wurden,
war, daß man sie anschließend festnahm und in die Bukarester Mă-
gurele-Kaserne brachte, die vorübergehend als Gefängnis diente.

193

Nach dem ersten Auftritt der Bergarbeiter in Bukarest (sie sollten 1991, im September des nächsten Jahres, wiederkommen) wurde ein ländliches Roma-Lager in Cuza Voda in der Nähe des Urlaubsortes Konstanza am Schwarzen Meer vom Mob geplündert und zerstört. Im Monat darauf wurde ein Zigeunerviertel im transsilvanischen Huedin geschleift. Im Oktober 1990 wurden in Mihail Kogălniceanu zweiunddreißig Zigeunerhäuser durch einen aufgewiegelten Haufen von über fünfhundert Menschen zerstört: Tataren, Mazedonier und Rumänen, Gruppen, die sich zwar ethnisch als verschieden betrachten, sich in ihrem Haß auf die Zigeuner aber einig sind, die hier eine relativ kleine Bevölkerungsgruppe stellten, die abseits in armseligen Hütten auf einem offenen Feld lebte, um das ringförmig ein Feldweg lief.

Im Frühjahr 1991 wütete in mehreren Städten bei Bukarest und weiter südlich an der bulgarischen Grenze Feuer. Im Juni stand Transsilvanien erneut in Flammen, als in dem Städtchen Plăieşii de Sus siebenundzwanzig Häuser von dreihundert Menschen zerstört wurden, die das Zigeunerviertel angriffen. In der Nähe lynchten Dorfbewohner einen Unschuldigen als Vergeltung für einen Mord, der angeblich von einem anderen Zigeuner begangen worden war. Je mehr Angriffe es gab, desto weniger schien es die Menschen zu berühren – und was noch schlimmer war, desto weniger wurde darüber berichtet, selbst in der inzwischen freien rumänischen Presse. Das war nicht nur, daß sich »das Mitleid erschöpft hatte«. Brandstiftung und Mord wurden zu einem »verständlichen« und erträglichen Trend in einer Zeit schmerzlichen sozialen Übergangs. Doina Doru, eine Reporterin des *România Liberă*, einer Zeitung, die in der Zeit der Revolution eine mutige Stimme gewesen war, seitdem jedoch von hartnäckigeren, nationalistischen politischen Kräften unterlaufen worden war, ließ die sich endlos hinziehende »Zigeunerstory« fallen. »Wie können wir uns um die Minderheit sorgen«, fragte Doina mich, »wenn das Schicksal der Mehrheit so ungewiß ist?« Doina war enttäuscht über das Entfernen mißliebiger Passagen aus ihrer Zeitung, über die schrumpfenden Möglichkeiten für Leute wie sie in einem Rumänien, das erst noch die großen Hoffnungen, den festen Glauben von 1989 verwirklichen mußte. Dies war ein ständig wiederholtes Motiv und der übliche Vorwand im gesamten ehemaligen Ostblock. Aber der Zynismus und die Heuchelei in Rumänien schienen besonders ausgeprägt. Während »abweichende« Journalisten sich drückten und über das Schicksal der »Mehrheit« jammerten, tat der Staat einiges, um die Minderheit, einschließlich der Roma, in der öffentlichen Vorstellung lebendig zu erhalten.

Die Zigeuner eigneten sich gut dazu, von anderen Konflikten abzulenken. Und so stellte das staatliche Fernsehen jeden Angriff auf Siedlungen als Antwort auf »die Provokation durch diebische Zigeuner« hin, auch dann, wenn die Zigeuner nichts mit den Spannungen zu tun hatten, die sie ihre Häuser und manchmal auch ihr Leben kosteten. Die örtlichen Behörden richteten sich nach Bukarest. Im transsilvanischen Tîrgu Mureş z. B. führte der Streit zwischen Ungarn und Rumänen vor allem zur Verfolgung der Zigeuner. Als die Ungarn im März 1990 versuchten, ein vierhundert Jahre altes madjarisches Gymnasium wieder in seinen ungarischen Zustand von vor Ceausescu zu versetzen, stießen sie auf geballten Widerstand. Ethnische Rumänen wurden mit Bussen in die Stadt gebracht, wo sie sich einem Angriff auf die Zentrale der ungarischen Demokratischen Allianz anschlossen und etwa siebzig Mitglieder belagerten. Als die rumänische Polizei ihnen schließlich aus dem Gebäude half, wurden sie zusammengeschlagen – von »dem ganzen rasenden Haufen«, wie einer der gefangenen Ungarn, der Dramatiker András Sütö, berichtete, der bei dem Überfall sein Augenlicht verlor.

Von den einunddreißig Personen, die in Tîrgu Mureş überprüft wurden, waren fünf Ungarn, zwei Rumänen und vierundzwanzig Zigeuner. (Einer der verhafteten Zigeuner, ein Mann namens Arpad Toth, starb im Gefängnis. Einen Tag nachdem er mit einem Menschenrechtsbeobachter aus Genf gesprochen hatte, wurde er in seiner Zelle geschlagen; die rumänischen Behörden behaupteten, der Tod des Vierundzwanzigjährigen sei aus »natürlichen Ursachen« erfolgt.) Außerdem wurden sechzehn weitere Zigeuner u. a. wegen

Waffenbesitz und Störung der öffentlichen Ordnung verurteilt. Sie wurden nach dem Dekret 153 abgeurteilt, das keine Berufung zuläßt und das, als es 1970 erstmals veröffentlicht wurde, gegen »Parasiten der sozialistischen Ordnung« gerichtet war.

1993 wurde Rumänien in den Europarat aufgenommen, ein wichtiger Schritt auf dem Weg zur Vollmitgliedschaft in der Europäischen Gemeinschaft, für die angeblich eine makellose Menschenrechtsbilanz Voraussetzung ist. Im selben Jahr hieß es in einem Regierungsbericht, die Angriffe auf die Roma hätten »keinen ethnischen Hintergrund«; und ein rumänischer Polizeibericht deutete die Gewalt als eine Reaktion auf »die schreckliche Situation, die durch diese ethnische Minderheit geschaffen wird«. Strafrechtliche Verfolgungen gab es nicht. Untersuchungen erfolgten widerwillig und quälend langsam – außer wenn die Verbrecher Zigeuner waren oder die Chance bestand, daß sie es sein könnten.

Eine Zeitlang beruhigte sich die Lage in Rumänien, aber der Brand griff auf Ungarn und Bulgarien über, sogar auf Polen, wo seit der Nachkriegszeit kaum mehr Zigeuner leben. In der Tschechoslowakei waren bei Rassenangriffen seit der Samtenen Revolution, die dem Land die Demokratie zurückgebracht hatte, achtundzwanzig Zigeuner getötet worden. Die Haltung der ganzen Region gegenüber den Roma brachte Magdalena Babička zum Ausdruck, 1993 Teilnehmerin an einem Schönheitswettbewerb der Industriestadt Usti nad Labem. Auf die Frage, was sie später gern werden würde, erntete Magdalena stürmischen Beifall für ihr öffentliches Bekenntnis, sie wolle Staatsanwältin werden – »damit ich unsere Stadt von all den dunkelhäutigen Leuten reinigen könnte«.

Allerdings konnte der schmerzliche Übergang zum Leben nach dem Kommunismus nicht das ganze Ausmaß an Gewalt erklären. Sie war auch keineswegs immer spontan oder ein Werk des Pöbels. 1995 wurden in Italien mehrere Zigeunerkinder durch Bombenattentate aus fahrenden Autos verstümmelt. Und in Oberwart, einem Ort 70 Kilometer südlich von Wien, wurden vier Zigeuner ermordet. Hinter einem Schild mit der kunstvoll ausgeführten Aufschrift

Der *bulibasha*, der traditionelle Dorfälteste der Roma von Tîrgu Mureş in Transsilvanien mit seinem Enkel und wahrscheinlichem Nachfolger, 1992

»Zigeuner zurück nach Indien« verbarg sich eine Rohrbombe; als sie das Schild entfernen wollten, explodierte die Bombe mitten in ihre Gesichter. Die österreichische Polizei durchsuchte als erstes die Behausungen der Opfer nach Waffen. »Zigeuner durch eigene Bombe getötet« – so stand es dann in den Zeitungen.

Doch trotz aller Brutalität erregten diese Zwischenfälle nur selten die vielen eifrigen Beteiligten, die in Rumänien zur Stelle waren, wo bald wieder der alte Impuls herrschen sollte. Wenn das doch wenigstens dem gewalttätigen, blutrünstigen Transsilvanien hätte zur Last gelegt werden können. Aber seit der rumänischen Revolution geschah es überall im Land.

MAN MUSSTE KEIN Rumäne sein, um sich zu fragen: War vielleicht etwas mit den Zigeunern selbst, das sie so überaus und überall unbeliebt machte? Bis auf die Tatsache, daß sie Zigeuner waren, hatten die Opfer dieser Übergriffe wenig gemeinsam: Sie stammten aus reichen und aus armen Familien, kamen vom Land und aus der Stadt, waren sowohl Kriminelle als auch offensichtlich Sündenböcke, es waren Kinder, Erwachsene und alte Leute. Keines der Opfer war ein »traditioneller« nomadischer Zigeuner; die meisten waren seit Jahrhunderten seßhaft und einige waren schon so weit angepaßt, daß sie nicht einmal mehr Romani sprechen konnten. Lag es an ihrem Ruf als Diebe und Betrüger? Selbst eine neuere ethnische Untersuchung des Innenministeriums schrieb nur elf Prozent der in Rumänien begangenen Straftaten – alle im Bereich der Kleinkriminalität – den Zigeunern zu, die aber elf Prozent der Bevölkerung ausmachen. Was war also mit den Zigeunern? Und was war mit den Rumänen?

Die Rumänen haben, wie der rumänische Schriftsteller Norman Manea es ausdrückte, eine »lebhafte Latinität«; Bukarest ist »eine Metropole voller funkelnder Ironie und Eleganz, wo das Elend als Widerspruch verkleidet ist und der Sarkasmus als neckische Herzlichkeit«. Das merkte ich bei den witzigen, belesenen Rumänen, die ich kenne. (Und die »durchschnittlichen« Rumänen waren belesen, sogar literarisch gebildet, zumindest die in der Hauptstadt. In Bukarest kauften und verkauften die Menschen wie selbstverständlich die Bücher von Emil Cioran, Mircea Eliade und Eugene Ionesco von denselben Straßentischen, auf denen auch die seit neuestem erhältlichen pornographischen Druckerzeugnisse lagen; es war nichts Ungewöhnliches, wenn ein Straßenhändler Einlegsohlen, Feuerzeugbenzin, Salami, Pornohefte und die gesammelten Werke von Jean-Paul Sartre anbot.) 1946 lieferte der rumänische Dramatiker Ionesco eine andere, immer noch treffende Beschreibung: »Im Rumänien der Legionäre, Bürger und Nationalisten sah ich den Dämon des Sadismus und der hartnäckigen Dummheit verkörpert vor mir.« 1951 veröffentlichte der polnische Dichter Czeslaw Milosz mit *Verführtes Denken* ein wirklich grundlegendes Werk; ein Kritiker beschrieb es als »die eindringlichste Darstellung über die Versuchungen des absoluten Glaubens«. Milosz erzählt uns, was mit Leuten geschieht, die sich einem totalitären Regime anzupassen versuchen – die Korrosionen und Implosionen der erzwungenen Heuchelei. Er schreibt über einen Mann aus dem Ostblock, einen Intellektuellen: »... ringsum die abschreckenden Beispiele der *inneren Emigration* ..., wie sie unversöhnlich, vom Haß entleert und ausgeglüht, umherirren ...« Dies war das sichere Schicksal der Mehrheit. »Das ›heilige Feuer‹ ist nicht erloschen«, schrieb Milosz. »... seine heutige Form ist die Wiedergeburt einer schon einmal enttäuschten Hoffnung.« Nach Besuchen in einem zerrissenen Dorf nach dem anderen kam mir der Gedanke, daß die Übergriffe vor allem ein Weiterleben für eine totgeborene Revolution bedeuteten (die viele Rumänen inzwischen als »den Putsch« bezeichnen), bei der Bukarest in Flammen aufgegangen war, während die ganze Welt zusah.

Aber die Enttäuschung begann lange vor 1989. Die Rumänen hatten selbst seit sechzehn Jahrhunderten unter Fremdherrschaft gelebt – eine Tatsache, die durch die Brutalität der Ceausescus verdeckt worden ist. Ein solches Erbe erinnerte mich unweigerlich (wenn auch unheilvoll) an eine Botschaft, die, wie Primo Levi als

Häftling in Auschwitz gehofft hatte, »hinausdringen« würde zu den freien Menschen: »Sorgt dafür, bei euch selbst nicht das zu erleiden, was uns hier angetan wird.« So bot sich die Region in den noch frühen postkommunistischen Tagen dar: die Gewalt vergewaltigter Menschen.

Emilian aus Bolintin Deal

IM APRIL 1991 wurde in Bolintin Deal, einer unbedeutenden ländlichen Ortschaft etwa 65 Kilometer nordwestlich von Bukarest, ein dreiundzwanzigjähriger Musikstudent ermordet; zur Vergeltung wurden in einer einzigen Nacht achtzehn Häuser niedergebrannt. Nach drei Jahren hatte außer dem Mörder, einem Zigeuner, noch keiner der Brandstifter vor Gericht gestanden. Ganz im Gegenteil: Der Bürgermeister dieses kleinen Ortes war zum Lokalhelden geworden: Er war *un nou democrat*, sprach sich mit Nachdruck für das Mehrheitsprinzip aus, für »den Willen des Volkes« und seine Pflicht, dieses zu schützen, und für das Recht der (Volks-)Rumänen auf Selbstbestimmung, womit er ihr Recht meinte, die ethnische Zusammensetzung in ihrem Ort selbst zu bestimmen.

Die Dorfbewohner zeigten keine Reue, als ich Bolintin Deal einige Monate nach dem Übergriff besuchte. Sie waren vielmehr stolz darauf, daß ihre Maßnahmen im Mittelpunkt der Abendnachrichten gestanden hatten und, was noch besser war, daß der Bericht offenbar zu ähnlichen Vorfällen im ganzen Land angeregt hatte. Unglücklich waren allein die Zigeuner, und selbst sie versuchten manchmal, sich von den Opfern unter den Zigeunern zu distanzieren.

Emilian Nicholae, ein impulsiver, junger Rom aus Bolintin Deal, war nach den dortigen Ereignissen heimatlos und hielt sich jetzt in Bukarest auf, jede Nacht an einem anderen Ort. Ich verpaßte ihn immer wieder, aber ich blieb standhaft: Er hatte als einziger etwas unternommen, das Interesse der Presse wieder zu wecken und irgendwelche juristische Reaktionen auf die Säuberung von Bolintin

Bolintin Deal, Rumänien, 1992. Diese Schwestern aus einer
wohlhabenden Zigeunerfamilie lebten in der Stadt bei ihren Kusinen,
weil ihr Haus vom Mob zerstört worden war.
Sie gingen nicht zur Schule, weil sie und ihre Eltern Angst hatten,
die Mädchen würden angegriffen.

auszulösen, die im grellen Licht neuer und noch heftigerer Übergriffe mehr oder weniger in Vergessenheit geraten war. Aber er hatte gehört, daß eine amerikanische Journalistin sich in seinem Heimatort umgetan hatte, und er fand mich. Von da an tauchte Emilian dann und wann ohne Anmeldung in dem Apartment auf, das ich in Bukarest vorübergehend bewohnte. Ich hörte ihn schnaufen, wenn er die Treppe heraufpolterte, sich am Geländer hochzog (ein Bein war bei ihm mehrere Zentimeter kürzer als das andere). Wenn ich Glück hatte, war Igor Antip da, ein gemeinsamer Freund, der aus dem Rumänischen übersetzte, was sicherer war, als wenn ich Romani radebrechte. Emilian kam herein, so düster, daß er fast bedrohlich aussah, und machte dort weiter, wo er das letzte Mal aufgehört hatte, während ich hektisch nach einem Kugelschreiber suchte, der funktionierte.

Die Arme um den Körper gelegt, lehnte er an der Wand und stieß den Katalog von Ungerechtigkeiten hervor, die er seit seinem letzten Besuch gespeichert hatte. Aber er bemitleidete sich nicht selbst, er war aufgebracht. Und er war zu angespannt, sich jemals hinzusetzen oder auch nur die Arme zu lösen, hielt nur gelegentlich inne, um Atem zu holen. Emilian, der nicht nur hinkte, sondern auch leicht tuberkulös wirkte, klang immer wie außer Atem; seine Stimme wurde durch ein Rasseln gedämpft und hörte sich eher gehetzt an, nicht nach Atembeschwerden. Seine Behinderungen schienen ihm für nichts Kraft zu lassen als für das Allernotwendigste, und vielleicht machten sie ihn auch besonders schmerzempfindlich.

Er hatte bis vor kurzem als Schrottsammler gearbeitet, was ihn aber wirklich beschäftigte, war das Sammeln von Erinnerungen. Viele alte Menschen hatten ihm ihre Erlebnisse aus dem Krieg erzählt, als etwa sechsunddreißigtausend rumänische Zigeuner – überwiegend Nomaden – in Arbeitslager in Transnistrien deportiert wurden oder über den Dnjestr oberhalb von Odessa in das heutige Moldawien. Nur fünftausend kamen zurück.

Ihre Erzählungen waren für Emilian genauso lebendig wie der Anblick des brennenden Hauses seiner Familie, und in seinen intelligenten Augen hing beides eng zusammen. Er hatte die Berichte auf losen Blättern niedergeschrieben. Aber in dieser einen Nacht in Bolintin Deal waren, zusammen mit den sechsundzwanzig Häusern, Zeugnisse aus zehn Jahren in Rauch aufgegangen. Einige dieser Geschichten hatten ihm Mitglieder der eigenen Familie erzählt. Sie waren nomadische Zigeuner, die unter der Bedingung aus den Lagern hatten zurückkommen dürfen, daß sie seßhaft wurden – zunächst in einem anderen Ort weiter nördlich und dann in den 50er Jahren wieder in Bolintin Deal.

Unter Ceausescu und Gheorghiu-Dej vor ihm, wie auch unter den meisten kommunistischen Regimen in der Region, war man irgendwie der Meinung, die Existenz der Zigeunerminorität lasse sich dadurch »lösen«, daß man diese Menschen auf sich sträubende rumänische Gemeinden verteile. Aus offizieller Sicht funktionierte diese Praxis offenbar recht gut, zumindest solange die Menschen Angst hatten, ihren Unwillen zu zeigen.

Die meisten ausländischen Berichterstatter haben die Zigeunersäuberungen nach 1989 als Ventil eines alten Rassenhasses zwischen Menschen beschrieben, der von den Kommunisten vorübergehend unterdrückt worden war. Aber in Bolintin, wie auch in den meisten anderen dieser Dörfer, kann man die Säuberung als die unausweichliche Folge der kommunistischen Politik betrachten. Dies waren keine echten Gemeinden. Wie alle Versuche, die Zigeuner gewaltsam zu assimilieren, war die Umsiedlung fehlgeschlagen.

Emilian war über den Verlust seiner Unterlagen verzweifelt. Soweit er wußte, hatte niemand sonst eine solche Dokumentation versucht, und die alten Menschen starben allmählich. Am schlimmsten war jedoch, da war er sicher, daß viele der Überlebenden, die er dazu gebracht hatte, die schmerzlichen Erinnerungen preiszugeben, nicht noch einmal bereit sein würden zu sprechen, nicht einmal seine eigenen Großeltern. Einige redeten nach dem Brandanschlag von Bolintin aus Angst nicht mehr mit ihm. Andere wollten es nicht, weil diese Verbrechen unaufgedeckt und ungesühnt blieben; sie waren nicht aus Angst stumm, sondern aus Verbitterung. Es überrascht kaum, daß die meisten rumänischen Zigeuner, die ich kennenlernte, Ceausescu nachtrauerten; einige nannten ihn sogar Papa.

Emilian glaubte, ungewöhnlich für einen Zigeuner und ungewöhnlich für einen Rumänen, daß die Zeugnisse der Überlebenden, selbst wenn sie bei all den weitverbreiteten Lügen hier niemals gehört würden, doch einen inneren Wert und Bestand hätten, wenn sie nur erhalten werden könnten. Als würde er sich selbst interviewen, brachte er einen eindrucksvollen, dokumentarischen Ton in seinen Bericht über den Mord. Und er brachte Details: Er hätte eine Krähe auf einer Telefonleitung sein können, die das Verbrechen beobachtet hatte.

»April 1991. Es war fast schon Mitternacht: Die Messe an Ostern wurde spät gehalten. Als sie vorbei war, gingen die Dorfbewohner in der mondlosen Nacht beim Schein von Laternen nach Hause. Einige der jüngeren Leute trieben sich auf dem Platz herum. Sie lehnten an Fahrrädern, einige an der Motorhaube von Autos – Dacias und Trabants. Rauchend und scherzend standen sie herum, bevor sie ihren Eltern nach Hause folgten. Um ein Uhr war der kleine Platz leer. Der Musikstudent Cristian Melinte war als letzter gegangen. Sein Wagen wollte nicht anspringen. Als er schließlich auf die Hauptstraße einbog, die Straße von Bukarest nach Bulgarien, hielt ein junger Mann ihn durch Winken an. In der Dunkelheit konnte Cristian Melinte die drei Gestalten hinter dem schemenhaften jungen Mann nicht sehen. Es waren zwei Jungen und ein Mädchen. Alle bis auf das Mädchen waren Zigeuner. Der junge Mann, der ihn angehalten hatte, streckte den Kopf auf der Beifahrerseite durch das Fenster und lächelte.«

Emilian machte es vor. Seine theatralische Intensität kam daher, daß er in der Lage war, von »dem Zigeuner« als einer Kraft, einer Abstraktion, zu sprechen, die ihm selbst als Geschichtenerzähler ein echtes Geheimnis war. »Der Zigeuner begrüßte Cristian Melinte, der, wie er ihm sagte, in der Grundschule in der Klasse seines Bruders gewesen sei. Obwohl der Musikstudent den Zigeuner erkannte, wurde er unruhig: Er konnte die Schnapsfahne des Zigeuners riechen.«

Emilian machte eine Pause, um die Hände und Ellbogen zu heben, und senkte dann die Finger und Handgelenke in drei Stufen in einer eigenartigen, modernen Tanzbewegung, die ich nicht verstand. Und dann erklärte er: »Der Zigeuner hielt sich am halbgeöffneten Wagenfenster fest – mit beiden Händen, alle zehn Finger an der Scheibe.« Selbstverständlich konnte Emilian das nicht wissen; er erfand eine Geste, die sowohl eine Drohung als auch die Angst vor dem Fallen vermittelte.

»Er war betrunken. Er wollte mitgenommen werden. Cristian Melinte sagte nein. Er sagte, das sei zu unsicher heute, er habe nicht genug Benzin, und er sei schon sehr spät dran.« Emilian machte erneut eine Pause, sprach und posierte jetzt bedeutungsvoll wie ein Anwalt, der vor Gericht sein Plädoyer hält.

»Das Mädchen, das zuerst gesagt hatte, sie sei woanders gewesen, änderte ihre Aussage während des kurzen Verfahrens, das kein Schwurgerichtsverfahren war, mehrmals. Die Zeugenaussage der beiden anderen Jungen wurde sofort abgelehnt: Sie würden, so vermutete man, einen anderen Zigeuner, jemanden aus den eigenen Reihen, decken, was immer er getan hatte. Sicher war nur, daß Cristian Melinte ermordet wurde, durch vier Stiche mit einem langen, selbstgefertigten Messer.« Emilian zeichnete mit den Fingern, die sich um einen imaginären Griff schlossen, einen Bogen in die Luft und blickte dann auf seine Hand, als könnte er das Messer sehen. »Der Griff und die Schneide waren aus einem Stück Eisen geschmiedet. Einer der Zigeuner ist jetzt im Gefängnis und sitzt eine Strafe ab, die so lange dauert, wie er alt ist: zwanzig Jahre.«

Tage nach dem Mord an dem Musikstudenten wurden in Bolintin Deal sechsundzwanzig Häuser zerstört oder schwer beschädigt, womit die Welle der Vergeltung begann, die anschwoll, durch die nächsten Dörfer rollte und schließlich bis in die entferntesten Winkel des Landes reichte. Einen Monat später wurden im benachbarten Bolintin Vale elf Häuser zerstört, und etwas später in der gleichen Woche, dieselbe Straße entlang in Ogrezeni, weitere vierzehn. Sämtliche Häuser gehörten Zigeunern. In allen Fällen seien die rumänischen Angreifer in einer einzigen Woge durch das Dorf gezogen, etwas, das bald so vertraut war, daß es zu leben schien: eine Form niederen Lebens, der Mob – aber eine, die Brandfackeln trägt und grölt.

In Bolintin Deal war der Pöbel methodisch vorgegangen. Die Gruppe hatte angehalten und wie Weihnachtssänger vor jedem Haus in einer Traube dagestanden, während der Stadtelektriker auf den Kamin kletterte und sauber die Dachkabel kappte, damit sich kein elektrisches Feuer ausbreiten konnte. Hier waren die betroffenen Zigeuner diejenigen, die unter den Rumänen lebten, während die Mehrzahl sich in ihrem eigenen Viertel aufhielt, direkt vor der Stadtgrenze. Dies war eine geplante Säuberung, als wäre der Mord an dem Musikstudenten das lang erwartete Zeichen gewesen.

DREI MONATE NACH dem Überfall kletterte ich über die unberührten Schuttberge und durchstöberte die Ruinen von Bolintin Deal auf der Suche nach Hinweisen auf die Menschen, die hier einmal gelebt hatten. Mein Blick fiel auf zerstörte Kindersachen: eine Puppe, der ein Arm fehlte, ein seltsam intakter, rosa Pantoffel. Ich spürte, wie die Menschen mich beobachteten, meistens verstohlen, bis auf einen, der direkt vor meinen Augen stehenblieb und darauf wartete, bemerkt zu werden. Er trug eine Brille, eine gestreifte Schaffnermütze, hatte eine Heugabel in der Hand und schaute mich herausfordernd an. Sein unentwegter, geradliniger Blick verriet mir, daß er mich aufklären würde über das, was wirklich geschehen war, sobald ich ihm meine volle Aufmerksamkeit schenkte.

Seit dreißig Jahren war Yuri Fucanu der einzige Postbote in Bolintin. 1956 war er hierhergezogen, im gleichen Jahr wie Emilians Eltern und die meisten anderen Zigeuner, die ihr Haus verloren hatten. Das sollte wohl heißen, daß er als neu Hinzugezogener nicht die Vorurteile der Einheimischen gegen seine Nachbarn gehabt hatte. Er erzählte: »Jeder ging zur Hochzeit des anderen.« Und dann: »Nach der Revolution wurden sie immer unverschämter.« Er meinte damit, daß die Zigeuner allmählich zu Geld kamen.

»Ich arbeite jetzt seit fünfzig Jahren und kann mir noch immer kein Auto leisten. Die haben vier Autos. Die reißen ihr Haus ein und bauen sich ein neues, einfach so, richtig groß, an der gleichen Stelle, in fünf Wochen. Verstehen Sie? Die haben Autos, nur so zum Spielen. Die machen nichts anderes, als Autos auseinanderzunehmen.«

Die meisten Zigeuner, die aus Bolintin vertrieben worden waren, hatten tatsächlich mit dem Autohandel Geld verdient, eine natürliche Fortsetzung ihrer Begabung als Pferdehändler, der sich darüber hinaus seit dem Zusammenbruch des Ostblocks zu einem Bombengeschäft entwickelt hatte. Wie in Bulgarien waren die Zigeuner auch diejenigen, die die ersten privaten Cafés im Ort betrieben, zwei ansehnliche, angenehme Örtlichkeiten: Jedes war nur ein Rechteck aus Beton mit ein paar Tischen im Freien und einem Kiosk, aber beide waren liebevoll gestaltet – und farblich einheitlich, das eine in Lavendel, das andere in Gelb, bis zu den Servietten und künstlichen Blumen, die auf den kleinen Tischen standen. Eigentlich hätte man sich in dem Ort, in dem es nur einen tristen Jugendclub aus kommunistischen Zeiten gab, freuen müssen über die Cafés, doch statt dessen wurden sie boykottiert. Diese Art von Verhalten sorgte für viele rumänische Witze über die Rumänen. In Bolintin war der Neid jedoch zu einem unangemessenen Prinzip erhoben worden; hier wurde das Stehlen, das alle überall mit Zigeunern in Verbindung brachten, plötzlich und einhellig mit dem Kapitalismus in Verbindung gebracht. »Eigentum ist Diebstahl«, wie Proudhon gesagt hatte; und wenn ich heute etwas von dem französischen Philosophen aus dem 19. Jahrhundert höre, sehe ich einen rumänischen Postboten mit fliehendem Kinn, einer Heugabel und einer gestreiften Schaffnermütze vor mir.

Mochten Privateigentum, freies Unternehmertum und das Leben im Kaffeehaus auch neu für Bolintin sein, der Diebstahl war es sicher nicht. »Unter den Kommunisten hat jeder gestohlen«, erzählte mir der örtliche Polizeichef Mircea Oleandru. »Hätten wir und die Partei es nicht erlaubt [es waren immer noch dieselben Polizisten im Dienst], hätte es einen Aufstand gegeben. Aber damals gab es Grenzen.« Oleandru war ein großer Mann, sein dürrer, gebeugter Stellvertreter hieß Dragusin. Beide paßten perfekt zueinander, wie in einer Karikatur. »Ja«, warf der Stellvertreter Dragusin mit piepsender Stimme unsicher ein, »wenn Rumänen gestohlen haben, dann nur Lebensmittel.« Und folglich, so schien das Paar sagen zu wollen, bestand das Verbrechen der Zigeuner am Ort in Habgier, Ehrgeiz und Prahlerei.

Eine Rumänin, die wir auf der Straße trafen, wo sie Pflaumen pflückte, bestätigte, daß vor der Revolution jeder gestohlen habe. »Vor allem die Polizisten. Und die hauptsächlich von den Zigeunern. Sie nahmen Waren für Gefälligkeiten an, für Pässe beispielsweise. Von einem Rumänen ließen sich Beamte nicht bestechen, dazu hatten sie zuviel Angst. Aber von einem Zigeuner? Wer würde einem Zigeuner glauben, wenn er es angezeigt hätte? Ich weiß es, weil ich eine Goldkette hatte, die mein Mann mir an unserem Hochzeitstag geschenkt hat. Sie wurde gestohlen, und ich bin absolut sicher, daß sie von einer Zigeunerin gestohlen wurde, die da drüben gewohnt hat.« Sie deutete über die Schulter die Straße hinunter. »Und später habe ich sie dann am Hals der Frau vom Polizeichef gesehen.«

»Die Zigeuner sind schlau«, räumte sie mit einer Mischung aus Verachtung und Bewunderung ein. »Selbst als Ausgestoßene machen sie Gewinn. Uns Rumänen fehlt ihr Mumm. Ich pflücke hier Pflaumen für jemand anders. Sie pflücken die gleichen Pflaumen, essen davon, und den Rest verkaufen sie. Und wer kann sie schon aufhalten? Das Feuer hat nichts gebracht. Viele Zigeuner sind zurückgekommen, und vielleicht sind sie noch schlimmer als vorher.« Ihre Hände waren von den Pflaumen ganz blau. Während sie sprach, rieb sie ihre Finger ununterbrochen mit einem Stück Lappen, aber die Farbe ging nicht ab.

Ich setzte die Befragung der Einwohner von Bolintin fort. Eine junge Frau lehnte an einem Auto auf dem rautenförmigen Platz im Ort, wo die Jugendlichen an jenem verhängnisvollen Ostertag herumgestanden hatten. Sie hielt sich, eine Locke um den Finger gewickelt, an die verbreitetere Meinung: Nur die Zigeuner stahlen. Nach Aussage dieses Mädchens, das ein imitiertes »Chanel«-T-Shirt trug, waren sie so aufs Klauen eingestellt, daß sie die gleichen Sachen sogar zweimal stahlen. »Von der Wäscheleine weg haben sie mir geklaute Jeans geklaut, die ich ihnen abgekauft hatte.«

Es dauerte nicht lange, und die Verleumdungen nahmen phantastische Züge an. Als professionelle Betrüger waren es immer die

Zigeuner, die angeblich einen öffentlichen Auftritt oder Fototermin für die Ceausescus nutzten, Kunstrasen auf dem dürren Boden ausbreiteten und auf ein paar Quadratzentimetern Dreck Blumen pflanzten, die sie dann ausrissen und einpackten für den nächsten Stopp auf der Tour. Natürlich ist es kaum vorstellbar, daß Zigeuner zum Gefolge des Führers gehört haben sollen, aber inzwischen tuschelten die Rumänen schon, Ceausescu sei selbst Zigeuner gewesen – die Schmähung schlechthin.

Die verachteten Zigeuner von Bolintin Deal wurden als Ursari bezeichnet, Bärenführer, obwohl ihre Vorfahren wahrscheinlich nie diesen traditionellen Zigeunerberuf ausgeübt haben. Ich lernte einen Mann aus der anderen, älteren Gemeinde kennen, die weiterhin am Rand von Bolintin hatte wohnen dürfen, und fragte ihn, wie die Bezeichnung Ursari zu einer Beleidigung geworden war, die auf die Störenfriede angewandt wurde. »Man will damit sagen, daß diese reichen Zigeuner dick befreundet mit Ceausescu waren. Wissen Sie, in Rumänien gehörten alle Bären Ceausescu.« Er lachte, als er das sagte; es war eine Anspielung auf den legendären Ehrgeiz des Diktators, als großer Jäger zu gelten.

In Bolintin waren die bedrängten Zigeuner alle verhältnismäßig reich; Stehlen war hier kein Thema. Die Rumänen, die sie jetzt verachteten, taten das, weil sie selbst nicht in der Lage waren, sich der veränderten Welt mit ihren Möglichkeiten und Risiken anzupassen. Die meisten Menschen waren zu ängstlich gewesen, während oder nach der kommunistischen Zeit solche Neuerungen anzupacken, und sie hatten keinerlei Widerstand geleistet – weder gegen die Ceausescus noch gegen die Korruption, die sie überlebte. Wenn die heftigen Übergriffe jetzt sich meistens in abgelegenen ländlichen Gebieten abspielten, dann vielleicht zum Teil deshalb, weil diese Menschen dort keine Chance gehabt hatten, an den kathartischen (wenn auch letztlich gescheiterten) Umwälzungen in Brasov, Timisoara oder Bukarest teilzuhaben. Das heilige Feuer war nicht erloschen.

Ein gesellschaftliches Problem

MIERCUREA-CIUC IST DIE Hauptstadt des Distrikts Harghita in Transsilvanien. Sie war im August 1992 Schauplatz einer ländlichen Säuberungs- und Mordaktion. Sie sieht aus wie viele Städte aus der Zeit des Sozialismus: pseudomodern mit gesichtslosen öffentlichen Gebäuden und kahlen Plätzen, ohne Spuren der anmutigen Gotik aus dem 15. Jahrhundert, die in Cluj, der alten Hauptstadt Transsilvaniens, noch zu finden sind. Es gibt in Miercurea-Ciuc kein bombastisches Hotel Excelsior, kein Grand Hotel oder Hotel Europa mit Cafés von der Größe einer Kathedrale. Und trotzdem ist das Neue hier offenbar überholt, und man hat das Gefühl, daß es offenbar schon immer überholt war.

Wir waren zu früh zu unserem Gespräch mit dem Distrikt-Staatsanwalt Andrei Gabriel Burjan erschienen. Corin, mein junger rumänischer Dolmetscher, und ich warteten in seinem Vorzimmer: ein kahler Raum mit einem kahlen Schreibtisch, ein hölzerner Aktenschrank, eine große, vergilbende Landkarte des Distrikts Harghita und ein Kalender mit einem billigen Pin-up-Girl in einem Jeans-Bikini (rote Nähte, aufgesetzte Taschen). In allen öffentlichen Büros Rumäniens scheinen die gleichen Mädchenposter zu hängen – immer Blondinen.

Maria Rusu, die kräftige, dunkelhaarige Mitarbeiterin des Staatsanwalts, fragte, warum ich mich für Zigeuner interessierte. »Können Sie kein besseres Thema finden?« fragte sie von oben herab. »Warum schreiben Sie nichts über uns, ihre Opfer?« Ich versprach, das zu tun.

Staatsanwalt Burjan war ein aufgeweckter Vierziger mit rötlichem Gesicht; er sah beinahe gut aus und hatte eine gute Figur, wenngleich etwas eigenartig hinterlastig. Bequem auf seinem Schreibtisch hockend, ging es dem Staatsanwalt vor allem darum, uns klarzumachen, daß der jüngste Angriff auf eine Zigeunersiedlung in seinem Distrikt ein »privater Konflikt« gewesen sei, »eine Art Wirtshausschlägerei, die außer Kontrolle geraten war, absolut kein ethnischer Konflikt«. Der Zwischenfall, so sagte er, sei von mehreren Zigeunern ausgelöst worden, die verlangt hatten, an der Theke vor einigen »Mehrheits-Madjaren« bedient zu werden. Kein Mensch erwähnte den schwerwiegenden Übergriff vor einem Jahr im nahen Plăieşii de Sus, bei dem zwei Menschen starben und siebenundzwanzig Häuser zerstört wurden. Auch das war als »privater Konflikt« hingestellt worden.

»Solche Provokationen sind bei den Spannungen hier Öl ins Feuer«, erklärte der Staatsanwalt und unterstrich damit seine Ansicht, daß diese »Wirtshausschlägerei« keinerlei rassischen Hintergrund habe. Der Wirt, ein Madjar wie die meisten seiner Kunden, hatte die Zigeuner hinausgeschmissen. Und »statt sich zu benehmen«, waren die Zigeuner auf die Grundstücke der Madjaren, früher gemeinschaftliches Eigentum, vorgedrungen und hatten alles gestohlen. Ich unterbrach ihn und fragte, ob die Zigeuner in Casin, dem inkriminierten Dorf, nach 1989 auch eigenes Land erhalten hätten.

»Leider nicht«, räumte Burjan ein. »Aber auch das ist ihre eigene Schuld. Das Gesetz sieht vor, daß jeder, der mindestens drei Jahre in einer Genossenschaft gearbeitet hat, Anrecht auf einen Anteil hat. Die Zigeuner stellen nie einen Antrag. Sie haben Hunderte von Kindern, aber keins davon wird bei den städtischen Behörden angemeldet, wie es gesetzlich vorgeschrieben ist.« Casin war die Heimat von knapp fünfhundert Menschen. Die Zigeuner dort waren seit langem ansässig, keine Saisonarbeiter. In einem so kleinen Ort wußte selbstverständlich jeder genau, wer in der örtlichen Genossenschaft gearbeitet hatte. Aber darum ging es gar nicht. »Sie haben nie die Unterlagen«, erklärte der Staatsanwalt. »Sie haben keinen Nachweis.«

»Nachdem die Zigeuner ihre Wagen mit dem Getreide der Madjaren beladen hatten und ganz offen durch Casin gefahren waren, mußten die Dorfbewohner reagieren. Es war also kein ethnischer Konflikt.« Bei dem anschließenden Überfall waren etwa 160 Menschen obdachlos geworden. »Glauben Sie«, fragte ich, »daß alle Zigeuner, deren Haus niedergebrannt wurde, an dem Tag Getreide gestohlen haben?«

»Das ist egal«, erklärte der Staatsanwalt. »Jeder von ihnen hat in der Vergangenheit Verbrechen begangen. Sehen Sie, die Zigeuner stimmen Verbrechen allgemein zu. Sie leben vom Diebstahl. Sie sagen jetzt vielleicht, daß dies keinen Angriff rechtfertigt, und ich pflichte Ihnen in diesem Punkt bei. Aber ich meine auch, daß die Dorfbewohner keine andere Wahl hatten.«

»Ich habe Beweise dafür, daß die Rumänen das unfolgsamste Volk der Welt sind«, fuhr Burjan fort und wechselte den Kurs. »Die Volksgruppen der Daker sind Kämpfer, und das hier war das Werk von Verschwörern.« Der vorliegende Konflikt war bewußt in sein Gegenteil verkehrt worden: ein Übergriff derer, die im Unrecht waren, gegen die geplagte Mehrheit – die nach Meinung einiger, so auch des verstorbenen Diktators Ceausescu, Abkömmlinge einer stolzen heimischen Rasse waren, der Daker. Von Ceausescu wieder ausgegraben, weil sie sich dem Einfall des Kaisers Traianus im Jahr 101 n. Chr. widersetzt hatten, waren die Daker dennoch eine merkwürdige Wahl, um den Nationalismus anzufachen. Denn gerade ihr Römertum ist jahrhundertelang die Hauptquelle des Stolzes für ein Volk gewesen, dessen Sprache im wesentlichen das einheimische Latein der römischen Legion ist und das umgeben von Slawen und Türken lebt.

Corin, der zwar selbst auch ein unermüdlicher Patriot war und sich beim Thema großrumänisches Reich expansionistischen Träumereien hingab, dolmetschte immer widerwilliger. »Man verspricht uns Hilfe, aber wir werden nur beleidigt«, plauderte der Staatsanwalt weiter, angeregt durch einen neuen Schuß Bitterkeit. In diesem Punkt hatte er sogar recht: Sowohl die Gleichgültigkeit des Westens, der diese mutig erkämpften Demokratien vor kurzem noch angefeuert hatte, als auch das unerträgliche Selbstmitleid des Ostblocks nahmen zu, und beide zehrten voneinander.

Wir gingen, sobald wir dem Staatsanwalt die Zusage entlockt hatten, uns am nächsten Morgen die Akten über den Fall Casin zu zeigen. Wir traten auf den schon dunkel werdenden Platz und überquerten ihn in düsterem Schweigen. Todernst, und immer darum bemüht, sein Englisch zu verbessern, suchte Corin (seinem Aussehen von der Seite nach zu urteilen) nach dem richtigen Ausdruck für Aufgeblasenheit. »Dieser Staatsanwalt ist das, was ihr einen Schaumschläger nennen würdet, stimmt's?«

Wieder im Hotel, wurde die Freude über das erste kalte Bier erheblich dadurch getrübt, daß eine zweite, identische Flasche doppelt soviel kostete, und die, die ich für Corin bestellte, wieder nur die Hälfte. Es waren weniger die anscheinend willkürlichen Preiserhöhungen, die mich auf die Palme trieben, es war die Unverschämtheit des Barmannes, der uns gelangweilt zuviel abverlangte. Vernünftiges Geschäftsgebaren konnte das kaum sein. Zynismus oder Fatalismus war hier offenbar stärker als gesunder Menschenverstand, und jeder schien zu betrügen.

In Sibiu, woher Corin kam, hieß der Platz, wo die Zigeuner ihre Schwarzmarktgeschäfte tätigten, Tsiggy-Diggy-Straße. (Die *Tsigani-* oder Zigeunerhändler von Sibiu hatten sich auf Digitaluhren spezialisiert, daher der Name »Tsiggy-Diggy«.) Das Wort *»tsigan«* wurde auch verbal gebraucht und bedeutete u. a., jemanden ausnehmen.

In der Wirklichkeit war Betrügen in Rumänien so verbreitet, daß es bemerkenswert war, daß die Zigeuner, oder überhaupt jemand, es geschafft hatten, sich einen Ruf als unehrlich zu erwerben. Die kleine *bunicuţa* (Oma) mit dem Kopftuch, die vor dem Hotel stand und in einem Korb grüne Flaschen mit »Kiwisaft« anbot, verkaufte in Wirklichkeit und wohlwissend trübes Flußwasser, mit allem, was im Fluß schwamm. Ihr Johnnie Walker war Tee mit Maissirup, und wenn man zurückkam, um sich zu beschweren, war sie verschwunden. Aber die meisten hielten es gar nicht für nötig, sich zu verstekken oder zu verschwinden. Die Frau am Empfangsschalter bittet um vier bis sechs Stunden Geduld, wenn man ein Ferngespräch führen möchte. Wenn man dann nach vier Stunden aufkreuzt, versucht sie es zum ersten Mal und verbindet einen sofort. Daran ist man aber selbst schuld, denn man hat versäumt, den doppelten Preis oder in harter Währung zu zahlen und also keinen Anspruch erwirkt – hatte also »keinen Beweis«.

Es war nur eine Vermutung, aber es gab, wie ich meinte, doch einen feinen Unterschied, ob man von Zigeunern oder Rumänen ausgenommen wurde. Anders als bei dem betrügerischen rumänischen Barmann oder der Telefonistin müssen Kurzsichtigkeit und Unehrlichkeit für den Rom nicht eine Quelle moralischen Verfalls sein. Nicht alle Zigeuner betrieben Handel. Einige reparierten immer noch Geräte oder fertigten Körbe oder Bürsten oder Holzlöffel an, die ihre Frauen dann auf dem Markt verkaufen mußten. Andere waren stolze Spezialisten, die bestimmte Dienstleistungen anboten, und wie beim Gastwirt oder der Telefonistin änderte sich der Bereich ihrer Tätigkeit nicht. Doch die Händler unter den Zigeunern mußten *Geld* machen – nicht Körbe oder Bürsten oder kupferne Destillierapparate. Und deshalb machten sie jedes Geschäft und verkauften jedes Produkt. In der Vergangenheit waren es Pferde gewesen, jetzt waren es Autos oder Digitaluhren. An manchen Tagen, wenn er nichts zu verkaufen hatte, mußte der Händler vielleicht betteln (d. h. er schickte seine Frau und Kinder zum Betteln). Das ist kein Grund zur Schande; es ist lediglich eine andere Option, eine andere Art, das Geschäft zu betreiben, das darin besteht, Geld zu machen.

Oben im Hotel, an dem langen, von nackten Glühbirnen erleuchteten Gang, habe ich ein Zimmer, das ich gut kenne; es ist so wie unzählige andere Zimmer in den heruntergekommenen modernen Hotels Osteuropas. Das schmale Bett ist mit einem Rechteck aus fünf Zentimeter hohem, orangefarbenem Fell bedeckt sowie einem quadratischen Kissen von der Größe einer Linoleumfliese. Die Decke reicht gerade bis zu den Bettkanten, so daß man sich darunter klein machen muß, um zugedeckt zu bleiben. Dann der klapprige Nachttisch aus Kunststoff und die überhaupt nicht dazupassende Kegellampe mit dem volantbesetzten Stoffschirm. Im Schein der Lampe das Spielzeugtelefon. (Dieses ist reines Dekor, Schnur oder Steckdose sind nicht in Sicht.) Das Zimmer hat ein Waschbecken mit tropfendem Hahn. Aber es gibt kein warmes Wasser, das für alles entschädigen würde. Die künstlichen Deckenquadrate sind so niedrig, daß man sie festdrücken kann, ohne sich auf die Zehenspitzen zu stellen. Ich träumte immer wieder, ich würde unter einer Feuerdecke schlafen und solange ich zugedeckt blieb, würde ich mich nicht verbrennen.

Nach dem üblichen Hotelfrühstück mit Gurke, Käse, Salami und Kaffee begaben wir uns wieder zum Büro des Staatsanwalts, trafen aber nur seine kräftige, dunkelhaarige Mitarbeiterin Maria Rusu an. »Der Herr Staatsanwalt ist in Urlaub«, teilte sie uns ungerührt mit. Keine Entschuldigung, keine Erklärung, nichts. »Akte? Er hat nichts wegen irgendeiner Akte hinterlassen. Ich weiß von keiner Akte.«

Wir hatten an diesem Morgen noch einen Termin beim Polizeichef des Distrikts und gingen zum Hauptquartier, um dort zu warten. In einem schmalen Korridor mit zwei Reihen zusammengeschweißter Stühle nahmen wir gegenüber einem älteren Zigeuner und zwei jüngeren Männern Platz, offensichtlich ein Vater mit seinen Söhnen. Der mitgenommene Blick der beiden Jüngeren ließ auf ein langes Warten schließen, was bekräftigt wurde durch den Abfall auf dem Boden ringsum: ein Dutzend Zigarettenkippen, Essensreste, zerknülltes Einwickelpapier und leere Getränkedosen. Ein junger Polizeibeamter tauchte hinter einer geschlossenen Tür auf. Der Vater erhob sich augenblicklich, nahm den Hut ab und glättete sich mit einem langen Daumennagel den Schnurrbart. Er stand da und wartete, die Füße zusammen, die Hände in der demütigen Haltung vor sich verschränkt, die viele Menschen in der Gegenwart von Beamten einnehmen. Der Polizist ließ sich Zeit, den alten Mann zur Kenntnis zu nehmen, ging gemächlich auf ihn zu, machte am Schreibtisch der Empfangsdame halt, blätterte demonstrativ in ein paar Unterlagen und blieb noch einmal beim Springbrunnen stehen. Es wirkte außergewöhnlich lässig. Er bat den alten Zigeuner nicht in sein Büro, sondern redete dort im Wartezimmer mit ihm. Die Söhne schien er überhaupt nicht zu bemerken. Ich konnte nicht verstehen, was der Polizist sagte, aber seine ganze Haltung drückte Ablehnung aus. Der alte Mann, der die Hände immer noch wie ein kleiner Farmpächter vor sich hielt, nickte und blickte auf die Schuhe des jungen Polizisten und sagte immer wieder: »*Da, Dom Capitan, da.*« – »Ja, Herr Hauptmann, ja …«

Ich hatte meine Verabredung mit dem Vorgesetzten dieses Mannes in der letzten Woche von Bukarest aus getroffen; er sagte sie persönlich ab, nachdem die drei enttäuschten Zigeuner gegangen waren (und es einer angewiderten, hoch erblondeten Sekretärin in einem engen Rock und hochhackigen Pumps überließen, den Abfall zu beseitigen). »Ich kann diese Ereignisse mit Ihnen nicht erörtern«, sagte er, selbst als er meinen Presseausweis in der Hand drehte, weil »eine Privatperson kein Recht auf Informationen hat«. Es war nichts zu machen.

Corin erklärte mir, die falschen Kassettendecken in den Hotels hingen deshalb so niedrig, damit die tolpatschigen Handlanger, die die Unterhaltungen aufnahmen, genug Platz hatten. Ich hatte die Jungen vom rumänischen Geheimdienst selbst schon gehört – eine gemäßigte Wiedergeburt der gefürchteten früheren Geheimpolizei Securitate, wie alle meinten. Am angezapften Telefon konnte man hören, wie sie sich unterhielten und ihre Butterbrote auspackten, und bei einem Gespräch, das ich von der Wohnung eines befreundeten Journalisten in Bukarest geführt hatte, auch den Lärm eines Bahnhofs. Die Rumänen sind paranoid, aber sie lassen sich auch immer noch die Post öffnen. Die mangelhafte Technik ließ das Wanzenproblem fast wie einen Witz erscheinen, aber nach einigen Monaten in Rumänien hörte ich doch auf, mich über Verschwörungstheoretiker lustig zu machen. Die ganze Stadt schien für uns verschlossen zu sein, und das sah nicht nach einem Zufall aus.

Wie Corin sagte, konnte man merken, daß man sich in einem ungarischen Distrikt befand, weil es soviel Grün gab. Nicht nur die Hügel, auch die runden Filzhüte waren grün, sogar die Häuser waren grün gestrichen, hatten Tonziegel und waren zur Straße hin zum Teil hinter hohen, filigranen, grünen Holztoren verborgen. Es war leicht, die ungarischen Zigeuner zu erkennen. Die Männer trugen ihr Haar schulterlang und ungekämmt. Die älteren trugen hohe, schwarze Stiefel und zehn bis fünfzehn Zentimeter breite Gürtel, wie die Stützgürtel der Gewichtheber, tief über der Hüfte, und die weißen Hemdärmel bauschten sich. Alle schienen hier einem ländlichen Schauspiel aus dem 19. Jahrhundert zu entstammen, und die Pferdewagen mit Klingeln lieferten mit ihrem Tripp-trapp die anheimelnde Geräuschkulisse. Wir im einzigen Auto weit und breit verlangsamten die Fahrt wegen einiger Esel auf der Straße, darunter einige klapprige Fohlen.

»Uuh!« verzog Corin das Gesicht, eine eigenartige Reaktion angesichts eines solchen Anblicks. »Bulgarische Esel.«

»Woher weißt du, daß es bulgarische sind?« fragte ich.

»Esel sind schreckliche, *orientalische* Tiere«, erklärte er. »Türkisch, bulgarisch. In Rumänien haben wir Pferde.«

Weiter ging Corin mit seinem Eingeständnis, daß Transsilvanien nichts mit Rumänien zu tun habe, nicht, aber die Nationalitätenfrage stand immer im Raum. Er beurteilte selbst den Rang von Tieren nach ihrer wahrnehmbaren Fremdheit. Mit Nachnamen hieß Corin Trandofir, »Rose« auf Türkisch, aber für ihn war das »Fremde« nach wie vor anrüchig, und die Zigeuner waren für ihn wie für die meisten ansonsten liberalen Osteuropäer ein wunder Punkt.

Ich fragte Corin, ob er jemals außerhalb von Rumänien gewesen sei (er sprach das sonderbar perfekte Englisch, wie man es ausschließlich aus Büchern lernt). Was, so fragte ich mich, konnte er tatsächlich mit dem Begriff »fremd« anfangen? Er war, wie er erzählte, direkt nach der Revolution einmal im Ausland gewesen, in Straßburg. Den tiefsten Eindruck bei seinem ersten Ausflug in den Westen hatten bei ihm die rumänischen Zigeuner hinterlassen, die er dort am Bahnhof hatte betteln sehen. Unser Auto schlingerte, so sehr ereiferte er sich, als er sich das Schauspiel in Erinnerung rief: »Stell dir vor, sie hatten ein Täfelchen, auf dem stand: ›Bitte helft uns, wir sind *Rumänen*‹.«

Selbstverständlich haben auch viele Zigeuner etwas gegen diese Bettler: Das sind die einzigen Zigeuner, die die meisten Europäer zu sehen bekommen, und sie gelten als repräsentativ für alle Zigeuner, die sich weder als Opfer noch als Schmarotzer betrachten. Als genauso schrecklich empfand Corin den Gedanken, daß die Rumänen für die Welt draußen nichts Besseres waren als eine Bande zigeunerischer Schnorrer – oder überhaupt als Zigeuner: nichts Besseres, nichts anderes. In *Das Unbehagen in der Kultur* hat Freud darauf hingewiesen, daß Intoleranz in kleinen Unterschieden stärker zum Ausdruck kommt als in grundlegenden. »Der Narzißmus der geringeren Unterschiede«: das war Corins Schmerz, und es war die Demütigung einer Bettlernation – einer Nation auf der falschen Seite Europas. Ihre Revolution war eine gute Demonstration, die beste weit und breit, und jetzt schien es vielen enttäuschten Rumänen so, als würden sie nur den Hut herumgehen lassen.

Ich erzählte ihm, daß ich im Ausland oft auf Amerikaner stieße, die ich zwar als unangenehm empfände, aber doch als Amerikaner betrachten könnte. Ein sinnloser Vergleich. Wie viele Europäer und wie die meisten Osteuropäer definierte Corin Nationalität – d. h. Zugehörigkeit – vom Stamm her, vom Blut und der Kultur her, nicht vom Territorium, und bestimmt nicht von der Staatsbürgerschaft her. Schweigend fuhren wir weiter, und Corin sang rumänische Volkslieder. Aber dann stellten seine eigenartigen und ernsten Fragen unsere heitere Stimmung wieder her. »In deinem Land gilt Kenny Rogers doch als Bauer, oder?«

ALS OB DAS Dickicht unguter Gefühle nicht schon schwer genug zu durchdringen wäre, merkten wir, daß wir einen weiteren Dolmetscher brauchten – die meisten Menschen in dieser Gegend sprachen nur Ungarisch. Glücklicherweise stießen wir bald auf Tibor Bodó, den sympathischen Journalisten, der für die Lokalzeitung *Harghita Népe (Harghita Nachrichten)* über die Gewalt berichtet hatte. Zu dritt fuhren wir auf einer elend holprigen und gewundenen Straße nach Casin. Aber es war sonnig und klar und frisch, ein Hochsommertag. Zu beiden Seiten ragten auf den offenen Feldern große, goldene Totempfähle auf, drei, vier Meter hoch: transsilvanische Heumieten.

»Man sieht es überall«, sagte er und meinte das Vorurteil, »zum Beispiel in der Armee. Als ich meinen Wehrdienst ableistete, wurden immer die Zigeuner für die schlimmsten Arbeiten ausgesucht. Besonders schlecht wurden sie von den rangniedrigen Offizieren behandelt. Unter Ceausescu« – Tibor lachte – »wurden nur Zigeuner und Intellektuelle ausgesondert. Es war eine Offenbarung. Wie die meisten Menschen hatte ich vor dem Wehrdienst noch nie richtige Zigeuner kennengelernt. Die meisten waren liebenswert und lustig, und viele waren hervorragende Musiker.«

Tibor strahlte, als er sich an einen Rom-Metallarbeiter aus seiner Militärzeit erinnerte. »Er sagte immer: ›Wenn ich das Eisen bearbeite, tanze ich – einen Csardas oder einen deutschen Marsch. Kupfer ist eher wie ein französischer Drill.‹ Und wenn zwei Leute gebraucht wurden für eine schwierige Arbeit – sagen wir, einen großen Kessel –, war das ein Walzer. Und er schlug den Takt auf dem Metall: Er brauchte einen Takt, nach dem er arbeitete. Es ging nicht nur um das Metall, auch um den Gegenstand; ein Hufeisen war immer ein Csardas« – dieser ungemein lebhafte, so typisch ungarische Rhythmus. Ich wußte, daß Metallarbeiter in vielen Kulturen – nicht nur Zigeuner – mit Argwohn und als verhaßte Außenseiter betrachtet wurden. Im Auto erzählte ich den anderen, daß Zigeuner weithin nicht nur als Spione bezeichnet wurden, sondern auch als Brandstifter. Ich erzählte ihnen die Geschichte von dem rotglühenden Nagel. Welch dunkle Verbindung ihre Vorfahren auch zum Feuer gehabt haben mochten, die Zigeuner standen nicht mehr am Blasebalg.

Bevor er Journalist wurde, hatte Bodó am Gymnasium Geschichte und Literatur unterrichtet. Die Zigeuner kamen, wie er uns erzählte, nur, wenn es Gratisessen oder Kleidung gab. »Es gibt ein echtes Problem: Es hat nichts mit der Volkszugehörigkeit zu tun, sondern ist eine Frage der Bildung. Sie gehen nicht zur Schule und sind daher von Anfang an Außenseiter. Sie haben nie in den Genossenschaften gearbeitet, sondern außerhalb – sie haben zum Beispiel mit Pferden gehandelt oder Metallwerkzeug für die hergestellt, die das Land bestellt haben …« Seine Gedanken wanderten. »Vor der Revolution hatten alle mehr Geduld.«

Tibor hatte recht, aber in diesem Gebiet war Bildung ein ethnisches Problem. In welcher Sprache sollte man die Zigeuner unterrichten? Ungarisch in Transsilvanien und ansonsten rumänisch? Wie stand es mit Romani? Die Zigeuner verließen die Schule aus den gleichen Gründen, aus denen die meisten Menschen das tun. Sie kamen nicht mit. Und das deshalb, weil die Sprache, die in der Schule gesprochen wurde, nicht die Sprache war, die die meisten von ihnen zu Hause sprachen. Für sie wurden keine speziellen sprachlichen Maßnahmen ergriffen (wie für die ungarische und deutsche Minderheit). Und so verloren sie ihre Sprache oder ihre Chancen, oder sie verloren, was meistens der Fall war, beides. Vielleicht ändert sich das allmählich, aber so war es in ganz Mittel- und Osteuropa, mit dem Ergebnis, daß Zigeunerkinder der ersten Klassen an vielen Orten (vor allem in Bulgarien und der ehemaligen Tschechoslowakei) automatisch in Sonderschulen für geistig behinderte Kinder gesteckt wurden. Sie waren nicht zurückgeblieben, aber sie waren behindert: Sie beherrschten die Sprache nicht, und dieses Defizit wurde zum allgemein üblichen Vorwand für das Aussperren und auch das Einsperren – ein Vorwand, gegen den analphabetische Eltern, für die eine derart unverblümte Enteignung nichts Neues war, kaum angingen.

CASIN BESTAND AUS zwei Häuserreihen rechts und links einer Schotterstraße. Ein Gemischtwarenladen führte ein paar Konserven, Kaffeebohnen und Tabak. Es gab eine einfache, niedrige Kirche, aber keinen Hinweis auf das berühmte Wirtshaus, das ein Stück weiter lag. Fünf alte Männer mit Hüten saßen auf der Dorfbank und beobachteten die Straße. Wir hielten vor dem letzten Haus, in dem eine Frau wohnte, die Tibor für seinen Bericht in den *Harghita Népe* interviewt hatte. Sie hatte in dem Lokal gearbeitet, in dem der Streit am Abend des Übergriffs ausgebrochen war.

Tibor schlug kräftig gegen das grüne Holztor, und kurz darauf flog das Sichtfenster auf, eine Puppenstubentür in der Mitte des massiven Tores. Ich spähte nach unten durch diese Minitür und machte das hochgereckte Ende einer großen Schnauze aus und dann die albinotischen Augen einer riesigen Sau. Frau Horváth öffnete uns, stemmte sich mit ihrem ganzen Gewicht gegen dieses außergewöhnliche Tier, damit es nicht entwischte, und bat uns herein.

Frau Horváth setzte uns an einen kleinen Küchentisch, holte vier weiße Porzellanfingerhüte und machte einen starken Kaffee. Die Zimmerdecke war mit einem geometrischen Muster in Rotweißgrün bemalt, den Farben der ungarischen Fahne. In einer Ecke stand ein hoher, weißer Kachelofen. In einem Regal waren in gleichmäßigen Abständen bunte Figuren von Sängern in traditioneller ungarischer Tracht aufgestellt, auf mehreren rotweiß bestickten Leinentaschentüchern, die wie die Wimpel eines Fußballclubs über den Rand hingen. Frau Horváth war Witwe, aber man konnte sich gut vorstellen, daß sie schon immer allein gelebt hatte, so selbstverständlich wirkte sie, als sie uns in ihrem gemütlichen Zimmer sirupartigen Kaffee einschenkte.

»Sie sind Ungeziefer«, das waren die Schlußworte einer heftigen Demontage der Zigeuner und ihres Charakters. »Sie können nicht unter anständigen, zivilisierten Menschen leben. Sie können ihre Pferde und ihre großen Familien nicht ernähren, und deshalb stehlen sie. Jahrelang haben wir ihnen zu essen gegeben, regelmäßig, und wir haben das als eine Art Steuer angesehen. In der Vergangenheit haben die Leute die Verbrechen der Zigeuner nicht einmal gemeldet. Sie hatten zuviel Angst. Aber jetzt haben wir eine Wahl. Dies ist eine Demokratie, und wir werden sie nicht mehr in unser Dorf zurücklassen.« Frau Horváth hatte zwar nicht selbst die Häuser mit angesteckt, aber sie hatte zugesehen, zusammen mit den übrigen Dorfbewohnern. »Sie sind viel zu unverschämt, es mußte so kommen.« Sie räumte allerdings ein, daß das Problem nicht gelöst war. Die Zigeuner würden wiederkommen, diese oder andere, und sie würden sich nicht ändern. Aber den anderen Dorfbewohnern war jetzt wohler, weil sie gehandelt hatten; es hatte eine Reinigung stattgefunden.

Frau Horváth schilderte, wie die Kirchenglocken geläutet und alle Dorfbewohner, wie geplant, bei Sonnenuntergang zusammengerufen hatten. Der Dorfpfarrer hatte ein Gebet gesprochen, und dann waren alle zur Zigeunersiedlung aufgebrochen. »Es war der offizielle Versammlungsort«, erklärte sie, »denn die Zigeuner gehen nie zur Kirche.« Wir wußten, daß die Polizei nicht eingeschritten war, und natürlich machte sich niemand über Vergeltungsmaßnahmen Gedanken. »Die Polizisten stecken die Hände tief in die Taschen«, sagte Frau Horváth und erhob sich, um die Tassen abzuräumen. Und wohin sollten die Zigeuner ihrer Meinung nach gehen, wenn sie das Dorf verlassen müßten? Zur Hölle. »Wo ihre Vorfahren schon auf sie warten.«

Die Heftigkeit war vor allem deshalb so erschreckend, weil sie von einer älteren Witwe in einer rotweiß bestickten Schürze kam. Allerdings sahen auch ihre stämmigen, kräftigen Waden, die sichtbar wurden, als sie die Sau in ihren morastigen Koben trieb, so aus, als gehörten sie zu einem anderen Körper. »Die Zigeuner sind keine Menschen«, erklärte sie kategorisch.

LÁSZLÓ GERGECY WAR einer der vier Polizisten, die für Casin und drei weitere Weiler im Tal verantwortlich waren. »Es ist eine sehr betrübliche Situation«, sagte er, an die Wand hinter seinem Schreibtisch gelehnt. »Aber wir kriegen sie nicht in die Schule. Wir verhängen Geldstrafen, aber sie zahlen sie nicht; keiner hat Geld. Sie sind isoliert und ohne Organisation oder Freunde hier. Aber was können wir vier Polizisten tun?«

Er sprach nicht von den Plakaten an den Bäumen, die alle Dorfbewohner aufriefen, »Casin zu verteidigen«, oder von den Treffen in der Kirche, bei denen Brandanschläge wie Backrezepte diskutiert wurden. Das Versagen ging hier weniger auf den Mangel an Polizisten zurück als auf fehlenden Willen und auf das fatalistische Gefühl, daß diese Säuberung unvermeidlich war.

»Strafe würde hier nichts bringen«, schloß der Polizeibeamte Gergecy. »Wir haben drei Leute eingesperrt, von denen einer im Verdacht stand, den jungen Zigeuner erschlagen zu haben [in Casinul Nou]. Das ganze Dorf lief daraufhin zusammen, hier vor dem Revier, drei Tage lang, bis sie wieder freigelassen wurden.« Der Staatsanwalt Burjan hatte diesen Mord in seinem Bericht über die »Wirtshausschlägerei« in seinem Distrikt nicht einmal erwähnt. Im Fernsehen war nur von Diebstählen der Zigeuner die Rede, kein Wort über den Tod eines jungen Mannes. Und obwohl niemand im Dorf abstritt, daß »jemand« umgekommen sei, wiegelten alle, mit denen wir sprachen, ab; es hätte schon an ihm selbst gelegen, daß er jetzt tot war, und es ginge sie nichts an.

In Vălea Lăpușului, dem Wolfstal, im Norden des Landes, war eine andere Zigeunersiedlung mit neunzehn Häusern niedergebrannt worden als Vergeltung für das schreckliche Verbrechen eines ihrer gelegentlich anwesenden Mitglieder, eines Mannes namens Oaste Moldovan, der eine junge, im achten Monat schwangere Frau vergewaltigt hatte. Moldovan war vorbestraft und hatte gesessen, bevor er 1988 in das Dorf zurückgekommen war. Er war am 26. Januar jenes Jahres dank einer Laune des verstorbenen Diktators freigekommen, der beschlossen hatte, seinen Geburtstag mit einer Geste wahlloser Großherzigkeit zu begehen, und Tausende von Verurteilten begnadigte. Das Vergehen der Zigeuner im Dorf bestand darin, den Vergewaltiger nicht umgehend der Familie der vergewaltigten Frau übergeben zu haben – und letztere hatte unter Polizeibegleitung den Mob in das Zigeunerviertel geführt. Aber in Casin, wo das Verbrechen offenbar in mangelnder Achtung gegenüber den Bauern und immer wieder vorkommenden kleineren Diebstählen bestand, fiel die Strafe nicht milder aus: Die ganze Gruppe – überwiegend Kinder – mußte gehen.

Dennoch mußte man ein wenig Mitleid mit dem schlanken Polizisten haben, der ganz allein in seinem Anbau an der Straße war. Er hatte keinen Wagen, kein Telefon und keinen Kollegen. Im Grunde hatte er nichts außer seiner Dienstmarke, was in dieser neuen Zeit und in diesem verlassenen Tal nicht viel zählte.

Als wir die Straße entlang zur Kirche gingen, blieben die Leute stehen und blickten uns nach: stämmige, zahnlose Frauen mit verschränkten Armen und unter dem Kinn gebundenen Kopftüchern; Männer mit Arbeitsgeräten, die einem Museum für mittelalterliche Landwirtschaft zu entstammen schienen.

Was stimmt mit euren Zigeunern nicht? fragten wir provozierend. »Selbst Leute, die den ganzen Tag arbeiten, haben nicht solche Pferde wie sie.« – »Sogar die kleinsten Zigeunerkinder klauen wie die Raben.« – »Das sind alles Millionäre.« – »Sie schlagen uns, wenn wir sie auffordern, unser eigenes Land zu verlassen.« – »Sie sollten dahin gehen, woher sie gekommen sind.« – »Warum interessiert ihr Ausländer euch so für diese nichtsnutzigen Zigeuner?« – »Das sind keine Menschen.« – »Einen Zigeuner umbringen ist eine Wohltat, nicht Mord ...« Als wir weitergingen, rief eine Frau, der die letzte Bemerkung wohl etwas zu weit ging, uns nach: »Wir betrachten sie ja als Menschen, aber sie verhalten sich nicht so.«

»Unzivilisiert«: Das war der häufigste Vorwurf gegen die Zigeuner. Als Beweis zeigten die Menschen auf die modernen Gemeindewohnungen, die die Zigeuner bekommen und dann ruiniert hatten. »Sie haben da oben Pferde gehalten«, erzählte mir ein Mann in Baia Mare, im Norden des Distrikts, und zeigte auf eine Wohnung im dritten Stock mit angesengten Fenstern, aus der vor kurzem eine Zigeunerfamilie ausgezogen war. »Sie machen ihr Feuer auf dem Boden im Wohnzimmer. Die Spuren sehen Sie.« Ich konnte mir zwar auch andere einleuchtende Gründe für die schwarzen Streifen denken, aber es stimmte schon, daß Mieter unter den Zigeunern des öfteren Wände einrissen (und Fenster, Fensterrahmen und Türen herausbrachen ...) – vielleicht, um es ihren größeren Familien angenehm zu machen, aber sicher auch, weil sie nichts für diese zugeteilten Orte empfanden, diese fremden, modernen Wohnblocks, in denen sie zwischen Nachbarn wohnten, von denen sie verachtet wurden. Die Wohnungen waren auf ihre Art genauso deprimierend wie die Pappbehausungen einiger Zigeuner, aber sie hatten keine Ähnlichkeit mit den sauberen, liebevoll bemalten Häusern der meisten Zigeuner, wie arm sie auch waren.

Zigeuner wurden zum Teil auch deshalb abgelehnt, weil viele der sozial Bessergestellten glaubten, sie seien von den Kommunisten bevorzugt worden. Aber die Zigeuner waren ebenso Ziel der Sozialprogramme Ceausescus gewesen, der sogenannten Systematisierung. Rumänien sollte nach Produktionsprinzipien umorganisiert werden. Die Gebiete (und ihre Bewohner) wurden nach ihrem Potential für die Industrie, Landwirtschaft oder Weidewirtschaft verplant. Die Systematisierung verlangte die Nivellierung ganzer Distrikte: Die Maßnahmen wurden ziemlich willkürlich durchgeführt, aber am Ende blieben etwa siebentausend landwirtschaftliche Gemeinden auf der Strecke, deren Bevölkerung in die Städte umgesiedelt wurde.

Die Systematisierung forcierte frühere Versuche zur Ansiedlung aller Zigeuner, die fast unmittelbar nach der Machtübernahme der Kommunisten 1947 begannen. Die meisten Zigeuner waren damals bereits angesiedelt; trotzdem wurden sie, wie in der übrigen Welt, allesamt als Fahrende *empfunden*, und die rumänische Regierung handelte, um auch die letzten der Nomaden seßhaft zu machen, und beschlagnahmte ihre Pferde und Wagen. Diese waren natürlich nicht nur ein Transportmittel, sondern auch Grundlage für den Lebensunterhalt; die ideologische Forderung der Zeit lautete jedoch, es sei wichtiger, daß die Zigeuner seßhaft sind, als rentabel und selbständig beschäftigt. Die erzwungene Ansiedlung konnte die Anpassung nicht erreichen; sie schuf vielmehr eine neue Klasse vom Staat abhängiger Personen.

Einige Zigeuner wurden in Häusern untergebracht, die von Volksdeutschen geräumt worden waren, die von der deutschen Regierung nach und nach »zurückgekauft« wurden – Teil des verfassungsmäßigen Rechts zur Rückkehr für diesen Personenkreis. Die ausreisenden Deutschen waren häufig wohlhabender als andere

Gruppen, und die Tatsache, daß ihre Häuser der sozial untersten Schicht zugeteilt wurden, schürte oder schuf die enorme Abneigung, die noch immer wächst.

Es hätte wie Begünstigung aussehen können, aber die Zigeuner sahen es ganz anders. Traditionelle Siedlungen wurden zerstört, dazu alte, gewachsene Familiennetze mit den sich gegenseitig ergänzenden Berufen. Auch wenn die Anpassungspolitiker jener Zeit tatsächlich versuchten, die Zigeuner zu »normalisieren«, indem sie ihnen Arbeit und Wohnungen und sogar politische Positionen verschafften, die sie von sich aus nie angestrebt oder erreicht hätten, ächteten sie gleichzeitig alle Spuren ihrer »rückständigen« Kultur.

Nicolae Gheorghe, ein rumänischer Zigeuner und Soziologe, erinnert sich an seinen ersten Besuch in den neuen Gemeinden. »Als ich diese Gebiete zum ersten Mal sah, war ich von dem Elend dort regelrecht schockiert. So viele Menschen sind auf so kleinem Raum zusammengedrängt. Die Wohnblocks waren in einem schlechten Zustand. Es lief kein Wasser. Es gibt auch Rumänen, die unter solchen Umständen leben, aber meistens sind es Zigeuner. Das Ergebnis ist die Verschlechterung des sozialen Lebens.«

Und jetzt, in der nachkommunistischen Zeit, würden die Zigeuner nicht nur die letzten in der Schlange derer sein, die nach Arbeit, Stellung und Bildung suchen; die Brandstiftungen schienen darauf hinzudeuten, daß man ihnen überhaupt keine Häuser mehr zugestehen wollte.

»SELBST GOTT HAT die Zigeuner satt«, verkündete Pater Menihert Orban am Tisch in der kühlen Sakristei von Casin. »Sie sind Heiden, Ungläubige.« Dieser erboste, zerbrechlich wirkende Priester war ethnisch ein Ungar, wie über 90 Prozent der Dorfbewohner, aber er sprach auch Rumänisch und verstand auf jeden Fall, wenn Tibor und Corin sich rumänisch unterhielten. Der Pater weigerte sich jedoch, mit Corin in der Landessprache zu reden, die gleichzeitig ihre einzige gemeinsame Sprache war, und das erregte Corin sehr. Wir

Ein Kalderasch-Mädchen aus Sinteşti, Rumänien, 1994.
Das schwarze, verknotete Halstuch und die Goldmünzen
sind das Zeichen dafür, daß sie verheiratet ist.

sprachen über das »Zigeunerproblem«, während diese beiden Männer, ein Geistlicher und ein Jurastudent, in ihrem eigenen ethnischen Konflikt gefangen waren, unfähig, einander auch nur anzusehen, und sich über den schnell ermüdenden Tibor verständigten. Pater Orban preßte die flachen, durchscheinenden Fingerspitzen aufeinander und blickte unverwandt auf unseren Ungarn.

»Bestimmt«, sagte ich versuchsweise, »sind die Zigeuner eine große Herausforderung für einen christlichen Führer.« Corin übersetzte mein Englisch ins Rumänische, und Tibor übertrug weiter ins Ungarische.

»Sie kommen nicht zu uns«, antwortete der Pater. »Während die Ungarn in die Kirche kommen, trinken die Zigeuner. Das ganze Dorf war am Morgen des Zwischenfalls in meiner Kirche. Aber kein einziger Zigeuner. Es ist nicht normal, wenn ein Volk in Angst vor einer Minderheit lebt. Man mußte sie einmal Bescheidenheit lehren.«

Nicht einmal fünf Prozent der Bewohner von Casin waren Roma. Warum flößten sie den übrigen so viel Angst ein? Weil sie »ungarisches Getreide« und Kartoffeln stahlen? Oder weil sie sich nicht für ein arbeitsames, bäuerliches Leben interessierten und, was noch schlimmer war, gleichgültig gegenüber Kritik waren? Pater Orban lieferte einen Anhaltspunkt: »Wir können ihnen nicht helfen. Sie sind anders. Sie sind nicht zu erziehen.« Und, das brauchte nicht gesagt zu werden, in diesem abgelegenen Dorf bot ein Tauziehen zwischen Bukarest und Budapest nur die billige Befriedigung, die Siedlung derjenigen niederzubrennen, die überhaupt keine Hauptstadt hatten.

Der Sohn eines amerikanischen presbyterianischen Geistlichen erzählte mir einmal, wie seine Mutter ihm in Indiana in den 40er Jahren gesagt hatte: »Wir hassen nicht die Menschen, wir hassen, was sie tun.« »Was ist mit Hitler?« fragte der Zehnjährige seine Mutter. »Ja, selbst Hitler«, erwiderte sie. »Wir hassen nicht ihn, wir hassen, was er tut.« Hier, vor allem auf dem Land und im ewig umkämpften Transsilvanien, war das, was man war – ein Ungar, ein Rumäne oder ein Zigeuner –, das wichtigste. Wer man war, war identisch mit dem, was man tat: ein Ungar sein, ein Zigeuner sein. Und die Ungarn und die Rumänen haßten die Zigeuner, egal was sie taten.

Am Ende besuchten wir die wenigen noch verbliebenen Roma von Casin, und nach einem weiteren Tag des Haß-Messens gestehe ich, daß mir das Mitgefühl abhanden gekommen war. Ich hatte das Gefühl, daß die Zigeuner mindestens so schlimm sein mußten wie ihre Ankläger; wahrscheinlich verdienten sie einander.

Hundert Meter weiter einen Feldweg hinauf stießen wir auf ein kleines Ein-Zimmer-Haus, eine neue Blockhütte, die ganz allein auf einem sanften Hügel stand. In ihrer totalen Isolation kam fast überdeutlich alles über ihre belagerten Bewohner zum Ausdruck. Es war mitleiderregend. Dann erschienen die Zigeuner, kamen geduckt durch die niedrige Tür, einer nach dem anderen. Eine große Familie – siebzehn Personen – war nach Casin zurückgekommen und hatte diese Hütte gebaut, entschlossen, auf dem Boden ihrer alten

Siedlung zu bleiben, wo erst vor ein paar Monaten sechzehn Häuser in Brand gesteckt worden waren.

Es fiel nicht schwer zu erkennen, warum die Familie Czacky dort bleiben wollte, wo sie war – wo die Familie, wie sie sagte, seit vielen Generationen gelebt hatte. Sie selbst machten zwar einen armen und heruntergekommenen Eindruck, aber die Lage war einmalig. Von vereinzelten, uralten Bäumen fiel der Blick ungehindert auf sanftgestufte Hügel und goldgelbe Sonnenblumenfelder am Horizont. In die andere Richtung blickte man praktischerweise auf das feindselige Dorf. Direkt unter dem Haus am Fuß des Hügels lag ein dichter, kleiner Wald, der von einem klaren Flüßchen begrenzt wurde. Mitten im Wasser ragte etwas hervor. Ein großer Stein? Nein, eine kleine Insel. Dort spielten einige Zigeunerkinder, saßen mit angezogenen Knien da oder standen im Wasser und hielten sich mit beiden Händen an dem Stückchen Land fest, während das Wasser ihre Beine umspülte. Als ich auf sie hinunterblickte, mußte ich an einen Artikel denken, auf den ich in einem Archiv in Bukarest gestoßen war und der dem Tagebuch von M. A. Demidoff entstammte, der 1854 als russischer Tourist die rumänischen Fürstentümer bereist hatte. Er beschrieb den Platz einiger *aurari* oder Goldwäscher.

… von den abgelegenen Plätzen, wo solche Zigeuner lebten, interessierten uns diejenigen der *aurari* am meisten, die weit über abgelegene Inseln verstreut waren … Unermüdlich wuschen sie den Sand der Donau aus und suchten nach winzigen Goldklümpchen. Wir gingen näher heran, um diese armen Elendsgestalten zu betrachten, die als schützendes Dach nichts als ihr Haar hatten, und wir erfuhren, daß sie das ihr ganzes Leben lang machen, und unser Führer erzählte uns, daß sie dafür 15 Centimes am Tag bekommen.

Die Czackys waren ungewöhnlich groß und schlank, und die zerfurchte, braune Haut der älteren paßte gut zu den alten Bäumen ihrer Umgebung. Die Frauen trugen ihr schwarzes Haar lang. Alle Männer hatten einen Hut, die meisten auch einen Schnurrbart. Ein scheu lächelnder Junge mit verfilzten Kupido-Löckchen und nur einem leichten, dunklen Flaum auf der Oberlippe trug ein blaues, französisches Hemd mit Blumenmuster – eine Designer-Damenbluse mit weichem Kragen aus den siebziger Jahren, aber immerhin ein schönes Stück. Auch wenn nur jemand aus dem Westen die Bluse auf Anhieb modisch einordnen konnte, mußte eine solche Aufmachung auf die Dorfbewohner doch einen beträchtlichen Eindruck machen. Ich hatte gehört, daß eine katholische, französische Wohlfahrtsorganisation unmittelbar nach dem Übergriff Berge getragener Kleidung hierhergeschickt hatte. Tatsächlich hingen in den Büschen noch einige französische Kirchenblättchen. Diese ausländische Hilfe war ausdrücklich für die Zigeuner beziehungsweise für die wenigen bestimmt, die noch da waren, und die grollenden Bauern konnten nur ungläubig zusehen: Man verstand sie falsch; die Welt draußen, so schien es, hatte sich auf die falsche Seite geschlagen. Es fiel schwer zu glauben, daß irgend jemand Neid auf diese völlig mittellosen Zigeuner empfand oder besonderen Ärger über sie, aber genauso war es, und dieses geblümte französische Baumwollhemd drückte genau das aus.

An einen hölzernen Karren gelehnt oder auf ihm hockend, blickten uns mißtrauisch schlaksige Gestalten entgegen, als wir näher kamen; aber sie begriffen unsere friedliche Zeichensprache schnell. Sie wollten nicht über die Gewalttätigkeiten reden. »Davor«, erzählte uns ein nachdenklicher alter Mann, vielleicht das Familienoberhaupt, »gehörte die Genossenschaft allen, und es war genug für alle da. Jetzt sagen sie uns, wir haben nichts. Aber hier leben wir.« Sie gehörten zu diesem weiten, freien Ort; die Dorfbewohner blieben innerhalb der Grenzen ihrer eingezäunten Parzellen an der Dorfstraße.

Unser Gespräch war bald beendet. Selbst mit zwei Dolmetschern war die Verständigung äußerst schwierig. Tibor bemühte sich, sie zu verstehen. Das, so wurde plötzlich klar, war das herausragende Merkmal ihrer Isoliertheit: sie sprachen kein Rumänisch, nur einen schlechten ungarischen Dialekt, und kein Romani. Sie waren von ihren ungarischen Nachbarn abgeschnitten, von ihren Landsleuten

Die Männer der Familie Czacky im September 1992 in Casin, Transsilvanien. Nur diese Familie kehrte in die Siedlung zurück, in der alle sechzehn Häuser, die Zigeunern gehörten, einige Monate zuvor niedergebrannt worden waren. Mit ihren Frauen – insgesamt siebzehn Personen – lebten sie in einer Einzimmerblockhütte, die sie selbst gebaut hatten.

und von allen anderen Zigeunern, deren aufstrebende Organisationen im fernen Bukarest ihnen vollkommen unbekannt waren. Ohne Sprache waren sie so wie Tiere, und so sahen die Menschen sie auch – die Frau mit dem Schwein, der Priester, der Polizist, die Bauern auf der Straße.

Als wir den Pfad zurück hinunter zur Hauptstraße gingen, kam uns eine der Frauen nachgelaufen und stieß wieder und wieder etwas hervor: *lienda* schien sie zu sagen, *lienda, lienda*. Ja, sie wollte wissen, ob ich Linda kannte – ich war doch Amerikanerin, oder? Es stellte sich heraus, daß diese junge Frau vor ein paar Jahren ihr Baby an eine Amerikanerin namens Linda verkauft hatte – zumindest

Kalderasch-Frauen auf dem Markt von Sibiu, Transsilvanien, 1993

glaubte sie, das getan zu haben. Ihr waren tausend Dollar von einem Mann versprochen worden, der sie aufgesucht hatte, als sie zum sechsten Mal schwanger gewesen war. Jetzt war sie in Tränen aufgelöst. Warum? Wegen des Babys, wegen des Geldes, das sie nie gesehen hatte, wegen ihrer Ohnmacht hier in dieser Welt? Der illegale Babyhandel florierte 1990 noch immer; es war durchaus denkbar, daß ein verzweifeltes amerikanisches Ehepaar einige zigtausend Dollar für dieses Czacky-Baby gezahlt hatte.

Man sah diese vertrauensvollen Pärchen immer wieder in der Halle des Intercontinental in Bukarest, die gerade aus dem Flugzeug gestiegen waren und darauf warteten, daß irgendein einfühlsam plaudernder Babyhändler sie von ihren Dollars befreite. Manchmal bekamen sie sogar ihr Kind, vermutlich aus einem der vielen rumänischen Waisenhäuser (hoffnungslose Orte, die überwiegend von Zigeunerkindern bevölkert wurden – das wurde allerdings von dem Schwarm der Reporter übersehen, die Filme und Berichte verfaßt haben über die vielen unerwünschten Kinder, die Ceausescus Aufruf zum Bevölkerungswachstum hinterlassen hat). Von den Müttern hatte ich nie etwas auch nur gehört; sie schienen in den Geschichten überhaupt nicht vorzukommen. Ich hoffte, daß es eine dankbare Amerikanerin mit Namen Linda wirklich gab, denn plötzlich schien es keinen Ort auf Erden zu geben, der schlimmer hätte sein können als dieses herrliche Tal. *Linda* rief sie immer wieder mit schrecklicher, hoher Stimme; Linda hatte ihr ein Foto von dem Haus schicken sollen, in dem ihr Sohn jetzt wohnte. Sicher kannte ich sie. Ich sagte ihr, daß ich sie leider nicht kannte, und dann rissen wir uns los.

Sklaverei

ICH VERBRACHTE ÜBER eine Woche in Sibiu, einer typisch mitteleuropäischen, von Deutschen gegründeten Stadt in Transsilvanien, während Corina, meine neue Dolmetscherin, sich in Bukarest mit Stapeln fotokopierter Unterlagen über Zigeuner in den rumänischen Gebieten in den letzten fünfhundert Jahren abmühte. Zwischen Besuchen in verwüsteten Gemeinden durchstöberte ich die örtliche Bibliothek und das Stadtarchiv auf der Suche nach Präzedenzfällen für die betrüblichen Ereignisse, die sich in diesen Gebieten immer wieder abspielten. In der Mittagszeit oder nach Geschäftsschluß schlenderte ich über den lebhaften Markt von Sibiu. Eine beleibte Zigeunerin hockte auf einem kleinen Stuhl, der vollkommen unter den Falten ihres Rocks verschwand; sie verkaufte kunstvoll geschnitzte Holzlöffel, die ihr Mann aus ganz hellem Kiefernholz fertigte, das ungefärbt blieb und so weich war, daß man mit einem leichten Druck des Fingernagels eigene Muster eindrücken konnte. Am anderen Ende des Marktes verkaufte ein Schwarm respekteinflößender Frauen – den traditionellen, langen, geblümten Röcken und Kopftüchern nach zu urteilen Kalderasch-Zigeuner – Päckchen mit Antibabypillen und nahm dafür harte Währung. In ihre Ecke ging man nicht, um herumzustöbern.

Ihre Gesichter erinnerten mich an einen anderen Zigeuner – Panch, einen sieben- oder achtjährigen Jungen, den ich im Hauptbahnhof von Sofia kennengelernt hatte. »Panch« heißt auf Romani fünf: Er war einfach das fünfte Kind gewesen. Aber jetzt lebte er weit von zu Hause entfernt mit einem Dutzend anderer Zigeunerkinder zusammen – Leimschnüfflern und Prostituierten – im unterirdischen tropfenden Labyrinth der Kellerräume des Bahnhofs. Panch war allen Kioskbetreibern im Erdgeschoß bekannt, die ihm regelmäßig Zigaretten, Brötchen und Süßigkeiten schenkten. Bevor er mir die unteren Quartiere zeigte, suchte er mich mit den Augen nach abnehmbaren Teilen ab, wobei er immer wieder auf die Swatch zurückkam, die an meiner Gürtelschlaufe hing. Er kratzte sich ununterbrochen, blinzelte anfallartig und schien unfähig zu irgendeiner erkennbaren emotionalen Reaktion; er war noch ein Kind, aber seinen Augen fehlte die Unschuld. Er war anders.

Die Zigeunerinnen auf dem Markt von Sibiu gingen mehr aus sich heraus als Panch – sie waren bedrohlicher und furchterregender mit dem harten Zug um den Mund und den schreckhaften Augen –, aber ihre Gesichter spiegelten, wie ich fand, Jahrhunderte ungebrochenen Hasses, den Ausdruck der tiefverwurzelten »Feinderinnerung« der Zigeuner (so hat ein Historiker das mit Blick auf die Erfahrungen der amerikanischen Schwarzen einmal genannt). Dieses Aussehen ist so sehr die Norm, daß ein derartiges Auftreten für die meisten anderen Mittel- und Osteuropäer genau das ist, was einen Zigeuner ausmacht – der schwarze Schwarzhändler –, ein Klischee vom »Anderssein« des Zigeuners, das hier genauso verbreitet ist wie das vom Flamencotänzer oder exotischen Wohnwagenbewohner im Westen.

An dem Tag, als ich die letzten Listen von Zigeunern fotokopierte, die dieser oder jener Bojar oder Großgrundbesitzer des 18. und 19. Jahrhunderts besessen, getauscht oder verkauft hatte, erfolgte hier in Transsilvanien ein weiterer Übergriff auf Zigeuner: Die beiden Brüder Lacatus wurden grausam gelyncht, und im Dorf Hădăreni wurde ein junger Rom verbrannt.

Wie üblich war der schlimmste Begleitumstand des Pogroms der offene Stolz der Dorfbewohner und städtischen Beamten: »keine Menschen«; »ein soziales Problem«. Man muß in diesem Zusammenhang zwangsläufig an die Naziparole vom »lebensunwerten Leben« denken (eine Anschauung, die im Krieg von dem faschistischen Marschall Ion Antonescu begeistert übernommen wurde). Doch die systematische, großangelegte Entmenschlichung der Zigeuner in diesen Gebieten geht mindestens bis ins 15. Jahrhundert zurück, auf Fürst Vlad II. – Dracul, den Vater des Pfählers.

IM SEPTEMBER 1445 nahm Fürst Vlad Dracul (Vlad der Teufel) in Bulgarien etwa zwölftausend Menschen gefangen, »die wie Ägypter aussahen«, und verschleppte sie in die Walachei, »ohne ihre Habe oder Tiere«; auf diese Weise wurde er der erste Großimporteur von Zigeunersklaven. Der nächste Trupp Zigeuner, von dem berichtet wird, war die Beute von Stephan dem Großen, der von Papst Sixtus IV. wegen seiner Kreuzzüge gegen die Türken den Titel »Kämpfer Christi« erhielt. 1471, nach einem großen Sieg über seine walachischen Nachbarn, brachte der Fürst über siebzehntausend Zigeuner nach Moldau.

Stephan ging seinem Vetter Dracul in der Anwendung seiner Lieblingsfolter voran: Nach ebendieser Schlacht ließ er zweitausenddreihundert Gefangene durch den Nabel pfählen. Falls Zigeunern dieses grauenvolle Ende mehr oder weniger erspart blieb, dann vielleicht deshalb, weil sie die Speere schmieden mußten. Die Zeit Draculs (1431–76) lag noch vor dem Höhepunkt der Sklaverei in den rumänischen Fürstentümern, aber die Vorarbeit war geleistet. Es gab sicher Vorbilder für die Legionen der Zigeunersklaven in Bram Stokers Roman *Dracula* (die die transsilvanische Erde umgruben und aufhoben, die den Grafen auf seinen Reisen »lebendig« hielt). Im übrigen glaubte der historische Dracula, Vlad Țepeș, offenbar, die Zigeuner seien eine besonders furchtlose (oder tollkühne) Klasse von Kriegern. In dem epischen Gedicht *Țiganiada* von Ion Budai-

Deleanu (1760–1820) wird erzählt, daß Dracula eine Zigeunerarmee anführte, die an ihren gesprenkelten Uniformen aus Kuhfell zu erkennen war und gegen die eindringenden Türken kämpfte. Hier ist der Pfähler ganz und gar nicht der Erzbösewicht der germanischen und slawischen (und letztlich universellen) Sagenwelt, sondern eher ein *Nationalheld*, der in der Sprache der rumänischen Bauern dargestellt wird, die dieses Bild von ihm hatten, und der der Sache eines unabhängigen rumänischen Staates diente. (*Țiganiada* gilt als das erste in rumänischer Sprache geschriebene Epos.) Im Heer waren Zigeuner gut aufgehoben; in diesem phantastischen Heldengedicht kämpfen sie an der Seite von Engeln.

Ich saß im Marktcafé von Sibiu, sah den Zigeunerinnen zu, die geschickt ihr Geld zählten, und konnte es kaum glauben: Zigeuner als Sklaven – der Gedanke widersetzt sich allen Klischees, die in Westeuropa und der Neuen Welt existieren. Die Zigeuner sind in unserer Vorstellung als eine Art Urbild für Ungebundenheit und Freiheit gespeichert. Wäre diese schändliche Episode aus der Geschichte der Zigeuner besser bekannt gewesen, hätte dieses beherrschende Bild von der Freiheitsliebe vielleicht gar nicht entstehen können.

Ich hatte in den Schriften, die im Verlauf des letzten Jahrhunderts im Westen über Zigeuner herausgekommen waren, fast nichts über Sklaverei gefunden. Es gab eine Kampfschrift von 1837, die der rumänische Politiker Mihail Kogălniceanu in Französisch verfaßt hatte, die allerdings kaum konkrete Informationen enthielt. Und es gab ein Buch des rumänischen Historikers George Potra von 1939, die einzige ausführliche Darstellung über Sklaverei – in Rumänisch geschrieben und nicht übersetzt, und die einzige Quelle für nachfolgende Berichte. Es war vergriffen, aber ich wußte von einem Exemplar im Nicolae-Jorga-Institut in einem Vorort von Bukarest. Nach zwei vergeblichen Besuchen im Institut wandte ich mich an einen amerikanischen Bekannten, der zehn Jahre in Bukarest gelebt und geforscht hatte, und er verhalf mir zu einer Verabredung mit dem dort tätigen Historiker. Dieser gut siebzig Jahre alte Mediävist, der eine Brille mit dicken, schildkrötenpanzerartig vorgewölbten Gläsern trug, empfing mich in seinem dunkel getäfelten Arbeitszimmer und fragte mich aus, auf Französisch. Mitten im Interview bekamen wir starken, schwarzen Kaffee in Mokkatassen von der Bibliothekarin serviert, die mich zweimal abgewiesen hatte. Es ging zweifellos bergauf; dennoch, so vermutete ich, waren Zigeuner hier kein besonders beliebtes Thema, nicht einmal aus geschichtlicher Sicht. Unser Gespräch stellte nicht nur mein Französisch auf eine harte Probe, sondern forderte auch mein ganzes Wissen, und dann mein Vorstoß über die Ausbreitung ungarischer Latifundien und die Vorherrschaft sächsischer *rentiers* im 15. Jahrhundert, über die unglücklichen rumänischen Leibeigenen und das Aufkommen des rumänischen Nationalismus, als selbst Adlige das Land ausschließlich für den Eigenbedarf bestellen durften ... Aber nach vierzig Minuten hatte sich eine frühere Anfrage – nach dem Buch, notariell beglaubigt und auf dem Briefpapier meines eigenen »Instituts« geschrieben – erledigt. Als die immer noch mißtrauische Bibliothekarin schließlich das Buch doch herausgab, ließ sie mir eine Stunde Zeit, es im Büro eines Freundes in der Stadt zu fotokopieren, und behielt meinen Mantel als Sicherheit.

Corina übersetzte dann das ganze Buch. Während sie sich bemühte, Potras antiquierte Prosa zu übertragen, gingen ihr doch (ein wenig) die Augen über die Zigeuner auf, die sie bis dahin nur als unerklärlich feindselige Streuner an ihrer Haustür kennengelernt hatte. Ihre Reaktion auf das Material war ein Beweis dafür, wie wenig selbst gebildete Rumänen über die Geschichte der Versklavung der Zigeuner wußten, die vier Jahrhunderte umfaßte.

Vor 1989 hätte kein Wissenschaftler ohne weiteres Zugang zu Dokumenten aus den einzelnen Gebieten gehabt. Und während der Revolution wurde dann die hervorragende Bibliothek der Universität Bukarest durch Brand schwer in Mitleidenschaft gezogen. Offensichtlich gingen auch viele bedeutende Unterlagen über die Zigeuner in den Donaugebieten verloren. Aber noch immer liegen die Beweise in den Archiven und anderen Geschichtsinstituten von Bukarest, Sibiu und Braşov – verstaubt, verblichen und nur widerwillig herausgegeben von altersschwachen Bibliothekaren oder Wärtern, die nicht einmal wissen, was sie einem mißgönnen. Ich fand hauptsächlich Listen – genau die Quellen, denen Potra Gestalt verliehen hatte. Allmählich entstand ein Bild.

Über vierhundert Jahre, bis 1856, waren die Zigeuner Sklaven in der Walachei und in Moldau, den feudalen Fürstentümern, die heute zusammen mit Transsilvanien das moderne Rumänien bilden. Auch einige Transsilvanier besaßen Zigeuner, aber nur in diesen Fürstentümern war die Sklaverei eingeführt, zuerst getragen durch »Landessitte« und dann in einem Gesetzesrahmen geregelt.

Die Walachei und Moldau standen als letzte Vorposten der Christenheit mitten im Ansturm der Osmanen – lange nachdem der größere Teil des Königreichs Serbien, Bulgarien, Albanien und fast die ganze Balkanhalbinsel gefallen waren. Nachdem die Kreuzzüge die großen Handelsrouten über die Donau erschlossen hatten, die Byzanz mit dem Westen verbanden, kamen die osteuropäischen Fürsten durch Kriege und die Versorgung Konstantinopels mit Nahrungsmitteln zu gewaltigen Reichtümern. Doch ab der Mitte des 16. Jahrhunderts, als die Sultane endgültig Rumäniens Häfen am Schwarzen Meer einnahmen, beruhte die Stärke der Fürstentümer mehr und mehr auf Sklavenarbeit.

Die romanisch sprechenden Walachen, die in der Walachei und in Moldau lebten (und deren Abkömmlinge das heutige Rumänien bewohnen), erkannten bald den wirtschaftlichen Wert der Zigeuner. Obwohl ein früheres Dokument über Zigeuner auf dem Balkan Vlachus und Vitanus anführt, zwei »Ägypter«, die 1362 einem Goldschmied in Dubrovnik einen Auftrag erteilten, ähnelt die erste Erwähnung von Zigeunern in den rumänischen Archiven doch eher einem Hinweis auf Vieh. 1385 bestätigte Fürst Dan I., der Herr der ganzen Walachei, noch einmal ein Geschenk von vierzig Zigeunerfamilien, das sein Onkel vor fünfzehn Jahren den Klöstern in Vodiţa und Tismana gemacht hatte. 1388 schenkte der nächste walachische

238

A VINDE

Un Prim Sálaş de Robi sau

SCLAVI
ŢIGANEŞTI

Print o licitaţie la Amiadă a
Mănăstire d. sl. ELIAS
la 8 mai M.D. CCC. L. II.

cine se compună din 18 Omeni,
10 Bajaţi. 7 femei & 3 ffete
: in condiţie fină :

Grifo

Ein Plakat, das eine Sklavenversteigerung in der Walachei ankündigt:
»Zu VERKAUFEN ein vorzüglicher Posten ZIGEUNERSKLAVEN.
Zu erstehen bei der Versteigerung im Kloster St. Elias, 8. Mai 1852,
bestehend aus 18 Männern, 10 Knaben, 7 Frauen und 3 Mädchen
in guter Verfassung«

Fürst, Mircea der Alte, dem Kloster Cozia dreihundert Familien. In
Moldau übergab 1428 Alexandru der Gute dem Kloster in Bistriţa
»31 ţigani Zelte« – es ist das Kloster mit seinen schattigen Flüssen
und ansteigenden Feldern, wo die Kalderasch-Zigeuner heute ihr
jährliches Fest feiern, wobei sie den auf diesem bewaldeten Flecken
ruhenden Makel geflissentlich übersehen.

Man weiß nicht wirklich, wie die Versklavung begonnen hat. Eine Theorie besagt, die Zigeuner seien als Leibeigene der einfallenden Tataren herübergekommen, die über die nördliche Krim nach Moldau zogen. Das heißt, sie waren bereits versklavt, als sie in die Fürstentümer kamen, und blieben, von den geschlagenen Tataren auf dem Schlachtfeld zurückgelassen, um ihren neuen ungarischen und rumänischen Herren zu dienen. (Nicht erklärt wird die Tatsache, daß es in den anderen zentral- und osteuropäischen Ländern, die von den Tataren angegriffen wurden, keine derartigen Hinterlassenschaften gab.) Die Zigeuner waren immer Sklaven, hieß es andererseits; sie entstammten einer indischen Paria-Kaste; das Sklavische lag ihnen im Blut. Solche Analysen wurden vor allem von rumänischen Historikern weitergeführt. Die Sklaverei galt als Verbesserung gegenüber der früheren Situation der Zigeuner (über die selbst heute noch nichts Gesichertes vorliegt), weil sie hier zumindest nützlich in die Gesellschaft integriert waren. Ein gewisser Dr. Wikkenhauser, der die Fürstentümer im 19. Jahrhundert besuchte, bekräftigte die Ansicht früherer und späterer rumänischer Historiker: Die Zigeuner »wollten Sklaven werden, weil sie das erhob, zwar nicht auf die Stufe des Menschen, aber doch wenigstens auf die gleiche Ebene mit guten, arbeitenden Haustieren«.

Einigen Zigeunern gelang es tatsächlich, frei zu bleiben, weil sie einfach außer Sichtweite blieben. Jeder, der nicht seinen Herrn nennen konnte, wenn er oder sie unterwegs angehalten wurde, wurde automatisch Eigentum der Krone. Zigeuner aus einem anderen Land, die nur auf der Durchreise waren – nennen wir sie Touristen –, wurden routinemäßig aufgebracht. Tatsächlich war es jedoch so, daß rechtlich *alle* Zigeuner als Fremde galten: In den Fürstentümern begründete Anspruch auf Land nicht nur soziale und politische Privilegien, sondern war auch die Grundlage für das Bürgerrecht selbst. »Einheimisch« *(pamintean)* sein bedeutete in den Fürstentümern buchstäblich, der Eigentümer eines Stücks Land *(pamint)* zu sein. Bauern konnten Land besitzen, Zigeuner nicht. Wie der Staatsanwalt des Distrikts Harghita erklärt hatte, erfüllten einige Zigeuner inzwischen die Voraussetzungen, Land zu erwerben – wenn sie nachweisen konnten, daß sie mindestens drei Jahre lang ununterbrochen einer Genossenschaft angehört hatten. Aber die ausgeklügelten bürokratischen Hürden, die gegen sie aufgerichtet wurden (und der berühmte »verlorengegangene Antrag«), lassen doch vermuten, daß diese Bestimmungen nur auf dem Papier standen.

Die aktuellen Versuche, die Zigeuner zu vertreiben, haben, wie immer, viel mit dem Gerangel um Land zu tun. Und so muß man sich fragen: Sind die Zigeuner wirklich von »Natur« aus Nomaden, oder sind sie so geworden, weil man ihnen nie erlaubt hat zu bleiben?

DAS SCHICKSAL DER rumänischen Zigeuner ist mit dem der rumänischen Bauern verbunden, seit sie sich vor sechshundert Jahren zum ersten Mal das gleiche Stück Land teilten. Bauern und Sklaven stellten die unterste Schicht der Feudalgesellschaft dar – was den Eindruck vermittelt, daß außer Sklaverei und Leibeigenschaft kaum etwas zur Wahl stand. Trotz der Gesetze gegen Rassenmischung kam es dennoch in größerem Umfang zu Vermischungen zwischen ihnen. (Auge in Auge mit einem besonders rassistischen Rumänen, stellte ich fest, daß ich diese – für sie höchst beleidigende – Erklärung schnell bei der Hand hatte für die Tatsache, daß die Rumänen insgesamt dunkler sind als ihre slawischen Nachbarn.)

Aber nur Zigeuner waren menschliche Sklaven, die nach Belieben ausgesondert und verkauft werden konnten, wie Vieh. Auf den ersten Blick sahen die Dokumente wie mittelalterliche Einkaufslisten aus. Zu Corinas und meiner Verwunderung waren sie das auch mehr oder weniger. Einkaufslisten oder Tauschtabellen: ein Zigeuner für ein Schwein; ein Gespann Zigeuner für ein Gespann Ochsen oder Pferde; ein frischverheiratetes Ehepaar für ein paar Fässer Wein; ein Mann für einen Garten oder die Nutzung einer Werkstatt; ein Zigeunermädchen brachte »ein Paar Kupferkessel«, ein anderes, wahrscheinlich nicht so vollkommenes ging für einen Krug Honig weg. Es war sogar möglich, »einen halben Zigeuner« zu verkaufen, womit eine Frau mit der Hälfte ihrer künftigen Kinder gemeint war: ein Beweis dafür, daß Zigeunerfamilien trotz entgegenstehender Gesetze systematisch auseinandergerissen wurden.

Als sie im Wert stiegen, wurden Zigeuner, auf die niemand einen Anspruch hatte, in den Fürstentümern immer rarer, und so sicherte die Krone den Bestand durch Importe. In großer Zahl wurden sie aus Gebieten südlich der Donau herübergebracht, vor allem für Zwangsarbeiten – eine Praxis, die allein erklärt, warum Rumänien noch immer die Heimat der mit Abstand meisten Zigeuner in einem einzigen Land ist (etwa 2,5 Millionen).

An einem heißen Sommernachmittag saß ich in der Bibliothek des Nicolae-Jorga-Instituts und las Mihail Kogălniceanus 1837 geschriebene Abhandlung über Zigeunersklaven. Dieser dunkle Ort mit seinem Geruch nach altem Stroh und den stillen, gleichbleibend ungefälligen Bibliothekarinnen schien mir nicht der rechte Ort für Enthüllungen irgendwelcher Art. Doch dann ging mir plötzlich etwas auf, etwas, das vielleicht auf der Hand lag. Der Handel mit Zigeunern mußte offenbar einen Wendepunkt darstellen: Von dem Augenblick, in dem sie in Massen importiert wurden, war das Vorurteil gegen sie besiegelt. Der Begriff Zigeuner (und seine regionalen Varianten) bezeichnete keine große ethnische Gruppe oder Rasse mehr oder, wie es gelegentlich vorkam, eine bestimmte Berufsgruppe, etwa Musikanten oder Metallbearbeiter. Er bezog sich zum ersten Mal kollektiv auf eine soziale Klasse: die Sklavenkaste. Kogălniceanu schrieb:

Die Eigenthümer von Landgütern, welche Zigeuner auf ihren Besitzungen haben, sollten ihnen Grundstücke abtreten um ihnen Liebe zum Feldbau einzuflößen; Musik und andere Beschäftigungen zu treiben sollte ihnen nur dann gestattet werden, wenn es keine Feldgeschäfte mehr gäbe … allein sie verloren daselbst ihre Freiheit …; so daß in den beiden Fürstenthümern die Worte Zigeuner und Sklave gleiche Bedeutung haben.

Waren die heutige Gewalt und der Haß gegen die Zigeuner das Vermächtnis der Sklaverei – vielleicht zusammen mit den eigenen Schwierigkeiten angesichts der schlechten Aussichten? Diese Vorstellung wurde im Hinblick auf andere Gruppen mit einer ähnlichen Geschichte, etwa die Afro-Amerikaner, sicher weitgehend akzeptiert. Aber wieso hatten dann so viele Historiker die Versklavung der Zigeuner übersehen oder übergangen?

Etwas später am selben Tag, als das Institut bereits geschlossen hatte, lief ich durch einen langgestreckten dichten Park, vorbei an der Nachbildung des Arc de Triomphe, in die Innenstadt mit den Hotels und Reisebüros an Bukarests smoggeplagtem Megheru Boulevard. Dort traf ich zufällig auf Nicolae Gheorghe, den Soziologen und Zigeuneraktivisten, der mich überhaupt erst auf Potra und das Nicolae-Jorga-Institut aufmerksam gemacht hatte. Er sah, wie üblich, erschöpft aus – alarmiert durch mein ängstliches Gesicht, das voller Fragen war, die nur er beantworten konnte. Doch diesmal taute er auf. Er stimmte meiner Hypothese nicht nur zu, mit hochgezogenen Schultern und mit beiden Händen gestikulierend, bot er mir mitten auf dem hektischen Boulevard einen interessanten Beweis an.

»Nehmen wir die Rudari«, sagte Nicolae. Die Rudari waren Sklaven, die mit Holz arbeiteten (aber auch Gold wuschen und Bären führten), und wenn sie auch nicht mehr unbedingt hölzerne Geräte herstellen, bilden sie in Rumänien doch noch immer eine große Zigeunergruppe. Seit der Zeit, als sie erstmals von südlich der Donau importiert wurden, hießen die Rudari, wie andere Fronpflichtige, Zigeuner. Aber sie sprachen kein Romani und haben es anscheinend auch nie gesprochen. Es gab keine gemeinsamen Sitten und Gebräuche mit den Roma, wie etwa die traditionelle Kleidung oder Verhaltensregeln hinsichtlich der Verunreinigung. *Waren* die Rudari also Zigeuner? Sind sie Abkömmlinge? Sicher ist: Sie waren Sklaven.

Die Begriffe »Zigeuner« und »Sklave« waren austauschbar, sie bezeichneten eine bestimmte soziale Kaste. Im 18. Jahrhundert wurden beispielsweise Ehen zwischen Leibeigenen und Sklaven häufiger, auch wenn sie gesetzlich nicht anerkannt wurden, und es wurde gesetzlich festgelegt, daß »der Moldauer, der eine Zigeunerin heiratet, ein Sklave wird, und die Rumänin, die einen Zigeuner heiratet, selbst eine Zigeunerin wird«. Und nachdem die Zigeuner eine gesellschaftliche Gruppe geworden waren, war es nur noch eine Frage der Zeit, bis sie zu einem »gesellschaftlichen Problem« wurden – mit all den üblichen unterschwelligen Hinweisen auf die angeborene Kriminalität.

Dann änderten sich auch die Vorstellungen über Kriminalität. Nach meinen ersten Besuchen in den niedergebrannten Dörfern war ich immer neugieriger auf die Ursari geworden, die Bärenführer, wie die Zigeuner von Bolintin Deal abfällig genannt wurden. Nachdem mein Interesse geweckt war, stieß ich immer wieder auf ähnliches Material: eine Anzeigenserie einer Tierschutzgruppe im *Herald Tribune* beispielsweise. Eine zeigte das Foto eines jungen Bären mit Geschirr und einem Nasenring samt Kette und bat um Spenden, um diese Praxis in der Türkei und Griechenland auszumerzen (die Kampagne setzte sich für die Bären ein, nicht gegen ihren Führer; die Zigeuner, die wahrscheinlich die Tierhalter waren, wurden nicht erwähnt).

Für die Menschen in Mitteleuropa und auf dem Balkan müssen diese völlig heruntergekommenen Bären und Affen in den zermürbenden letzten Jahren des Kommunismus ein wunderlicher Anblick gewesen sein. So mitleiderregend sie auch sein mochten, waren sie doch auch Symbole einer Vergangenheit, die nicht modernisiert oder im stalinistischen Sinn »produktiv« gemacht wurden. Und vielleicht boten sie eine der wenigen Möglichkeiten zum Spott: Aus irgendeinem Grund gaben die Menschen im Rumänien Ceausescus Geld dafür aus, Affen Beifall klatschen und Bären tanzen zu sehen.

Ich hatte inzwischen einige balkanische Ursari kennengelernt, die noch immer mit und von ihren Bären lebten, und jetzt, als ich rumänische Archive durchstöberte, stieß ich auf Hinweise auf Ursari-Sklaven. Offenbar besaßen die herrschenden Fürsten der Walachei und Moldau immer einen guten Vorrat an Familien, die mit ihren Bären und Affen umherzogen und für die Krone sammelten.

Bei der Arbeit im Zentrum von Sofia, Bulgarien, 1992

Tanzende Tiere sind inzwischen eine aussterbende Art, was mehrere Gründe hat: den Druck durch die Tierschützer, den Krieg (die Bären waren in Jugoslawien Großverdiener) und das nachlassende Interesse unter den jungen Ursari. In einigen Regionen des Balkans kann man sie aber immer noch sehen, wie sie zur alten Melodie von Geigen, Ziehharmonikas und Glöckchen die Straßen entlangtrotten.

In Jagoda, einem kleinen Walddorf in der Nähe von Stara Zagora in Zentralbulgarien, gibt es einige Dutzend zottige Braunbären, die an Bäume gebunden sind und kreisförmige Gräben in den Morast trampeln. Aber die Ursari und ihre Bären machten dort nur im Winter halt, wenn sie zusammenkamen, um ihre Sommerrouten zu planen und sich über die Ferienorte Warna und Burgas am Schwarzen Meer zu streiten; Ostern waren sie schon wieder unterwegs.

Die Tierschützer empören sich über die grausame Behandlung der Tanzbären. Doch die Bären und Affen, die ich gesehen habe und die aus osteuropäischen Zoos heraus gekauft beziehungsweise gerettet wurden, wurden von ihren Besitzern sehr gut behandelt. Da sie die wichtigste Einnahmequelle und nur sehr kostspielig zu ersetzen waren, gehörten sie auch zu den am besten ernährten Mitgliedern des Clans. Natascha, eine Ursari aus Jagoda, trug zwei verschiedene billige Gummistiefel, die aufgeplatzt und mit Draht geflickt waren. So sehr achteten sie auf ihre Sachen, und so arm waren sie. Trotzdem, und auch wenn die Ursari von Jagoda es empört leugneten, besteht die Pawlowsche Dressur darin, die Tatzen junger Bären zum Klang von Musik zu verbrennen und ihnen kleine Fleischbrocken zu reichen. Die Tierschützer halten auch das Tanzen selbst für entwürdigend – das ist nach ihren Worten das gleiche, als wenn man einen Menschen zwingen würde, auf allen vieren zu kriechen.

Tatsächlich waren Zigeuner vor nur 150 Jahren selbst in gewisser Weise Tanzbären. Del Chiaro, der italienische Sekretär des Prinzen Constantin Brâncoveanu, schrieb in seinen Memoiren über Unterhaltung und Zigeuner:

An einigen Höfen bemalte man sie mit Ruß, stellte sie, die Hände auf dem Rücken, vor eine Schüssel mit Mehl, in der einige Münzen versteckt waren, und zwang sie, die Münzen mit den Zähnen herauszuholen ... Oder man ließ sie im Laufen mit dem Mund nach einem Ei schnappen, das in der Luft hing ... oder eine Münze aus einer Kerze holen, die in dem Wachs steckte, ohne daß die Kerze erlosch. Natürlich verbrannten sie sich dabei die Lippen und Haare.

Natascha, Angehörige einer der vielen Ursari-Familien, die den Winter im Walddorf Jagoda in Zentralbulgarien verbringen, bis sie im Frühjahr mit ihren Bären wieder auf die Straße gehen. Hinter ihr Todor, so benannt nach dem früheren Diktator. 1992

Zigeunersklaven wurden zu Clowns gemacht, aber sie waren auch Statussymbole und wesentlicher Bestandteil jeder halbwegs vernünftigen Mitgift. Mariuta, die Nichte des schon erwähnten Prinzen Constantin Brâncoveanu, wäre eine klassische gute Partie gewesen: Sie erhielt von ihm »das Dorf Mogosoaia samt dem Land, den Weinbergen, dem See und den Mühlen, und 19 Zigeunerfamilien«. Ohne Zigeuner konnte selbst die hübscheste Braut von vornehmer Herkunft nicht heiraten. In einem Brief an Prinz Alexandru Ioan Mavracordat bat Zmaranda Zalariu, die Frau eines Adligen, 1785 »unter Tränen« um eine besondere Zuteilung von Zigeunern, um ihrer einzigen Tochter das Schicksal einer alten Jungfer zu »ersparen«. Der mitleidige Prinz willigte ein und gewährte vier Zigeunerfamilien. Ähnlich gingen Zigeuner vom Vater auf den Sohn über. Im Testament von Prinz Brâncoveanu wurde verfügt: »Die Zigeuner … aus dem Dorf Potlogi sollen an Constantin [seinen Sohn] gehen, die aus dem Dorf Mogosoaia an Stefan; die aus dem Dorf Obilesti an Radu und die aus dem Dorf Doicesti an Matei.«

Auch wenn sie nicht als vollwertige Menschen betrachtet wurden, gaben Zigeunerinnen doch gute Konkubinen ab. Ein hübsches Mädchen konnte einen weit höheren Preis erbringen als eines, das lediglich hart arbeitete, oder auch als ein gesunder, geschickter junger Mann. Es war zwar verboten, die eigenen Sklaven zu Prostituierten zu machen (die Strafe für den Bojaren sah Einkerkerung in einem Salzbergwerk vor), es wurde jedoch geduldet, die Mädchen wegzugeben. Zusätzlich zur Mitgift seiner Tochter beglückte ein Adliger seinen neuen Schwiegersohn vielleicht mit »einer kleinen Zigeunerin« als Zugabe. Nichts dergleichen hätte einem Bauernmädchen widerfahren können, das mitsamt seiner Familie an das Land gebunden war und in gewisser Hinsicht durch es geschützt wurde.

Die Herren hatten jederzeit die Macht, ihre Sklaven freizulassen, aber in bestimmten Fällen gewährte die Krone die Freiheit als ein Recht. Hatte eine Sklavin als Konkubine gedient, und hatte ihr Herr versäumt, sie vor seinem Tod freizulassen, waren sie und ihre Kinder automatisch frei. Dieses Gesetz, das einen so ausgezeichneten Anreiz zum Mord bot, war den kindlichen Konkubinen zweifellos unbekannt. Wahrscheinlicher war, daß das Mädchen in seiner Eigenschaft als Mätresse die Anforderungen seines Herrn praktisch nicht überlebte.

Das Tagebuch des Erimiten von Gauting, eines deutschen Reisenden, der 1836 auf seinem Weg nach Konstantinopel durch Craiova kam, enthält eine deprimierende Schilderung dieser Verhältnisse:

Am Abend, als die Hitze nachgelassen, lief ich umher und erlebte eine Scene, welche die verwegenste Einbildung kaum denken kann. Eine Bojarin hatte unter ihrem übrigen Vieh auch mehrere Zigeuner, worunter ein sehr schönes Mädchen von fünfzehn Jahren war, welche sie einem bekannten liederlichen Menschen für zwei Dukaten verkauft hatte. Das Mädchen sollte eben abgeführt werden, als ich an der erbärmlichen Hütte vorbeiging, wo ich ein heftiges Weinen hörte. Ich frug nach der Ursache, die man mir, wie ich schon gesagt, erzählte. Die Eltern, Brüder und Schwestern weinten alle, sie aber wurde aus den Armen ihrer Mutter losgerissen und fortgeschleppt. Ich ging zum Barbaren, um sie ihm abzukaufen, allein er war reich und lachte über die fünfzig Dukaten, welche ich ihm bot, um ihr die Freiheit zu geben; er habe sie zu seinem Vergnügen gekauft, und wenn sie sich nicht gutwillig seinem Willen fügen wollte, so würde er sie so lang prügeln lassen, bis sie einwillige. Wenn ich übrigens Zigeuner kaufen wollte, so besitze er fünfhundert Stück, unter denen es auch sehr schöne Mädchen gebe, die sich nicht sträuben würden, da sie ihm alle zu Dienst gewesen. In diese sey er verliebt und gebe sie um keinen Preis. Ich ging zum Gouverneur und sprach überall davon mit der größten Entrüstung, allein sie lachten über meine Dummheit: »die Zigeuner sind unser Eigenthum, wir können damit machen, was wir wollen.«

In Bukarest sah von Gauting viele bettelnde Zigeuner, denen man die Hände abgehackt hatte, und erfuhr, daß ihre Herren dafür verantwortlich waren: »Einer von ihnen erzählte mir, daß sein Vater den Bojaren, der ihm die Hände hätte abhauen lassen, erdrosselt habe, dafür aber hingerichtet worden sey.«

»Die Bojaren lassen oft die Kinder der Zigeuner kommen und zur Unterhaltung durch ihre Kinder peitschen«, beschließt von Gauting sein Craiova-Tagebuch. »Diese Kindererziehung soll sehr alltäglich seyn, die Eltern morden und verstümmeln nach Wohlgefallen, die Kinder müssen frühzeitig daran gewöhnt werden und auch ihr Vergnügen haben ... Zigeuner, alle schlimmer wie das Vieh behandelt.«

Mehr als 150 Jahre danach, 1993, sieht man auf den Straßen Bukarests immer noch fachmännisch verstümmelte bettelnde Kinder (nicht nur Zigeunerkinder). Aber jetzt behaupten die Polizei und die Leiter der größten Kinderheime in der Hauptstadt, die Eltern der

Kinder, Zigeuner, hätten sie verstümmelt, um ihre Einkünfte zu steigern (oder, wie ein Polizist mir gegenüber erklärte, um »ihnen einen Beruf zu verschaffen«). Ein rumänischer Reporter, der 1990 über die verstümmelten Kinder berichtete, schrieb jedoch, daß diese kleinen Bettler nicht von ihren Vätern organisiert würden – in *équipes voleuses*, wie der frankophile Leiter des Kinderheims die Zigeunerfamilien bezeichnete –, sondern von professionellen Zuhältern. Diese Zuhälter – manchmal Zigeuner, manchmal nicht – hatten auch die Kinderprostituierten am Bukarester Nordbahnhof in der Hand; und für ihre Mühe versorgten sie sie alle mit Stoff zum Naschen und Schnüffeln.

Die allgemeine Unkenntnis unter den Zigeunern, selbst unter den rumänischen, über ihre Vergangenheit als Sklaven war verblüffend. Unter Ceausescu war Geschichte selbstverständlich durch Mythen ersetzt worden. Aber vielleicht ist in den Augen der Zigeuner die Sklaverei – wie ihr Los unter den Nazis – nur eine weitere Station in einer mehr oder weniger fortlaufenden Geschichte der Verfolgung. Auch die Rumänen wußten nichts darüber. Dies ist ein Zeichen für den Status der Zigeuner hier und in der ganzen Welt: ein Zeichen für ihre Unsichtbarkeit.

In der Nähe des Badeorts Konstanza am Schwarzen Meer liegt die Stadt Mihail Kogălniceanu, die im Oktober 1990 der Schauplatz einer der ersten Säuberungsaktionen gegen die Zigeunerbevölkerung nach der Revolution war. Die Einwohner von Mihail Kogălniceanu wissen offenbar nicht, wer Mihail Kogălniceanu war. Er war ein redegewandter liberaler Politiker und ein glühender und einflußreicher Verfechter der Politik der Sklavenbefreiung. Mehr als fünfundzwanzig Jahre vor der Befreiung in den Fürstentümern schrieb er:

Sie [die Europäer] bilden philanthropische Vereine zur Abschaffung der Sklaverei in Amerika, während viermalhunderttausend Zigeuner im eigenen Schooße Europens noch unter dem Sklavenjoche seufzen, und andere zweimalhunderttausende in finsterer Unwissenheit und Barbarei dahin leben.

Einhundertfünfzig Jahre danach ist die Sklaverei in der nach dem bedeutenden Mann benannten Stadt zwar verschwunden, aber das Dunkel der Unwissenheit und Barbarei herrscht nach wie vor.

Kein Zufluchtsort

EIN OBELISK IM alten Zentrum von Konstanza, vier Autostunden von Bukarest entfernt, erinnert an das Exil Ovids und seinen Tod am Schwarzen Meer. Von hier schickte der Dichter eindringliche Verse nach Rom, in denen er die Schrecken des Landes, seine Barbarei, seine Kälte beschrieb.

Zweitausend Jahre später weicht die ölige Strandfront der öligen Hafenfront. Konstanza war und ist eine bedeutende Hafenstadt und hat, wie alle Orte mit Schiffsverkehr, nicht nur regionale Durchreisende und gestrandete Existenzen angelockt, sondern auch anrüchige Fremde. Der Strand hat sich einen morbiden Küstencharme bewahrt: Jeder machte das Beste daraus – die alten Männer, die auf den Bänken der Strandpromenade Transistorradio hören, die Familien, die auf dem groben Sand picknicken, und die aufgestylten Teenager auf den Felsen der Mole.

Das 35 Kilometer entfernte kleine Mihail Kogălniceanu war zwar bei weitem nicht so prachtvoll, aber auf seine Art doch kosmopolitisch: Rumänen, Türken, Tataren, umherziehende und seßhafte Zigeuner, Deutsche, Mazedonier, Moldauer und bulgarisch sprechende Moslems – Gaga'ouz genannt – lebten dort. Selbst die Gemeinde der seßhaften Zigeuner war zweigeteilt: in die Gruppe der Türken, was bedeutete, daß sie Moslems waren (oder einfach, daß sie weite Hosen trugen), und in die der anderen, die sich, vor allem um den Gegensatz auszudrücken, als Christen bezeichneten. Auf dem Balkan war dies selbstredend kein Schmelztiegel.

1991, fast ein Jahr nach den Vorfällen, bei denen siebenundzwanzig Häuser niedergerissen und fünf weitere zerstört wurden, hatte der anhaltende Streit über das Schicksal der vertriebenen Zigeuner von Kogălniceanu die Spannungen in ihrer ganzen Schärfe wiederaufleben lassen. Meine Gruppe – Ted Zang, ein junger amerikanischer Menschenrechtler, Ina Bardan, eine rumänische Menschenrechtlerin, und Corin, der Dolmetscher – kam mit einiger Beklemmung in das Dorf, die auch berechtigt schien, nachdem wir angehalten und eine Frau nach dem Weg gefragt hatten (eine Tatarin, dem untersetzten Körperbau und dem eckigen, deutlich orientalischen Gesicht nach zu urteilen). »Was wollt ihr hier?« keifte sie hinter ihrem Gartenzaun. »Ihnen Hilfe bringen, was? Bringt ihnen doch einfach ein brennendes Streichholz!« Es wurde rasch klar, daß sie für das ganze Dorf sprach: Es war das einzige, was sie gemeinsam hatten. Wir beschlossen, zuerst die Zigeuner aufzusuchen.

Ein Feldweg, dessen vorstehende Steine an der Unterseite unserer Dacia-Limousine schrammten, führte uns schließlich zu mehreren verfallenden Häusern – oder dem, was einmal Häuser waren. Nichts war seit dem Tag angerührt worden, an dem die Gebäude zerstört worden waren; es sah aus wie eine Stadt, die vom Krieg ausgeweidet worden war. Unkraut wucherte aus den Häusern, von denen noch einige Mauerreste aus verputzten, handgemachten Ziegeln standen. Man erwartete, daß Archäologen an dieser Stätte gruben und siebten. Das Leben der Zigeuner, die ausgeräuchert worden und wieder zurückgekommen waren, ging mehr oder weniger wie gewohnt weiter. Auf Herden, die hier und dort im Gelände standen, kochte Essen, Wäsche weichte an den neuen Plätzen zwischen den Mauern, Kinder spielten ihre Spiele ohne Spielzeug, unberührt von der Zerstörung.

Es schien ungewöhnlich, daß Menschen ihr Leben inmitten verkohlter und zertrümmerter Überreste der Vergangenheit fortsetzen konnten. Aber sie waren eher trotzig als stoisch. Man mußte sich klarmachen, daß sie durchhielten und bewußt keinen einzigen verkohlten Stein bewegten, als läge die einzige Hoffnung auf Ausgleich in dem, was in all dem Schutt so stark zum Ausdruck kam. Sie taten das, was für sie ganz natürlich war: weitermachen, sich anpassen, überleben. Diese Zigeuner hatten weder das Geld noch das Mate-

rial, noch, was am wichtigsten war, das Vertrauen für einen Wiederaufbau. Aber sie hatten keine Angst, ihre Geschichte zu erzählen.
Wie in anderen verwüsteten Siedlungen machte ich die Erfahrung,
daß die Zigeuner, die hier nach einem kurz aufflackernden Interesse
der Medien wieder sich selbst überlassen waren, redeten und sich
meistens auch beklagten, solange ihnen nur jemand zuhörte. Es war,
als hätte sie noch nie jemand etwas gefragt; sie hatten einen Haufen
dokumentierter Verletzungen und Verunglimpfungen aufgespei-
chert, die sie loswerden mußten, und dazu noch viele andere drin-
gende Anregungen, Fragen und Forderungen.

Minuten nachdem wir aus dem Wagen gestiegen waren, waren
wir vier umlagert. Es waren vielleicht fünfzig Menschen: schmutzige
Kinder mit leuchtenden Augen, ihre Mütter, Tanten und Großmütter, die zum Teil Babys auf dem Arm oder einen stark gewölbten
Bauch vor sich hertrugen oder beides; vielleicht die Hälfte von ihnen
rief uns etwas zu in einem Ton, der zwischen Bitten und Feindseligkeit schwankte. Nur ein älteres Ehepaar war da. Der Mann, elegant
mit seiner ausgefransten, aber ordentlichen, braunen Weste, hatte
eine Taschenuhr in der einen Tasche und drei Finger in beiden. Die
Frau, offensichtlich seine lebenslange Begleiterin, hatte eine Hand
leicht auf seinen Arm gelegt; sie war die einzige in der Gruppe, die
nichts sagte, das längliche, glatte Gesicht schön gerahmt von einem
verblaßten, mit Blumen gemusterten Kopftuch.

Daß kaum Ältere hier waren, hatte sehr viel mit dem schweren
Leben der Zigeuner zu tun: Es gab ganz einfach nicht so viele alte
Zigeuner – ihre Lebenserwartung lag zwölf bis fünfzehn Jahre unter
dem Durchschnitt (der hier ohnehin sehr niedrig war). Und Männer
gab es überhaupt nur wenige. Die Gründe für ihre Abwesenheit
waren vielschichtiger. Die schönste Entschuldigung war sicher die,
daß sie bei der Arbeit waren oder Arbeit suchten; die häufigere
Erklärung war die, daß sie im Gefängnis saßen. An Orten, wo soviel Spannung herrschte wie in Kogălniceanu, blieben die Männer
manchmal aus Sicherheitsgründen im Hintergrund, jedenfalls sagten sie das; alle waren sich darin einig, daß Frauen und Kinder, auch

Zigeunerfrauen und -kinder, nicht so schnell angegriffen wurden, wenn sie allein waren.

»Also, was ist geschehen?« begann Ina Bardan. In den darauffolgenden Stunden gab es viele Antworten und Präzisierungen zu den Antworten auf diese absurd allgemeine Frage. »Am Nachmittag vor dem Abend, an dem es passierte«, begann ein junger Rom, »kamen Mazedonier und warnten uns.« Und dann, sich entfaltend wie eine Fuge (oder vielmehr wie die vielstimmigen Variationen vieler Zigeunerensembles), folgte auf jede Tatsachenbehauptung eine Verneinung oder Aufhebung in einer anderen Stimme: »Nein, das Feuer war morgens.« »Nicht Mazedonier haben uns gewarnt, sondern Türken.« »Überhaupt niemand hat uns gewarnt.« »Sie haben uns gesagt, es würde nächste Woche losgehen.« ...

Ich hakte nach und konzentrierte mich auf den jungen Mann, der als erster gesprochen hatte, und blendete dabei die Ergänzungen aller anderen kategorisch aus: »Am Abend vor der Nacht, in der es passierte, kamen ein paar Mazedonier und warnten euch. Wie ging es weiter?« Die Geschichte, die nun folgte, enthielt viele der für die Zigeuner typischen Themen, Widersprüche und Beschwerden.

»Aber wir glaubten ihm nicht.« »Es gab keinen Grund, es zu glauben.« »Wir sind schon öfter bedroht worden.« »Vorher war es besser.« »Wir leben seit 1947 hier, und *nica problema*.« »Bis zu diesem Jahr hatten wir keinen Ärger.« »Vor der Revolution war das Leben besser.« »Als Ceausescu starb, fing es mit den Schwierigkeiten an.« »Das ist die Demokratie für uns.« »George Bush sollte mal herkommen und sich unsere Demokratie ansehen.« »Warum helfen uns die USA nicht?«

Ein junger Mann krempelte einen Ärmel hoch und zeigte eine Tätowierung am Handgelenk, die Buchstaben U–S–A zwischen Kommandoflügeln. »Gibt es in Amerika Zigeuner?«

»Ja«, sagte ich und unterbrach selbst, »aber was ist am Abend des 9. Oktober geschehen?«

»Es gab Streit in der Wirtschaft.« »Sie haben sich in der Wirtschaft versammelt.« »Sie haben sich in der deutschen Kirche versammelt.« »Die Deutschen in der Wirtschaft haben es dem Priester gesagt.« »Die Kirchenglocken haben alle zusammengerufen.« »Getränke wurden ausgeschenkt.« »Der Priester ist ein Säufer.«

Ina Bardan versuchte, das Gespräch voranzubringen. »Wie viele sind gekommen?«

»Fünfunddreißig.« »Dreihundert.« »Sie haben Benzin mitgebracht.« »Und Traktoren und Autos.« »Und Eisenstangen.«

»Habt ihr sie gekannt? Waren es junge Leute?«

»Ich habe jeden einzelnen gekannt.« »Wir kannten sie aus der Schule; wir haben sie gefragt, warum sie das tun.« »Wir haben nichts gemacht.« »Von uns war niemand da, wir waren im Wald.« »Wir hatten Angst im Wald.« »Im Wald sind wilde Tiere.« »Es war kein Mensch hier, nur Tiere.« »Sie haben unsere Pferde und Schweine und Hühner gestohlen.« »Das ist alles in einer Nacht passiert.« »Als wir am nächsten Morgen wiederkamen, war alles verbrannt.« »Wir sind drei Tage weggeblieben, und als wir zurückkamen, rauchten die Häuser immer noch.« »In unseren Brunnen lagen tote Tiere.« »Und Möbel.«

Mit der ganzen Traube im Schlepptau, wobei die kleineren Kinder an unseren Kleidern zogen und um Kaugummi bettelten, liefen wir über ein unebenes Feld, um uns einige der anderen abgebrannten Häuser anzusehen, die den türkischen Zigeunern gehörten. Die Siedlung verfiel, war aber noch lebensfähig. Die von Hand gefertigten Rinnsteine waren alles, was von den nicht mehr benutzten, überwachsenen Straßen übriggeblieben war. Trotzdem war es keine Geistersiedlung. Wir blieben vor einem Haus stehen, und eine Frau tauchte auf, kam aber nicht näher, sondern stand in ihrem Türrahmen Wache. Sie wollte uns etwas fragen. Ob wir ihr helfen könnten mit ihrer Tochter? Sie verschwand und kam mit einem Kind auf dem Arm zurück – ein steifes, eingehülltes kleines Mädchen, das mit den poliogeplagten Gliedern und dem versteinerten, ausdruckslosen Gesicht wie eine hölzerne Puppe aussah. Ihre Finger waren zu kleinen Klauen zusammengeschrumpft, und ihr ganzer wie ein Z gebogener Körper schien mitten in einer Bewegung erstarrt zu sein, wie die menschlichen Versteinerungen in Pompeji. Ina erfragte einige Einzelheiten von der Frau und erzählte ihr von Kinderhilfsgruppen und Spezialkrankenhäusern in Bukarest, und dann drängte sich eine andere Mutter mit ihrem unglücklichen Kind nach vorn – ein anderes Opfer.

Dieses kleine Mädchen war schwer verletzt worden, als die Familie zurückgekehrt war, um das ausgebrannte Haus zu untersuchen. Ein noch kokelnder Balken war auf das Kind gefallen. Anscheinend ohne jede Rücksicht auf die Gefühle des Mädchens zog die Mutter ihr das Kleid hoch und streifte das Höschen nach unten, um den Zuschauern die schrecklich entstellte Vagina und die Oberschenkel des Mädchens zu zeigen. »Sie kann nicht mehr heiraten«, sagte die Frau. Die Gefühllosigkeit der Mutter unterstrich nur die Tatsache, daß hier wie in den meisten Kriegen hauptsächlich die Kinder die Opfer waren.

Wir erfuhren, daß schließlich vier (oder vierzehn) Polizisten gekommen waren – nachdem der Mob verschwunden war, nachdem die Häuser zerstört waren – mit der Aufforderung: »Ihr müßt das Dorf verlassen, weil sie wiederkommen und euch töten werden.« »Aber wir bleiben hier«, erklärte eine Frau, »weil wir nirgendwo anders hinkönnen.« »Wir wollen hierbleiben«, bekräftigte eine andere, »weil wir hier geboren sind.«

Als wir zum Wagen zurückgingen, kam uns ein Mann nach. Er wollte uns die Namen aller Familien und ihrer Kinder geben. Wir schrieben sie pflichtgetreu auf, darunter völlig gängige rumänische Namen – Mihais und Mirceas und Ioans –, aber auch einige schöne altmodische Namen, die jetzt offenbar nur noch zu Zigeunern gehören. Ich dachte an ähnliche Listen, die ich in den Archiven von Bukarest abgeschrieben hatte:

Die vier Zigeuner Harman, Bera, Badu und Coman zusammen mit ihren Familien … einige Zigeuner: Macicat, Caba, Coste, Babul, Bazdag, Carfin und Nan, alle sieben mit ihren Familien … Luca, der Sohn von Latco, Alexa, Hertea, Dinga und sein Bruder Manciu, Stefan, Boldor und sein Bruder Gavril … Pandrea, Radu und Butcat … Baciul, Coica und sein Bruder Ninga sowie Zigeuner mit den Namen Boia, Dadul, Gutinea und Carfila … Talpa mit seinen Kindern Toderica, Jamba, Molda, Oprea und Piciman …

Und wie sind die Beziehungen zu den anderen Bewohnern von Kogălniceanu heute? »Einige sind gekommen und haben gesagt, daß es ihnen leid tut.« »Sie haben Angst, daß wir ihre Häuser anstecken.« »Sie haben uns ein paar Decken gebracht.« »Sie spucken uns an, wenn wir in die Stadt gehen.« »Man läßt uns nicht in das Wirtshaus.«

Die Discobar, ein alleinstehender, grauer, rautenförmiger Eckbau im Dorf, ist der Ort, wo die Gruppe an jenem Abend zusammenkam. Sie sieht eher wie ein Fabrikgebäude aus, nicht wie ein Lokal. Unsicher standen wir herum, bevor wir eintraten, und blickten zu dem kleinen, gelben, halberleuchteten Schild »Discobar« hoch, das oben an einer Stirnwand hing. Drinnen war es dunkel und kühl: Rote Vorhänge hielten die Nachmittagssonne ab. Das Lokal war leer. Der Kellner, ein junger Mann mit schwarzem Haarschopf und vorgebundener Fliege über dem weißen, kurzärmeligen Hemd, lehnte an der Theke, rauchte und unterhielt sich mit dem Schankkellner, einem aufgeschwemmten Mann mit breitem Gesicht, hinter der Theke. Sie waren nicht gerade erfreut über uns.

»Warum wollen Sie nach so langer Zeit noch darüber reden?« fragte der Schankkellner.

Ted Zang erklärte es ihm. »Weil nichts geschehen ist. Es hat kein Verfahren vor Gericht gegeben, nicht einmal eine ernsthafte Untersuchung. Und diese Leute haben immer noch keine Wohnungen.«

Ein Achselzucken. Der junge Kellner blickte hilfesuchend zu seinem Kollegen hinter der Theke. Erneut ein Achselzucken, als wollte er sagen: Du kannst mit ihnen reden, wenn du deine Zeit verplempern willst. Der Schankkellner wandte sich ab und widmete sich den Gläsern im Spülbecken. Der junge Mann zögerte, rollte das Ende seiner Zigarette in einem Aschenbecher. Er rieb sich die Pickel am Kinn und sah auf die Uhr: Zeit totschlagen. Schließlich drehte er sich zu uns vieren um und stand ernst und erwartungsvoll da. Er taxierte mich. Ich sah, wie ein Warum-eigentlich-nicht-Grinsen über sein Gesicht huschte. Ted sah er nicht an, der bisher als einziger von uns gesprochen hatte. Der Kellner führte mich zu einem Tisch hinten im Saal, die anderen folgten uns. Das wird vielleicht ganz lustig, dachte er sich wohl, als er mich mit zwei Fingern am Ellbogen geleitete.

Am Tisch saß ich in der Ecke neben dem Kellner, der immer noch meinen Ellbogen hielt und seinen Handrücken wie einen Bierdeckel auf den Tisch legte. Niemand trank etwas, aber ich bestellte ein kaltes Laziza (»Das berühmte libanesische Bier«).

Ina war ganz offiziös: »Wo waren Sie am Abend des 9. Oktober?«

»Ich war unterwegs und wollte die Zigeuner besuchen«, erzählte der Kellner gutgelaunt, wippte auf seinem Stuhl und hielt seine freie Hand hinter den schwarzen Haarschopf, ungerührt von unserer Mißbilligung. Nicht daß er selbstsicher gewesen wäre; er merkte es gar nicht. Offensichtlich war er noch nie jemandem begegnet, der nicht genauso dachte wie er – Zigeuner ausgenommen.

Mihai, wie er genannt wurde, brauchte keine weitere Aufmunterung. »Ich bin Mazedonier«, ließ er uns gleich wissen. »Was hier abgelaufen ist, war ein Kampf zwischen den Zigeunern und allen anderen. Alle anderen Nationalitäten waren zusammen: Mazedonier, Rumänen, die Deutschen und der Rest.«

»Wie hat es angefangen?« fragte Ted und schlug seinen Schreibblock auf.

»Ein Türke und ein Mazedonier haben sich gestritten«, erzählte Mihai und trennte damit die vereinigten Farben von Kogălniceanu wieder, noch während wir sie zu Papier brachten. Wahrscheinlich weil sie ihn irrtümlich für einen der ihren hielten, »griffen die Zigeuner zugunsten des Türken ein. Ein Rumäne, der mit seinem Laster allein durch das Zigeunerviertel fuhr, wurde angehalten. Er wurde geschlagen.«

»Das«, erklärte Corin, »brachte das Faß zum Überlaufen.«

»Hat jemand die Polizei gerufen?« fragte ich mehr rhetorisch.

»Wenn wir die Polizei geholt hätten, hätte sie nichts getan. Was können vier Polizisten schon machen?« Mihai legte los. »Von uns waren etwa drei- bis vierhundert Mann da. Auf dem Weg zum Zigeunerviertel kamen noch mehr Leute dazu. Wir holten Benzin, um die Sache ein für allemal zu erledigen.« Mihai schwieg. »Es ist niemand umgebracht worden.«

»Und was hat die Polizei unternommen?«

»Sie haben zugesehen. Und jetzt sind sechs Polizisten hier.«

Ich fragte mich, ob er beleidigt sein würde, wenn ich meinen Ellbogen von seiner Handfläche nähme. Ich fragte mich, warum ich mich das fragte. »Und die Feuerwehr?« sagte ich und legte unauffällig die Hände in den Schoß. »Was war mit der?« Die Zigeuner hatten uns erzählt, die Dorfbewohner hätten die Feuerwehr daran gehindert, in ihr Viertel zu kommen. Angeblich sei es nicht notwendig gewesen einzuschreiten.

»Wir waren um halb eins da, die Feuerwehr kam gegen drei. Wir umzingelten die Häuser der Zigeuner und legten überall Feuer. Es war eigentlich erst für zwei Tage später geplant, aber wir dachten, sie könnten uns aufhalten.«

»Aber anschließend ist niemand festgenommen worden«, hielt ich fest. »Habt ihr wirklich geglaubt, man würde euch aufhalten?«

»Das war kein Verbrechen«, stellte Mihai klar. »Es war ein Aufstand.« Der Kellner hatte eine weitere Zigarette verdient. Mit den beiden Fingern, mit denen er geraucht hatte, zog er eine Zigarette aus einer blauen Packung – Manhattan.

»Und was denken Sie heute darüber?« fragte ich. Ina verzog verächtlich den Mund.

»Es war eine sehr gute Idee. Wir hätten das schon längst machen sollen. Wir haben keine Probleme mehr mit ihnen. Sie fühlen sich jetzt nicht mehr so groß und stark. Es war die einzige Möglichkeit. Alle hatten Angst vor ihnen. Jetzt benehmen sie sich. Sie trauen sich nicht mehr. Ich habe die Leute aus diesen Häusern seither natürlich gesehen. Aber ich rede nicht mit ihnen. Sie haben jetzt mehr Respekt. Sie grüßen einen sogar manchmal auf der Straße.«

»Wenn die Zigeuner sich jetzt so gut benehmen, warum laßt ihr sie nicht in das Lokal?« wollte Corin wissen.

»Sie sind unzivilisiert. Ich würde einen Zigeuner nicht bedienen.«

Ina schäumte und konnte nicht an sich halten (wir waren alle noch unerfahren im abgeklärten Befragen): »Was bedeutet Demokratie für Sie?«

»Daß ich tun kann, was ich will, und keiner sollte sich einmischen.«

Der Schankkellner hatte von der Theke zugehört. Jetzt machte er auch mit, wie die Leute von Kogălniceanu. Und er erzählte uns etwas Neues: Der rumänische LKW-Fahrer, den man in seinem Wagen geschlagen hatte, hatte Waffen transportiert – angespitzte Holzpfähle vom örtlichen Sägewerk –, in ein Versteck, das näher am Zigeunerviertel lag.

»Woher wußten die Zigeuner das?«

»Sie haben's eben gewußt«, erwiderte er gereizt. Seine Nase wurde schmal, und alles in seinem kleinen Gesicht schien auf sie zuzulaufen. »Sie haben in diesem Dorf nichts zu suchen. Wenn sie ihre Häuser wiederaufbauen, werden wir sie wieder anstecken. Die Leute hier trauen ihnen nicht. Wir wollen keine Zigeuner in Kogălniceanu.«

Es war offenbar nichts mehr zu sagen, und wir packten unsere Sachen zusammen. Mihai hielt galant die Tür auf. Ina blickte mit stolz erhobenem Haupt geradeaus, als wir hintereinander hinausgingen. Ted, bedrückt, aber von natürlicher Höflichkeit, rang sich zu einem düsteren Nicken durch. Corin, der durch die Aussage nicht sonderlich berührt schien, sprang nach draußen. Ob aus Fassungslosigkeit oder einer gewissen Perversion, ich jedenfalls grinste breit und streckte die Hand aus, die Mihai mit beiden Händen ergriff, wie einen Würfelbecher schüttelte und eine Frage stellte, die keiner Übersetzung bedurfte: »Kann ich Ihre Telefonnummer haben?« Ich entwand mich und verschwand im Auto.

Als wir losfuhren, blickte ich durchs Rückfenster. Der Kellner lief uns nach. Als er langsamer wurde und kleiner, winkte er und schrieb etwas Imaginäres auf seine Handfläche. Er wirkte wie ein nicht beachteter Gast, der dem Ober bedeutete, die Rechnung zu bringen. Ich war sprachlos, aber Ina lachte schließlich los: »Da siehst du es: in unserm Land läuft alles rückwärts.«

EIN JAHR SPÄTER, 1992, kam ich erneut nach Kogălniceanu, mit Nicolae Gheorghe und einem Bus Amerikaner, darunter ein Reporter der *New York Times*, einige Regierungsvertreter aus Washington und ein paar amerikanische Zigeuner. Dank der unermüdlichen Anstrengungen Gheorghes hatte eine Gruppe Sinti aus Heidelberg 120 000 DM für den Wiederaufbau der Häuser zugesagt (und 40 000 DM angezahlt) unter der Bedingung, daß die rumänische Regierung einen Betrag in gleicher Höhe bereitstellte. Das hatte die Regierung getan und außerdem eine strafrechtliche Untersuchung eingeleitet – die erste und einzige Untersuchung eines Übergriffs auf Zigeuner im Land. Es klang wie ein Wunder, und beim ersten Blick aus dem Bus sah es auch wie eines aus.

Eine Reihe neuer Häuser stand genau an der Stelle der zerstörten, auch wenn noch einige Ruinen zu sehen waren, die man vielleicht noch für brauchbar hielt. Das alte Ehepaar (der Mann in derselben braunen Weste, drei Finger in jeder Tasche) stand vor seinem neuen Haus und beschattete mit der Hand die Augen, um zu sehen, was das für eine sonderbare Truppe war. Ich begrüßte sie. Ich glaube nicht, daß sie mich wiedererkannten, aber ich erkannte sie in einer früheren Situation: An der Wand im Zimmer hinter der Tür hing ihr Hochzeitsbild, das das Feuer irgendwie überstanden hatte, ein förmliches, sepiabraunes Porträt, vielleicht fünfzig Jahre alt.

Bei näherem Hinsehen sah es nicht so gut aus. Die Häuser waren kahl, die Flure schmutzig. Sie waren schlampig mit rohen, unverputzten Schlackensteinen gebaut. Einige Mauern waren ohne Mörtel hochgezogen worden. Es gab keine sanitären Einrichtungen, kein fließendes Wasser, lediglich einen langen Graben mit sumpfigem Wasser, der etwa vier Meter *vor* den Häusern verlief und einiges an Seuchen versprach. Die Häuser am Ende der Reihe waren erst halb fertig, und bis auf einige schwarze Brandspuren konnte man die neuen Häuser kaum von denen unterscheiden, die bei den Übergriffen halb zerstört worden waren.

Mir schien dieser Wiederaufbau trotz aller Einschränkungen doch hoffnungsvoll – das einzige Zeichen dieser Art, das ich in Dutzenden ähnlich betroffener Dörfer gesehen habe. Auf Bill Duna, einen Zigeuner aus Minneapolis, wirkte es wie ein Slum, und man konnte sehen, wie die Empfindungen über sein Gesicht liefen und es verzerrten, so daß es dem eines unglücklichen Kindes ähnelte. Die Erniedrigung, in der einige seiner Leidensgenossen lebten, durchdrang ihn. Zweifellos war der Ort um so enttäuschender, als es sich hier um das große gemeinsame Pilotprojekt der rumänischen Regierung und der ersten unabhängigen Zigeunergruppierungen handelte, die den Kampf um ihre Rechte endlich selbst in die Hand nahmen.

Für die Nachbarn, die türkischen Zigeuner jenseits des holprigen Feldes, waren diese neuen Häuser ein Affront ganz anderer Art. Diejenigen, deren Häuser nur teilweise zerstört worden waren, bekamen gar nichts und lebten also so weiter wie bisher. Die Neubauten hatten die Probleme der Gemeinde ganz und gar nicht gelöst, sondern im Grunde enorme Spannungen und Neid hervorgerufen. Und einige Dinge hatten sich nicht geändert. Neben dem Bus wurde das kleine Mädchen, dessen Unterleib so schrecklich entstellt war, wieder einmal für die Besucher ausgezogen; eine besorgte Dame aus Washington ging in die Hocke, um ein Foto von der Verletzung zu machen.

Aber die Bauarbeiten waren eingestellt worden. Offensichtlich kontrollierten die lokalen Behörden die Vergabe der Gelder, obwohl das Projekt von Bukarest genehmigt worden war. Laut Nicolae, der mit allen Seiten verhandelt hatte, hatten die Behörden klargestellt, daß sie die Bauarbeiten nur dann fortsetzen würden, wenn die Zigeuner ihren vor Gericht anhängigen Fall zurückzogen. Es war, wie Nicolae es ausdrückte, eine Wahl zwischen Frieden und Gerechtigkeit. Für die Zigeuner vor Ort war es eine ganz andere Wahl, und eine eindeutige dazu – die zwischen Gerechtigkeit und neuen Häusern. Einige Einzelpersonen oder Familien aus der Siedlung waren bereits ausgeschert aus der Gruppe, die der örtliche Zigeunerführer Petre Anghel leitete und die die Klage eingereicht hatte. Dadurch, so fürchteten Anghel und Nicolae, war die ganze Sache gestorben, und außerdem würden wahrscheinlich diejenigen, die getrennt verhandelt hatten, nicht einmal ihr neues Haus bekommen.

Das alte Paar mit zwei Urenkeln vor den Überresten seines Hauses
in Kogălniceanu, das im Oktober 1990 vom Mob zerstört wurde.
Sie lebten noch drei Jahre darin, bis schließlich neue Häuser für einige
der Opfer gebaut wurden.

1994, mehr als vier Jahre nach den Übergriffen, waren sämtliche Aktivitäten auf der Straße und vor Gericht eingestellt.

ALS ICH WIEDER in Bukarest war, lief mir Emilian über den Weg, der ernste junge Mann und Chronist der Verwüstungen in Bolintin Deal. Wir hatten uns aus den Augen verloren, und ich hatte gehört, er habe Rumänien verlassen. Und jetzt stand er vor mir und wartete auf jemanden in der verspiegelten Halle des Jugendstilhotels Lido, ein dunkler und angenehm heruntergekommener Ort, den Journalisten gerne aufsuchten. Wie sich herausstellte, arbeitete er als Übersetzer für einen Reporter vom *Inquirer* aus Philadelphia. Übersetzer? Emilian hatte kein Englisch gesprochen, als ich ihn kennenlernte.

Er war soeben von einem fast einjährigen Aufenthalt in den Vereinigten Staaten zurückgekommen, wo er in einem Spielsalon in Wildwood, New Jersey, gearbeitet hatte, der einem amerikanischen Zigeuner gehörte. Diese Erfahrung hatte ihn verändert. Es lag nicht nur am properen Oxford-Hemd und der Khakiuniform oder dem verbindlichen Lächeln und der ungezwungenen Art, die so gar nichts mit dem ernsten Emilian zu tun hatten, den ich kannte. Es war sein Gang. Emilian hatte neue Schuhe: Seine Beine waren jetzt gleich lang, und er schwankte beim Gehen nicht mehr von einer Seite zur anderen.

Aufgekratzt erzählte Emilian mir, daß seine Arbeit darin bestanden hatte, *corndogs* zuzubereiten. Er sagte, er sei glücklich, wieder hier zu sein, und freue sich, mit den Aufnahmen der Zigeunergeschichten weiterzumachen. Aus der Tasche seines todschicken neuen Blazers zog er das Aufnahmegerät, das ich ihm vor zwei Jahren für diesen Zweck gegeben hatte. »Warum hast du die Staaten wieder verlassen?« fragte ich ihn und war auf eine furchtbare Deportationsgeschichte gefaßt. Da umarmte Emilian mich und lachte und lachte. Als er seine rauhe Stimme schließlich wieder unter Kontrolle hatte, erzählte er mir, daß er seine Stelle in dem Spielsalon verloren habe, nachdem dieser durch ein Feuer zerstört worden war.

Kapitel 5

DIE ANDERE SEITE

ES GIBT POLEN in Polen, die in Läden wie Snobissimo auf Warschaus mondänem Nowy Swiat (Neue Welt) Boulevard 400 Dollar für eine Freizeithose ausgeben. Das sind nicht nur einer oder zwei: Es gibt eine ganze neue Klasse reicher Polen. Ihre ersten Pelzmäntel und chromglänzenden Autos wirken grell vor dem Hintergrund aus schmutzigen, schummrigen Straßenbahnen, rußiger, früher Dämmerung, endlosen blaugrauen Alleen und den üblichen Skodas ohne Schalldämpfer.

In Warschau gibt es auch reichlich neue Geschäfte, die nur frivole Damenwäsche verkaufen, und andere, die ausschließlich edelste Feinkost führen: Whisky und Kaviar, aber keine Milch. Wer kauft dort? Wer wohnt dort? Es sieht alles aus wie unecht – die Menschen und Läden aufgemotzt. Aber es ist auch unecht. Vor fünfzig Jahren tilgten deutsche Soldaten die Stadt und zwei Drittel ihrer Einwohner von der Landkarte. Nur ein paar öde Fassaden aus der Vorkriegszeit stehen noch, vielleicht zur Erinnerung erhalten (viele alte Gebäude sind mit Einschußlöchern übersät). Die Polen sind von ihrer Geschichte besessen, aber in der Hauptstadt leben sie in einer Stadt ohne Patina. Nichts ist alt hier, und die Dinge sind häufig nicht, was sie vorgeben.

Zum Beispiel der Kulturpalast – eine neobyzantinische Hochzeitstorte, ein Geschenk Stalins an das polnische Volk (schwer abzulehnen und ein Symbol dafür, wie sehr die Polen ausgenutzt wurden). Gegenüber befindet sich das Schanghai, ein chinesisches Restaurant, das kein chinesisches Essen anbietet. Die Altstadt ganz in der Nähe ist eine Rekonstruktion von Alt-Warschau mit Kopfsteinpflaster, ein in den 70er Jahren entstandener tadelloser, barocker Vergnügungspark. Das Gefühl einer Bühne, die vielleicht erneut von schrecklichen geschichtlichen Kräften heimgesucht wird: Das ist das Unbehagen, das man hier empfindet, wo die Straßennamen sich immer noch ändern und im Ghetto die Fundamente der Häuser rissig werden. Der Schutt der Vergangenheit kommt buchstäblich zum Vorschein, und man steht da und schaut, als warte man darauf, daß sich zitternde Hände aus einem Spalt strecken. Vielleicht *wollten* diejenigen, die die Gegend wiederaufgebaut haben, die nach dem Aufstand geschleift wurde, die Vergangenheit nicht begraben oder wegwischen. (Wenngleich man mit den Gefühlen der Überlebenden nicht gerade zimperlich umgeht: Das staatliche Reisebüro Orbis z. B. baute seine Zentrale just an der Stelle, von wo die Busse mit den Ghettobewohnern nach Treblinka abfuhren.)

Auch wenn Plätze und Gebäude den Betrachter über ihr Alter oder ihre verborgene Geschichte im unklaren lassen, Gesichter lügen nicht, vor allem nicht die der Bauern. (Der Begriff »Bauer« klingt vielleicht altmodisch und herablassend, aber gerade ihr physischer Gleichmut, das Produkt vieler Jahrhunderte, macht die jugendliche Kultur des Euphemismus lächerlich.) Gesichter sind hier wohl die einzigen Überlebenden aus der Vorkriegszeit – alt, rot wie rote Bete und flach, wie die jener Ansammlung von Frauen, die ich an einem frostigen Morgen vor dem Warszawa Centralna, dem Hauptbahnhof von Warschau, schützend um ein zusammengelegtes Laken stehen sah, in dessen Mitte stolz eine einzige riesige Rübe lag, die offenbar allein schon den Weg vom Land hierher lohnte – Kohlrabi, gelbe Kohlrüben, einige erdverkrustete Knollen, eine polnische Trüffel, größer als ein Kopf. Warszawa Centralna, eine Betonhalle im Schatten des Kulturpalasts, ist der Bahnhof, von dem man hinaus in die Welt fährt: nach Köln, Istanbul und Petersburg; die Namen der Orte werden von Hand geschrieben, da Drucken deutlich hinter den Identitätskrisen der östlichen Hauptstädte herhinkt. Der Bahnhof war auch Station für die erste Welle der Zigeuner, die nach den Revolutionen von 1989 westwärts zogen, hauptsächlich aus Rumänien.

Tausende von Zigeunern nahmen den Bahnhof in jenem Winter bis zum Sommer 1990 in Beschlag; der Wartesaal war tatsächlich noch ein Wartesaal – dessen Heizkörper mit trocknender Wäsche geschmückt waren. (In den letzten Jahren ist Warschau auf dem Weg nach Westen nur noch Zwischenstation gewesen. Man erlebt wahrscheinlich immer noch, daß auf den Toiletten gewaschen wird – winzige Strumpfhosen und lange, graue Röhrensocken: ganze Familien auf einer provisorischen Wäscheleine.) Und noch immer kommen sie zu Hunderten. Es ist normal, daß Frauen und Kinder, die so zart und dunkel wie Hindus sind, einen am Rock zupfen und klagend irgend etwas murmeln, wenn man sich seinen Weg durch eine belebte Straße bahnt. Sie betteln um Geld.

Das ist jedenfalls das, was man abwehrend meint. Im Grunde ist überhaupt nicht klar, was sie wollen. Man könnte sich durchaus einreden, daß dieses an einem zupfende kleine Ding gar nichts will, daß sie das einfach so tun. Ob in Rom oder Warschau, Zigeuner sind keine sehr guten Bettler. Die Scham ist für die meisten sicher kein Problem. Betteln ist schließlich ein uralter Beruf; Almosen geben festigt die Tugend und *pietas* selbst der Armen, und es gibt Bettler, wie die Sadhus in Indien, die als heilige Männer verehrt werden. Andrzej Mirga, ein polnischer Zigeuner und Völkerkundler, bestätigte einiges davon. »Für die Roma existiert der Begriff des Bettelns, des Almosenbittens, überhaupt nicht. Es gibt im Romani kein Wort für betteln. Statt dessen sagt man vielleicht *te phirav pa-o gav*, im Dorf herumgehen, und unsere Frauen waren meistens unterwegs, um Schulden für Arbeiten einzutreiben, die ihre Männer geleistet hatten, für irgendeine Reparatur oder vielleicht das Aufspielen bei einer Hochzeit.«

Die Ärmelzupferinnen vom Bahnhof, meistens junge Frauen vom Balkan, die fremde Städte aufsuchen und in allen ost- und vielen westeuropäischen Hauptstädten anzutreffen sind, bemühten sich, mitleiderregend erschöpft auszusehen. Sie bleiben zwar bei dem klagenden Tonfall, begehen jedoch den verheerenden Fehler, ihre Zielpersonen nachzuahmen und durch die potentiellen Spender hindurch- oder an ihnen vorbeizublicken. Die Leute wollen ihre Zlotys nicht hergeben. Diese Zigeunerinnen jammern niemanden Bestimmten an und wenden sich der herankommenden Menge zu, die sie gleichgültig nach einem teureren Mantel absuchen. Aber wenn sie schon keine Schulden einzutreiben haben, dann haben sie immerhin Gründe, sich unterlegen zu fühlen.

Zuerst gaben die Polen den ärmlichen Fremden großzügig, die dunkelhäutig und geschmeidig waren und strahlende Augen hatten – was alles anziehend wirkt, bis es auf geheimnisvolle Weise beängstigend wird. Aber heute erzählen die Polen einem, daß sie zuerst gar nicht wußten, daß die Zigeuner vom Bahnhof Zigeuner waren. Sie wollen damit nicht sagen, daß sie noch nie von ihnen gehört hatten. Sie meinen vielmehr, weil die Bettler Zigeuner sind, sei das Geben eine Art Raub; und sie sehen sich folglich als Opfer statt als kleine Philanthropen. In diesen Gebieten haben schon Zigeuner gelebt, bevor Warschau im 14. Jahrhundert gegründet wurde, aber die örtliche Nachkriegsbevölkerung ist klein bis zur Unauffälligkeit – nur etwa zwölf- bis fünfzehntausend Zigeuner leben ständig hier. Wie polnische Juden gibt es auch kaum noch polnische Zigeuner, und die, die noch da sind, sind relativ wohlhabend und gut integriert. Und jetzt wird ihre Identität von der der eindringenden, bedrohlichen und parasitären Flüchtlinge übernommen.

Für viele Polen waren diese Fremden nicht nur arm oder parasitär; falls sie Zigeuner waren, waren sie es auf gefährliche, betrügerische Weise, und obendrein waren sie wahrscheinlich krank. Eine lustlosere Art zu betteln war kaum vorstellbar, und dennoch hemmten die Zeitungen den mildtätigen Impuls vieler Polen durch Behauptungen wie, diese dunkelhäutigen Frauen würden ihre Röcke bündelweise mit Bargeld ausstopfen, sie nähmen täglich Summen ein, die das Fünffache des polnischen Durchschnittslohns betrügen, und ihre vereiterten Kinder übertrügen Hirnhautentzündung und

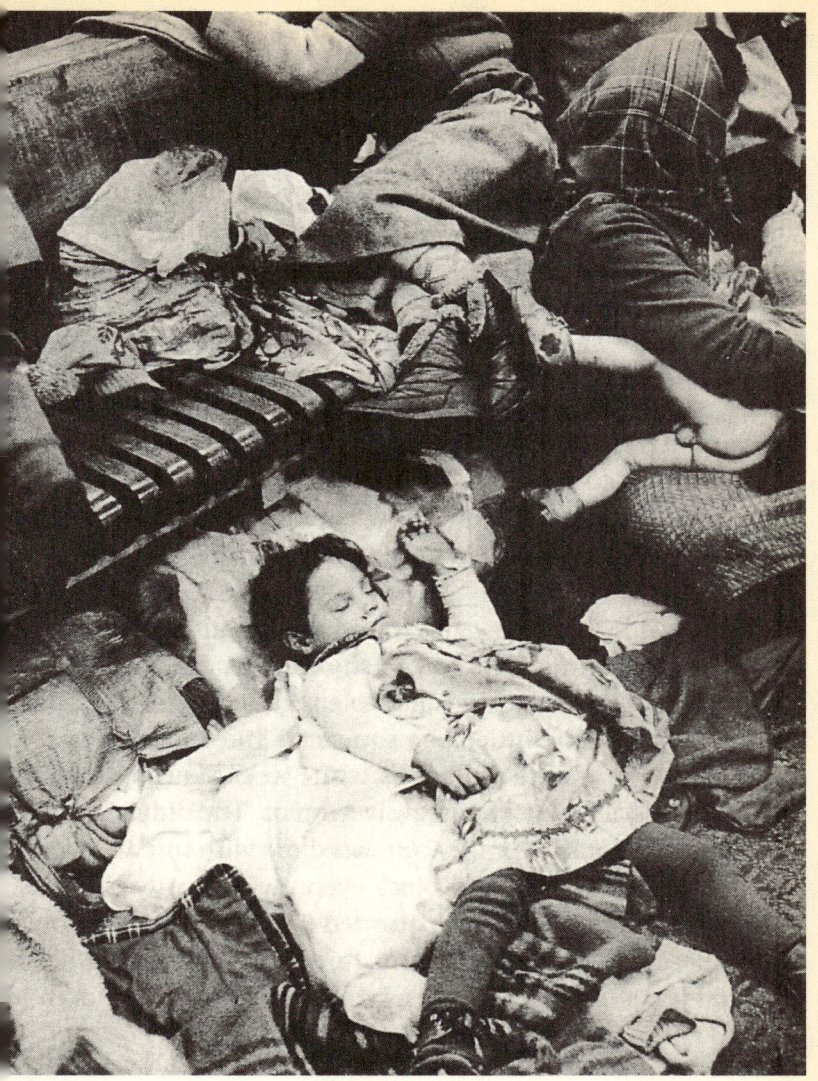

Bahnhof Wschodnia, Warschau, 1990. Hier kampieren Hunderte von Roma; die meisten kommen aus Rumänien, viele auch aus dem ehemaligen Jugoslawien. Manche blieben jahrelang in der Hoffnung, doch noch nach Deutschland und in den Westen zu kommen.

Tbc – eine Kampagne, die mit der Entfernung der Zigeuner vom Warszawa Centralna endete. Seitdem halten sie sich außer Sichtweite beim Ostbahnhof Wschodnia auf der anderen Seite der Weichsel auf.

Der Bahnhof Wschodnia ist ein naßkaltes, mehrgeschossiges Labyrinth aus Betongängen und niedrigen Wartesälen mit scharf riechenden, dunklen Flecken, den Pißecken jenseits des Halbschattens der schwachen polnischen Glühbirnen. Hier hat man den Wartesaal verbarrikadiert, so daß die Menschen in den Hallen stehen müssen. Betrunkene torkeln die düsteren Wände entlang, unsichtbar für gelangweilte sowjetische Soldaten und die kräftigen, einbrüstigen, russischen Matronen in ihren Schneestiefeln, die auf die Busse in Richtung Moskwa warten und ihre Säcke mit polnischem Beutegut nicht aus den Augen lassen. Diese Frauen haben ihre sowjetischen Waren in dem riesigen Stadion verkauft, das zu einem russischen Flohmarkt geworden ist, und kehren jetzt mit Säcken voller Zlotys, mit Küchenutensilien aus Kunststoff und Aluminiumpfannen heim – Gegenstände, die zu Hause immer noch knapp sind.

Das Bahnhofsrestaurant, hell und nach Zigarettenrauch und Ammoniak riechend, wird von dampfenden Kesseln mit Kohl, dickem Eintopf und *golonka* gewärmt – geschmorten Schweinefüßen. Dies ist der Hauptanziehungspunkt des Bahnhofs, und Männlein und Weiblein beugen sich, an hohen, schmalen Tischen aufgereiht, schweigend über ihre Näpfe, während die Beine ihrer Stühle in Bergen von Zigarettenkippen versinken.

Ich ging hinein, um mich aufzuwärmen, und sah zwei kleine Zigeunerjungen, die in der Nähe der Essenstheke Tabletts an die in der Schlange Vorwärtsschlurfenden austeilten. (Sie hatten festgestellt, daß Betteln in Restaurants nicht geduldet wird.) Obwohl ihn niemand anrührte, wand sich der Kleinere und winselte, als würde er gekitzelt; schließlich zog er sich seine weiße wollene Skimütze ins Gesicht, breitete die Arme aus und entfernte sich kreiselnd von uns. Der Ältere, der keinerlei Notiz von seinem hyperaktiven Freund nahm, sah mich aufmerksam an. Ohne ein Wort zu sprechen, zog er die schmalen, schwarzen Augenbrauen mit einer Hab-Mitleid-mit-mir-Geste hoch und fuhr sich mit der flachen Hand über den Bauch: Hunger. Das Essen war ein Geschenk, aber Sekunden später rannten sie durch die Pendeltür nach draußen, als fände eine Schießerei im Saloon statt, zwei kleine Cowboys, unter jedem Arm ein gekochtes Huhn.

Später am Tag sah ich die Jungen noch einmal. Sie hausten in einer Hütte hinter dem Bahnhof, eine von vielleicht dreißig unter den erhöhten Gleisen, die sich wie ein bunt zusammengewürfelter Flottenverband aus Strandgut und Abfall ausbreiteten: Schuppen, so klein, daß es nur zum Sitzen reichte, zusammengebastelt aus Pappe, Fetzen von Maschendraht, Teppich und Holz – wie alle Slumsiedlungen dieser Welt, nur daß es hier feucht war und so kalt, daß man den Atem sehen konnte. Ich roch den Ort, bevor ich ihn erblickte – der wetterfeste Gestank aus Angst und Armut, menschlicher Scheiße. Man kann niemandem zumuten, ein Loch zu graben: So ist es nun mal. Das waren meine Gedanken, und ich war so beschäftigt mit ihnen und damit, nicht in eine Latrine zu treten, daß ich statt dessen beinahe über zwei Männer mittleren Alters und mit nacktem Hintern gestolpert wäre, die mitten im Dreck hockten. Ich fuhr zurück, quietschte dumm auf, als wäre ich auf eine fette Ratte gestoßen, aber sie saßen einfach da, plauderten in aller Ruhe miteinander, unberührt davon, der Kälte oder meinen Blicken oder irgend jemandem sonst ausgesetzt zu sein, der sie hätte sehen können. Als ich die Szene später noch einmal Revue passieren ließ – mein Entsetzen und ihr Gleichmut, meine Steifheit und ihre lockere Ungezwungenheit –, erkannte ich in ihnen (wieder einmal) die Kinder Indiens. Ich dachte an eine Schilderung in einem der Bücher von V. S. Naipaul über Indien, von Menschen, die gemütlich an Flüssen beieinanderhockten und schissen, auf Straßen, an Bahngleisen. Scheißen konnte gesellig sein – warum nicht. Daß ich öffentliche Notdurft mit Erniedrigung assoziierte, war wohl allein mein Problem. Sicher fiel die Scham allein auf mich (und aus der Sicht der Zigeuner auch die Befleckung, die ich verdiente, weil ich mich dem Vorgang ausgesetzt hatte). Die beiden Jungen aus dem Restaurant, die sich tatsächlich hinter einigen Bäumen versteckten, machten sich vor Schadenfreude in die Hose, und es muß wirklich eine seltene Freude gewesen sein, einmal nicht das Opfer (eines Scherzes oder irgendeiner Demütigung) zu sein.

Ich schlidderte die glitschige Böschung hinab und stieß im Eingang einer der Hütten auf einen Mann auf allen vieren. Er verlegte einen neuen Fußboden: ein auseinandergeklappter Karton, in dem vorher ein Sanyo-Fernseher verpackt gewesen war. Eine der Haupttätigkeiten der seit langem seßhaften Zigeuner in Polen ist der Teppichhandel. Sie haben große Läden, vor allem in Krakau, ganze Ketten; sie verkaufen auf den Märkten; sie verkaufen an der Haustür. Dieser Neuankömmling würde von alldem nichts abbekommen, für ihn würde man keinen Teppich ausrollen. Die polnischen Zigeuner, die verständlicherweise nicht erfreut über den schlechten Ruf ihrer armen Verwandten aus dem Osten waren, gingen auf Distanz zu ihnen. Aber sie waren nicht die einzigen, die von den ärmsten Flüchtlingen abrückten; das taten auch andere ausländische Zigeuner, etwa die zahlreichen Händler aus Bulgarien, die sich ebenfalls beim Bahnhof aufhielten, im Komfort des eigenen, umgebauten Schulbusses.

Die Bulgaren waren auf einer Geschäftstour. Sie kauften billige Pullover – rosa und gelb und flauschig – in Polen und verhökerten sie etwas teurer jenseits der tschechischen Grenze in Böhmen und Mähren. Nach ein paar Touren kehrten sie nach Bulgarien zurück. Diesen Reisenden ging es sehr gut, und sie hatten nicht das Bedürfnis, in den Westen zu gehen. Im Gegensatz zu den rumänischen Zigeunern an den Bahngleisen waren die bulgarischen Zigeuner im Bus wohlgenährt und hatten nichts von Opfern an sich. Eines ihrer Hauptvergnügen bestand sogar darin, das Unglück anderer nach körperlichen Kriterien abzuschätzen. Einer der Korpulentesten – eine Art Familienoberhaupt, wenn man danach urteilte, wie er die anderen unterbrach, ohne daß sie aufmuckten, und auch nach den goldenen Ringen, die auf seinen Wurstfingern steckten – riet mir ab,

In der geschützten Fußgängerunterführung im Zentrum von Warschau
halten sich tagsüber viele Roma auf.

mit »diesen Hundefressern« zu reden und zeigte dabei zu den Hüttenbewohnern hinüber. Das gleiche tat er bei zwei reichen Polinnen, die in einem Mercedes vorfuhren, der mit gebrauchter Kleidung vollgestopft war: Die Sachen waren für die Menschen in den Hütten bestimmt, und jetzt wußten sie nicht recht, wie sie sich ihnen nähern sollten. Nach deutlichen Warnungen von den Bulgaren gaben sie auf und fuhren wieder weg; die Kleiderbündel ließen sie auf der Straße zurück. Die Rumänen, die nur der Zahl nach reich waren, hausten seit Monaten hier, formierten sich nach jeder Zurückweisung an der deutschen Grenze neu und hatten keine Eile, nach Rumänien oder in das frühere Jugoslawien zurückzukehren.

Ich bin kein Eisenbahnfan. Ich ging auf die Bahnhöfe, um neue Freunde zu finden. Ganze Trupps nach Westen strebender Flüchtlinge aus dem Osten wurden vermutlich von Spezialisten zusammengestellt, die von Warschau aus operierten – von den Bahnhofstoiletten aus, um genau zu sein. (Passend zu der irreführenden Werbung überall in der Stadt, wurden auch die Toiletten für alles andere benutzt, nur nicht für den eigentlichen Zweck.) Diese Spezialisten – Deutsche, Polen, Rumänen, Türken und Zigeuner – begleiten die Flüchtlinge von Bukarest oder Warschau an die Grenze, wo sie ihnen den angeblich sichersten Übergang zeigen und dann verschwinden.

Die deutschen Beamten, die ihnen die Schuld für den Boom bei der illegalen Überschreitung der dreizehnhundert Kilometer langen Ostgrenze geben, nennen diese Leute Schlepper, im Gegensatz zu den heroischeren Fluchthelfern, wie diejenigen genannt wurden, die Juden aus Nazi-Deutschland herausschmuggelten (oder später DDR-Bürger heimlich über die Grenze brachten). Die Verachtung für solche Dealer ist in Deutschland nichts Neues oder Einmaliges: Schon 1530 erließ Heinrich VIII. ein Gesetz, nach dem jeder, der Zigeuner beförderte, vierzig Pfund Strafe zu zahlen hatte (die Beförderten selbst wurden gehängt). Aber die jetzige deutsche Regierung denkt nicht daran, in Rumänien nach Hinweisen für den Schlepperboom zu suchen. Sie nennt die jetzigen Migranten nicht Flüchtlinge, was ja darauf hinweisen würde, daß sie ihre Heimat verlassen, ja fliehen; sie nennt sie vielmehr Asylanten oder Asylsuchende und betont so, daß sie vor die Tore kommen. Einige, vielleicht nicht viele der rumänischen Zigeuner fliehen vor staatlich geduldeten Angriffen des Mobs auf ihre Siedlungen. Alle fühlen sich im eigenen Land jedoch unerwünscht. Und dennoch heißt es in der Presse, ihr massenhafter Ansturm gehe auf die Bemühungen von Reiseveranstaltern zurück.

Den Grenzwachen zufolge sind die Schlepper Schmuggler, die ihr Angebot erweitert haben. (Und sie müssen es wissen: Die Wachen leben auf und von derselben dünnen Linie; wie im Kinderspiel haben sie *es* im Auge, die Grenze, die Lücken, während die Schlepper das Pflaster beobachten, die sicheren freien Flächen auf beiden Seiten.) Der freiere Handel hat einen einst lukrativen schwarzen Markt zerstört, auf dem es fast alles gab, und die Schlepper sind jetzt auf den Handel mit Zigeunern zurückgeworfen, den schwärzesten Markt überhaupt. Die Schlepperelite wetteifert um jene wenigen Kunden, die wirklich zahlen können. Bevor sie mit der dritten Fracht gefaßt wurde, gelang es einer polnisch-rumänischen Gruppe, vierundzwanzig Pakistani in einem ukrainischen Armeehubschrauber nach Deutschland zu bringen.

Presse und Öffentlichkeit in Deutschland haben sich jedoch nicht auf die Söldner konzentriert, sondern auf deren umstrittene Fracht. Die Bezeichnung Zigeuner in ihren verschiedenen Versionen wird als Schlagwort vorgebracht: Bei den Rechten bezeichnet es die gesamte verarmte, schädliche Mischpoke, die vom Osten eindringt; in der liberalen Vorstellung wird »Roma und Sinti« zu einem Synonym für Opfer oder Flüchtling (grotesk im Falle der Sinti, wie die deutschen Zigeuner genannt werden, denn sie sind seit Jahrhunderten seßhaft und relativ gut integriert).

In den fünf Tagen, die ich in den Bahnhöfen und den Bahnhofsgegenden verbrachte, habe ich nicht eine einzige Familie gefunden, die bereit gewesen wäre, über die Grenze zu gehen. Wenn überhaupt, lief der Verkehr in Richtung *Osten*: die in spärlicher Anzahl zurückkehrenden Menschen, die von den deutschen Behörden abgewiesen wurden. Und die Schlepper verteilten keine Visitenkarten auf der Straße.

Die Hütten unter den Bahngleisen waren für dauerhafteren Gebrauch gedacht, als ihr Aussehen vermuten ließ. Heimat war für diese Zigeuner dort, wo sie ihren Hut trugen. Im Moment waren sie nirgendwohin unterwegs. Schon das Wort »Station« (Bahnhof) deutete das an, und »Terminal« (am Ende befindlich) war noch eindeutiger; es war das Ende. Dennoch war die Hoffnung auf Abreise wesentlich, und vielleicht war es das, was, im selben Ausmaß wie die Toiletten und der Verkehr, die ehemaligen und die zukünftigen Zigeunerreisenden in ganz Osteuropa zu den Bahnhöfen zog. Wschodnia jedoch war nicht einmal ein Ort zum Abreisen, sondern nur ein Obdach; von hier fuhren keine Züge mehr ab (das Gelände wurde als Busdepot und -friedhof benutzt).

Russische Soldaten, Polen, Zigeuner – hier waren sie alle in ihrer fragwürdigsten Form vertreten: als gehaßte Außenseiter, erniedrigend dekoriert für einen Job, den es gar nicht gab; als erbärmliche Säufer und Spinner, die die Glaubwürdigkeit der neuen Jahresstatistik erhöhten, nach der die Selbstmordrate der Polen um 30 Prozent gestiegen war; als verwirrte Fremde, verstümmelt oder irgendwie geschrumpft, die jammerten und bettelten oder einfach nervös ins Leere liefen. Vielleicht weil ich eine Jüdin auf einem polnischen Bahnhof war, riefen diese reduzierten Menschen – und die toten Gleise und die menschlichen Exkremente und der Morast und die Kälte und die Atmosphäre von Inhaftierung und unvermeidlichem Ende an diesem Ort – in mir sofort den Gedanken an jene andere Endstation in Polen wach, an Auschwitz. In diesen fünf Tagen schien das östliche Terminal einem Symbol für die eingesperrten Hoffnungen der Zigeuner gleichzukommen, eines einst herrlich mobilen Volks.

Derart bedrückende Impressionen ließen sich besser ertragen durch die Vorstellung, daß selbst dieses Stückchen Warschau vielleicht eines Tages wiederaufgebaut und erinnert werden könnte. Ein gut informierter, wenn auch national voreingenommener Stadtführer würde z. B. ganze Busse mit gelangweilten polnischen Schulkindern vorbei an den rekonstruierten Baracken führen (dann als »Wanderunterkünfte« bezeichnet), die wiederhergestellten Gleise entlang und hinunter in die naßkalten Bahnhofsgänge, vorbei an einer kleinen, weißen Skimütze, die zwischen Kinderkleidung in einer Glasvitrine vermoderte. Das alte Restaurant wäre dann ein neues Restaurant.

Irgendwo gingen die Menschen natürlich hinüber; vielleicht war das ganze Geschehen näher an die Grenze gerückt.

POLEN IST EINE flache, konturlose Ebene, die durch die sich lichtenden Ansammlungen umweltbelasteter, immerbrauner Kiefern nicht schöner wird. Das ist jedenfalls der Eindruck, den man aus dem D-Zug Moskau–Berlin heraus gewinnt: eine verschwommene Steppe mit hellem Niederwald aus nadellosen Tannen – mehr Spieß als Baum – und Vogelscheuchenbirken; einige wenige dachlose Bauernhäuser. Wenn man aus dem Fenster blickt, ist leicht zu verstehen, warum Polen von seinen Nachbarn ständig überrannt oder durchzogen wurde. Es gibt nichts, das einen aufhalten könnte. Es gibt nichts, wo man sich verstecken könnte.

Nicht einmal hinter einem Buch. Es war wohl mein Exemplar von Martin Gilberts *The Holocaust*, das den blassen jungen Polen mit den rosigen Lippen in meinem Abteil dazu bewegte, mich anzusprechen: »Sie sind Jüdin, nicht wahr?« Krzysztof Suchocki war noch nie einem »wirklichen« Juden begegnet, vertraute er mir an, fast entschuldigend, als wäre das ein charakterlicher Mangel. Außerdem, so gestand er, sei er sich seines eigenen Glaubens nicht mehr sicher. Katholizismus hatte hier im allgemeinen Widerstand gegen den Kommunismus bedeutet, aber jetzt versprach er lediglich einen anderen Verlust von Freiheit. Krzysztof spielte auf die Abtreibungsdebatte an, die kürzlich von Rom in sein Heimatland gefaxt worden war. Für ihn hatte alles den gleichen Wert. Während er durch das ganze Land fuhr, fern von seiner Heimatstadt Suwałki an der Grenze zur Ukraine, wo er mit Eltern, Großeltern, seiner Frau und einem kleinen Sohn wohnte und wohin er am nächsten Tag zurückfahren würde, lastete alles auf ihm wie eine Bedrohung der persönlichen Freiheit. Irgendwie sogar die Juden, die, wie er glaubte, alle erfolgreiche Geschäftsleute waren und überall ein schönes Leben führten, jetzt, wo sie nicht mehr in Polen lebten. Wie allen Polen machten ihm auf irgendeiner Bewußtseinsebene die Geister der drei Millionen polnischen Juden und all der Ausländer, die hier umgebracht worden waren, das Leben schwer.

»Ich mag die Juden«, verkündete Krzysztof, richtete sich auf, war wieder fröhlich und kramte in seinem Gepäck nach einer Flasche selbstgebranntem Bison-Wodka, eine Spezialität aus seiner Gegend, und in diesem Fall eine Spezialität von Grampa Suchocki. »Bye-bye, hin ist hin, leben und leben lassen.« Er wollte nett sein und machte alles nur noch schlimmer.

»Hier!« Er reichte mir den *Zubrówka.* »Ich habe *Anatevka* gesehen!«

Auch wenn solche Begegnungen normal sind, ist es doch ein Klischee zu behaupten, die Polen seien Antisemiten; und was heißt es eigentlich, »anti« zu sein bei etwas, das man nicht kennt und sich nicht genau vorstellen kann? Es heißt z. B., daß 1995 nur acht Prozent der Polen (erfaßt am 50. Jahrestag der Befreiung von Auschwitz) wußten, daß die überwältigende Mehrheit der Opfer Juden waren. Natürlich belastete es die Polen, daß ihre eigenen Kriegsleiden vom jüdischen Holocaust so in den Hintergrund gedrängt wurden. Aber offenbar waren hier Paranoia und Nostalgie auch eng verknüpft: Vor nicht einmal einem Jahrhundert lebten 75 Prozent der europäischen Juden auf polnischem Territorium. Man muß gar keinem »wirklichen« Juden begegnet sein, um zu spüren, daß hier etwas fehlt. Aber es schien nicht viel Sinn zu haben, Krzysztof zu fragen, was er von Zigeunern hielt.

Zigeuner, die man überall sieht, sind vielmehr Gegenstand eines handfesten Hasses – der durch die neue Offenheit der Demokratie neu aufgelebt ist, die im Ostblock, in seltsamem Gegensatz zur amerikanischen Spielart, immer noch bedeutet, nie sagen zu müssen, daß einem etwas leid tut. Mauern in Ost- und Zentraleuropa sind mit Tod-den-Zigeunern-Sprüchen besprüht, und es sind zu viele, als daß es das Werk oder die Haltung einer kleinen Gruppe sein könnte. Aber in Polen erlangte das Verprügeln von Zigeunern lokale Berechtigung, weil die Fremden dort tatsächlich Ausländer waren – sie waren Flüchtlinge. Obwohl vielleicht eine halbe Million von ihnen ebenfalls im Krieg gelitten hat, darunter viele tausend polnische Zigeuner, hat Carmen in der polnischen Vorstellung keinen Platz.

Wir sagten nichts mehr und nickten uns nur zu, als er schließlich eine Station vor mir ausstieg. Es war, als hätte sich in der unbeschwerten Reise in diesem Eisenbahnwaggon, dem vorübergehenden mobilen Zuhause von Krzysztof und mir, die komprimierte Fassung einer zum Scheitern verurteilten Liebesbeziehung ausgedrückt, abgespielt im schnellen Vorwärtslauf: heimelig in der Morgendämmerung, als die kleinen Abteillampen den dunklen Himmel aussperrten; das Registrieren voller Lippen und zarter Haut (seine); eine schüchterne Vorstellung; Neugier; Essensangebote; Scherze; Besäufnis; Geständnisse; feierlicher Ernst; Erkennen des anderen als eines Fremden; Verachtung, und schließlich Gleichgültigkeit.

WENN MAN SICH Deutschland nähert, sieht man mehr und mehr Wachttürme an den Gleisen, Blockhütten in Kleinformat auf Stelzen, von denen die polnischen Grenzwachen mit ihren Ferngläsern, Stablampen und Gewehren Ausschau nach Flüchtlingen halten. Aber an diesem Tag war die Sicht schlecht. Ich war im dunstigen Morgengrauen in Warschau in diesen Zug gestiegen. Sieben Stunden später hatte der triste Tag kaum Anstalten gemacht zu beginnen, und um zwei Uhr nachmittags wurde es rasch dunkel. Als wir in Reppen einfuhren, der letzten Station in Polen und Ort langwieriger Paßkontrollen, war das einzige, was ich erkennen konnte, der Eindruck von zwei Zigeunern auf einer Bank jenseits der Gleise, die vom Lichtkegel einer Lampe in der Säulenhalle des Bahnhofs beleuchtet wurden. Sie aßen – so schnell, so professionell, daß kein Gespräch und kein Sandwich zustande kam, nur das abwechselnde Hineinstopfen mit beiden Händen: Salami, Brot, Salami, Brot.

»*Me mangav te jav ando granitza tumensa*«, übte ich in dem jetzt leeren Waggon auf Romani, bewußt die schweren, indogermanischen Kehllaute aussprechend, und fragte mich, was die Zigeuner wohl damit anfangen könnten – »Ich möchte mit euch zur Grenze.« »*Isi ma xarica love; so hramosorav andi gazeta; a-ko isi pomoshinav tumen*« – »Ich habe etwas Geld; ich bin Journalistin; vielleicht kann ich euch helfen.«

Helfen? Ich kam mir komisch vor mit meinen Erste-Welt-Schuldgefühlen. Es ist phantastisch, als Amerikaner den ehemaligen Ostblock zu besuchen. Die Großherzigkeit meines Landes, oder einfach sein freigebiger Ruf, wurde mir überall persönlich vergolten. Hier war man selbst (und das, was man tat oder nicht tat) das, was viele Menschen vielleicht gerne gewesen wären. Bei den Zigeunern waren »USA«-Tätowierungen besonders beliebt. Nur hochgesinnte und ganz gewöhnliche Neugier hatte mich überhaupt hierhergebracht, und jetzt kam ich mir überall wie eine Parodie dessen vor, was die Zigeuner vielleicht überall nur dem Gerücht nach waren: unbelastet, frei und ungebunden. Bettelte oder wählte ich? Wer subventionierte wen?

Der polnische Kontrolleur setzte sich hin und versenkte sich in meinen mehr als gültigen, marineblauen Paß, wie ein kleiner Junge, der sich über eine Briefmarkensammlung beugt. Mit angefeuchtetem Finger fuhr er über den tiefpurpurnen Stempel von Malaysia, die überdimensionale Einreiseerlaubnis für Tansania, die verblaßten Reste einer Reise nach Mexiko, als wollte er etwas von ihrer nationalen Essenz ablösen. (Auffallend uninteressant für ihn war das Visum für Albanien oder »E Republikes Popullore Socialiste te Shqiperise«, wobei das »Popullore« und »Socialiste« rührenderweise von Hand durchgestrichen worden waren.) Die Menschen halten die Zigeuner für gefährlich, weil sie nichts zu verlieren haben. Und ich saß hier, ungeduldig, ja unmutig, während dieser blasse Grenzbeamte meinen Paß befingerte. Aufgebläht durch zusätzliche Seiten, waren diese kleine Ziehharmonika und ihre tintenfarbenen Partituren ferner Nationalhymnen der Beweis dafür, daß ich die einzige war, die nichts zu verlieren hatte. Ich konnte einfach aufbrechen.

Während ich auf die andere Seite zuratterte – auf Deutschland, seine mit D-Mark gepflasterten Straßen und die Übergriffe gegen Ausländer, die die Zigeuner auf dieser Seite nur für Gerüchte von Miesmachern halten –, sprach ich es wie ein Mantra immer wieder vor mich hin: »A-ko isi pomoshinav tumen« – »Vielleicht kann ich euch helfen«. Im Bahnhof von Reppen sollte ich die Gelegenheit bekommen. Ich sollte eine Geschichte erzählen und sie dann gegen eine andere austauschen, wie ein Zigeuner es machen würde.

Im Geiste warf ich eine Münze, während ich an dem schlierigen Abteilfenster stand und die angestrahlten Salamiesser betrachtete. Vielleicht hatte einer von ihnen die Münze blinken sehen, jedenfalls hielt er inne und blickte zu mir hinüber. Er zog freundlich die Schultern hoch und deutete mit einer geöffneten Hand auf ihr Versteck – eine Einladung, es mir gemütlich zu machen. Die Faszination des Grenzbeamten über meine Dokumente wich einer willkommenen Verachtung; ich holte den Rucksack aus dem Gepäcknetz und sprang aus dem Zug.

Mihai und Ion Bardu waren Brüder. Sie waren klein und schmächtig und dunkel. Sie strichen sich über die sich gleichenden Schnurrbärte; bei beiden war der Nagel des rechten kleinen Fingers lang und spitz. Über vielen anderen Kleidungsstücken, die ihre Hagerkeit nicht verbergen konnten, trugen sie billige Anzüge, der eine braun, der eine grau, alle vier ausgestellten Hosenbeine waren an den bodenlangen, schmutzverkrusteten Aufschlägen ausgefranst. Die Bardu-Jungen waren Zigeuner aus Braşov, dem früheren deutschen Kronstadt, in Rumänien. Ich hatte Glück, denn ich konnte von mir behaupten, den Ort recht gut zu kennen, und das und mein brav geübtes Romani riefen verblüfftes Lachen hervor und verschafften mir Einblick auf viele Goldzähne sowie eine Einladung, die übrige Gruppe kennenzulernen. Die beiden Männer waren in der adt gewesen, um Lebensmittel zu kaufen, und wollten nach dieser Probesitzung auf dem Bahnhof mit den Sachen heim – sie hatten nur sichergehen wollen, daß alles *shukar* war, gut.

Die Ehefrauen der Brüder waren Schwestern und saßen mit ihren sieben Kindern, darunter einige jüngere Geschwister und zwei Babys, in ihren übereinandergeschichteten Röcken und den abgetragenen Filzpantoffeln da und warteten müde hinter dem Zaun eines Parkplatzes neben einem großen Haufen verrosteter Schienen und Schrott. Sie hatten sich einigermaßen eingerichtet: Ein paar kleine Flammen röteten die Aschenreste eines heruntergebrannten Feuers. Ein etwa fünfjähriges Mädchen lag wie eine Stoffpuppe ermattet und untröstlich und ohnehin unbeachtet auf dem Schoß eines älteren Mädchens. Die übrigen amüsierten sich über mein Kommen, vielleicht auch nur über meinen Akzent, und ihre heiter gleichgültigen Antworten auf mein *kaj, so, kana, kon, soske* – mein Wo, Was, Wann, Wer, Warum – wurden allmählich wärmer und präziser. Die Frauen, die am meisten lachten und deren Zustimmung man natürlich am ehesten suchte, redeten nie direkt mit mir, sondern immer über ihre Männer. Die Bardus kampierten seit knapp einer Woche hinter dem Schrotthaufen. Mit zwei Babys hatten sie drei Grenzen überquert und mehr als sechzehnhundert Kilometer von Brașov nach Reppen zurückgelegt, in Pantoffeln. Jetzt warteten sie auf ein Zeichen – ein Zeichen von Vesh.

Vesh war der dritte Bruder. Anfang der Woche war er mit seiner Familie und einem von Ions Söhnen über die Grenze nach Deutschland gegangen. Es war nichts Besonderes, durch die silbrige Oder zu waten, selbst hier nicht, wo das Wasser tiefer war als weiter oben an der dreizehnhundert Kilometer langen Grenze. Überall sind seichte Stellen, und auf jeweils dreihundert Kilometer kommen nicht einmal einhundert Wachtposten. Aber es gab auch tiefe Stellen und Strömungen, und Angst bei schlechten Schwimmern und schlechten Schwimmern mit Kindern. Oberst Adamczyk Wieslaw, der Chef der polnischen Grenzpatrouille, erzählte mir, daß er selbst erlebt habe, wie eine junge Zigeunerin aus Rumänien mit zwei Kindern hinüber wollte – eins an jeder Hand, und er demonstrierte es mit bis an die Schultern hochgehobenen Ellbogen. Sie verlor alle beide. Nach offiziellen Angaben waren vierzehn Menschen ertrunken; die Gerüchte machten daraus 140 oder 1400. Es wurde von Körpern erzählt, die von den großen Schrauben der Dieselschlepper zerfleischt worden seien.

Die Bardus hatten es bis hierher allein geschafft und blickten verächtlich auf die vielen ängstlicheren Zigeuner herab, die pro Familie fünfhundert Deutsche Mark für einen Schlepper zusammengekratzt hatten. Die Bardus empfanden das Widersinnige, daß ein professioneller Menschenhirt einem Zigeuner sagen wollte, wie und wo er sich zu bewegen hätte, und sie fanden es gar nicht komisch. Aber für diese Familie wie für so viele andere galt: Wenn sie an die andere Seite dachten, an den Westen, wich der Stolz auf die Erfahrung in puncto Reisen der verständlichen Furcht, daß sie wahrscheinlich deportiert oder – was ihnen vielleicht lieber wäre – eingesperrt würden. Und deshalb hatten die Bardus für die zweite Etappe ein komplettes De-Luxe-Schleppangebot gebucht, das eine Begleitperson einschloß: Man würde sie am Westufer erwarten und ihnen zeigen, welche Straßen, Lagerplätze und Städte zu meiden waren und welche Dienste man melken konnte und wie.

Vesh sollte seine Brüder nach drei Tagen anrufen, hier am Bahnhof von Reppen, wo sie einen Bahnangestellten geschmiert hatten, der das Gespräch annehmen würde. Fünf Tage danach noch immer kein Lebenszeichen. Mihai und Ion waren überzeugt, daß der Stationsvorsteher ihr Geld eingesteckt und den Anruf nicht beachtet hatte. Und so saßen sie am Telefon – d. h. sie lagen in der Nähe auf der Lauer, belagerten abwechselnd das vergitterte Fenster des Fahrkartenschalters und beobachteten drohend den Beamten.

Sie rechneten mit dem Schlimmsten. Hatte man Vesh geschnappt? Sie wußten nicht viel über den Schlepper, waren vielleicht verlegen und wütend, daß sie überhaupt einen genommen hatten, und hatten auch keine genaue Vorstellung von den Abmachungen – oder Versprechen –, die gemacht worden waren. Mihai und Ion diskutierten, außer sich vor Verzweiflung, ob sie Vesh folgen oder weiter hier herumlungern, vielleicht sogar umkehren sollten (worüber sie vor den Frauen nicht gern sprachen). An dem Tag, bevor ich angekommen war, hatte es zum ersten Mal geschneit. Es mußte eine Entscheidung getroffen werden.

Die Brüder waren skeptisch, hatten aber kaum eine andere Wahl. Es lag auf der Hand. Ich würde versuchen herauszufinden, was aus Vesh geworden war. Beglückt vom Gefühl meiner Mission, zahlte ich einem Mann mit Auto zuviel dafür, daß er mich zu der Stelle fuhr, an der er umkehren mußte und von wo ich zu Fuß weiterging.

Es war dunkel auf der Brücke über die Oder, bis auf die Lichter der Lastwagen, die überall am Rand parkten. Ihre polnischen und russischen Fahrer warteten seit Tagen auf die Erlaubnis von deutschen Beamten, mit ihrer Westladung nach Osten zu fahren; inzwischen hatten sie es sich zwischen den großen, chromblitzenden Kühlergrills heimisch gemacht. Direkt hinter der Grenze in Deutschland befand sich ein Schnellrestaurant mit einem Wir-sind-im-Westen-Plakat, das eine »Whopper-Orgie« versprach. Russische Soldaten tranken, in ihre wattierten Mäntel gehüllt, deutsches Bier an hohen Tischen, ohne sich von den verstümmelten Wienern und Senflachen auf den aufgeweichten Papptellern stören zu lassen.

Keine Spur von einem schmächtigen, dunklen Mann mit Schnurrbart in einem billigen Anzug mit ausgestellter Hose. Weiter mit dem Bummelzug nach Eisenhüttenstadt, dem Standort von Deutschlands größtem Auffanglager für Flüchtlinge. Wenn Vesh samt Familie nicht einfach im Vaterland verschwunden war, waren sie vielleicht hier, wo sie Unterkunft bekamen, bis die Behörden über ihr Schicksal entschieden hatten.

Das Lager war leicht zu finden: einfach den Flüchtlingen nach – den Afrikanern, Vietnamesen und den wenigen schlechtgekleideten Weißen, den Osteuropäern (obwohl die Zigeuner über ein Drittel der gut achthundert Lagerbewohner ausmachen, bleiben sie unter sich, und man sieht sie in den Zügen und Bussen nicht). Das Lager in Eisenhüttenstadt ist riesig: Stacheldrahtzaun (mehr, um die Gewalt draußen zu halten als die Bewohner drinnen) und große, dreistöckige Baracken, dazu vorgefertigte Lagercontainer aus Aluminium, die erst jüngst und in aller Eile aufgestellt wurden, um die Flut aufzufangen.

Ich stand in der Kälte vor dem Lagerbüro in einer Traube von Flüchtlingen, die Papier in der Hand hielten, das in einer Sprache bedruckt war, die sie nicht verstanden, und bekam einen flüchtigen Eindruck vom Leben der Suchenden. Am Eingang, einen Fuß im Büro, stand Kofi aus Ghana Auge in Auge einem gereizten Lagerberater gegenüber und beharrte darauf, daß das auf seinen Antrag geheftete Foto das Foto eines anderen Afrikaners sei. Der Berater blieb dabei, daß das Foto das von Kofi sei. Kofi sagte nein. Das ging zehn Minuten so, mit dem Ergebnis, daß Kofi, da er sich nicht erkennen könne, die gleichen Papiere und das gleiche Foto noch einmal beantragen müsse, wonach sich schließlich entscheiden würde, wo in Deutschlands zahlreichen Flüchtlingslagern und billigen Hotelunterkünften sein Fall weiterbearbeitet würde. Das werde weitere vier bis sechs Wochen dauern. Der nächste!

Ich bekam eine Führung. Olaf, mein junger Führer, murmelte, ich solle nicht mit den Insassen sprechen. Er schien peinlich berührt, das sagen zu müssen. Das und die unerwartete Intifada-Ausstattung – ein gefranstes, schwarzweiß kariertes Kopftuch, Zivi-Uniform und ein bis auf den Rücken reichender Pferdeschwanz – machten Hoffnung. Schon bald redete ich mit einer Zigeunerfamilie aus Rumänien. »Kennt ihr Veshengo Bardu?« fragte ich den Mann, offensichtlich das Haupt seiner sich in der Nähe aufhaltenden Familie. Er zuckte zusammen, ich war sicher, aber er sagte nichts. Er sah durchaus wie die Bardus aus, dachte ich ein wenig verschämt und erinnerte mich an Kofi und seine Brüder aus ganz Afrika. Bei fast dreihundert Zigeunern, die sich nur vorübergehend hier aufhielten und überall herumliefen, schien eine Identifizierung kaum möglich. Ich sprach noch mit anderen Männern in den Baracken, bis Olaf mit einer seiner stahlverstärkten Stiefelspitzen auf den Boden trommelte, ein Zeichen, daß ich mein Glück allmählich überstrapazierte.

In einem der Mitarbeiterräume erzählte er mir bereitwillig, wie alles hier ablief und wie sich das neue Abkommen zwischen der deutschen und rumänischen Regierung zur Erleichterung der Abschiebung von Zigeunern wahrscheinlich auswirken würde.

»Bis letzten Sommer [1992] wurden alle, die an der Grenze gefaßt wurden, oder allgemeiner alle, die um Asyl baten, hierhergebracht und bekamen Essen und ein Bett. Sie füllten eine Erklärung über ihren Status aus und bekamen einen Ausweis.« Er holte ein kleines, gelbes Exemplar hervor. »Dann wurden sie in ein anderes Lager geschickt – manchmal für länger als ein Jahr –, währenddessen wurde ihr Fall im Bundesamt in Nürnberg bearbeitet.«

»Nürnberg?« Die Stadt, in der über Schicksale entschieden wurde, war nicht nur die, in der die Kriegsverbrecherprozesse gegen die Nazis stattfanden, sondern auch die, in der 1935 die Rassengesetze erlassen wurden – Gesetze, die bestimmten, wer ein Jude war, wer ein Zigeuner war. Auch damals war Nürnberg der Ort gewesen, wo über Schicksale entschieden worden war.

Im letzten Jahr beantragten allein fünfhunderttausend Menschen Asyl in Deutschland, das wegen seiner liberalen Asylgesetze und seiner Lage bevorzugt wurde.

»Letztlich werden nur vier Prozent aufgenommen«, erklärte Olaf. »Bei den Zigeunern sind es allerdings nur 0,02 Prozent.«

»Was passiert mit den übrigen?«

»Abschiebung. In der Vergangenheit bestand das Problem darin, daß es keinen Ort gab, wohin man sie abschieben konnte. Den Zigeunern wurde häufig die Wiedereinreise in ihr eigenes Land verweigert – vor allem von Rumänien. Jetzt muß ihre Regierung sie zurücknehmen.«

Rumänien erhielt dreißig Millionen D-Mark, damit es die eigenen Bürger zurücknahm, d. h. ab dem 1. November 1992. Ähnliche Abmachungen waren zwischen Deutschland und Bulgarien sowie zwischen Deutschland und Polen im Gespräch – alle mit dem speziellen Ziel, »das Zigeunerproblem« zu lösen.

Aber wo war Vesh?

Es traf sich, daß ich sechs Monate später in Bukarest war, um festzustellen, wie sich die Abmachungen auswirkten. Es war auf den ersten Blick klar, daß keiner von den Abgeschobenen auch nur einen Pfennig von den legendären dreißig Millionen D-Mark sehen würde, die von Rudolf Seiters, dem Innenminister und Architekten der Vereinbarung, ausdrücklich mit ihrer Rückkehr verbunden worden waren. Tatsächlich war die Verbindung schlicht zynisch; das Geld war längst für drei Umschulungszentren in Arat, Sibiu und Timişoara eingeplant – und kam ausdrücklich arbeitslosen *Deutschstämmigen* zugute.

Die Vereinbarung sah vor, daß die deutsche Regierung den Transport in das »Heimat«-Land zahlte. Aber noch bevor die Rückführung begann, erklärte die Lufthansa in einer Verlautbarung, daß sie keine mit Handschellen gefesselten Passagiere befördern werde. Es ging hier nicht um ein Beförderungsproblem (denn es gab ja immer noch Tarom, die rumänische Fluggesellschaft, die, als ich das erste Mal mit ihr flog, nur über eine begrenzte Anzahl Sicherheitsgurte verfügte), es war ein Problem der Glaubwürdigkeit. Hinter den sinnvollen Sicherheitsbestimmungen der Lufthansa, die just zu dem Zeitpunkt aktuell wurden, kam die allgemein vertretene Ansicht zum Vorschein, daß diese rumänischen Asylsuchenden Kriminelle seien.

Und in Handschellen gingen sie tatsächlich auch wieder. (Einige Rückkehrer behaupten, in der Nacht vor dem Rückflug mit Handschellen an Heizkörper gefesselt worden zu sein.) In den ersten sechs Monaten wurden etwa zwölftausend Menschen im Rahmen des Abkommens abgeschoben. Und die meisten von ihnen zahlten den Flug mit der Gesellschaft ihres eigenen Landes von ihrem, wie sie glaubten, eigenen Geld. Was an Bargeld übrigblieb – manchmal bis zu zweitausend D-Mark –, wurde beschlagnahmt. »Sie haben mir mein ganzes Geld weggenommen«, erzählte mir fassungslos eine alte Zigeunerin auf dem Otopeni-Flughafen in Bukarest, »und gesagt, es würde der Wohlfahrt gegeben.«

Die deutschen Beamten, die die Rückführung abwickelten, gingen davon aus, daß alles Geld, das die Zigeuner bei sich hatten, widerrechtlich erworben worden sei – durch Ausnutzen der deutschen Sozialleistungen, durch illegale Arbeit. Tatsächlich hatten viele rumänische Zigeuner alles verkauft, um die Überfahrt zu bezahlen, oder hatten all ihre Ersparnisse bei sich, was sicher jeder tun würde, der hofft, ein neues Leben zu beginnen. Und so kehrten sie ärmer zurück als sie gegangen waren, und viele dazu noch obdachlos. Es ist ein alltägliches Bild in Otopeni, aufgelöste Rückkehrer zu sehen, die meisten von ihnen offensichtlich Zigeuner, die in der Nacht eingeflogen werden und nicht einmal mehr Geld für die Busfahrt nach Hause haben.

Gab es irgendein Hilfsprogramm für die Wiederansiedlung der zurückgewiesenen Ausreisewilligen, fragte ich einen Beamten am Flughafen. Trotz einiger Renovierungen in letzter Zeit sah der Ort selbst ein bißchen nach Flüchtlingslager aus mit all den Menschen, die überall herumlagen und schliefen. »Wenn sie es bis nach Deutschland geschafft haben«, erwiderte er mit einer gewissen Logik und der naserümpfenden Verachtung, die bei Gesprächen über die Rückkehr üblich war, »schaffen sie es wohl auch bis nach Hause.«

Die Wiederansiedlungsprobleme wurden dadurch verschärft, daß die Rumänen, die in den Dörfern zurückgeblieben waren, diesen Abgewiesenen mit ganz besonderer Geringschätzung begegneten. Diejenigen, die mit ihrer Reise nach Deutschland auch nur einen geringen Erfolg vorweisen konnten (man konnte Geld verdienen und es behalten, wenn man wieder heimkehrte, bevor man abgeschoben wurde, wie diejenigen wußten, die schon die zweite oder dritte Reise hinter sich hatten), waren das Ziel erheblichen Neides. Die Spannung wuchs prächtig: Das war das wichtigste Ergebnis des Abkommens zwischen Bonn und Bukarest, das auf rumänischer Seite ganz offen »das Zigeunerprotokoll« genannt wird. Durch gemeinsame Politik waren die rumänischen Zigeuner zu politischen, nicht wirtschaftlichen Flüchtlingen geworden. Aber man brauchte gar nicht auf internationale Abmachungen zu schauen, um zu merken, daß an den Reiseplänen der Bardus nichts »Freiwilliges« war. Man brauchte sich nur ihre Pantoffeln anzusehen. Und ihre Augen. Der Rom, mit dem ich im Lager zuerst gesprochen hatte, der Mann, den ich für Vesh gehalten hatte, hatte eindeutig aus Angst geschwiegen.

Einer der Gründe, warum Zigeuner am Ende nirgendwohin können, ist der, daß sie ihre Pässe vernichten, was es den Regierungen leicht macht, sie abzuweisen. Sie wissen, daß ihre Identität – selbst zugeschrieben oder angenommen – nicht in diesen Dokumenten vermerkt ist. Nicht ganz unberechtigt erklären sie sich für heimatlos und hoffen, daß die deutschen Behörden (denn meistens sind sie es) sie nicht an einen Ort zurückschicken können, der nicht existiert. Oder sie hoffen wenigstens darauf, daß sie, bevor sie ausgesondert und wieder in den Bus nach Osten gesetzt werden, einige Monate im »West(en)« haben (ein Markenname für Zigaretten und Jeans und ein Sammelbegriff für Status, Bargeld und Freiheit, der erst seit dem Ende des kalten Krieges Anziehungskraft erlangt hat).

Vor 1989 garantierten Ostblock-Papiere jedem, der es über die Grenze schaffte, Asyl. Das jetzige Abkommen bedeutet, daß nicht-identifizierte abgewiesene Ausreisewillige sofort abgeschoben werden können. Doch ein Problem bleibt: Wie soll man feststellen, woher sie kommen? Eine Presseerklärung des Innenministeriums umreißt das Vorgehen: nach der Sprache, nach der Konfession und, was nichts Gutes ahnen läßt, »nach dem Urteil von Experten und Zeugen«. Es hat, wie Olaf mir erzählte, schon Fälle von Asylsuchenden gegeben, die kein Wort geredet haben und trotzdem nach Rumänien geschickt wurden. Obwohl sie in der Einwanderungsstatistik nicht nach ihrer Volkszugehörigkeit registriert wurden, wurden sie durch ein Verfahren mit anderen in einen Topf geworfen, das sonderbarerweise ihre Heimatlosigkeit anerkannte: Sie waren Zigeuner und sollten deshalb ans Schwarze Meer geschickt werden.

Die Behörden haben immer wieder phantastische Vorstellungen über ferne Zigeunerreservate gepflegt – auf Madagaskar, in Somaliland, in Guyana, auf einer »Insel im Südpazifik« –, und es wurden ernsthaft viele Orte vorgeschlagen. Im 16. Jahrhundert war Portugal das erste Land, das Zigeuner in seine afrikanischen Kolonien deportierte, und später nach Brasilien und Indien. Hundert Jahre später verschickte Frankreich, wenn auch nicht ganz so systematisch wie Portugal, die Zigeuner nach Martinique und Louisiana; England und Schottland belieferten Westindien. Der Historiker Angus Fraser weist darauf hin, daß diese neue Methode der Vertreibung als akzeptabel galt und außerdem als nützlich, weil sie den Sklavenmarkt bediente (vor den afrikanischen Sklaven waren schon Zigeuner transportiert worden); die Zigeuner wurden nur innerhalb des Reiches transportiert und galten damit strenggenommen nicht als deportiert.

»Das Problem ist«, sagte Olaf leise, »daß dies keine *politische* Verfolgung ist.«

Ich wies darauf hin, daß es in der Tschechischen Republik, in Ungarn und in Polen schwere Übergriffe gegeben hatte; daß nur Polen einen Angriff auf eine Zigeunersiedlung (in Mlawa) gerichtlich verfolgt hatte und daß der Fall später niedergeschlagen wurde. Ich erwähnte, daß es nirgendwo sonst irgendwelche Untersuchungen gegeben hatte und daß die Regierung in Rumänien die Angriffe offen duldete.

»Dulden ist nicht das gleiche wie befehlen oder organisieren oder bezahlen. Jedenfalls nicht in unserer Verfassung.« Wir hielten inne, um über die Feinheiten nachzudenken. »Sie müssen wissen«, fuhr er fort und lenkte das Gespräch erneut auf das seines Erachtens eigentliche Problem, »daß viele unserer Nachbarn nur hierherkommen, um Sozialleistungen zu kassieren. Indem wir ihnen Gutscheine statt Bargeld geben, hoffen wir, diese Art von Besucher abzuschrecken.«

Einige der zigeunerischen Besucher machten es in der Tat ihren Regierungen nach: Sie sprachen die importierte Sprache der Menschenrechte und erwarteten, dafür bezahlt oder subventioniert zu werden. Und häufig wurden sie das auch. Aber obwohl Rumänien die massive humanitäre Hilfe in Form von Lebensmitteln und Kleidung gern annahm (wovon der größte Teil sofort weiterverkauft wurde und die armen und überwiegend von Zigeunern bewohnten Siedlungen und Waisenhäuser nie erreichte), nutzten *einige* findige Zigeuner die Gunst der Stunde und gingen nach Deutschland, um eigenhändig ihr privates Hilfspaket entgegenzunehmen. In Olafs Dienststelle waren die schlimmsten Absahner in diesen Tagen offenbar die Osteuropäer – das hieß in den meisten Fällen, die Zigeuner. Sie wurden von den Deutschen vielleicht noch stärker abgelehnt als die Afrikaner (die ebenfalls zu Zehntausenden kommen), weil diese Europäer nicht nur arm, sondern auch Nachbarn sind, Verwandte aufgrund früherer staatlicher Verbindungen – und ihre mißliche Lage impliziert vielleicht eine deutsche Mitverantwortung.

In Eisenhüttenstadt, bis zur Wiedervereinigung Deutschlands selbst ein Teil des Ostens, war ein so feines Bewußtsein durchaus vorhanden. Hier wurde die Linie zwischen uns und ihnen, zwischen West und Ost, täglich neu gezogen.

»›Ein Element der Unsicherheit‹«, sagte ich zu Olaf, der an seinem Pferdeschwanz zupfte und auf weitere Ausführungen wartete. »›Zigeuner sind ein Element der Unsicherheit und damit eine Gefahr für die Gesellschaft …‹«

»Genau!« sagte er, erleichtert, daß ich es langsam zu kapieren schien. »Wir haben es hier mit einer *Invasion* zu tun.«

Es war tatsächlich eine Invasion, und vielleicht war es unfair, Olaf gegenüber ein Nazidokument zu zitieren. Er steckte selbst in einer eigenartigen Tracht – ein Teil Palästina, ein Teil amerikanischer GI, ein Teil Junge von der Straße in London oder Berlin; und er hatte entsprechend gemischte Ansichten. Hier wirkten seine Kampfstiefel nicht cool; an seinen Füßen klebte das ganze Gewicht der Bürokratie.

Vielleicht gehört das zum Berufsrisiko des Lagerangestellten, aber die Asylsuchenden waren für ihn gesichtslos geworden, und wenn er die eigene Sache vertrat (»Sie müssen wissen …«), hatte er zweifellos das Gefühl, daß sie eher entwürdigend waren als entwürdigt.

»Funktioniert das? Was ist mit den ausländerfeindlichen Übergriffen, halten sie die Flut auf?«

»Nichts hat etwas bewirkt. Nichts außer dem Wetter. Deutschland hat im Winter einen Freund.«

UND ZIGEUNER HABEN, da sie tatsächlich staatenlos sind, eine Art Freund in den Grenzen. In diesem Teil der Welt wird sich immer irgend jemand an eine andere Landkarte erinnern. Die Linie ist selten beständig (man sehe sich Karten vom unersättlichen Polen zwischen 1813 und 1945 an), und der schattierte Bereich rechts und links ist das ewig umstrittene Niemandsland der Ambitionen und Verluste. Grenzen sind die Sperrgürtel, an denen das Gras allmählich grüner wird. Und solange Besuche dort nicht vorgeschrieben sind, ist die andere Seite immer eine Befreiung. Dies ist die Nicht-Heimat, eine Null-Zähler-Zone. Abenteuer sind möglich. Für Zigeuner sind Grenzen all das, aber sie sind lange Zeit auch die andere Art von Sperrgürtel gewesen: eine Linie aus Polizisten, Soldaten, Wachen; ein *cordon sanitaire*, wobei sie selbst die vermeintlich infizierte Minderheit waren. Zigeuner – unermüdliche Grenzgänger – haben keine Grenzen, die die Landkarten ihrer kollektiven Imagination durcheinanderbringen. Aber Zigeuner sind nicht verwöhnt, und so sind diese Grenzen für sie auch Adern der Gelegenheit.

Überall hat die Lösung des »Zigeunerproblems« in irgendeinem Stadium auch die Vertreibung eingeschlossen. Und wieder rief die Strafe das Verbrechen hervor. Die Vertreibung – *weil* sie Außenseiter waren – bestätigte die Zigeuner als Vaganten und Vagabunden. Aber sie paßten sich, oft weil sie in abgelegenen und unzugänglichen Wäldern und Einöden lebten, den Ländern in den Ländern an, und auch dem Grenzland. Sie begriffen rasch die Widersprüche in der lokalen Rechtsprechung und das schwankende Verständnis der lokalen Behörden für erlassene Dekrete. Wie beim Hüpfspiel sprangen sie zeltend die Grenzen entlang. Und so gibt und gab es immer Ansammlungen von Zigeunern an den Rändern der Länder und ähnlich innerhalb nationaler Grenzen an den Bezirksgrenzen. Frühe Urkunden orten sie in der Nähe der Grenzen zwischen den deutschen Staaten, zwischen Frankreich und Spanien, in den östlichsten Teilen der Niederländischen Republik, an der Grenze Schottlands. Das Grenzgebiet zwischen Schottland und England war, wie alles nicht beanspruchte oder regional umstrittene Land, bekannt für seine großen Ansammlungen von Straßenräubern und Zigeunern. Für die staatenlosen Einwohner kann ein solches Niemandsland wie eine Zelle ohne Wände sein, entstanden durch die Kartierung – man könnte es kartographische Einkerkerung nennen.

Patrick Faa war ein Grenzzigeuner, der 1715, zusammen mit sieben anderen (darunter sechs Frauen), aufgrund einer zweifelhaften Verurteilung wegen Brandstiftung auf eine Plantage in Virginia verbannt wurde. Er hinterließ beide Ohren (als Teil seiner Strafe) und seine Frau, die legendäre Jean Gordon. Walter Scott hat sie in seinem Roman *Guy Mannering* als Meg Merrilies verewigt. Jean Gordon wurde siebzehn Jahre später aus Schottland verbannt mit der Begründung, sie sei eine Vagabundin und Ägypterin – dabei war sie bereits alt und krank und hatte nicht nur ihren Mann verloren, sondern auch alle neun Söhne (einer wurde ermordet, die anderen gehängt). Jean Gordon verbrachte den Rest ihrer Tage damit, auf der anderen Seite im Grenzgebiet zwischen England und Schottland umherzuziehen, bis sie zugrunde ging (ein Hoch auf Prinz Charlie auf den Lippen), 1746 von einem Pöbelhaufen totgeschlagen.

ICH DANKTE OLAF und winkte ihm über die Schulter zu, als er in den warmen Dienstraum zurückging. Auf dem Weg nach draußen winkte mich ein Mann unten bei den Containerbaracken zu sich. Es war der erste Zigeuner, mit dem ich im Lager gesprochen hatte. Gespannt bis zum Zerreißen, ging ich zu ihm. Und dann, im Schutz eines der Fertigbungalows, redete er: »*Me som Bardu.*« – Ich bin Bardu.

Die gute Nachricht war, daß sie nicht abgeschoben worden waren. Noch nicht. Auf Anraten ihres Schleppers hatten sie ihre Pässe weggeschmissen; d. h. sie hatten sie ihm gegeben und gehörten jetzt, wie ich selbst schon erfahren hatte, ohne diese Dokumente zu denen, die sofort und unwiderruflich vom Asylprozeß ausgeschlossen werden konnten. Aber der Schlepper hatte versprochen, ihnen die Pässe gegen einen Anteil an ihren ersten Sozialleistungen zurückzugeben – rund vierhundert D-Mark für jeden Erwachsenen und gut hundert für jedes Kind. Gutscheine nahm er bedauerlicherweise nicht an.

Vesh sah so aus wie er hieß: wild und gleichzeitig sanft, mit wachen, schnellen, schwarzen Augen, die über schweren, zerfurchten Tränensäcken hervorblickten und in denen Wut mit grenzenloser Sehnsucht nach Schlaf wetteiferte – sein nächster Schritt, immer nur der allernächste. Er holte einen etwa drei Zentimeter langen Bleistift aus seiner Westentasche und kritzelte etwas auf die weiße Seite einer Folie aus einer Zigarettenschachtel.

Ich beeilte mich, damit ich den letzten Zug zur Brücke noch erreichte, in der Hoffnung, die Bardus, wie geplant, anzutreffen und ihnen die Nachricht zu überbringen, zusammen mit der deutschen Schokolade und einem Netz Jaffa-Orangen, die ich am Bahnhof gekauft hatte. Auf der deutschen Seite der Brücke wurde ich von zwei sowjetischen Soldaten angehalten. Vielleicht war es nur Neugier: Ich trug die gleiche Mütze wie sie – ein hohes Viereck aus Kunstpelz mit Ohren dran, die Dinger, die den Touristen am Brandenburger Tor in Berlin angedreht werden (ohne Hammer und Sichel). Mit verletzendem Mißtrauen starrten sie mich an, diese plumpe weibliche Fälschung, und ich erwiderte den Blick ohne Angst, als ich erkannte, daß sie trotz ihrer Pistolen und Abzeichen (*ihrer* kleinen Hämmer und Sicheln) keine staatliche Macht ausübten. Auch sie waren Flüchtlinge.

Als Lager für Asylsuchende werden häufig die ehemaligen Baracken russischer Soldaten benutzt, die man sogar wegen solch hoffnungsloser Fälle wie Kofi und Vesh vor die Tür gesetzt hat. Und jetzt sollten die Soldaten, die kein Land vertraten, selbst zurückgeführt werden, wenn nur irgend jemand wüßte, wohin.

Keuchend lief ich den ganzen Weg zum Bahnhof Reppen durch die Dunkelheit zurück. Ich kletterte zu den verrosteten Schienen hoch und blickte hinunter auf die verlassene Feuerstelle; ich suchte mit Blicken den Parkplatz ab und rannte zum Bahnhof zurück. Als ich wieder zu Atem gekommen war, lief ich am Bahnsteig hin und her und fragte schließlich den verfolgten polnischen Schalterbeamten (in hysterischer Zeichensprache), ob er diese Zigeuner gesehen habe. Er zuckte die Schultern, aber mir war bereits klar, daß sie weitergezogen waren.

Als mein Zug anfuhr, blickte ich auf die Pyramide aus Orangen, bis sie nicht mehr zu sehen waren, mein kleines Denkmal, das wie ein Verkehrszeichen auf der Bank leuchtete, wo ich Ion und Mihai Bardu zum ersten Mal gesehen hatte. Die Nachricht von Vesh lag darunter.

Kapitel 6

ZIGEUNER-CHIPS

»WIR HABEN KEINEN Platz«, erklärten die Behörden in der ostdeutschen Hafenstadt Rostock, als sie im Sommer 1992 vor der Aufgabe standen, zweihundert asylsuchende rumänische Zigeuner unterzubringen. Damit beteten sie die Überschwemmungsparole einer rechtsgerichteten Partei nach: »Das Boot ist voll« (der Spruch erscheint meistens auf Plakaten unter dem Bild eines Bootes, der Arche Deutschland). Und so mußten die Zigeuner sich provisorisch vor einem Wohnheim einrichten, dort schlafen und essen und, wie es in der lokalen Presse hieß, die Bevölkerung von Rostock zu dem »provozieren«, was zu einem Übergriff von beispielloser Verwerflichkeit wurde. Die Stadt johlte, als das Heim von etwa 150 Skinheads mit Brandsätzen beworfen wurde. Danach war sofort Platz für die Flüchtlinge da.

Die Deutschen erlebten im Fernsehen Polizisten, die mit verschränkten Armen auf einer Anhöhe im Hintergrund standen, abseits der Flugbahn der fauchenden, selbstgebastelten Molotowcocktails und Steine. Allein im Monat darauf ereigneten sich in deutschen Städten und Dörfern 1163 »fremdenfeindliche« Verbrechen. Lothar Kupfer, der mecklenburgische Innenminister, gab in der Wochenzeitschrift *Die Zeit* die populäre Erklärung für die Ereignisse ab und lieferte gleich Tendenziöses über die Boat people mit:

Wenn 200 Asylsuchende auf sehr engem Raum [mit Deutschen] zusammenleben müssen, setzt das bei den deutschen Nachbarn Aggressionen frei. Die meisten von ihnen haben längst vergessen, wie sie am

Hafen standen und sehnsüchtig der Fähre nachgeblickt haben: ferne Länder, das weite Meer, dunkelhäutige Frauen. Wenn [diese Menschen] eines Tages vor einem überfüllten Heim kampieren, ihre Notdurft hinter den Rosenbüschen verrichten und ihren Müll auf den verrottenden Spielplatz schmeißen und dann dazu noch betteln, ist es mit der Sehnsucht nach fremden Ländern vorbei.

Obwohl in vielen deutschen Städten die Zahl der Ausländer in Wirklichkeit drastisch zurückgegangen war, ging der meistgenannte Vorschlag für eine Lösung dahin, Artikel 16 des Grundgesetzes zu verschärfen, die liberale Asylklausel, die nach dem Krieg aufgenommen worden war.

Selbst als Tausende von Gastarbeitern ihre Sachen packten, sahen die Deutschen darin eine willkommene Ablenkung von dem viel schlimmeren Problem der noch immer unvollständigen Wiedervereinigung der beiden Deutschlands. Eine Umfrage bei dreitausend Personen im *Spiegel* vom Oktober 1992 ergab, daß 96 Prozent der Deutschen über das »Ausländerproblem« beunruhigt waren und (gewaltfreie) »Maßnahmen« gegen Ausländer befürworteten ...

Wer waren all diese Ausländer, und warum verbreiteten sie solche Angst? Es ist ungewöhnlich für ein Land, das zu genauen Klassifizierungen neigt, daß der Begriff »Ausländer« einen ganzen Katalog fremdländischer Typen umfaßt; viele Ost- und Westdeutsche, die ich kennenlernte, hatten Erklärungsschwierigkeiten. Während selbst Skinheads ihre internationalen Gesinnungsgenossen (mit dem Union Jack und Drillichanzügen der US-Armee) zu den Ihren rechneten, fühlten sich vor allem die Ostdeutschen, die selbst noch vor kurzem Flüchtlingsmaterial gewesen waren, von den Asylsuchenden bedroht und beleidigt. Aber eine Untersuchung des Zentralinstituts für Jugendforschung in Leipzig ergab, daß im Sommer 1990 – also bevor auch nur ein Asylsuchender in ein Übergangslager kam oder eine Unterkunft in Ostdeutschland zugewiesen bekam – 40 Prozent der örtlichen Jugendlichen sie als »lästig« empfanden. Der stellvertretende Polizeichef von Leipzig war da präziser:

Ich möchte die Möglichkeit, daß einige Polizisten rassistisch sind, nicht ausschließen. Angesichts der hitzigen Debatten über Asyl macht sich sicher jeder Gedanken über all die Ausländer, die hier ankommen. Es war nicht klug oder vernünftig, sie so bald hierher [in die neuen Bundesländer] zu schicken. Die Polizei ist nicht gegen alle Ausländer, nur gegen bestimmte, wie Sinti und Roma und Schwarzafrikaner.

Ausländer – je ausländischer desto besser – hatten sicher ihren Nutzen. Der Schriftsteller Günter Grass hob die Zigeuner auch aus der breiten Phalanx der Ausländer in Deutschland heraus. Bei einem Vortrag unter dem Titel »Verluste«, den er im November 1992 hielt (fünf Tage, nachdem in Mölln drei seit langem in Deutschland lebende Türkinnen bei einem Brandanschlag ums Leben kamen), regte er an, daß »eine halbe Million und mehr Sinti und Roma« nach Deutschland kommen und dort leben: »Wir brauchen sie.« Doch die durch die Anschläge bedrängten Behörden und Günter Grass verwendeten »Sinti und Roma« als ein Symbol für den Ausländer. Ob feindselig oder humaner, die Zigeuner waren vor allem *anders.*

Im Frühjahr 1993 stimmte der deutsche Bundestag für eine Änderung des Artikels 16. Die Botschaft war klar. Wenige Tage darauf wurden in Solingen zwei türkische Frauen und drei türkische Mädchen ermordet.

Ich war in dieser Woche in Deutschland. Auf dem Weg vom Bahnhof Machern zum Schloß kommt man an bewaldeten Schluchten und bezaubernden, von Brombeersträuchern zugewachsenen Häusern mit niedrigen Türen vorbei. Man kann sich gut vorstellen, daß die Bewohner dieses grimmschen Dorfes vierzig Jahre Kommunismus verschlafen haben. Machern bei Leipzig war ein ungewöhnlicher Rahmen für einen der ersten Skinhead-Aufmärsche nach der Wiedervereinigung. Seitdem ist es Gastgeber für ein, wie die Einwohner meinen, endloses Heer von Asylsuchenden, auch wenn sie außerhalb der Stadt untergebracht sind. (Etwa dreihundert angehende Flüchtlinge, ausschließlich Roma, wohnten in einem nahegelegenen Lager in Sachsen.) Für ein paar Tage im Juni 1993 war Machern auch Gastgeber für eine kleine Gruppe besorgter Deutscher und rumänischer Zigeuner, die sich im örtlichen Schloß getroffen hatten, um alle denkbaren Vorteile vor allem der Migration der Roma zu erkunden, weil sie noch immer zu Tausenden nach Deutschland kamen, während alle sich verschworen, ihre Zuwanderung zu vereiteln.

Ich brauchte für die Fahrt nach Machern kein Visum. EU-Teilnehmer konnten sich ungehindert bewegen. Aber einige der eingeladenen Zigeuner wurden von Einwanderungsbeamten aufgehalten und versäumten die Konferenz ganz oder teilweise. Einer von ihnen war Parlamentsmitglied. Welche Chance hatten da erst die anderen? Diese Menschen mochten ausgestoßen sein, niedergeschlagen waren sie sicher nicht.

Ein teilnehmender Flüchtlingsexperte, der die Aufgabe gehabt hatte, abgeschobene Mosambikaner auf die schwierige Rückkehr in ihr Land vorzubereiten, unterrichtete die Konferenzteilnehmer in den »Fertigkeiten«, die er den Enttäuschten beibrachte, bevor sie in das Flugzeug nach Hause getrieben wurden. Auf die Schautafel des Konferenzzentrums schrieb er:

Bescheiden sein!
Vertrauen haben!
Fehlschläge einkalkulieren!

Bescheidenheit: Diesen kostenlosen Rat bekommen diejenigen, die schon fast abgereist sind, in ihrer schwierigen Situation. Ein ungarischer Fachmann, der mit der Schaffung von Arbeitsplätzen für Roma befaßt war, umriß einige »Entwicklungs-« und »Überlebensstrategien«, darunter das Sammeln von Pfandflaschen.

Bei der Abschlußsitzung, an der jeder teilnehmen sollte, waren nur noch drei Zigeuner da: zwei Geschäftsleute, die Investoren such-

Im österreichischen Oberwart wurden im Februar 1995 vier Roma durch eine Rohrbombe getötet. Die Bombe ging hoch, als die Männer versuchten, ein Schild zu entfernen, auf dem stand: »Zigeuner, geht zurück nach Indien«. Oberwart liegt im Burgenland, wo die Roma seit über dreihundert Jahren siedeln.

ten, und Nicolae Gheorghe, der allgegenwärtige Aktivist. Wo waren die drei anderen Zigeunerführer geblieben? Wo war Gheorghe Raducanu, der einzige Zigeuner, der dem rumänischen Parlament angehörte? Und wo war Vasile Burtea, der redegewandte Vertreter des rumänischen Ministeriums für Arbeit und sozialen Schutz und laut Visitenkarte »Sociolist [sic] und Economist«? Wo war der blauhaarige Nicolae Bobu, *Diplomat in drept; avocat* (Volljurist; Rechtsanwalt), Präsident der Generalunion der Roma in Rumänien und *»ex parlamentar«*, wie stolz auf seiner Visitenkarte stand?

Während die Arbeitsgruppen ihre »Ergebnisse« präsentierten, blickten die Organisatoren der Konferenz fassungslos auf die drei leeren Plätze in der ersten Reihe. Die Deutschen, denen es wirklich ernst war mit der Suche nach brauchbaren Lösungen für umherziehende Zigeuner, waren mehr oder weniger unter sich geblieben! Und dann, obwohl ich eigentlich gar nicht nach ihnen suchte, entdeckte ich sie.

Als ich in den ostdeutschen Nieselregen hinaustrat, um etwas Luft zu schöpfen, und oben auf der großartigen Schloßtreppe stand, blickte ich auf die blauen Pfützen, die den frischgeteerten Parkplatz bedeckten. Und da waren sie, die mißratene Creme der rumänischen Zigeuner, umringten quietschvergnügt zwei winzige, zweitürige Spielzeugautos – die Trabants, die sie gerade für 75 und 150 D-Mark erstanden hatten. Die drei Männer sahen wie Jungen aus, alle klein in noch kleineren Anzügen, die Köpfe unter die Motorhauben ihrer fahrbaren Untersätze gesteckt, wie Jugendliche das überall tun. Sie strahlten – schließlich kommen die meisten Zigeuner nach Deutschland, um Autos zu kaufen, die sie im Osten weiterverkaufen, ohne der deutschen Sozialhilfe Kosten zu verursachen.

Ich fragte den Parlamentsabgeordneten, woher sie wußten, wo man an einen Wagen kommt, so kurzfristig, mit so geringen Deutschkenntnissen und bei soviel Regen. Er zuckte die Schultern und lachte. Dumme Frage. Nein, das waren bestimmt keine Leute, die man in Überlebensstrategien schulen mußte.

ZIGEUNER WIE DIE Delegierten von Machern waren diesen Weg schon gegangen, mehrere hundert Jahre bevor ethnischer Nationalismus in Deutschland überhaupt zur Sprache gekommen war; vor einem halben Jahrtausend hatten viele andere in deutschen Landen ihre Heimat gefunden. Aber noch immer werden Sinti in Deutschland nicht als Volksgruppe behandelt, wie das bei anderen Minoritätengruppen der Fall ist, etwa bei den Dänen und Sorben. Wann wird ein Fremder also ein Einheimischer? Die amerikanische Verfassung erklärte die Abkömmlinge der afrikanischen Sklaven ursprünglich zu drei Fünfteln als Menschen; und heute wird »einheimisch« oder »eingeboren« in den Vereinigten Staaten immer noch fälschlicherweise verwendet, um Indianer zu bezeichnen, nicht einfach diejenigen, die ein Anrecht aufgrund ihrer Geburt haben. Die Sinti würden nie als Eingeborene betrachtet (außer im Sinn von »primitiv«), geschweige denn als Deutsche. Aber können ihre Gastgeber, die gemeinsame Grenzen mit acht verschiedenen Ländern haben, wirklich an die Existenz eines reinen Germanen glauben, außer in einem frankensteinschen Labor? Natürlich nicht. Es ist die Vorstellung vom reinrassigen Deutschen, die den Kern der deutschen Identität bildet, und darüber hinaus die kulturellen Werte, die als rassisch gesichert gelten. Die rumänischen Zigeuner wären nach Jahren ceausescuscher Sprachregelung über die Daker, die »reinen« Ur-Rumänen, mit dieser Art zu denken vertraut. Alle Bürger des ehemaligen Ostblocks teilten – oder erduldeten, wenn sie eine Minderheit waren – diesen Traum vom Staat mit einer Einheitsrasse; Deutschland war das Vorbild.

In der deutschen Vorstellung von sich selbst ist das sentimentale Ideal vom *Volk* am Werk. Ursprünglich war dies eine Reaktion auf die französische Verherrlichung des Individuums und lieferte einer Bevölkerung, die weit verstreut war, vor allem in den östlichen Gebieten, eine einigende Ideologie. Die deutschen Intellektuellen der Romantik, die zu Beginn des 19. Jahrhunderts vermutlich gerade auf solchen Schlössern saßen, brachten den Begriff vom *Volk* auf – verkörpert vom mythischen Deutschen, wie man ihn immer noch überall in der Werbung findet: blond, vor Gesundheit strotzend, sauber und fleißig. Betrachtet man irgendeine Heidi auf einer deutschen Keksschachtel, begreift man das Ideal: inneres Wohlbefinden – zu erkennen an rosa Wangen und üppigem, blondem Haar –, erlangt durch glückliche, arbeitsame Treue (oder Ergebenheit) gegenüber dem Volk.

Dieser Aufwand um das Volk gibt Hinweise auf die besondere Verachtung, mit der unter vielen anderen geringgeschätzten Fremden vor allem offenbar die Zigeuner bedacht wurden. Zunächst scheinen sie das Gegenteil des deutschen Volkes zu sein: schmutzig, dunkelhäutig, verschlagen, faul und äußerst gesellschaftsfeindlich. Doch dann stellen diese Menschen, unterschwelliger, doch ein Volk dar. Sie bleiben unter sich und wahren ihre Gebräuche, ihre Sprache und ihre enge Gemeinschaft, die immer wieder über den einzelnen gestellt wird. Zumindest untereinander waren die Zigeuner auf eine Weise gemeinschaftlich, von der die Deutschen nur träumen konnten. Die Deutschen boten »ethnischen« Deutschen in der Fremde die Staatsbürgerschaft als Belohnung dafür an, daß sie es angeblich abgelehnt hatten, bei ihrem jahrhundertelangen Aufenthalt im Osten die heidnische (slawische) Art anzunehmen; und hier, direkt vor ihrer Haustür, gab es eine Gruppe, die sich tatsächlich nicht angepaßt hatte und nicht anpaßte.

Im Herbst 1992 und erneut 1993 bereiste ich die neuen Bundesländer, um zu sehen, wie die Neuankömmlinge sich einlebten. Zigeunerinnen in Scharen – man sieht nie eine Zigeunerin allein – sind ein gewohnter Anblick. Der Kleidung nach zu urteilen, waren die meisten Kalderasch aus Rumänien. Mit ihren leuchtendroten, unruhig gemusterten, weiten, langen Röcken, den in kleinen Hängematten auf der Hüfte getragenen Babys, wirken sie in den ostdeutschen Straßen wie die einzigen farbigen Gestalten auf einem Schwarzweißfoto.

Mehrere Zigeunerinnen mit ihren Kindern hielten sich vor dem Eingang der Staatsanwaltschaft in Cottbus auf, einer grünen ostdeutschen Stadt nicht weit von Berlin und dicht an der polnischen Grenze. Nach Angaben des Wachtpostens warteten sie schon seit Tagen auf ein Gespräch mit irgend jemandem und auf die Chance, die Freilassung einiger ihrer inhaftierten Männer zu erreichen, weil sie von Deutschland genug hätten und weggehen wollten, wie sie versprachen. Gegen Ende des Tages trieben sie sich immer noch an der breiten Treppe des Gebäudes herum, und es hatte nicht den Anschein, daß sie so schnell irgendwohin gehen würden. Es war angesichts ihres kritischen rechtlichen Status offenbar mutig genug, überhaupt vor diesem Amt herumzustehen, aber es war leicht sich auszumalen, daß ihre träge Wir-haben-nichts-zu-verlieren-Haltung und die auffällige Kleidung für die Ostdeutschen eine Provokation darstellen könnten. Sie redeten mit niemandem, und sie taten auch

Bereit für neue Aufgaben: Ion Mihai, ein Kalderasch-Zigeuner
aus dem rumänischen Sinteşti, vereinigt in seiner Person die Rolle
des *bulibasha* – des traditionellen Ältesten und Schlichters – und des
erfolgreichen Altmetallhändlers. 1993

nichts, aber trotzdem wurde ihre Anwesenheit als Aggression empfunden. Was immer sie taten, und obwohl in Deutschland etwa sieb-
zigtausend Zigeuner wohnten und integriert waren, diese jüngsten
Ankömmlinge waren allein durch ihr Auftreten zum Symbol für die
nicht eingliederbaren Ausländer geworden.

Wenn sie sich dann doch einmal aufrafften, bewegten sie sich im Gegensatz zu den Einheimischen so leicht und beschwingt, daß man sich fragte, ob das, was man soeben gesehen hatte, nicht eine Handvoll Konfetti war, das über die eintönige Stadt gestreut wurde. Aber noch etwas verlieh ihnen den Anschein einer Erscheinung und eines Anachronismus: ihre Kleidung. Die Männer, die man kaum sah, obwohl es doch ihre Sache ist, mit den *gadsche* zu verkehren, hatten ihren Schnurrbart zwar beibehalten, ihre traditionelle Kluft jedoch gegen die billigen Anzüge und den universellen Arme-Leute-Look eingetauscht. Die Frauen dagegen hätten Schauspielerinnen in einem Film über frühere Völkerwanderungen sein und in der Massenszene von Charlie Chaplins *Der Einwanderer* den »ethnischen« Gegenpart zu den Neuankömmlingen in Gehrock und Zylinder auf Ellis Island spielen können. Die Frauen tragen die gleichen schwingenden Röcke und die geblümten, geknoteten Kopftücher zur Schau, die heute wie gestern signalisieren: Zigeuner.

Die wilde, unbezähmbare, verführerische Carmen, das Urbild der glutäugigen Femme fatale, war für ihren Schöpfer Prosper Mérimée »ein reinrassiges Fohlen einer Stute aus Córdoba«. Als Zigeunerin war sie außerdem eine begabte Diebin. Und eine Mörderin. So wird ein Vorurteil durch romantisches Schmachten erschwert, das ein betrübliches Echo bei den Zigeunern selbst findet, die stets bemüht sind, einem zu erklären, daß sie – nicht die Schnorrer unten auf der Straße – die *wahren* Zigeuner seien. Selbst das Klischee vom Klappern der Kastagnetten wird zu einer Lektion in Gefahr, die anscheinend jederzeit aktiviert werden kann, selbst bei den Frauen hinter Maschendraht in einem deutschen Flüchtlingslager. Der Zigeuner ist der typische Fremde – und Fremde verheißen nichts Gutes.

Es beginnt früh, mit Angst. »Still, still, und fürcht' dich nicht. Der Kesselflicker kriegt dich nicht.« So heißt es in einem nicht gerade beruhigenden schottischen Wiegenlied. Bei traditionellen bulgarischen Volksfesten – noch immer ein wichtiger Bestandteil des bäuerlichen Lebens in abgelegenen Gebieten des einstigen Thrakiens – wird die Pest von einer alten Zigeunerin verkörpert, oder etwas verschleierter von einem schweren Wagen, der von davorgespannten Zigeunern gezogen wird.

Aber der Spitzel ist wahrscheinlich das älteste der abträglichen Klischees. Mit ihrer fremden Sprache, der dunklen Hautfarbe und der ungeklärten Herkunft, ihren ausgezeichneten Kenntnissen über die örtliche Polizei und schützende Hecken sowie ihrer Neigung, sich an Grenzen aufzuhalten, mit ihrer Abneigung, sich örtlichen Gebräuchen zu fügen, und dem offensichtlichen Fehlen jeglicher Ergebenheit, waren die Zigeuner besonders anfällig für diesen Vorwurf. Ohne eigenen Staat, und sogar ohne den Wunsch danach – ein damals wie heute sowohl einmaliger als auch unergründlicher Umstand –, *mußten* sie einfach im Dienst irgendeines fremden Landes oder Herrschers stehen.

Die Deutschen, deren Reich am Rand der christlichen Welt lag, waren von der Spitzeltheorie ganz besonders angetan, die erstmals 1424 im Tagebuch eines gewissen Ratisbon auftaucht, eines bayerischen Priesters. Die ersten kaiserlichen Erlasse gegen die Zigeuner überhaupt, 1497, 1498 und 1500 von Maximilian I. herausgegeben, sondern sie als Spitzel im Sold der Türken aus.

Heute werden sie als Fälscher einer anderen Art bezeichnet – als Scheinasylanten oder Wirtschaftsflüchtlinge, wie der politische Euphemismus lautet. Alle, die umherziehen, tun dies mit dem Ziel, ein besseres Leben zu finden; außerdem sind diejenigen, die alles aufgeben, oft die wagemutigsten Mitglieder ihrer Gesellschaft (der »Wirtschaftsflüchtling« ist der Held des amerikanischen Traums). Dennoch waren diese Zigeuner nicht lediglich ehrgeizig, denn zum »Wirtschaftsflüchtling« wird man häufig durch eine diskriminierende Politik. Eine Methode waren gezielte Abschiebestrategien. Aber generell gehören die Zigeuner zu denen, die im gesamten ehemaligen Ostblock am seltensten eingestellt, untergebracht oder ausgebildet werden.

Eine Schwierigkeit, echte Flüchtlinge (im Gegensatz zu Wirtschafts- oder Scheinflüchtlingen) herbeizuzaubern, liegt in der Sprache. Niemand weiß, wie er Zigeuner benennen soll. Jede Sprache hat einen Begriff, der eine streng soziale Bedeutung hat. *Cigan, Tsigan, Cygani* und natürlich der »zigeunerische« Zigeuner – diese Begriffe werden adjektivisch zur Beschreibung eines Verhaltens gebraucht: ketzerisch, schurkisch, betrügerisch, diebisch, streitsüchtig. In Osteuropa können sie auch Aufschneiderei, Männlichkeitswahn und effekthascherische Sentimentalität signalisieren (alle Arten von Falschheit). Und doch gefällt vielen Zigeunern die Bezeichnung Zigeuner (ähnlich wie »schwul« bei den Homosexuellen wieder in ist), weil sie dazu stehen und sich nicht schämen, und auch, weil sie nicht glauben, daß ein neuer Name etwas daran ändert, wie die Menschen sie sehen.

Jedes Land hat andere, höflichere Bezeichnungen: Roma, Romani und in Deutschland Sinti und Roma. Und diese Begriffe werden oft von Nichtzigeunern gebraucht, um zu unterscheiden zwischen Menschen, die man für Wahlzigeuner hält (die einen »Lebensstil« pflegen), und denen, die einem edlen und vor allem untergegangenen Volksstamm angehören.

»Sinti und Roma« hat den Begriff »Zigeuner« ersetzt, der für deutsche Ohren wie »Neger« klingt, wenn nicht gar wie »Nigger«. Die neue Form ist genauso irreführend (der Unterschied zwischen den beiden Namen ist von Nichtfachleuten nicht zu verstehen und bekommt damit den Anschein einer nervösen oder abgesicherten Tautologie, so wie »schwul und lesbisch«). Tatsächlich besagt »Sinti und Roma« nichts anderes als die Zusammenfassung zweier verschiedener Zigeunergruppen. Und um die Verwirrung komplett zu machen: Da die meisten Zigeuner mittlerweile den Begriff »Roma« zur Bezeichnung all ihrer Volksgruppen verwenden, ist die Sprachregelung »Sinti und Roma« so ähnlich wie »Sephardim und Juden« – was einfach Juden heißt.

Als ich mich in Cottbus aufhielt, wurde ein Journalist, der für eine Lokalzeitung über die ausländerfeindlichen Übergriffe berichtete, vor den deutschen Presserat zitiert, weil er den Begriff »Zigeuner«

gebraucht hatte. Auf jeden Fall sind solche Feinheiten noch nicht ganz aufgearbeitet: In Bonn kaufte ich mir etwas zum Knabbern, das »Zigeuner-Chips« hieß (»krosser, würziger!«) – »Juden-Chips« wäre die treffende Analogie, wenn man bedenkt, daß Hunderttausende von Zigeunern von den Nazis umgebracht wurden. In Großbritannien gibt es Pralinen, die »Gypsies« (Zigeuner) heißen; aber das hier war Deutschland, und Zigeuner erinnerte an das »Z«, das den ersten Zigeunern bei der Ankunft in Auschwitz auf den Arm tätowiert wurde.

Die jüngste Gewalt war zum Teil sicher ein Aufbegehren gegen den nervösen Pazifismus, den die deutsche Geschichte dieser Nation aufgetragen hat. Zigeunerfeindlichkeit war als Potential für ein Abreagieren besonders vielversprechend. Während man den Deutschen niemals erlauben würde, ihr Bedauern gegenüber den Juden einzustellen, war kaum jemand ernsthaft von dem Gedanken an die Gefühle der Zigeuner oder ihren möglichen Protest beunruhigt. Nicht einmal die Zigeuner.

DIE UNTERSCHEIDUNG ZWISCHEN »echten« und falschen Flüchtlingen taucht in den frühen zigeunerfeindlichen Gesetzen in ganz Europa auf, insbesondere in England, Schottland und Deutschland. In den deutschen Ländern war es Bismarck, der 1886 erstmals die bereits praktizierte Unterscheidung zwischen inländischen und ausländischen Zigeunern in ein Gesetz faßte, das dann zu einem praktischen Instrument wurde, jeden auszuweisen, der kein Inländer war (während diejenigen, die als Inländer anerkannt wurden, registriert und von der Polizei überwacht wurden). Im 18. Jahrhundert übernahmen die Deutschen eine holländische Methode und errichteten an den Straßen Schilder, auf denen die Strafen (Stockschläge, Auspeitschen und sogar Hängen) dargestellt waren, die die Zigeuner bei einer Festnahme zu erwarten hatten. Gleichzeitig verkündete man, daß Denunzianten belohnt würden. Die Jagd auf Belohnungen hatte begonnen. Großangelegte Heidenjagden (in Wirklichkeit Zigeunerjagden) waren eine Besonderheit der niederländischen Republik im 18. Jahrhundert. Ein Großgrundbesitzer aus dem Rheinland listete 1835 in seinem Jagdbuch unter »erlegt« »Zigeunerin und Säugling« auf.

Lange bevor das zu einem Volkssport geworden war, verhängte Dänemark 1589 die Todesstrafe für die Anführer von Zigeunerbanden, und fünfzig Jahre später regelte Schweden das Hängen für alle männlichen Zigeuner. Zwischen 1471 und 1637 stürzten sich die entstehenden Nationalstaaten ohne die Behutsamkeit, die die Europäische Union unserer Tage auszeichnet, in eine Kooperative der Grausamkeit. Luzern, Brandenburg, Spanien, Deutschland, Holland, Portugal, England, Dänemark, Frankreich, Flandern, Schottland, Böhmen, Polen, Litauen und Schweden erließen Gesetze gegen die Zigeuner. In England wurden sie gehängt und vertrieben, im Frankreich Ludwigs XIV. gebrandmarkt und kahlgeschoren. Rivalisierende Provinzen hoben sich voneinander ab: In Mähren wurde Zigeunern das linke Ohr abgeschnitten, die Böhmen favorisierten das rechte.

Und die Zigeuner waren nicht schwer zu finden. Schon 1686 verfügte Friedrich Wilhelm von Brandenburg, der Große Kurfürst und erste protestantische Fürst in Deutschland, daß den Zigeunern Handel und Obdach verwehrt seien. Angus Fraser führt in seiner kenntnisreichen Darstellung über Edikte gegen Zigeuner an: »In diesen Bestimmungen wurde die Stigmatisierung, die auf die allerersten kaiserlichen Gesetze zurückging, ohne weitere Erörterung wiederholt.« Und so dekretierte Fürst Adolf Friedrich von Mecklenburg-Strelitz 1710, daß Zigeuner selbst ohne den Vorwurf eines Verbrechens ausgepeitscht, gebrandmarkt oder vertrieben werden könnten, und hingerichtet, falls sie zurückkämen; Kinder unter zehn Jahren dagegen sollten weggenommen und von christlichen Familien aufgezogen werden. Ein Jahr später erlaubte Kurfürst Friedrich August I. von Sachsen die Erschießung von Zigeunern, wenn sie sich der Festnahme widersetzten; 1714 erging im Erzbistum Mainz die Verordnung, daß alle Zigeuner ohne Prozeß hinzurichten seien, weil ihr Lebenswandel für ungesetzlich erklärt worden war. (1725 wurde in Preußen dekretiert, alle Zigeuner über achtzehn ohne Prozeß zu hängen. 1734 wurde das Alter in einigen Provinzen auf vierzehn Jahre herabgesetzt und außerdem eine Belohnung gezahlt.) Obwohl die Zigeuner immer in kleinen Gruppen zogen und hauptsächlich eine Gefahr für das ästhetische Feingefühl bedeuteten, läßt sich diese Liste endlos fortschreiben, wobei es zunehmend um den Gegensatz zwischen echten und falschen Zigeunern ging, mit nur geringfügigen Variationen über das Thema Gewalt. 1905 schrieb Alfred Dillmann in seinem *Zigeunerbuch* (zum Gebrauch für das Innen- und Sicherheitsministerium in München), daß »fast keine echten Zigeuner mehr existieren«. Und im Jahr darauf erging in Preußen die erste Vorschrift »zur Bekämpfung des Zigeunerunwesens«.

Der Unterschied zwischen in- und ausländischen Zigeunern fand seine Abwandlungen in den vielen falschen Unterscheidungen, die zwischen Nomaden und seßhaften Zigeunern gemacht wurden, einem weiteren Gradmesser dafür, wer ein »echter« Zigeuner war und wer nicht. Sehr oft gebar die Strafe das Verbrechen: So wie Zigeuner aus der Kirche gewiesen wurden mit der Begründung, sie seien gottlos, so zwang die Beschlagnahme ihres Eigentums sie, zu Nomaden oder Bettlern zu werden. Wenngleich Nomaden manchmal als die echten, edlen Zigeuner angesehen wurden, sah man im Nomadismus doch oft den Beweis moralischer Degeneration. Ein tschechoslowakisches Gesetz aus den 50er Jahren besagt: »Ein nomadisches Leben führt jemand, der, ob in einer Gruppe oder allein, von Ort zu Ort wandert und ehrliche Arbeit meidet oder seinen Lebensunterhalt auf anrüchige Weise verdient ...«

Der polnische Dichter Jerzy Ficowski, der Förderer von Papusza und frühe Kämpfer für die Ansiedlung der Zigeuner, gab den Lesern des *Journal of the Gypsy Lore Society* einen Zwischenbericht aus dem Polen der 50er Jahre: »Das erste große Vorhaben der Behörden bestand darin, die Zigeuner dazu zu überreden, in staatseigenen landwirtschaftlichen Betrieben zu arbeiten.« Einhundertzwölf arme Zigeuner aus dem bergigen Nowy Targ im Süden gingen auf die

Bauernhöfe in Szczecin im Nordosten des Landes. Obwohl sich ihr Lebensstandard erheblich verbesserte, blieb nicht einmal die Hälfte. »Das zweite große Vorhaben war die Beschäftigung von Zigeunern in Nowa Huta.« Dieser riesige Industriekomplex war ein »Kollektiv«, die Stahlwerke waren in den 40er Jahren aus dem Boden gestampft worden. Etwa 160 Zigeuner wurden »dorthin geschickt«, weitere kamen hinzu. Sie wohnten in eigenen, reinen Zigeunerblocks in Nowa Huta. Ficowski erwähnt eine Wohnungs-»Krise« unter den arbeitenden Zigeunern, aber er kann auch Erfolge melden: Die Kinder besuchten die Schule, und auch einige erwachsene Analphabeten nahmen an Kursen teil. »Die Zeitung von Nowa Huta ›Wir bauen den Sozialismus auf‹ erwähnt die zigeunerischen Bauarbeiter der sozialistischen Stadt häufig. Am 14. Juli 1952 veröffentlichte sie z. B. ein Foto von Irene Gabor.« Enttäuscht und übereilt berichtet Ficowski von den anderen Ergebnissen dieses Versuchs, ein Zigeunerproletariat zu schaffen:

Zuweilen veranlaßte das »anarchistische« Verlangen nach absoluter Unabhängigkeit die Zigeuner jedoch, den Annehmlichkeiten von Nowa Huta zu entfliehen und zu einem Leben im Elend zurückzukehren ... Nicht nur die Nomaden, auch die Zigeuner aus den Bergen liefen manchmal weg. Die Zigeuner zieht weniger das nomadische Leben an als die Ablehnung der Obrigkeit und das Fehlen von Disziplin und Gehorsam. »Wir gehen in die Freiheit zurück«, sagten sie, wenn sie Nowa Huta verließen, um ihr altes Leben wiederaufzunehmen. Im Jahr 1952 ereignete sich etwas, das für Nichtzigeuner unbegreiflich ist. Einige Familien aus dem Block 37 begaben sich zu einem Waldstück in der Nähe von Nowa Huta, um dort in einfachen Bretterhütten zu leben. Sie sagten, ein Haus sei für sie wie ein Gefängnis.

Ihr Auszug ist für Nichtzigeuner vielleicht gar nicht so verblüffend, wie Ficowski meint, zumindest nicht für alle, die schon einmal in Nowa Huta waren. Dieser Industrievorort von Krakau verdient heute nur noch, als ein Paradebeispiel für Umweltkatastrophen im

Reiseführer erwähnt zu werden, die vielleicht einmal zur größten Hypothek dieser hoffnungsvollen Regierungssysteme werden. Vor vierzig Jahren hat es sicher anders ausgesehen, aber die »Häuser«, deren Ablehnung Ficowski so schockierte, stehen noch: gesichtslose Wohnungen vor der einfarbigen Trostlosigkeit eines riesigen Stahlwerks, dessen Öfen nach wie vor über die Hälfte des polnischen Stahls ausstoßen und dazu ununterbrochen dichte Rauchschwaden, die in den Augen brennen.

VIELE ZIGEUNER BLEIBEN saisonal mobil. Andere ziehen regelmäßig, etwa alle zehn Jahre oder auch erst nach dreißig Jahren, an denselben Ort. Wo sie sich niederlassen durften (nicht mußten), haben sie sich meistens auch niedergelassen. Obwohl das Umherziehen bald verboten werden sollte, zeigt z. B. eine Volkszählung von 1893 in der Slowakei, daß nicht einmal zwei Prozent der sechsunddreißigtausend Zigeuner der Gegend Nomaden waren. In den zwei Jahrzehnten vor dem Ersten Weltkrieg wanderte dagegen fast ein Viertel der weißen slowakischen Bevölkerung – über eine halbe Million Menschen – in die Vereinigten Staaten aus.

Die Tatsache, daß öffentliches Land, auch nicht offen ausgewiesenes öffentliches Land, für Zigeuner heute noch genauso unerreichbar ist, läßt vermuten, daß die überzogene öffentliche Reaktion genausoviel mit der Zurückweisung der »normalen« Wertvorstellungen zu tun hat – die auf der Unantastbarkeit des Privateigentums beruhen – wie mit dem Müll. Behörden haben überall die Zustimmung der Durchschnittsbevölkerung: Selbst in einer aufgeklärten oder zumindest einer durch Euphemismen eingelullten Welt geht es immer noch in Ordnung, Zigeuner zu hassen.

In Frankreich wie auch in Großbritannien werden Zigeuner nicht mehr einfach abgeschoben. Die Bestimmungen sind zwar von Bezirk zu Bezirk verschieden (und häufig widersprüchlich), setzen aber indirekt die gleiche alte Taktik der Abweisung durch. Osteuropäische Zigeuner leben meistens in Ghettos am Rand von Dörfern. Die Abneigung, vernünftige und zulässige Halteplätze zur Verfügung zu stellen, bedeutet, daß die Plätze in Westeuropa ebenfalls am Rand der Städte liegen, im allgemeinen neben den städtischen Müllhalden – so werden die Zigeuner das, was sie vermeintlich sind: schmutzig und übelriechend und eine gesundheitliche Gefahr. Und daß sie »freiwillig« weiterziehen, überrascht auch nicht.

In Großbritannien schien sich die Lage mit dem Caravan Sites Act von 1968 zu bessern, der die Lokalbehörden verpflichtete, für verfügbares Land zu sorgen. Aber dann stellte sich heraus, daß das Gesetz nicht nur die Bedingungen verbessern sollte, sondern auch auf Seßhaftigkeit abzielte (»Es besteht die Hoffnung, daß die Zigeuner allmählich vollständig von der seßhaften Bevölkerung integriert werden«). Doch die lokalen britischen Behörden waren, wie schon die Adligen aus dem Haus Habsburg und die deutschen Fürsten, nicht bereit zu kooperieren. Ein Beispiel aus den frühen 70er Jahren: Allein in den West Midlands wurden über eine Million Pfund dafür ausgegeben, die Zigeuner von »öffentlichen« Straßen zu vertreiben, während im gleichen Zeitraum von fünf Jahren nur fünfundvierzig Familien legaler Wohnraum gewährt wurde.

1994 hob das Parlament den Caravan Sites Act auf, setzte sich dabei über Rettungsversuche im House of Lords hinweg und erklärte, die Zigeuner sollten für eigenen Grund und Boden zahlen. Gleichzeitig verschärfte die Regierung die Baurechtspolitik, die den Zigeunern ebendies praktisch unmöglich machte. (Erwirbt man ein Stück Land, muß man verschiedene Anträge stellen: wenn man darauf wohnen möchte, wenn man eine Hütte bauen möchte, wenn man ein Haus bauen möchte, wenn man einen Stall bauen möchte etc.; drei Viertel der Anträge werden abgelehnt.) Innenminister Michael Howard grub die alte Debatte über echte und unechte Zigeuner wieder aus und warf Nebelkerzen, indem er auf der Randfrage von »zügellosen New Age-Hippies« herumritt, und einer seiner Staatssekretäre bemühte das treue Schreckgespenst der nomadisierenden Horden: »Wir wollen das Gesetz abschaffen, [weil] ... die Zahl derjenigen, die Nomaden sein wollen, gestiegen ist«, erklärte er und bezog sich auf einen »Sprung« von 9800 im Jahr 1968 auf 13 700 sechsundzwanzig Jahre später. Keine Erwähnung finden dabei die annähernd 4000 umherziehenden Familien – rund 18 000 Menschen –, die unterwegs sind, weil sie noch immer darauf warten, daß man ihnen einen offiziellen Platz zuweist, nicht weil sie alle »Nomaden sein wollen«. Die Abschaffung dieses Gesetzes befreite die Behörden von der Pflicht, die entsprechenden Örtlichkeiten bereitzustellen. Und die unvermeidliche Konsequenz besteht natürlich in einer Zunahme der »Nomaden«. Die Schwierigkeiten nahmen zu, als 1994 der Criminal Justice and Public Order Act erlassen wurde, der unter anderem auch das Anhalten und Umherziehen unter Strafe stellte.

In einigen Teilen des Westens ist das Ziel, die Zigeuner anzusiedeln – wenn auch nicht zu integrieren –, erreicht worden, wie im ehemaligen Ostblock im großen ganzen auch. Aber es war eine Katastrophe. Erlaubte und traditionelle Arbeiten werden ausgeschlossen, in Großbritannien beispielsweise durch den Scrap Metal Dealers Act von 1964 – der eine komplizierte Fakturierung und einen Nachweis für jedes einzelne Altwarengeschäft verlangte, was für viele der kaum des Lesens und Schreibens mächtigen Fahrenden eine unüberwindbare Hürde war –, oder durch die einfache Bestimmung, daß an den Halteplätzen nicht gearbeitet werden darf (ein Wohnwagen darf nicht einmal entladen werden). Und so ist jeder zwangsläufig auf die Wohlfahrt angewiesen. Und diejenigen, die nicht umherziehen, werden, wie die amerikanischen Indianer in ihren Reservaten, sehr oft Zigeuner *mit* Problemen.

Aber unter den Zigeunern, den reichen und den armen, im Osten wie im Westen, hält sich der *Eindruck* vom Wanderleben, der noch verstärkt wird durch das Gefühl des Vorläufigen, das selbst den solide gebauten, langfristigen Wohnungen anhaftet. In Kischinew, der Hauptstadt der seit kurzem selbständigen Republik Moldawien, lernte ich z. B. einen Zigeuner kennen, der aus Rumänien dorthin gezogen und durch das Anfertigen von »Chanel«-Unterwäsche zu einigem Wohlstand gekommen war. Er beschäftigte in seiner Fabrik über einhundert Näherinnen, entweder Rumäninnen oder Russinnen, keine einzige Zigeunerin, worauf der Höschenschneider ungeheuer stolz war. Er lud mich ein, sein neues Haus zu besichtigen – in Wirklichkeit ein Palast, mit neun Türmchen, Balkonen über einem Innenhof, drei großen Salons, deren strukturierte, opalisierende Wände aufwendig gemalte Schäferszenen mit romantisch verklärten Zigeunern in Wohnwagen zeigten. Diese Familie war so reich, daß sie um ihre Sicherheit fürchtete und wegen der neidischen Nachbarn große Hunde hielt. Aber es gab weder Toiletten noch ein Bad in diesem Landhaus; und obwohl sie schon über ein Jahr dort wohnten, ragten Elektrokabel aus Löchern in den meisten Wänden, als wäre mitten beim Bauen das Geld ausgegangen (was nicht der Fall war). Die Frauen kochten draußen im Hof auf einem offenen Feuer, und dann aß und schlief die ganze Familie dort im Freien, die Kinder dicht zusammengedrängt, wie in einem Zelt. Jean Cocteau entdeckte das bei dem berühmten Zigeunergitarristen Django Reinhardt: »Er lebt, wie man zu leben träumt, in einem Wohnwagen. Und selbst als es kein Wohnwagen mehr war, war es irgendwie doch noch einer.«

Es ist unter den Nomadenforschern allgemein bekannt, daß seßhafte Menschen sich vor Fahrenden fürchten, nicht weil diese fremd sind; wir fürchten sie, weil sie *vertraut* sind: Vermutlich erinnern sie uns an diejenigen, die wir wirklich sind. Was Herbert Spencer unsere »von den Urnomaden ererbte Unruhe« nannte (und er, nicht Darwin, prägte den Begriff vom Überleben des Tüchtigsten), klingt vielleicht wie das sehnsüchtige Phantasiegebilde eines Reiseschriftstellers – und hat wenig Wert für ermüdete, arme Menschen, die sich eine Weile niederlassen, wenn sie können. Aber die meisten Zigeuner, wie die Karibu-Eskimos mit ihrer »Großen Unruhe«, haben sich ebenfalls etwas von ihrer Wandervergangenheit und ihrem Ruf bewahrt; es grenzt sie in ihrer eigenen Vorstellung sinnvoll ab von den festgelegten Menschen um sie herum.

Die Angst, die Zigeuner hervorrufen und die manchmal noch verschärft wird, wenn die regionale Bevölkerung in der Minderzahl ist, hat hinter allen Assimilierungsversuchen gestanden. Aber der ältere und entscheidendere Beweggrund hinter der Anpassung war der, daß die Feudalgesellschaften sie als Handwerker und Arbeitskräfte brauchten. Die ersten systematischen Bemühungen (»aufgeklärt« im Vergleich mit dem Massenmorden und Brandmarken anderer Regime und Zeiten) sind wohl die der habsburgischen Herrscher gewesen, der österreichischen Kaiserin Maria Theresia (1740–80) und ihres Sohnes Joseph II., ab 1765 Mitregent. Nur die kommunistischen Regierungssysteme, die meistens auch die gleiche Taktik wählten, bemühten sich um die soziale Umwandlung der Zigeuner in ähnlich großem Umfang. Unter den Habsburgern wurden Zigeuner in der Slowakei als Leibeigene gehalten: Es war ihnen verboten, umherzuziehen, Pferde zu besitzen oder mit ihnen zu handeln, Romani zu sprechen, Anführer zu haben und, in vielen Fällen, die eigenen Kinder zu erziehen (die, nach dem Vorbild der deutschen Länder, den Eltern weggenommen und von weißen, christlichen Familien aufgezogen wurden). Maria Theresia bestand darauf, die Zigeuner Ujmagyar zu nennen, neue Ungarn oder Neubauern, und nach diesem Bild umzuformen. Die positiveren Reformbemühungen von Mutter und Sohn – z. B. die Verbesserung der Bildungs- und Wohnsituation der Roma – schlugen weitgehend fehl, weil der ungarische Adel nicht bereit war, die Kosten zu tragen. Wenige Wochen vor seinem Tod verfaßte Joseph II. seine eigene Grabinschrift: »Hier liegt Joseph II., der mit all seinen Unternehmungen scheiterte.«

Natürlich kehrte das Leben für die Zigeuner nach seinem Tod 1790 zur Normalität zurück: endlose Verfolgung und allgemeine Verleumdung (bis hin zum Vorwurf des Kannibalismus). Andererseits war niemand mehr an ihren Kindern interessiert, und gelegentlich tauchte eine philanthropische Gesellschaft auf, wie etwa die 1929 von slowakischen Ärzten ins Leben gerufene, die Zigeuner auf die Bühne brachte und einen berühmten, nur aus Zigeunern bestehenden umherreisenden Fußballclub förderte. Aber vielleicht noch schlimmer als die Verfolgung war ihre zunehmende Verarmung. »Gefängnis hat als Strafe keine abschreckende Wirkung auf sie«, bemerkte 1924 ein slowakischer Beamter, »weil Gefängnis ihre Lebensbedingungen nur verbessert.« Nach dem Krieg und den Schlägen, die sie von der faschistischen slowakischen Hlinka-Garde erhielten, zogen Tausende verzweifelte Zigeuner nach Westen, nach Böhmen und Mähren. In diesen Industriezentren gab es etwas Arbeit für sie, es gab Platz (sie belegten Häuser, die von Sudetendeutschen aufgegeben worden waren), und es gab keine anderen Zigeuner – bis auf sechstausend tschechische Zigeuner waren alle von den Nazis umgebracht worden.

Die Kommunistische Partei war für die Zigeuner attraktiv, wie sie es für die Juden gewesen war: Die Partei nahm Zigeuner als Mitglieder auf, und überall gedachte und gedenkt man der Roten Armee mit Zuneigung. Es dauerte jedoch nicht lange, bis dieser Zug in ein Land der Hoffnung vorsätzlich und tragisch umgelenkt wurde. Die übliche Angst vor den Zigeunerhorden brachte ausgeklügelte Kampagnen zur »maximalen Streuung« hervor – diesmal keine Vertreibung, aber (1965) ein verfassungswidriges Programm für »Transfer und Streuung«, das eine demographische Planung nach strikten Quoten vorsah. Das Ergebnis war, daß viele Großfamilien auseinandergerissen und zwangsweise in abgelegenen Teilen des Landes wieder angesiedelt wurden. Vor diesem Hintergrund ist es besonders erschütternd, daß die jetzt unabhängige, postkommunistische tschechische Regierung eine Aussiedlung von Roma betreibt oder erzwingt, diesmal nach Osten, zurück in die Slowakei.

Seit 1993 werden alle auf tschechischem Territorium lebenden Slowaken aufgefordert, die Staatsbürgerschaft zu beantragen – selbst wenn sie auf tschechischem Gebiet geboren sind (man folgt dem deutschen Vorbild). Das Gesetz erweckt den Eindruck, als sei es dazu konzipiert, die Bürgerrechte zu entziehen und dann die Menschen zu vertreiben, vor allem die Zigeuner: Fast alle dreihunderttausend Zigeuner (oder ihre Eltern) in der Tschechischen Republik kamen aus der Slowakei oder wurden herübergeschickt. Um die Staatsbürgerschaft zu erhalten, mußte man jetzt fließend Tschechisch sprechen (die meisten Zigeuner sprechen Romani und Slowakisch), seit mindestens zwei Jahren einen festen Wohnsitz haben und seit fünf Jahren keine Vorstrafen. Die letzte Anforderung erstreckte sich bezeichnenderweise zurück in die Zeit des Kommunismus, als viele arbeitslose oder selbständige Zigeuner Vorstrafen für Vergehen erhielten wie »Arbeitsverweigerung« oder »Verwahrlosung«, die beide häufig zum Vorwand genommen wurden, Zigeunerkinder in staatliche Kinderheime einzuweisen. Das Gesetz hat die Gewalt gegen Roma gefördert (noch bevor es in Kraft trat, waren einige tschechische Einwohner aus Ústí nad Labem bereits zur Stelle und zwangen eine in der Tschechischen Republik geborene Zigeunerin, ihr Kind in der Slowakei zur Welt zu bringen) und auch eine Woge von Asylsuchenden ausgelöst. Mehrere Familien sind zwischen den beiden Staaten hin- und hergeschickt worden. Tausende – vielleicht Hunderttausende – werden sich ohne Staatsbürgerschaft entweder in der Tschechischen Republik oder in der Slowakei wiederfinden: also staatenlos.

Sollten die Osteuropäer gerade begonnen haben, die traditionelle westliche Vorliebe für die Vertreibung zu übernehmen, so ist nichts Neues an dem Gedanken, daß es ein Verbrechen ist, Zigeuner zu sein. Genauso schwer war das Vergehen, *so zu tun*, als wäre man Zigeuner – der Verräter, der Spion und der »falsche Ägypter« –, als ob es irgendwo nettere, bessere Zigeuner gäbe, nicht so wie die unseren.

Offensichtlich glaubten die Bürger im elisabethanischen England tatsächlich, daß die Fremdlinge sich freiwillig mit Walnußsaft einrieben, um dunkler zu erscheinen, obwohl das gleichbedeutend gewesen wäre damit, sich ein Schild um den Hals zu hängen mit der Aufforderung »Schlagt mich«. 1610 schrieb der Verfasser einer Streitschrift: »Sie sind nie mit weniger als einhundert Männern oder Frauen unterwegs und machen sich die Gesichter schwarz, als ob sie Ägypter wären.« Der Makel hält sich hartnäckig. »Die Zigeuner sehen nur deshalb schwarz aus, weil sie sich nicht waschen«, erzählte ein über seine neuen Nachbarn entsetzter Engländer dem *Daily Telegraph* im April 1969. Man hielt auch ihre Sprache oft für Rotwelsch oder eine Gaunersprache, was für diejenigen, die sie nicht verstanden, Beweis genug für ihre Verwerflichkeit war.

Das spanische Wort *gitano* kommt, wie das englische *gypsy*, von »Ägypter«; es ist das beständigste Etikett und tauchte erstmals in der populären byzantinischen Lyrik auf. Die Bezeichnung wurde von Zigeunern aufgegriffen, die sich den örtlichen Behörden gegenüber ausweisen mußten und vermutlich glaubten, es sei besser, von irgendwo zu kommen als von nirgendwo, und dazu möglichst aus einem besonders exotischen Land (was besonders nützlich für Wahrsager war).

Die Zigeuner haben aus ihrer rätselhaften Herkunft oft Kapital geschlagen. Schon im 15. Jahrhundert wußten sie, daß der Schein mindestens so wichtig war wie die Wirklichkeit und daß adlige Referenzen, auch wenn sie noch so obskur sein mochten, unerläßlich waren. Auch Pilger zu sein machte sich gut: Die Zigeuner hatten auf ihrem Weg durch Griechenland und Byzanz nach Westen sicher bemerkt, daß Pilger als Reisende Privilegien genossen. Und so zogen sie heran, die Herzöge und Grafen und Rittmeister und Könige aus Kleinägypten, gefolgt von der bunten Schar vermeintlicher Bittsteller.

Die ersten Zigeuner reisten im Westen immer mit Geleitbriefen, den im Mittelalter gebräuchlichen Urpässen, die König Sigismund von Ungarn (1368–1437) sonderbarerweise auch an die Zigeuner ausgab. Es war das offizielle Siegel, das den Zigeunern erlaubte, umherzuziehen und sich als Pilger (selbstverständlich Pilger, die Almosen erbaten) auf einem siebenjährigen Bußaufenthalt außerhalb von Kleinägypten auszugeben.

Sie nahmen zwar keine Tee-Bäder, aber sie waren Darsteller aus Neigung und aus Notwendigkeit, und natürlich mußte das Stück dauernd umgeschrieben und aktualisiert werden. Einige Jahrzehnte nach ihrer Ankunft in Westeuropa – vielleicht die einzige glückliche Phase, die die Zigeuner je erlebt haben – kamen Pilgerfahrten aus der Mode. Ende des 16. Jahrhunderts hatte ein päpstliches Breve den Wert einer deutschen Mark zur Zeit der Hochinflation 1929; Luthers Reformierte Kirche zog Scharen von Katholiken und Griechisch-Orthodoxen an; und die Idealisierung der Armut durch die Franziskaner war (zum Pech für die Bettler) nur mehr eine schöne

Ein deutsches Plakat von etwa 1715, das Zigeuner abschrecken soll.

Erinnerung. Die protestantische und vor allem die calvinistische Kirche gingen hart nicht nur gegen das Almosenwesen vor, sondern auch gegen die Zigeuner selbst. Martin Luther warnte im Vorwort einer Ausgabe seines *Liber Vagatorum* von 1528 vor den Schurkenstücken dieser Vagabunden und nickte zustimmend zur institutionalisierten Unterdrückung. In der Nachpilgerzeit erschienen die Zigeuner eine Weile eher wie sie selbst, als Wanderdarsteller, Handwerker und Händler. Sie machten sich bei den Einheimischen nicht beliebt, vor allem nicht bei den heimischen Handwerkern und Händlern, deren Zünfte die Konkurrenz sehr viel wirkungsvoller fernhielten als alle politischen Maßnahmen.

Je exotischer Zigeuner erscheinen, als desto »echter« gelten sie und desto annehmbarer werden sie paradoxerweise (in der Vorstellung der Einheimischen, nicht im heimischen Wirtshaus). Wer am besten in das Klischee paßt, ist Sieger. Zigeuner, die ihre traditionelle Tracht tragen, sind im »sicheren« Hafen der Folklore, und es ist die Aufgabe der Folklore, das Fremde zu zähmen oder ihm die Zähne zu ziehen. Zigeuner, die ihre traditionelle Kleidung abgelegt haben, sind als Anblick nicht mehr so angenehm; dementsprechend werden sie nicht als Stamm betrachtet, sondern als Ärgernis. Gleichzeitig hat die Mode die Klischees gern übernommen: von den großartigen Kostümbällen des 19. Jahrhunderts in England und Frankreich, auf denen die Damen als italienische Bäuerin, türkische Konkubine oder als Zigeunerin erschienen, bis zum »Zigeunerlook«, wie Yves Saint Laurent ihn in den 60er Jahren kreierte. Wenn man sie erst einmal *tragen* kann, kommen einem die Fremden am Stadtrand nicht mehr gar so beängstigend vor.

Aus der Sicht der Zigeuner hatte das Exotische immer seine Vorteile. Zumindest bis zum Zeitalter der Massenreisen zahlten die Menschen mehr für Darbietungen fremdartig gekleideter Artisten aus irgendwelchen fernen Orten. Ihre indische Herkunft war auch die Grundlage für ihre erfolgreiche Forderung nach einem besonderen ethnischen Status in den Vereinten Nationen. Das Fremde hält die Menschen vor allem in einer annehmbaren Distanz. Selbst ein amerikanischer und relativ reicher Zigeuner wie John Nickels, der den Spielsalon in Wildwood, New Jersey, betreibt, hielt seine Söhne aus diesem Grund von der Schule fern: Er hatte Angst, sie würden sich mit, wie er es nannte, »amerikanischen Mädchen« einlassen, vielleicht sogar eine Fremde heiraten, eine zeitlose Bedrohung für das Überleben der Zigeuner.

Fremdsein hat natürlich des öfteren Vertreibung bedeutet, wenngleich die Behörden nicht immer meinten, einen solchen Vorwand nötig zu haben. Als im 16. Jahrhundert klar wurde, daß viele dieser Ägypter tatsächlich Einheimische waren, erging eine neue Verfügung, »um alle Zweifel und Mehrdeutigkeiten zu vermeiden«; und die Todesstrafe (die von 1562 bis 1738 galt) wurde nicht nur auf die »in jeglicher Gesellschaft oder Gemeinschaft von Vagabunden, die gemeinhin Ägypter genannt werden oder sich selbst so nennen« ausgeweitet, sondern jetzt auch auf diejenigen, »die durch ihre Kleidung, Sprache oder anderes Verhalten täuschen, sich verwandeln oder verbergen«. Die Glücklichen gehörten zu den Gaunern und »Kräftigen Bettlern«, die »schmerzhaft gepeitscht, durch das Läppchen des rechten Ohres gebrannt werden sollen mit einem glühenden Eisen mit einem Umfang von ungefähr einem Zoll«. Und schon bald wurde die Todesstrafe erneut ausgedehnt, um »diejenigen, die der Gemeinschaft oder Gesellschaft der Ägypter angehören oder angehören werden« zu erfassen.

Das Rätsel ist, daß ihr Überleben immer Anpassung erfordert hat (zum Leidwesen der Menschenrechtler gehört dazu die Täuschung) und die ständige Umorientierung ihrer »ethnischen« Identität. Die meisten Roma haben in ihrem Leben mehrere Berufe, und das oft gleichzeitig; aus der Sicht eines Zigeuners ist es weder seltsam noch widersprüchlich, sowohl Parlamentsmitglied als auch Gebrauchtwagenhändler zu sein. Wenn sie zum Teil selbst schuld an ihrem zwielichtigen oder gar angsteinflößenden Bild gewesen sind, dann deshalb, weil sie nicht nur die Opfer dieses Bildes sein wollten. Ich glaube, der Zigeunerforscher R. A. S. Macfie hat mit Bewunderung (wenn auch mit bedauerlichem Timing – es war das Jahr 1943) im

Journal of the Gypsy Lore Society geschrieben: »Sosehr Zigeuner bereit sind, ihre Religion und ihr Volkstum zu ändern und ihrem Wortschatz neue Begriffe hinzuzufügen, die Tricks, mit denen sie leben, haben sich nie geändert.«

Seit dem Krieg ist die erzwungene Anpassung der Zigeuner im ehemaligen Ostblock heimtückischer geworden, z. B. über die (vor allem in der Ostslowakei betriebene) Sterilisierung der Frauen bei Geburten im Krankenhaus, oft ohne deren Wissen. Aber auch die weniger heimlichen Maßnahmen wurden fortgesetzt, wie die Aneignung von Zigeunerkindern durch christliche Wohlfahrtsverbände; das war bis 1973 gängige Praxis in der Schweiz.

Und wie immer gibt es keine Nachsicht mit den Roma, die protestieren. Noch in den 80er Jahren wurden z. B. in Polen Zigeuner, die sich den 1964 erlassenen Siedlungsgesetzen nicht beugen wollten, des Landes verwiesen und ihrer Staatsbürgerschaft beraubt. Eine ähnliche Rückstufung widerfuhr Zigeunern, die Ende der 70er Jahre aus Deutschland abgeschoben und dann von ihrem Heimatland Jugoslawien zurückgewiesen wurden. Busladungsweise sind diese Menschen ein Jahrzehnt in Europa hin- und hergeschoben worden. Die nach dem Krieg gebräuchliche Einstufung als »staatenlose Person« (für vertriebene Zigeuner, die die Lager überlebt hatten) war zu jener Zeit ein bequemer Weg, sie abzulehnen; sie wurden von einem Amt zum nächsten, von einem Land zum anderen geschoben. Heute stehen Staatenlose unter dem garantierten Schutz der Genfer Konvention. Und Zigeuner kommen dafür nicht mehr in Frage: Sie heißen jetzt Rumänen, Bulgaren etc., auch wenn sie in dem jeweiligen Land nicht als solche anerkannt werden.

Alle europäischen Staaten beteiligten sich an hochtrabenden Kreuzzügen gegen die Zigeuner. Aber was allein den Umfang der zigeunerfeindlichen Gesetze betrifft, konnte sich das Heilige Römische Reich – der von Karl dem Großen gegründete Komplex europäischer Territorien, der jedoch immer durch die deutsche Krone symbolisiert und mit ihr identifiziert wurde – mit dem ganzen übrigen Europa messen. Deutschland war dabei immer in vorderster Reihe.

Kapitel 7

DAS VERSCHLINGEN

»JEDER MENSCH IST zu einem Teil Judas, zu einem Teil Christus«,
sagte ein hochgewachsener, bärtiger Rom aus Estland einem polnischen Fernsehteam im gleißenden Licht der Scheinwerfer. »Nur
das Glück gibt den Ausschlag.« Er antwortete auf die Frage, warum
die Nazis seiner Meinung nach versucht hätten, die Zigeuner auszu-
rotten.

Mitternacht war bereits vorbei, und das Team filmte im Todeslager Birkenau, fünfzig Jahre nach der Nacht, in der der letzte von
rund 21 000 Zigeunern in Auschwitz ermordet wurde. Zum ersten
Mal überhaupt waren Zigeuner aus ganz Europa zusammengekommen – Dutzende von Bussen hauptsächlich aus den Ostblockländern –, um ihrer ermordeten Verwandten zu gedenken. Hunderte
von Menschen hielten die ganze Nacht im Lager Totenwache, und
bis auf ein paar improvisierte Klagelieder einzelner gab es weder
Gesang noch Musik; sie saßen einfach so beieinander, in bequemen
Trainingsanzügen und Shorts und bedruckten Freizeithemden.

Am nächsten Tag, bei 40 Grad im Schatten, gab es Stunden offiziellen Gedenkens; auch sie waren ohne Beispiel. Der polnische Regierungschef Waldemar Pawlak sprach, auch die Botschafter Israels
und Deutschlands. Briefe von Vaclav Havel, Lech Walesa und vom
Papst wurden vorgelesen. Rajko Djurić, der Rom-Lyriker und Präsident der International Romani Union, rief vehement nach Anerkennung. Der Shero-Rom oder oberste Zigeuner der polnischen Roma
hielt eine lyrische Rede im typisch wehklagenden Ton der Roma.

Man kann ohne jede Ironie feststellen, daß allein seine Anwesenheit schon ein Indiz für die Bedeutung der Gelegenheit war: Er war herausgeputzt mit einem seidigen, schwarzen Hemd, purpurfarbenen Schuhen, einem Strohhut und einer schweren Krawatte aus Perlen, die wie der schimmernde Fang eines ganzen Tages auf seinem mächtigen Bauch ruhte. Später, in der modernen Kathedrale der Stadt Auschwitz (die unvermeidlich einem Krematorium aus Ziegeln und Beton ähnelt), hielt der Kardinal von Krakau im roten Meßgewand eine dreistündige Messe, ein Hochamt zu Ehren der Opfer unter den Zigeunern. Ein Rom-Priester las die Liturgie auf Romani, und ein engelgleicher Chor von Zigeunerkindern sang auf der Empore. Erstaunlich, daß die Kirche an einem so brütendheißen Mittwochnachmittag und bei einer Messe für Zigeuner bis auf den letzten Platz gefüllt war, überwiegend mit Polen.

Gegen zwei Uhr in der Nacht der Totenwache im Lager machte ich mich auf den langen Weg zum Hotel in Oświęcim oder Auschwitz. Ich lief und lief um das scheinbar endlose Lager zur Hauptstraße. Im Abstand von fünf Metern markierten Betonpfosten die Grenze; sie waren immer noch mit Stacheldraht verbunden, und ihre gebogenen Spitzen richteten sich wie Periskope auf das Lager. Plötzlich befand ich mich abseits der Kerzen, der Fackeln und der Fernsehteams. Aber es war wahrscheinlich nicht die Dunkelheit, die mich zurück zu den Zigeunern und ihren Bussen laufen ließ. Es war das Bellen von Hunden, es war Auschwitz – Auschwitz bei Nacht. Wieder beim Schauplatz der Totenwache fand ich einen Freund in Karpio, einem großen, ernsten polnischen Rom, der mich in seinem Wagen mit zum Hotel nahm. Er erzählte mir, daß seine Großmutter und sein Großvater im Lager umgekommen waren und zuckte mit überzeugender Gleichgültigkeit die Schultern, als ich ihn fragte, was er von einer solchen Gedenkfeier halte. Karpios ganze Erregung galt den Sinti – den deutschen Zigeunern –, die es abgelehnt hatten, sich den anderen im Lager anzuschließen, und die voller Hochmut eine eigene kleine Feier im deutschen Konsulat von Krakau arrangiert hatten, nur für geladene Gäste. »Faschisten« nannte Karpio sie.

In jener Nacht hielt ich meine eigene unfreiwillige Nachtwache. Das Hotel Glob war über dem Hauptbahnhof erbaut, und die ganze Nacht erzitterte das Gebäude unter dem ratternden Kreischen und vibrierenden Tuten der Nachtzüge. Nicht einmal der Fahrplan läßt einen vergessen, daß man in Auschwitz ist. Ich lag auf dem kratzenden, schmalen Bett in meinem *Wagon-lit* und dachte über die Worte des Roms aus Estland nach: »Nur das Glück gibt den Ausschlag.«

Baxt oder Glück konnte man auch mit Los oder Schicksal übersetzen. Zufällig flog ich zwei Tage später mit derselben Maschine wie der Rom-Lyriker Rajko Djurić, der in Berlin im Exil lebte, nachdem er seine Heimatstadt Belgrad verlassen hatte. Als die Lot-Stewardeß um sechs Uhr morgens Schokoladenriegel ausgab, sprachen wir über das Alte Testament und das jüdische Geschichtsempfinden, und ich fragte ihn nach dem *baxt* der Zigeuner.

»*Baxt*«, sagte Rajko, zog die Augenbrauen hoch und senkte den Blick, »ist das, was die Roma auf dieser Erde beschäftigt.«

Es bedeutet mehr als *devel* oder Gott, und auch mehr als *beng*, der Teufel. *Baxt* konnte für einen Roma etwas ganz Gewöhnliches sein – buchstäblich ein Spiel im Casino. Es konnte auch eine Frau sein. Sicher konnten die eigenen Kinder das *baxt* eines Menschen sein, sagte Rajko; es wurde von vielen Dingen beeinflußt: Wie weit man die Tradition wahrte, etwa die Achtung vor dem *mule*, dem Geist der Toten, und Verunreinigungen aller Art vermied. (»Wenn ich unrein bin, gibt es keine Möglichkeit für das *baxt*.«) *Baxt* war gegen den sozialen Zusammenhalt, wie Rajko meinte, denn es wurde nicht kollektiv gemessen. In seiner niedrigsten Form unterschied *baxt* sich nicht vom Fatalismus und förderte die Passivität unter den Roma.

Rajko war auf der Holocaust-Gedenkfeier der Zigeuner ein wortgewaltiger Redner gewesen. Während seiner Rede hatten die Menschen kleine Fähnchen geschwenkt, auf denen *na bister* / 500 000 stand, »Vergeßt die 500 000 nicht« – die 500 000 umgebrachten Zigeuner. Als wir jetzt in Warschau landeten, sagte er: »*Baxt* hat vor allem mit der Gegenwart und der nahen Zukunft zu tun.«

Die Roma haben keine Mythen über den Beginn der Welt und ihren eigenen Ursprung; sie haben kein Gefühl für eine große geschichtliche Vergangenheit. Sehr oft reichen ihre Erinnerungen nicht weiter als drei oder vier Generationen zurück – d. h. bis zu den Erfahrungen und Vorfahren, an die sich die ältesten noch lebenden Personen unter ihnen noch erinnern. Alles übrige ist gewissermaßen nicht Geschichte. Eine derartige Haltung ist vielleicht ein Erbe aus den Tagen des Umherziehens, als die Toten buchstäblich zurückgelassen wurden; aber sie nutzt auch weiterhin einem Volk, das, selbst wenn es seßhaft ist, um sein Überleben ringen muß.

Der Zweite Weltkrieg und seine traumatischen Ereignisse sind sicher noch in Erinnerung; aber es besteht keine Tradition des Gedenkens oder gar des Diskutierens. Einige meinten, solche Gespräche könnten sogar gefährlich sein: »Warum Gedanken darauf verwenden?« fragte ein junger ungarischer Rom fünfzig Jahre nach den Ereignissen. Unter den Nazis waren die Zigeuner neben den Juden die einzige Gruppe, die aufgrund ihrer Rasse für die Ausrottung vorgesehen war. Es ist eine Geschichte, die fast unbekannt geblieben ist – selbst für viele Zigeuner, die sie überlebt haben.

In Balteni, etwa vierzig Kilometer nordwestlich von Bukarest, lernte ich eine Überlebende der Zigeunerdeportationen nach Transnistrien kennen, dem Gebiet der Ukraine, das Rumänien während des Krieges besetzt hatte. Nach Angaben der rumänischen Kommission für Kriegsverbrechen verloren hier zwischen 1942 und 1944 36 000 Zigeuner ihr Leben.

»Es waren viele, viele Menschen«, sagte Drina, und ihre Augen wurden schmal, als versuchte sie, die fünfzig Jahre zurückzublicken auf den Winter, als ihre Familie mit Hunderten anderer in Züge verfrachtet wurde, die sie irgendwo nördlich von Odessa und östlich vom Bug abluden. Ich wußte von den langen Fahrten in Viehwaggons: Von Bukarest in die Lager in den besetzten Gebieten konnte es Wochen dauern; und als Drinas schmale Gestalt in der Hitze fröstelte, wurde mir klar, daß es sehr kalt gewesen sein mußte. Sie schien mir unbedingt etwas sagen zu wollen. Sie schwieg eine Weile, eine Hand an der Stirn, blickte auf den Boden, als hätte sie diese Erinnerungen schon lange nicht mehr hervorgeholt und versuche, sie aufzuspüren. Offenbar hatte noch nie jemand diese Frage gestellt. Und dann sprach sie, klar und ohne Emotionen, mit der Stimme einer Zeugin vor Gericht. Als sie vom gefährlichen Übergang über den Dnjestr erzählte, an dessen anderem Ufer das besetzte Gebiet und irgendwo das Feld lagen, die für zwei Jahre ihr Zuhause werden sollten, fanden sich ihre Kinder und Enkelkinder ein, um zuzuhören, als ob auch sie diese spannende Geschichte noch nie gehört hätten. Ein paar der anwesenden Frauen scheuchten die Kinder fort.

»Alle beeilten sich, um beim ersten Transport dabeizusein.« Ich blickte zu Igor hinüber, meinem rumänischen Freund, der dolmetschte. »Doch, doch«, sagte Drina, die meinen fragenden Blick bemerkt hatte. »Die Boote waren nämlich aus Papier.« Sie hielt inne und hob dann ein Stück Karton auf, das im Staub auf dem Boden gelegen hatte. »Daraus waren die Boote. Nach drei oder vier Fahrten gingen sie unter. Alle versuchten, die erste Überfahrt zu erwischen.« Ich vermutete, daß Drina, die damals etwa zehn Jahre alt gewesen sein mußte, ein Boot hatte sinken sehen, wahrscheinlich eines, das mit Deportierten überladen war.

Erst kurz bevor ich Drina kennenlernte, hatte das rumänische Parlament eine Schweigeminute zu Ehren von Marschall Ion Antonescu eingelegt, dem faschistischen Führer aus Kriegszeiten, der für den Tod von 270 000 Juden und die Deportation der Zigeuner verantwortlich war (Anlaß war der fünfundvierzigste Jahrestag seiner Hinrichtung für Kriegsverbrechen). Die Deportationen nach Transnistrien werden heute als Versuch des Marschalls hingestellt, die Zigeuner vor den Todeslagern in Polen zu »bewahren«. (Bei seinem Prozeß hatte Antonescu eine andere Begründung geliefert: »Diebstähle und Morde, die in Bukarest und anderen Städten geschahen, wurden vertuscht, und die Bevölkerung bat mich, sie zu schützen.«) Der rumänische König Michael, der auf seine eigene Rehabilitierung hoffte, offerierte 1991 eine andere, überzeugendere Version: »Die Roma waren für besondere Unterdrückungsmaßnahmen ausersehen, hauptsächlich deshalb, weil sie außerhalb Rumäniens keine Verteidigung und keinen Schutz fanden. Die Nomaden, die man verfolgte, waren ein besonders leichtes Ziel, weil sie keinerlei Ausweispapiere besaßen.«

Drina ging nicht näher auf die Familie ihrer Kindheit ein, ließ aber durchblicken, daß viele Familienmitglieder in Transnistrien umgekommen waren. In ihrer Familie war der Tod offenbar nie weit gewesen. Vier Tage, bevor sie mit mir redete, war ihr siebenjähriger Enkel Luciano gestorben. So hatten wir uns kennengelernt: Ich konnte fahren, und mein Freund Igor hatte ein Auto, das als Leichenwagen diente.

Diese noch überwiegend nomadischen Kalderasch-Zigeuner hielten sich eng an die alte Lebensweise. Die Männer hämmerten *kazans* aus Kupfer – kleine Destilliergefäße für den Haushalt –, und die Frauen suchten gezielt die Umgebung des Lagers ab und schleppten Holz und Eimer mit Wasser heran; sie trugen lange, mit Blumen gemusterte Röcke und zwei lange Zöpfe, die unten zusammengebunden und mit »Münzen« verflochten waren (da sie ihr Gold verloren hatten, benutzten sie Aluminiumchips mit Zahlen drauf, die den gleichen Zweck erfüllten). Ein paar Hunde mit kupierten Schwänzen liefen herum, und Pferde suchten auf der trockenen Wiese nach Nahrung. Die Kinder machten einen scheuen und wilden Eindruck; die Frauen, die sich vor neugierigen Blicken hüteten, legten selten ihren grimmigen Gesichtsausdruck ab, auch wenn wir ihre Gäste waren. Es war kaum zu glauben, daß sie so nah bei der Hauptstadt lebten und nicht in irgendeinem dichten, abgelegenen Wald oder in der Erinnerung irgendeines modernen Zigeuners.

AN EINEM ABEND etwa einen Monat später statteten Igor und ich dem Lager von Drinas Familie einen weiteren Besuch ab. Es lag ungefähr einen Kilometer von der Fernstraße entfernt und war leicht zu verfehlen: Eine Straße gab es nicht, nur ein holperiges Feld, das man überqueren mußte. Die Radus hatten ein halbfertiges gemauertes Haus beim Eingang zum Lager, aber im Sommer gaben sie es zugunsten eines Zeltes auf, das aus drei Pfählen und großen, rauchgeschwärzten Leinwandbahnen bestand und in der Mitte gut doppelt mannshoch war. Innen roch es nach brennendem Holz.

Die Männer lümmelten an den Heuballen, die das Mobiliar darstellten, oder lagen, den Kopf auf dem Ellbogen, auf der Seite; die Frauen knieten oder hockten. Igor und ich saßen im Schneidersitz und nahmen an einem angebrannten Essen aus gerösteten Maiskolben, Tomaten und Zwiebeln mit Rosmarin teil, wobei alle mit den Fingern von mehreren verbeulten Zinntellern aßen. Das Feuer hob den Geschmack der Speisen hervor – oder den Geschmack des Feuers: Alles schmeckte gleich und ausgezeichnet.

Während dieser Trauerzeit war Alkohol verboten, und beim Gespräch schien sich alles um verlorene oder fehlende Dinge zu drehen, aber die allgemeine Stimmung war beinahe festlich. Floricǎ, eine der grimmig dreinblickenden Frauen, nannte mir ihr Lieblingsrezept. »Man kann das beste Huhn nicht kaufen«, sagte sie. »Es ist nicht das gleiche. Man muß es finden, sehen wie es läuft, die schnellsten sind die besten.« Wenn man ein schnelles Huhn »gefunden« hat, packt man es, komplett mit Federn und allem, in Ton und brät es – *langsam*, betonte sie ziemlich ernst – »in« einem Feuer: Flammen unten und oben, bis alles Holz verbrannt ist. Dann läßt man es lange in der Glutasche liegen, bis sie fast erloschen ist. Danach wird der Ton entfernt; sie machte es vor, stolz aufrecht sitzend und gestikulierend, als schlüge sie einen riesigen Atlas auf. Die Federn stecken im Ton, und das Huhn liegt vor einem, zart und weich »wie ein Ei«. Während der Trauer für Drinas Enkel war auch Fleisch verboten, und das Huhn hatte in Floricǎs mimischer Vorführung die Größe eines Schafs erreicht.

Wir erfuhren, wie vor rund zwanzig Jahren Ceausescus Geheimpolizei, die Securitate, gekommen war und diese Zelte und die Töchter durchsucht und ihnen alles Gold vom Hals und aus den Haaren gestohlen hatte – eine Erfahrung, die viele rumänische Kalderasch gemacht hatten, die ihre gesamten Wertsachen in Form von Gold am Körper tragen. Gold war die Ausstattung, die der Familie Ansehen und den Töchtern eine anständige Hochzeit sicherte. Die schimmernden Münzen mit ihren Inschriften und Zahlen und bärtigen Monarchen spiegelten das Vorhandensein eines Ahnen, tatkräftig, wohlhabend und frei in seinem Königreich. Sie bewahrten sie nicht in Samtschachteln oder durchsichtigen Plastikumschlägen auf; nein, sie wurden durchbohrt und stolz am Hals oder im Haar zur Schau gestellt als Beweis dafür, daß man diesem angesehenen Zigeunerstamm angehörte (entwurzelte, seßhafte oder andere gering geachtete Zigeuner besaßen kein Gold). Viele stolze Kalderasch hatten mich die Münzen bewundern lassen, die sie trugen: feines und starkes gelbes Gold, das oft hundert Jahre alt war.

Im Zelt erwähnte ich den selbsternannten »König der rumänischen Zigeuner«, Ion Cioaba, ein reicher Kalderasch aus Transsilvanien, der vor der Presse viel von der Rückerstattung des Kalderasch-Goldes gesprochen hatte. Sie schienen belustigt über den Gedanken; niemand konnte sie davon überzeugen, daß sie ihre Franz-Josef-Münzen jemals wiedersehen würden. Es schien sinnlos, über Kriegsreparationen zu reden.

Lina, ebenfalls eine der grimmigen Frauen, »erinnerte sich« an die Tage vor dem Krieg (sie konnte noch keine Vierzig gewesen sein), als sie noch ständig umhergezogen waren, wie sie »die Kinder aus dem Schnee hatten graben« müssen, und daß selbst in jenen langen Wintern im Lager niemand jemals krank geworden war. »Heute würden unsere Kinder das nicht mehr aushalten«, sagte sie, und dachte dabei vielleicht an Luciano. Es waren so einfach vorgebrachte Wahrheiten – sie ließen die unerbittliche Flut von Vorkommnissen ahnen, von denen die meisten traurig waren –, die es mir verständlich machten, warum sie offensichtlich kein Interesse an ihrer ereignisreichen und tragischen Vergangenheit hatten.

Der Vater des toten Jungen war immer noch stumm und untröstlich, aber seine Mutter und die Tanten sprachen voller Leidenschaft

Die Familie Radu – einige der Geschwister Lucianos und sein Onkel –
in ihrem Lager. Balteni, Rumänien, 1992

von Luciano, vor allem von ihrer langen Suche nach medizinischer
Behandlung. Sie waren in Bukarest von einem Krankenhaus zum
anderen gezogen, und obwohl das Kind nie richtig untersucht wurde,
wurden sie jedes Mal mit einer anderen entsetzlichen Diagnose fort-
geschickt – zuerst Hirnhautentzündung, dann AIDS (das in Rumänien hauptsächlich eine Kinderkrankheit ist) –, und mit einem Jungen, der immer kranker wurde. Die Radus wären überzeugter
gewesen, wenn die Ärzte Klartext geredet und ihre Krankheit »Roma« genannt hätten: ein degenerativer Zustand und nach der Reaktion der Menschen zu urteilen auch entstellend und ansteckend. Igor
bestätigte das Vorurteil unter den »Weißkitteln«, wie die Radus alle
Ärzte nannten. Er hatte die Familie kennengelernt, als sie ihn angehalten hatten, um mitgenommen zu werden; sie wollten Luciano ins

Krankenhaus bringen, zum fünften Mal. (»Kannst du dir eine Trampfahrt mit einem geschwächten Kind ins Krankenhaus vorstellen?« fragte Igor. Und mit der ganzen Verwandtschaft?) Er erbot sich, sie zu begleiten, in der Hoffnung, seine selbstgefälligen Landsleute zu beschämen. Schließlich untersuchte ein Arzt den Jungen. Er vermutete, daß er an falscher Ernährung und anderen Folgen der Verwahrlosung litt und gab ihn Igor mit einem Achselzucken und der Bemerkung zurück, daß »diese Leute nicht erziehbar sind«.

Bei der nächsten Station, dem Hospital Nummer 9 in Bukarest, bestanden die Ärzte darauf, Luciano gegen den Willen der Familie dazubehalten. Ein Aufenthalt in einem Krankenhaus aus einem anderen Grund als einer Niederkunft ist für die Zigeuner gleichbedeutend mit Tod. Aber irgendwie überzeugte Igor die Radus davon, daß es notwendig sei, und widerstrebend richteten sie sich die nächsten drei Tage zunächst im Warteraum ein und dann im Freien auf dem Krankenhausgelände. Feixend schilderte Igor mir später, wie sich immer mehr Verwandte und Freunde eingefunden hatten und das Entsetzen des Krankenhauspersonals immer größer wurde, das schließlich spürbar erleichtert war, den Jungen zurückgeben und diese außerplanmäßige *hadj* beenden zu können. Ein paar Monate vorher waren etwa zweitausend Zigeuner aus ganz Großbritannien, dem übrigen Europa und den USA im Königlichen Krankenhaus im englischen Derbyshire zusammengeströmt, um Patrick Connor die letzte Ehre zu erweisen, einem hochgeachteten Mann in der Gemeinschaft der britischen Fahrenden. Wie die Radus okkupierten sie die Cafeteria und die Toiletten des Krankenhauses, bis man sie hinauswarf, und dann kampierten sie zwei Wochen im Freien. Die Menschen kamen zusammen, um sich zu verabschieden, aber auch um Wiedergutmachung zu leisten und den scheidenden Geist zu besänftigen, der von der anderen Seite beträchtliche Schwierigkeiten machen könnte. Und all das mußte vor dem Tod geschehen.

Bei einem siebenjährigen Jungen war sicher nichts wiedergutzumachen, aber vielleicht hat Lucianos Familie damit gerechnet, daß sein Geist in ebenso schlechter Verfassung war wie der ihre – bekümmert, daß ihm sein Anteil am Leben vorenthalten würde. Und man kann annehmen, daß der Tod eines Kindes für Zigeuner, wie für jeden, besonders schwer zu ertragen und vielleicht nur als das Werk böser Kräfte zu verstehen ist.

Zigeuner überall haben Außergewöhnliches auf sich genommen, um den Tod zu verhindern. Nicht nur den Tod nahestehender Menschen, auch den von Bekannten. Es ging über das Mitleid hinaus bis in den Bereich des Aberglaubens. Die Wachsamen versuchten, den Tod zu verjagen, unter Umständen wörtlich, indem sie ihn anschrien oder ihre Röcke hoben und sich blitzschnell auf ihn zu bewegten. Man konnte versuchen, den Tod auszutricksen, indem man den Namen eines Kranken in den eines Menschen umänderte, den man haßte – etwa den eines bekannten Diebes oder eines Polizisten –, wohinter der Gedanke stand, daß niemand, nicht einmal der Tod in *diese* Seele einzuziehen wünschte. Andere versuchten, das Unglück irgendeinem anderen Geschöpf anzuhängen. Brian Vesey-FitzGerald berichtete, daß in den 40er Jahren in Großbritannien Zigeuner, die an Lungenentzündung erkrankt waren, eine symbolische Übertragung versuchten, indem sie einem lebenden Fisch dreimal in das Maul bliesen und ihn dann zurück in den Fluß warfen, aus dem man ihn gefangen hatte, in der Hoffnung, der so verwirrte Tod würde sich den Fisch holen.

Der letzte Arzt sagte schließlich Igor – nicht den Eltern –, daß Luciano einen massiven Gehirntumor habe. Was immer er hatte, allen außer seiner Familie war klar, daß er bald sterben würde. Als Igor noch dastand und überlegte, wie er den Wartenden draußen diese Nachricht beibringen sollte, fragte die Schwester ihn, warum er sich die Mühe gemacht und sich da eingeschaltet habe. Die Radus selbst waren nicht bereit, die Diagnose zu akzeptieren. Das Kind war gebrechlich, wurde immer schwächer, hatte Schmerzen – aber für die Familie bedeutete dies, lange nachdem die Schlacht verloren war, Krieg. Das Wüten der Radus gegen den Tod zu beobachten, vermittelte, selbst als er schon eingetreten war, einen Eindruck vom allgemeinen Widerwillen der Zigeuner, sich auch nur einem kleinen

Ausschnitt ihrer Geschichte zu stellen, einer Geschichte, die bestimmt ist von anhaltendem, gewalttätigem und massenhaftem Tod.

Die Schwierigkeiten der Radus waren mit dem Tod Lucianos keineswegs beendet. Als ich zum ersten Mal hinter dem Steuerrad von Igors Dacia saß, war Luciano schon vier Tage tot. Nach den vorgeschriebenen drei Tagen war bei der sommerlichen Hitze Eile geboten, und er mußte jetzt wirklich unter die Erde. Der Sarg stand im Eingang eines eigens aufgestellten Kinderzeltes, vor dem ein Kreis klagender Frauen auf dem Boden saß, die ihre Röcke wie Untertassen um sich ausgebreitet hatten. Etwas abseits berichteten die Männer Igor von ihren Schwierigkeiten, einen Priester und einen angemessenen Gottesdienst für Luciano zu bekommen. Ich stand vor der kleinen Kiste aus Kiefernholz, die von den geöffneten Zeltbahnen eingefaßt wurde, und blickte auf einen sehr kleinen toten Jungen mit einem Panamahut.

Luciano trug einen sauberen, braunen Sweater und ganz neue Jeans. Die Taschen waren vollgestopft: Bündel blauer Lei-Scheine in der einen, ein Kamm, ein kleiner Spiegel und Nähzeug in der anderen – Vorkehrungen für unterwegs. An den Füßen hatte er fabrikneue Kunststoffslipper, dunkelbraun lackiert und so geformt, daß sie wie Schnürschuhe aussahen, mit Nähten und Schnürsenkeln. Eine Hand lag auf dem Herzen, und obwohl die Nägel sehr lang waren, so als wüchsen sie noch, war die starre, klauenartige Haltung seiner Finger doch unmißverständlich. Sein Hut saß schief und bedeckte in Gangstermanier fast das ganze Gesicht, so daß nur sein kleiner Mund, dessen rissige Lippen leicht geöffnet waren, deutlich zu sehen war. Hinten im Sarg lag neben seinem Kopf ein Spielzeugboot aus Sperrholz.

Mittags wurden wir mit vier Mitgliedern von Lucianos Familie nach Bukarest zurückgeschickt, um für seine *pomana* einzukaufen, die Begräbnisfeier. Waschen und Kämmen waren zu Beginn der Trauerzeit ebenfalls verboten, so daß unsere Gruppe einen ziemlich ungepflegten Eindruck machte. Sie zeterten ununterbrochen und stritten darum, vor den anderen bedient zu werden und einen gün-

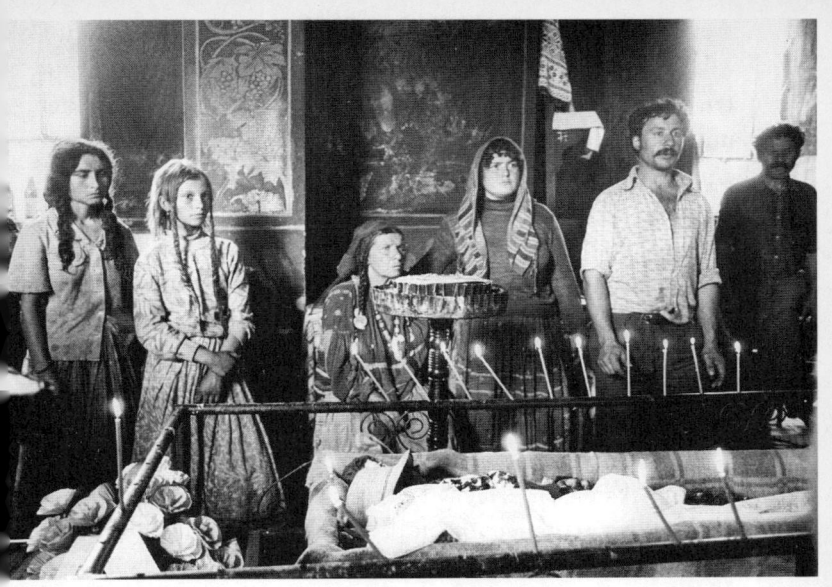

Angehörige der Familie von Luciano lauschen den Worten
des orthodoxen Priesters für den toten Jungen.
Anschließend wurde er außerhalb des Kirchhofs beerdigt.
Balteni, Rumänien, 1992

stigeren Preis herauszuholen. Das machte man so auf dem Markt,
dazu war der Markt schließlich da. Aber die Bäckerei mit Schau-
fenster schien ein anderes Verhalten zu erfordern. Dort standen er-
schöpfte Rumäninnen schweigend Schlange, schoben ihr schweres
Bündel zentimeterweise vorwärts, wie Langstreckenpassagiere in einem Flughafen, die vor der Paßkontrolle warten. Ungestüm und in
Schmerz und Eile marschierten unsere Freunde an der Schlange vorbei nach vorne, warfen der entgeisterten Verkäuferin das Geld in
den Pappbehälter und verlangten Brot, alles, was da war. Sie bekamen nicht alles, was sie haben wollten, aber obwohl ein paar Frauen
in der Schlange zischten und auf sie schimpften und sie sogar an-
spuckten, wurden sie doch bedient. Es war die beste Methode, sie
schnell wieder hinauszubekommen.

Auf der Fahrt zurück nach Balteni plauderten sie munter drauf-
los. Sie hatten diese üblichen Schmähungen schon vergessen und
achteten gar nicht auf Igor und mich vorne im Wagen. Sie blickten
nur auf, wenn jemand ans Fenster klopfte. Wir saßen in einem Stau
am Bahnhof Bukarest-Nord fest, als eine Frau mittleren Alters mit
nur noch einem Zahn im Mund uns schwankend begrüßte; an den
Innenseiten ihrer Beine lief Blut herunter. Sie war betrunken und
hatte den wartenden Autofahrern torkelnd etwas vorgetanzt. Sie
war nackt bis auf einen Sarong, der aus einer rumänischen Flagge
bestand und ein Loch an der Stelle hatte, wo Hammer und Sichel
herausgeschnitten worden waren. Ihre Augen waren halb geschlossen, und sie lachte, ein schauerliches Lachen. Selbst der durch nichts
zu erschütternde Igor zeigte keine Regung und war still. Aber unsere
Mitfahrer glucksten; sie schienen es wirklich lustig zu finden – vielleicht rührte ihr Vergnügen nach der Bäckerei aber auch nur von
dem Schauspiel eines Menschen her, der noch um vieles mehr geschlagen war und aufrührerischer auf die Menge wirkte als sie.

Die Erleichterung über unsere sichere – und gutbepackte – Rückkehr war nur von sehr kurzer Dauer. Mir und Igor fiel es zu, die
Messe beim örtlichen orthodoxen Priester zu sichern, einem bärtigen alten Schwindler, der, nachdem er sich bereits geweigert hatte,
für einen toten Zigeunerjungen das Meßgewand anzulegen, mit aus-
gesuchter Würde für ein Foto posierte, das zu machen er mich bat.
Sie kämen nie in die Kirche, klagte er, sie heirateten nicht einmal
dort. Es stimmte: Zigeuner heiraten weder in der Kirche noch auf
dem Standesamt; sie hatten ihre eigenen Zeremonien und Feiern,
und dann spielte sich alles weitere in der Familie ab, und erst wenn
jemand starb, dann brauchten oder wollten sie die Kirche. Der Tod
war für sie eine äußerst beängstigende Angelegenheit, und das Hin-
zuziehen der Kirche und ihres *gadscho*-Dieners war eine zusätzliche
Vorsichtsmaßnahme. Der Priester taute ein wenig auf, als er hörte,
daß ich Amerikanerin sei, und war ganz der unsere, als ich ihm ein
Bündel fast wertloser Lei-Scheine in die trockene Hand drückte.

Lucianos Beerdigung lief, und die Radus und ihre Freunde zogen barfuß über steinige Feldwege zur Kirche. Es gab zwei Autos. Ich fuhr das eine (einen mehrfarbigen, irgendwie frisierten Yugo, der einem der jungen Männer gehörte), der Priester neben mir. Igor folgte mit seinem Dacia-Kombi, Luciano hinten auf der Ladefläche festgezurrt. Ich hatte die melodischere Hupe und mußte sie auf Drängen des stolzen Besitzers ständig betätigen, trotz der bereits ohrenbetäubenden Begleitung aus kreischenden Zurnas und klappernden Topfdeckeln rechts und links neben dem Wagen, sowie den klagenden Frauen, die die Nachhut bildeten. Ich glaube nicht, daß ich diesen Wagen hätte schnell fahren können, aber ich konnte auch nicht das Tempo der Trauernden einhalten, ohne daß alle naselang der Motor abstarb. Zwischendurch bedeutete man mir anzuhalten, so daß die Kinder an den Kreuzungen Getreidekörner gegen böse Geister werfen konnten (jede Kreuzung lud zu derartigen Vorsichtsmaßnahmen ein); außerdem mußte ich jedesmal halten, wenn Igor den Motor abwürgte, wobei meistens die hintere Tür aufsprang und der Sarg halb herausrutschte. Zwischen dem Topfschlagen und Hupen das lärmende Geplauder des Priesters: Er sei noch nie in Amerika gewesen, sei aber schon einmal geflogen; ob ich schon viel von ihrer rumänischen Landschaft gesehen hätte?

Im Innern der kleinen getünchten Kirche war es kühl und dunkel und endlich ruhig. Lucianos zahlreiche Schwestern und Kusinen standen im Kreis um ihn, schlanke brennende Kerzen in der Hand, dazu sein Vater, dessen mächtiger Bauch vor verhaltenem Schluchzen bebte. Nicht eine Minute ihrer Trauer verging ohne Gezänk; diese bewegende Szene wurde allerdings gestört durch einen betrunkenen Kirchendiener, der sich lärmend am Altar herumtrieb.

Draußen in der Hitze steigerte sich das Jammern zu heftigem Gegen-die-Brust-Schlagen und Haareraufen. Eine Frau fiel gegen mich und brach unter Zuckungen und mit verdrehten Augen zusammen, woraufhin die anderen, um nicht nachzustehen, die Grabstätte unmittelbar hinter dem Friedhof stürmten. Sie durften ihre Toten nicht innerhalb seiner Grenzen neben den nichtzigeunerischen Einwohnern von Balteni beerdigen. Vielleicht kam ihnen das auch entgegen, denn sie fürchteten sich vor Friedhöfen. Nachdem der Priester aus einer Flasche, die noch das Etikett trug, Rotwein auf den Körper des Jungen gesprenkelt hatte und der Sargdeckel zugenagelt worden war, wurde Lucianos Sarg in eine von vorn zugängliche Grabkammer geschoben, die einer großen Hundehütte ähnelte. Einige der Trauernden, noch in ihren Kostümen, mauerten ihn dann mit frischem Mörtel ein. Danach, auf der *pomana*, traf ich Drina, Lucianos Großmutter, die die Deportationen im Krieg überlebt hatte. Dort, fünfzig Meter von Lucianos Grab entfernt, erzählte sie mir von den Papierbooten auf dem Dnjestr.

In den 60er Jahren schrieb der britische Musikwissenschaftler Bert Lloyd, daß viele Zigeuner, die er beim Sammeln ihrer Lieder kennengelernt hatte, »die Kriegszeit nicht unterscheiden konnten«. Er bezog sich auf diejenigen, die während dieser Zeit relativ frei in Rumänien geblieben waren, aber auch auf jene, die die Deportationen miterlebt hatten. Drina gehörte zu letzteren. Und vielleicht war ihre Unbestimmtheit oder ihr Mangel an Anteilnahme gar nicht so überraschend. Dies waren Menschen, die fünfzig Jahre danach keinen Arzt oder Priester bekamen und die kaum einkaufen konnten, ohne einen Auflauf zu verursachen.

MIT FÜNFZEHN VERLOR Karoly Lendvai alle. In Szengai, 120 Kilometer südwestlich von Budapest, wurden er und seine Familie von ungarischen Polizisten umzingelt und gezwungen, 65 Kilometer weit nach Komárom im Norden zu marschieren, in das berüchtigte Internierungslager Csillag, das von den Pfeilkreuzlern unterhalten wurde, den ungarischen Faschisten. Fünfzig Jahre danach war Karoly Lendvais Erinnerung noch immer ungetrübt.

»Auf dem Marsch stießen andere zu unserer Gruppe, weitere Zigeuner und weitere Gendarmen«, erzählte er im Sommer 94 einem Reporter der Nachrichtenagentur Reuters. »Einige Kleinkinder starben unterwegs, einige Personen wurden bei Fluchtversuchen erschossen und an der Straße liegen gelassen. Niemand weiß, wer sie waren … Etwa zwei Wochen waren wir im Lager fast ganz ohne Lebensmittel … Weitere Lagerinsassen starben, als Typhus ausbrach, andere wurden umgebracht. Die Toten wurden in eine große Grube geworfen und mit Ätzkalk bedeckt. Sie lagen in Schichten übereinander. Ich weiß nicht, wann die Grube voll war, denn eines Tages wurden wir in Viehwaggons verladen, um wer weiß wohin gebracht zu werden.«

Für Lendvai brachte ein Luftangriff die Rettung. Im Inferno der Sirenen und Bomben entkam er in die Wälder, »für ungefähr ein Jahr … Ich habe die anderen nie mehr gesehen.« Lendvai hatte das Wort Holocaust noch nie gehört und konnte mit fünfundsechzig noch immer nicht glauben, daß all das nur deshalb geschehen war, weil Zigeuner Zigeuner waren; aber er wußte, daß seine ganze Familie umgebracht worden war. Die Gefangenen des Internierungslagers Csillag wurden nach Auschwitz gebracht.

»Verrecke, du Juden-Zigeuner!« Lendvai erinnerte sich, wie ein Pfeilkreuzler ihn angeschrien hatte, als er in einen Zug gestoßen wurde. Der Fluch ging ihm noch immer nach. »Warum«, unterbrach er sich, um den Journalisten zu fragen, »warum hat er mich einen Juden genannt?«

Die Schätzungen über die Zahl der im Krieg allein in Ungarn umgekommenen Zigeuner schwanken zwischen 80 000 und 10 000, und jüngst konnte ein »revisionistischer Historiker« wie László Karsai aufgrund dieser Unsicherheit die absurde Behauptung aufstellen, es seien nur ein paar hundert Zigeuner »verschwunden«. Das Schicksal vieler tschechischer Zigeuner ist noch ungeklärt, wenngleich der Amateurhistoriker Paul Polansky aus Spillville, Iowa, 1994 Unterlagen über die Ermordung von mindestens 8000 Zigeunern entdeckte, von denen die Hälfte auf tschechischem Boden getötet wurde. Polen hatte vor dem Krieg eine weit kleinere Roma-Bevölkerung; von etwa 50 000 kamen mehr als jeder fünfte ums Leben. Aber selbst dort, in dem Land, wo die meisten Morde geschahen, herrscht weitgehend Gedächtnisschwund. Nicht lange nach dem Krieg schrieb Jerzy Ficowski:

Bis auf zwei Lieder aus Auschwitz, die sehr selten gesungen werden, habe ich im heutigen Leben der polnischen Zigeuner keinerlei Spuren aus den Kriegsjahren entdeckt. Sie erwähnen ihr Martyrium kaum und halten sich bei diesem Thema nicht gern auf ... Ihre Lebensart hat sich überhaupt nicht geändert. Die Öfen der Vernichtungslager sind vergessen. Sie sind sehr fruchtbar, und der natürliche Bevölkerungszuwachs ist sehr hoch. Der Lebenswille der Zigeuner hat den Tod besiegt.

Das Romani-Wort für den Holocaust an den Zigeunern ist *porraimos*, das Verschlingen. »Das Verschlingen« ist nicht nur eine quälende Beschwörung der Ereignisse selbst, es beschreibt auch auf anschauliche Weise die ständige Unterdrückung oder Leugnung der Sache der Zigeuner. (Entsprechend ist der Begriff *porraimos* unter Zigeunern noch weniger bekannt als »holocausto«.)

Besuche an den berüchtigten Stätten der Naziverbrechen tragen wenig dazu bei, die Erfahrung derjenigen, die dort lebten und starben, wachzurufen. Einige Gruppen von Opfern sind unsichtbar – die Homosexuellen z. B. –, weil sie ganz gezielt ausgeschlossen worden sind. Aber selbst wo die Greueltaten umfassend und bildlich dargestellt sind, ist das Unaussprechliche meistens auch unvorstellbar. Schriftsteller sagen inzwischen, was die meisten Besucher von Todeslagern für ein verwerfliches Geheimnis hielten: daß sie z. B. hier in Auschwitz kaum etwas empfunden haben; daß ihr stärkstes Gefühl vielleicht das Empfinden widersprüchlicher Gefühle über ihren Besuch an einem so entsetzlichen und heiligen Ort ist, der jetzt irgendwie ein Museum und eine Touristenattraktion ist, übersät mit Kindern und Cola-Dosen. In Krakau werden den Urlaubern auf grellen Plakaten und Handzetteln Tagesausflüge angeboten: in die Tatra, zu einem Salzbergwerk, nach Auschwitz. Bei meiner letzten Fahrt in das Lager war das postmoderne »Auschwitz-Erlebnis« komplett, als der Taxifahrer Szczepan Kękuś mir stolz erzählte, daß er während der Dreharbeiten zu dem Film *Schindlers Liste* Steven Spielbergs Fahrer gewesen war, und mir gleich den fotografischen

Beweis in die Hand drückte. Da waren Szczepan und Liam, Steven und Szczepan. »Sie können mich Steve nennen«, sagte Szczepan, als ich am Haupttor des Lagers ausstieg.

Verglichen mit den intensiven Bildern aus der Nazizeit, die wir hilflos in unseren Köpfen speichern, macht einen die Live-Tour in erster Linie benommen (im Lager selbst gibt es eine Touristenunterkunft und ein Selbstbedienungsrestaurant mit Regalen voller Sandwiches). Im Fall der Zigeuner hat dieses Gefühl der Distanz noch eine andere Dimension: Man könnte sich durchaus vorstellen, daß gerade diese Menschen überhaupt nicht hiergewesen sind. Die polnische Führerin, deren schwedischer Touristengruppe ich mich anschloß, erwähnte Zigeuner nicht ein einziges Mal (und in ihrer Version kam die Geschichte der Juden in Auschwitz erst an die Reihe, nachdem die polnischen Opfer heruntergebetet worden waren). Als die Schweden nach der Führung das Restaurant aufgesucht hatten, fragte ich sie nach den Zigeunern. »Nicht einmal hier in Oświęcim haben die Zigeuner gearbeitet.« Mehr hatte sie zu den 21 000 in Auschwitz-Birkenau ermordeten Zigeunern nicht zu sagen.

Das Zigeunerlager ist auf der Wandkarte im Eingangsbereich zum riesigen Lager Birkenau eingezeichnet. Es befand sich in der von den Haupttoren am weitesten entfernten Barackenreihe, was bedeutete, daß die Zigeuner sowohl die Gaskammern als auch das Krematorium genau im Blick hatten. Bis auf ein paar verfallende Schornsteine ist von den zweiunddreißig Baracken des Zigeunerlagers nichts übriggeblieben.

Dreieinhalb Kilometer weiter die Straße hinunter, im Hauptlager von Auschwitz, hat man Gefangenenblocks in Länderpavillons umgewandelt, in denen jeweils die Verluste eines oder zweier Länder registriert sind: UdSSR; Polen; Tschechoslowakei; Jugoslawien und Österreich; Ungarn; Frankreich und Belgien; Italien und Holland. Eine Sonderausstellung unter dem Motto »Das Leid und der Kampf der Juden« ist in Block 27 untergebracht. Die Blöcke 4, 5 und 6 enthalten neben Fotos, Dokumenten und technischen Angaben über die Tötungsmaschinerie die Dinge, die die Ermordeten hinterlassen haben. Hier lag in einem gläsernen Schaukasten etwas von den sieben Tonnen Frauenhaar, die man bei der Befreiung fand, in Paketen zu jeweils fünfundzwanzig Kilo verpackt und verkaufsbereit, das Kilo für fünfzig Pfennig, zum Ausfüttern von Anzügen. (Ich fragte die polnische Führerin, warum das Haar nur eine Farbe hatte – Mausbraun. Das Gas, sagte sie. Zyklon B färbte Haare und Haut einheitlich ein.) Und hier lag ein Berg aus überwiegend metallgefaßten Brillen; dort einer aus Zahn- und Haarbürsten; aus Erinnerungs- und Familienfotos; aus kleinen Kinderschuhen mit Senkeln und Knöpfen; aus Kinderkleidern und -mänteln.

Ich stand vor den ausgestellten braunen Lederkoffern und beugte mich vor, um die vertrauten jüdischen Namen lesen zu können, die samt Anschrift in großen, kräftigen, weißen Buchstaben aufgemalt waren. Im Angesicht all dieser Habseligkeiten – der normalen Gegenstände bürgerlichen Lebens im zivilisierten, besiedelten Vorkriegseuropa – ging mir einer der Gründe auf, warum die Zigeuner weder hier in Auschwitz noch in unserem privaten, geistigen Archiv gegenwärtig sind: Von all diesen Dingen gehörte nichts ihnen. Sie scheinen ohne eine Spur verschwunden zu sein.

Man braucht sich nicht darüber zu wundern, daß die Zigeuner nicht einmal dort präsent sind, wo es besonders offenkundig ist, nämlich in der immensen Literatur über den Holocaust. Die traditionelle mündliche Überlieferung und das Wanderleben der Zigeuner haben, zusammen mit dem weitverbreiteten Analphabetentum, nicht sehr viele gelehrte Zigeuner hervorgebracht. Und von Nichtzigeunern gibt es nur wenige eingehende geschichtliche Darstellungen über das *porraimos*; die Roma sind unter den Verfassern populärwissenschaftlicher und fachlicher Darstellungen ebenfalls nicht vertreten. Selbst in den Primärquellen – den gesetzlichen Verordnungen, die das Reich erließ, um die Zigeuner zu überwachen und dann umzubringen – bleiben sie im dunkeln.

Unter der Bezeichnung »Asoziale« fielen sie unter Gesetze, die ursprünglich für die in Anstalten lebenden Behinderten gedacht waren (die ersten Opfer der Massenmorde). Im Juli 1933 erging das

Gesetz zur Verhütung erbkranken Nachwuchses, im November des gleichen Jahres die Verordnung für die Sicherheit und Reform von Gewohnheitsverbrechern und Asozialen. Im Rahmen dieser »Maßnahmen« wurden Sinti und Roma zwangsweise sterilisiert. Zwei Gesetze aus dem Jahr 1935 verboten Ehe und Geschlechtsverkehr zwischen Deutschen und Nichteuropäern einschließlich Zigeunern. Obwohl sie wiederum nicht namentlich genannt wurden, heißt es in halboffiziellen Kommentaren zu den Nürnberger Gesetzen doch: »In Europa sind generell nur Juden und Zigeuner Träger fremden Blutes.«

Die Politik der Nazis gegenüber Zigeunern verschärfte sich ständig und definierte sie dabei auch um. Während sie in den Gesetzen gegen Verbrechen von 1937 noch zu denen gerechnet werden, »die durch asoziales Verhalten, selbst wenn sie kein Verbrechen verübt haben, gezeigt haben, daß sie sich nicht in die Gesellschaft einfügen wollen: Bettler, Landstreicher (Zigeuner), Prostituierte, Personen mit ansteckenden Krankheiten, die sich nicht behandeln lassen, etc.«, erscheinen sie in späteren Gesetzen in einer neuen Gruppe: »Juden, Zigeuner und Polen«. Die Debatte darüber, ob sie kulturell oder rassisch definiert werden sollten, hat die Zigeuner, wie auch die Juden, ständig verfolgt. Die Nazis verwendeten beide Kategorien; und als die biologischen Erklärungen schließlich für alle Aspekte der Kultur und des Verhaltens herhalten mußten (Kriminalität bei den Zigeunern und neben anderen Eigenschaften sexuelle Abweichung, Korruptheit und Machthunger bei Juden), wurde aus den zwei Kategorien eine. Als die Deportationen deutscher Zigeuner kurz nach Ausbruch des Krieges 1939 begannen, entsprachen die Bestimmungen über Einbeziehungen und Ausnahmen den späteren Verordnungen, die den Transport der Juden nach Osten regelten.

Von Anfang an war die Verbrechensvorbeugung der Hauptvorwand für die Inhaftierung von Zigeunern – und später für ihre Ausrottung. Die deutsche Polizei sperrte sie bereits 1934 in Zigeunerlager – also noch bevor das Regime überhaupt festgelegt hatte, wer ein Zigeuner war. Im Juni 1936 wurde der Polizeichef von Berlin durch ein Rundschreiben (also kein Gesetz) ermächtigt, alle Zigeuner in Preußen zu verhaften, und sofort wurden sechshundert Sinti und Roma mit ihren Wagen unter Polizeiaufsicht auf die Rieselfelder neben einem Friedhof in Marzahn getrieben, einem Vorort von Berlin. Der Standort dieses Zigeunerlagers, des größten bis dahin, war für die Zigeuner mit ihren strengen hygienischen Regeln und den abergläubischen Vorstellungen über Friedhöfe eine doppelte Strafe. Aber das Ziel der Stadtbehörden wurde erreicht: die Straßen Berlins vor dem Beginn der Olympischen Spiele zu säubern. (Ab 1936 wurden Zigeuner auch nach Dachau gebracht – also drei Jahre vor Ausbruch des Krieges.) Bei nur drei Wasserpumpen und zwei Toiletten zogen sich die sechshundert Zigeuner auf den Rieselfeldern bald Krankheiten zu. Die offizielle Reaktion: »Der massive Verlust von Leben in dem eingeschränkten Gebiet interessiert nur insoweit, als er eine Bedrohung für die nichtzigeunerische Bevölkerung darstellt.« Die Insassen mußten Zwangsarbeit leisten, und diejenigen, die bis 1943 überlebten, wurden nach Auschwitz geschickt.

Die Erfahrungen der Zigeuner wiesen einige verblüffende Besonderheiten auf. Lange bevor die Nazis an die Macht kamen, gab es bereits Bürgerausschüsse, die sich für die Säuberung und Internierung von Zigeunern in Proto-Ghettos stark machten, aus denen schließlich die »modernen«, von den Kommunen verwalteten Zigeunerlager wurden, wie das in Marzahn. Als die Nazis an die Macht kamen, brauchten sie die Gesetze, die sie zur »Bekämpfung der Zigeunerplage« benötigten, gar nicht mehr zu erfinden. Obwohl Artikel 104 der Weimarer Verfassung Gleichheit vor dem Gesetz garantierte, unterhielt die Sicherheitspolizei seit 1899 eine zentrale Zigeunerkartei. 1911 enthielten diese Akten auch Fingerabdrücke

Gegenüberliegende Seite:
Das Zigeunerlager bestand aus den beiden Barackenreihen, die mit BIIe bezeichnet sind; dahinter lagen das Gefangenenkrankenhaus, das Krematorium und die Gaskammern. Zwischen Februar 1943 und August 1944 wurden in Auschwitz 21 000 Zigeuner getötet.

Plan des ehemaligen Konzentrationslagers
KL Auschwitz II – Birkenau (Brzezinka)

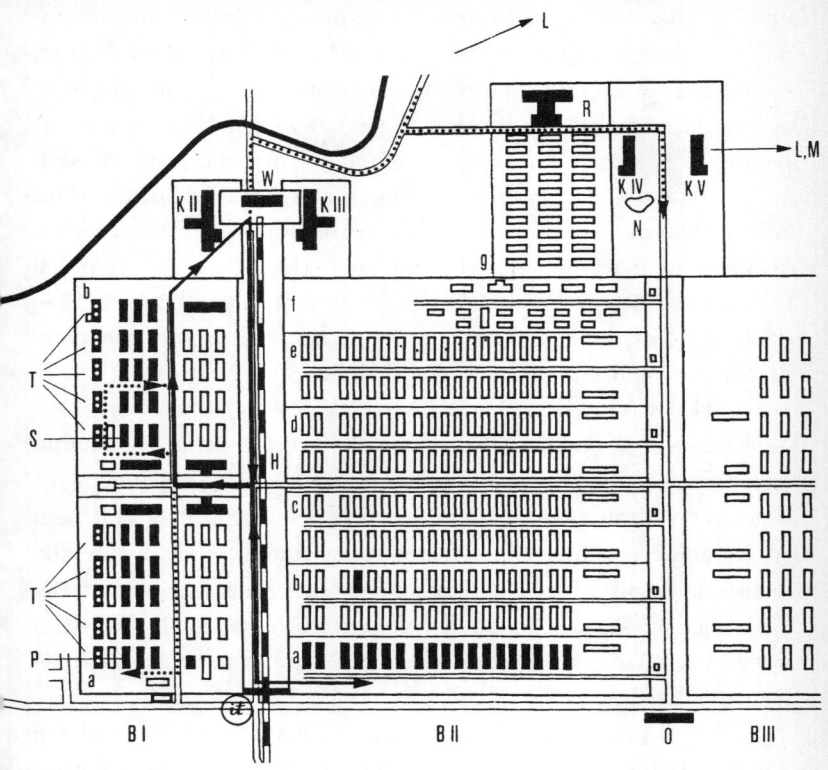

(it)	Information		ermordeten Opfern ab-	O	Kommandantur und
	SS-Hauptwache		genommene Eigentum –		SS-Unterkünfte
	»Todestor«		»Kanada«	P	Block 25 (»Todesblock«)
BIa	Frauenlager	BIII	Lagerabschnitt III	R	Badehaus (»Sauna«)
BIb	Anfangs Männerlager,		(im Bau) – »Mexiko«	S	Strafkompanie
	ab 1943 Frauenlager	H	Selektionsrampe	T	Latrinen
BIIa	Quarantäne	KII–V	Ruinen der Krematorien	W	Internationales Denk-
BIIb	»Familienlager« für Ju-		und Gaskammern		mal für die Opfer des
	den aus Theresienstadt	L	Gruben und Scheiter-		des Faschismus
BIIc	Lager für Juden aus		haufen, wo Leichen ver-	→	Hauptbesichtigungsroute
	Ungarn		brannt wurden	····►	Zusätzliche Besichti-
BIId	Männerlager	M	Massengräber sowjeti-		gungsroute
BIIe	Zigeunerlager		scher Kriegsgefangener	▬	Lagerbaracken, die im
BIIf	Gefangenenkrankenbau	N	Teich, in den die Asche		ursprünglichen Zustand
BIIg	Magazin für das den		geschüttet wurde		belassen wurden

und Fotos, nicht nur von Kriminellen, sondern von allen Zigeunern über sechs Jahre (die man offensichtlich auf die gleiche Stufe stellte), und ein bayerisches Gesetz zur Bekämpfung von Zigeunern, Fahrenden und Arbeitsscheuen ermächtigte 1926 die bayerische Polizei, Roma und Sinti für zwei Jahre in Arbeitshäuser zu stecken. Sie wurden somit einfach dafür bestraft, Zigeuner zu sein. Das Gesetz aus Bayern wurde überall übernommen und den örtlichen Bedürfnissen anderer Staaten angepaßt. Diejenigen, die in den 20er Jahren erfaßt worden waren, fielen automatisch unter die Rassengesetze der 30er. Daß sie bereits weithin als »ein Problem« erkannt waren – dem sich bezeichnenderweise die örtliche Polizei widmete, nicht nur die SS –, erleichterte es, sie später nicht zu berücksichtigen bei Stipendien, Prüfungen und Entschädigungszahlungen.

Die Holocaust-Historikerin Lucy Davidowicz äußert eine Meinung, die von vielen ihrer Kollegen geteilt wird, wenn sie schreibt, daß »die Naziideologen erst im letzten Kriegsjahr begannen, die Zigeuner nicht nur als ein unerwünschtes gesellschaftliches Element zu betrachten, sondern auch als ein unerwünschtes rassisches Element«. Die Politik der Nazis gegenüber den Zigeunern war in der Tat voller Widersprüche, doch dies ist einfach falsch. Die Deportationen nach Auschwitz waren nicht der Anfang einer rassischen Bewertung der Zigeuner (in den meisten Fällen allerdings ihr Ende).

Während der Zeit in Marzahn, und bald auch in vielen anderen Lagern, wurden die Insassen gezwungen, umfangreiche Untersuchungen durch Anthropologen, Psychiater und andere »Wissenschaftler« über sich ergehen zu lassen, die bei der Rassenhygienischen und bevölkerungsbiologischen Forschungsstelle beim Reichsgesundheitsamt angestellt waren. 1937 konnten Gesundheitsbeamte »eine mehrere Meter lange Tabelle [vorlegen], in der in winzigen, millimetergroßen Buchstaben und Zahlen der Stammbaum aller in Deutschland lebenden Zigeuner der letzten zehn Generationen aufgeführt war«; sie sollte, wie es hieß, dazu benutzt werden, »die zukünftige Entwicklung aller Völker, insbesondere des deutschen« zu erforschen. Das Interesse der Nazis an den rassischen Merkmalen der

Dr. Robert Ritter entnimmt Blut, während ein Kollege und der Mann der Frau zusehen. Bei seinen Versuchen, eine Grundlage für rassenbedingte Abweichungen bei Zigeunern zu erstellen, sammelte Ritters Team Blut- und Haarproben, Gesichtsmasken, Körpermaße aller Art und über 30 000 Zigeuner-Stammbäume.

Zigeuner läßt sich bis auf das Jahr zurückverfolgen, in dem sie an die Macht kamen, und es stieg stetig – obwohl die Zigeuner nur einen Bruchteil der Bevölkerung stellten. Diese »Sonderlager« wurden die Vorkriegslaboratorien für die Forschungsabteilung unter der Leitung des Kinderpsychologen und jetzigen »Rassenhygienikers« Dr. Robert Ritter, der insgesamt 30 000 Geschlechtsregister sammelte. Sein Ziel war es, die Erblichkeit kriminellen und asozialen Verhaltens nachzuweisen.

Ritter und sein Stab, zu dem auch seine Assistentin Eva Justin gehörte, machten, ausgerüstet mit Greifzirkel, Augenfarbentafeln und Wachstöpfen, ihre Rundgänge, um Gesichtsmasken von den Zigeunern zu nehmen, die auf den vom Stab gemachten Fotos ausnahmslos entsetzt und verwirrt wirken. (Um ein effizientes Arbeiten zu sichern, stand den Ärzten die Polizei zur Verfügung.) Wenn die Lebensgeschichten, die die Zigeuner vorbrachten, nicht ins Bild paßten, vervollständigte der Stab die Klassifizierung durch Kategorien wie »Aussehen« und »Lebensweise«.

Eva Justin erhielt ursprünglich Zugang zu den noch frei lebenden Zigeunern, weil sie sich als Missionarin ausgab. In ihren Berichten empfahl sie, Voll- und Teilzigeuner einschließlich der ausgebildeten und assimilierten zu sterilisieren; die Zigeuner auszubilden sei nutzlos und sollte eingestellt werden. Oft kam der Befragte und manchmal auch die ganze Familie im Anschluß an ihre Besuche in ein Lager. Diese Erfahrungen – sosehr sie sich in der kollektiven Vorstellung auch verändern mögen – erklären die allgemeine Vorsicht, ja Feindseligkeit, die Zigeuner nach wie vor bei Befragungen an den Tag legen, insbesondere bei Fragen zur Verwandtschaft.

Die rassischen Bewertungen dieser Pseudowissenschaftler entschieden über Leben und Tod. Aus irgendwelchen Gründen – etwa romantischen Vorstellungen über edle Wilde – galten »reinrassige« Zigeuner als weniger gefährlich (und waren natürlich erheblich seltener) als die mit einem Anteil deutschen Blutes; bei den Juden war das Gegenteil der Fall.

Erkenntnisse dieser Art in den Akten eines Zigeuners konnten zum Verlust der Staatsbürgerschaft, zur Sterilisation und schließlich zur Deportation führen. Unter den Opfern der neuen Klassifizierung waren hochdekorierte Armeeoffiziere, die nichts von entfernten zigeunerischen Verwandten ahnten, bis sie aus dem Dienst für das Reich entfernt wurden. Nach den Erinnerungen von Rudolf Höß, dem Kommandanten von Auschwitz, war ein solches Opfer »sogar ein uralter Parteigenosse ..., dessen Großvater als Zigeuner in Leipzig zugewandert war, er selbst hatte ein großes Geschäft in Leipzig und war mehrfach ausgezeichneter Weltkriegsteilnehmer«; ein anderes Opfer war »eine Studentin, die in Berlin BDM-Führerin war«. Die Tatsache, daß es auch unter Zigeunern NSDAP-Mitglieder gab, hat verschiedene jüdische Historiker beschäftigt, die darin den Beweis sahen, daß die Zigeuner nicht der »Todfeind« waren und nicht gewesen sein

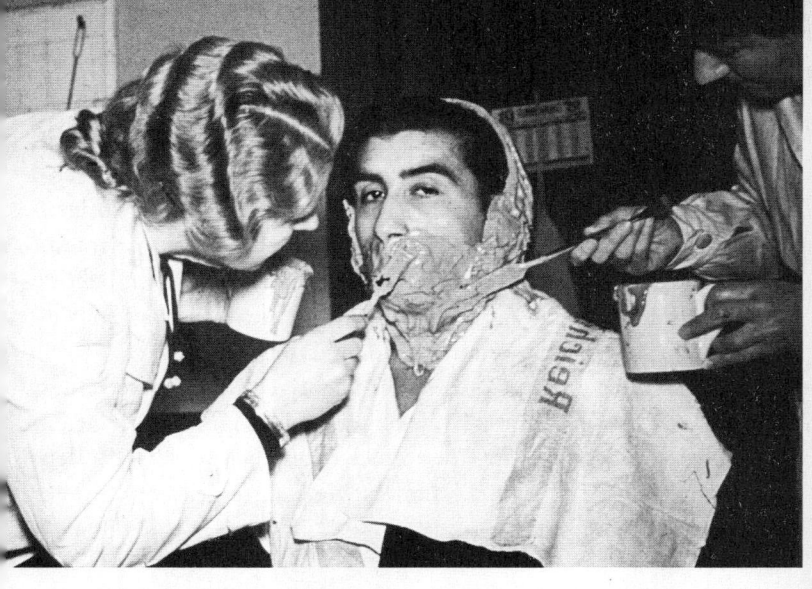

Dr. Sophie Ehrhardt, Mitglied in Ritters Team, und eine Assistentin
fertigen eine Wachsmaske an.

konnten. Wahrscheinlicher ist aber wohl, daß es sich dabei, wie im
Fall jüdischer Kollaborateure, in erster Linie um Einzelpersonen handelte, die zynisch berechnend nur an ihr Überleben dachten.

Ritters Definition eines Teilzigeuners war pauschaler als die eines
Teiljuden. Wenn zwei der insgesamt sechzehn Ururgroßeltern eines
Menschen Zigeuner waren, galt dieser als Teilzigeuner und war damit später ein Kandidat für Auschwitz. (Jemand mit nur einem jüdischen Großelternteil wurde normalerweise nicht von den juden-
feindlichen Gesetzen der Nazis tangiert.) Ritter wurde 1950
entnazifiziert. Dr. Justin wurde im Februar 1964 von einem Frank-
furter Gericht vom Vorwurf einer Unrechtstat freigesprochen.

In einem extremen Beispiel für eine häufig anzutreffende Meinung (die gerade diese Klassifizierungen widerspiegelt) erklärt die
Holocaust-Historikerin Yehuda Bauer, daß sich für einen Nazi die

Tötung eines Zigeuners qualitativ von der eines Juden unterschied: »Roma waren keine Juden, deshalb bestand keine Notwendigkeit, sie alle umzubringen.« Sicher ging es gelegentlich auch darum, einige Zigeuner zu retten. Himmler – mit seiner berühmten Bemerkung vom »Privatjuden, den jeder hat« (und der natürlich gerettet werden müsse) – hatte vage Vorstellungen von einer Art Diorama mit »echten« Zigeunern, einem lebenden Museum, in dem alle wichtigen Stämme vertreten wären. Aber es ist wohl besser, auf das zu achten, was die Nazis taten, als auf das, was sie sagten. Die örtlichen Behörden ignorierten regelmäßig Anweisungen, »echte« Zigeuner zu verschonen, die sie ohnehin kaum gefunden hätten.

Auch wenn Zigeuner in keinem der wichtigen Rassengesetze des Regimes namentlich genannt sind, sprechen die Maßnahmen gegen sie doch eine klare Sprache, die immer deutlicher wurde. Zu den Maßnahmen, die 1939 auf Himmlers Weisung ergriffen wurden, wird ausdrücklich festgestellt:

Die Erfahrungen, die im Kampf gegen die Zigeunerplage gewonnen wurden, und die Erkenntnisse, die aus der rassenbiologischen Forschung abzuleiten sind, haben gezeigt, daß … die Endlösung der Zigeunerfrage … angegangen werden muß, wobei das grundlegende Wesen dieser Rasse zu berücksichtigen ist.

Im Gegensatz zu den Vorkehrungen, »echte« Zigeuner zu verschonen, aber im Einklang mit der allgemeinen Radikalisierung der Rassenpolitik, wurde nach der Eroberung Polens das Schicksal der Zigeuner mit dem der Polen und Juden verknüpft. Adolf Eichmann und mehrere andere hochrangige Nazis, darunter Reinhard Heydrich, erklärten danach, die »Zigeunerfrage« solle zusammen mit der »Judenfrage gelöst« werden – z. B. durch Anhängen von »drei oder vier Waggons« mit Sinti und Roma an die Züge, die die Wiener Juden 1940 in das Generalgouvernement brachten (das von Deutschen besetzte Zentral- und Südpolen).

DER EINFALL DER Sowjetunion im Juni 1941 markierte den Übergang von der Verfolgung zur Massenvernichtung sowohl der Juden wie der Zigeuner. Reguläre Armee- und Polizeieinheiten, vor allem aber die SS-Einsatzgruppen, begannen mit den Massenerschießungen von Zigeunern (und Juden und Russen und Krankenhauspatienten) in Rußland, Polen und auf dem Balkan. Die Morde wurden mit der alten Behauptung gerechtfertigt, die Zigeuner seien Spitzel – deren Zahl sich bis auf 250 000 belaufe. Kein Mensch weiß mit einiger Sicherheit, wie viele Zigeuner von den umherziehenden Mordtrupps umgebracht wurden. Diese noch unerforschten Ereignisse und dazu große Wissenslücken hinsichtlich der besetzten Gebiete machen es unmöglich, genaue Zahlen für die Opfer unter den Zigeunern zu nennen.

Deutsche Soldaten sollen, wie es hieß, durch diese Morde moralisch erschüttert worden sein, so daß man nach »humaneren« Methoden suchte. Anfang 1940 kam es zu den ersten großangelegten »Sonderbehandlungen« (d. h. Vergasung) für diejenigen, die als erste als »lebensunwert« eingestuft wurden: chronisch Kranke, geistig und körperlich Behinderte und Zigeuner. Der Einsatz von Gas als Mittel des Massenmords, und damit der Beginn der »Endlösung«, erfolgte zuerst im Todeslager in der Nähe des abgelegenen polnischen Dorfes Chelmno an der Ner, am 7. Dezember 1941, demselben Tag, an dem die Japaner Pearl Harbor angriffen.

Das Ghetto von Lodz, Heimat für 160 000 Juden und nur 80 Kilometer nerabwärts, wurde bald Hauptlieferant von »lebensunwertem« Leben für die Todesmaschinerie in Chelmno. In den Ghettos von Bialystok, Krakau, Lodz, Lemberg, Radom und Warschau wurden Zigeuner und Juden eingesperrt. Die Chroniken dieser Orte enthalten kaum genauere Angaben über das Leben der Zigeuner in den Ghettos, in denen weit mehr Juden lebten und starben. Es ist daher vielleicht angebracht, hier ein paar Einzelheiten zu nennen, die im wesentlichen aus Ficowskis Buch *Ciganie na polskich drogach* (dt.: Wieviel Trauer und Wege. Zigeuner auf Polens Straßen) stammen.

Im Oktober 1941 wurde ein Teil des jüdischen Ghettos mit zwölftausend Metern Stacheldraht abgeteilt, der eigens in Poznań bestellt worden war. Diese Doppelreihe mit einem Wassergraben und mehreren Sicherheitsposten trennte das künftige Zigeunerlager ab. Wir kennen die Liebe der Nazis zu Gruppierungen und Untergruppierungen, wie sinnlos sie auch waren; aber es ist unklar, warum in jedem Ghetto (und in den Todeslagern) die Zigeuner, die in allen Fällen ein vergleichsweise kleines Kontingent stellten, von den Juden und anderen Gefangenen getrennt wurden.

Auch wenn deutsche Zigeuner bereits 1934 in deutsche Konzentrationslager gesteckt worden waren, wurde Lodz im November 1941 doch der erste Ort in Polen, an dem Zigeuner in einem Lager zusammengefaßt wurden, um vernichtet zu werden. Dort waren sie vollkommen abgeschnitten und außer Sichtweite: Nur einige jüdische Ärzte, die bei einer Typhusepidemie halfen, und jüdische Totengräber waren Zeugen ihres Endes.

In Lodz gingen die Nazis sehr großzügig mit dem Prädikat Zigeuner um. Die Insassen – binnen vier Tagen betrug ihre Zahl fünftausend – waren Zirkusleute und Vagabunden, »nach Zigeunerart umherziehende Personen«, deutsche Sinti, rumänische Kalderasch in ihren schwingenden Blumenröcken, viele ungarische Zigeuner und auch einige reiche Wiener Zigeuner – z. B. eine Familie namens Weinrich. Eine Liste der bei ihnen beschlagnahmten Gegenstände führt goldene Uhren auf, goldene Broschen, Diamantohrringe, Bernsteinohrringe, Ohrringe aus ungarischen Goldmünzen und goldenen Franken, Korallen- und Smaragdringe, Goldketten und so weiter. Warum sich die Mühe machen und diese Gegenstände auflisten? Vielleicht weil man sie auf diese Weise, durch ihre Erbstücke und Nippsachen, zusammen mit den anderen Opfern sozusagen in einem Schrein präsentieren kann.

Zwischen dem 5. und 9. November wurden nach den persönlichen und präzisen Anweisungen von Adolf Eichmann fünf Transporte von den Durchgangslagern im besetzten Österreich nach Lodz geschickt. Es kam vor, daß Zigeuner ausgesondert, erschossen oder auch eher zufällig gelyncht wurden und man ihren Tod nicht einmal registrierte; in Lodz dagegen war alles bis in alle Einzelheiten vorbereitet. Jeder Transport bestand aus genau eintausend Gefangenen (der letzte aus 1007 Menschen, allerdings machte der Überschuß nicht die Zahl derer wett, die unterwegs starben). Und alle Züge sollten um 11 Uhr vormittags in Lodz ankommen. Jede Abweichung von diesem Fahrplan wurde genau vermerkt, und man versuchte, das am nächsten Tag wieder hereinzuholen. Beim zweiten Transport aus einem Lager in Fürstenfeld z. B. trafen 186 Männer, 218 Frauen und 596 Kinder erst um 17.30 Uhr ein, also mit fast siebenstündiger Verspätung. Sie mußten die Nacht in den versiegelten Waggons auf einem Abstellgleis verbringen; das Ausladen, das in den vorgeschriebenen dreißig Minuten geschah, erfolgte am nächsten Tag. Die Gesamtzahl der in das Ghetto eingelieferten Zigeuner betrug 11 tote und 4996 lebende Gefangene. Davon waren 2686 Kinder.

»Dr. Vogel aus Prag« – ein inhaftierter Arzt (und Überlebender) aus dem Ghetto Lodz – mußte für viele Zigeuner, die gehängt oder erstickt wurden, die Totenscheine mit der Ursache »Herzschwäche« ausstellen. Kalman Wolkowicz, der als Sanitäter im jüdischen Krankenhaus arbeitete (Zigeuner wurden weder dort noch anderswo behandelt), erinnert sich an einen Augenblick, als die Musik, die aus dem Zigeunerlager kam, aufhörte. Nachdem das Musizieren verboten worden war, wurde die Stille nur vom Brüllen und Schreien der SS-Männer und ihrer Opfer unterbrochen. Wolkowicz konnte auch eine extreme Unterernährung im Zigeunerlager feststellen und daß die Ärzte, die dorthin geschickt wurden, nur die Aufgabe hatten, die Kranken auszusondern.

Abram Rozenberg, der im Ghetto als Totengräber arbeitete, mußte die toten Zigeuner zum jüdischen Friedhof bringen.

Es waren drei bis vier solche Fuhren täglich. Es waren jedesmal acht bis zehn Leichen, alte Menschen und auch Kinder … Ich bemerkte, daß die meisten Leichen mißhandelt worden waren, einige hatten Blutergüsse am Hals, was darauf hindeutete, daß sie gehängt worden waren … Viele Leichen waren verunstaltet … mit gebrochenen Armen und Beinen. Wahrscheinlich hatten sie Widerstand geleistet. Ich bin mir nicht sicher, aber nachdem ich die Leichen gesehen hatte, kam ich zu diesem Schluß … Ich fand heraus, daß jeden Tag die Kripo kam und Zigeunern befahl, ihre Mithäftlinge zu hängen. Das Hängen fand in einer Schmiede in der Brzezinska-Straße 84/6 statt …

Die Zigeuner mußten – wie die jüdischen Insassen auch – als Polizisten und Wächter ihrer eigenen Leute antreten: »Hinter dem doppelten Stacheldrahtzaun … standen drei Zigeuner Wache. Es waren Lagerpolizisten, die Armbinden und Polizeiknüppel trugen. Wenn sie sahen, daß sich der SS-Scharführer näherte, rannten sie auf die Zigeuner zu, die gerade in der Nähe standen, und prügelten auf sie ein.« Dadurch, daß man die Opfer zwang, sich an ihrer eigenen Vernichtung zu beteiligen, machte man sie zu den Asozialen und Kriminellen, als die sie in der Naziideologie bezeichnet wurden; irgendwie mußte es ihre Schuld sein – oder es mußte so hingestellt werden.

Lange bevor in Auschwitz ein Lager für Zigeuner geschaffen wurde, war klar, daß ihre Mörder rücksichtslosen Völkermord betrieben. In den Ghettos und später dann in den Todeslagern waren falsche Beschuldigungen wie Kriminalität gar nicht mehr erforderlich. Daß diese besonders mühsame Heuchelei jetzt wegfiel, muß das Töten erleichtert haben, insbesondere das Töten sehr kleiner »Krimineller«.

Abram Rozenberg erinnert sich an die Ermordung eines Kindes:

Es war im Herbst, ich weiß nicht mehr genau, in welchem Jahr [1941], als gegen neun oder zehn Uhr morgens ein Waggon ankam und ich und meine Helfer eine Kiste mit Leichen abluden. Dabei hörten wir das Jammern eines Kindes. Wir fuhren instinktiv zusammen, aber in der nächsten Sekunde trat ich an die Kiste und öffnete die Klappe. Ein kleines Zigeunerkind fiel heraus. Es wand sich in Krämpfen. Ich schnitt mit einem Taschenmesser das Seil durch, das es noch um den Hals hatte. Das Kind zuckte noch eine Weile, kam aber bald wieder zu Bewußtsein. Wir konnten nicht verstehen, was es sagte. Wir überlegten, wie wir das Kind verstecken könnten, doch gerade da kam Sztajnberg, der Friedhofschef, mit Hercberg, dem Gefängnisleiter. Sie sagten uns, wir sollten das Kind zurück ins Ghettokrankenhaus bringen. Anschließend machten sie Meldung an die Kripo, die das Kind aus dem Krankenhaus holte. Am nächsten Tag wurde das Kind zum Friedhof gebracht, tot. Es war bestialisch umgebracht worden. Es war ein Mädchen, drei bis vier Jahre alt.

Im Ghetto von Lodz starben 613 Zigeuner; die übrigen wurden nach Chelmno gebracht, das Experimentier- und Vernichtungslager, in dem 350 000 Menschen ermordet wurden. »Die Erfahrung mit den inhaftierten Zigeunern in Lodz«, schreibt Ficowski, »sollte den Nazis [ein Jahr später] beim Aufbau eines riesigen Vernichtungszentrums für Zigeuner in Auschwitz dienen.« Jan Dernowski, ein Pole, der auf seinem Weg zur Arbeit Zeuge dieser Transporte wurde, erinnerte sich an eine der täglichen Kolonnen

> von etwa zehn 3-Tonnern mit SS-Kennzeichen. Diese Lastwagen, die fest mit Planen bedeckt waren, wurden an beiden Enden von bewaffneten Gestapo-Leuten begleitet, mit Maschinengewehren und in Autos … Ich blickte mit Entsetzen auf diesen Todeszug – denn ich kannte den Grund für diese Fahrt sehr wohl – und hörte das Schreien und Stöhnen der Transportierten unter den leicht angehobenen Planen. Es waren nicht nur Schreie von Frauen und Kindern, sondern auch von Männern, schönen, echten Zigeunern.

Michal Podklebnik, einer der wenigen Gefangenen, die aus Chelmno fliehen konnten, erinnerte sich, daß »nach der Liquidierung von Juden aus vielen kleinen Städten Transporte aus dem Ghetto von Lodz eintrafen. Zuerst kamen die Zigeuner, ungefähr fünftausend, und danach die Juden.« Der unmittelbare Grund für den Transport der Zigeuner nach Chelmno war nicht ideologischer Art, sondern entsprang der Angst vor der Typhusepidemie, die in ihrem schrecklich überfüllten Teil des Ghettos wütete. Normalerweise kamen zuerst die Juden in die Gaskammern. Auch das hatte meistens pragmatische Gründe: Man brauchte die Häuser der Juden, um die zurückkehrenden Deutschen unterzubringen.

Chelmno war ein Todeslager, kein Konzentrationslager, und die Gefangenen wurden meistens gleich nach der Ankunft getötet. Aber bevor sie sterben durften, mußten die Zigeuner, wie die Juden, die üblichen grotesken Lügen über sich ergehen lassen. Man versprach ihnen »gutes Essen und die Weiterfahrt zur Arbeit im Osten«. Aber vorher duschen. Es war Januar. Sie zogen sich in einem geheizten Raum aus und gingen durch eine Tür, auf der »Zum Bad« stand. Man erzählte ihnen, sie würden mit einem Pendelbus zu den Duschräumen gebracht, doch hier fiel dann die Maske. Gendarmen prügelten die Gefangenen in die Lastwagen. Es waren mobile Vergasungseinheiten, die die Toten zu einer Grube im Wald brachten – ein Grab, das sie sich mit den Juden teilten – und dann zurückfuhren, um die nächste Ladung »Badender« aufzunehmen.

Im Zigeunerghetto von Lodz, das nur zwei Monate bestand, gab es keine Überlebenden. Das *Biuletyn Kroniki Codiennej* (der *Tagesanzeiger* des Ghettos) vom 29. und 30. April 1942 berichtete:

In den Häusern, die von den Zigeunern verlassen wurden, fand man relativ große Mengen Lebensmittel wie Gemüse, Zucker und steinhartes Brot. Alle Eßwaren wurden mit Chlor desinfiziert. Auch andere Sachen wie Kleidung, Musikinstrumente, Messer etc. wurden dort gefunden. Sobald die Reinigung abgeschlossen ist, werden die Gebäude in Fabriken zur Herstellung von Strohschuhen umgewandelt.

Ein Jahr später, im Februar 1943, trafen die ersten Transporte deutscher Zigeuner im neuen Lager Auschwitz-Birkenau ein. Die Insassen waren hauptsächlich deutsche und tschechische Zigeuner, sie kamen aber auch aus Österreich, Polen, Rußland, Kroatien, Slowenien, Ungarn, Holland, Litauen, Norwegen, Belgien und Frankreich.

Mieczyslaw Janka, ein polnischer Überlebender, erinnert sich an das Familienlager der Zigeuner neben dem Krankenhaus in Birkenau. »Die Zigeuner begleiteten uns beim Singen, während ihre Frauen tanzten. Dafür warfen wir ihnen Zwiebeln und Zigaretten zu. Eines Abends wurden die Zigeuner abgeholt und verbrannt.« Die Erinnerungen Außenstehender an das Zigeunerlager, das wie immer von den übrigen Lagerinsassen abgetrennt war, waren oft akustischer Art – wir hörten sie (erzählten sie), ihr Singen, ihr Spielen, ihr Weinen, ihr Stöhnen und Schreien und dann, »eines Abends«, ihr Schweigen. Es war der Abend des 2. August 1944.

Das Zigeunerlager unterschied sich auf mancherlei Weise vom übrigen Lager Auschwitz-Birkenau. Die Männer, Frauen und ihre vielen Kinder durften als Familie zusammenbleiben. (Es gab im übrigen auch ein tschechisches Familienlager.) Fast bis zum Ende behielten sie auch ihr Haar – und ihren Besitz und ihr Geld, so daß sie zumindest zu Beginn Lebensmittel kaufen und tauschen konnten. Sie trugen ihre eigene Kleidung, mit den aufgenähten schwarzen Dreiecken – schwarz für asozial (manchmal auch grün für kriminell); auf den linken Arm war ein »Z« für Zigeuner tätowiert. Und zunächst, wie meine polnische Führerin abfällig bemerkte, wurden sie nicht zum Arbeiten geschickt; sie waren nicht zum Arbeitseinsatz eingeteilt. Die Zigeuner mußten daher nicht die regelmäßigen Selektionen über sich ergehen lassen, bei denen Ärzte das ganze Jahr hindurch nackte Häftlinge nach links oder rechts schickten – zur Arbeit oder in den Tod. Zum Schluß wurden uniformierte junge Zigeuner in das Hauptlager zum Arbeiten geschickt, und zweihundert Frauen mußten außerhalb des Lagers den Boden einebnen und Steine in ihren Schürzen sammeln. Ansonsten wurden die Zigeuner nur einmal »ausgewählt«; als das ganze Lager auf Befehl von ganz oben aus Berlin vollständig aufgelöst wurde. Da lebten von 23 000 Zigeunern nur noch etwa 4000.

Josef Mengele, der berüchtigte Nazi-Arzt, interessierte sich für die Zigeuner ganz besonders. Als der Befehl kam, sie alle umzubringen, war er fassungslos; er war völlig in seiner Forschung aufgegangen. Einem Zeugen zufolge war er an jenem Tag aber dennoch »überall im Lager« anzutreffen und spürte auch noch das letzte versteckte Kind auf. Diejenigen, die den Transporten vom Vorabend entkommen waren, packte er in seinen eigenen Wagen und brachte sie persönlich zu den Gaskammern. Und die Zigeunerkinder gingen bereitwillig mit, denn dieser Mann hatte ihnen lange Zeit Zuneigung entgegengebracht und ihnen Süßigkeiten geschenkt; sie verehrten Mengele und vertrauten ihm, sie liefen ihm nach und riefen »Onkel Pepi! Onkel Pepi!«

Mengele unterhielt, was einer seiner Passagiere »ein ganz makabres Schiff voller Narren« nannte: einen Sonderblock mit Zwergen, Riesen, Leuten mit einem blauen und einem braunen Auge und – was den Arzt am meisten interessierte – Zwillingen. Nach den Worten eines Lagerarztes, der mit Mengele zusammenarbeiten mußte, »hatte er im Zigeunerlager Proben von Haaren und Augen [von Zwillingen], Geräte zum Abnehmen von Fingerabdrücken, Handabdrücken und Fußabdrücken«. Und wenn er fertig war, schickte er ihre Körperteile – die Augen vor allem, aber manchmal auch den ganzen Kopf – an sein altes Institut nach Berlin, der Rest kam ins Krematorium (die Autopsien der Zwillinge wurden getrennt durchgeführt, in einem Speziallabor beim Krematorium). Viele der Zwillinge waren Zigeuner. Aber nicht alle seine Zigeunerzwillinge waren Zwillinge: Einige Zigeunerinnen gaben wegen der Vorzugsbehandlung (besseres Essen, saubere Kojen, keine Schläge) zwei gleich große Kinder als Zwillinge an.

Zwillinge hatten im Männerlager, dem Frauenlager und dem Zigeunerlager ihren eigenen Block. Sie waren besonders wertvoll für die Erforschung »identischer ererbter Anlagen« – im Fall der Zigeuner mit Blick auf die Kriminalität. Auch wenn es zutraf, daß die meisten Zwillinge eine bessere Überlebenschance hatten als die regulären Häftlinge, galt das dennoch nicht für alle. An einem Abend injizierte Mengele selbst vierzehn gesunden Zigeunerzwillingen Chloroform ins Herz, weil er mit der Sektion ihrer Leichen vorankommen wollte.

Eine Begründung für die Zusammenfassung der Zigeuner in einem eigenen Lager, hinter einem eigenen elektrischen Zaun, wo die Bedingungen selbst nach Auschwitzer Maßstäben entsetzlich waren, gibt es nicht. Vielleicht hat man sie abgetrennt, um sie ungestört untersuchen zu können. Waren die frühen städtischen Zigeunerlager ideal für erste Ahnenforschung, so war Auschwitz-Birkenau das perfekte Todeslabor. Mengele schätzte diese Möglichkeiten wahrscheinlich sehr; er war auch der leitende Arzt in Birkenau und hatte offenbar freie Hand, das Lager zu führen. In diesem abgetrennten Zoo gefangener Geschöpfe konnten seltene Krankheiten gezüchtet und beobachtet und »Heilmethoden« erprobt werden. In Dachau und Buchenwald wurde Zigeunern Meerwasser injiziert, um für die deutsche Marine herauszufinden, wie lange ein Mensch mit Salzwasser überleben kann. In Auschwitz standen Krankheiten und Erbbedingungen im Vordergrund (wenngleich auch hier, neben anderen ausgefallenen Experimenten, in Tests die Auswirkung von Säure auf der Haut erforscht oder Säure in die Augen injiziert wurde, um deren Farbe zu verändern). So war z. B. ein Krätzeausbruch die Gelegenheit für eine Behandlung, bei der die geschundenen Patienten nacheinander in Zementwannen mit unterschiedlichen Salz- und Säurelösungen gesetzt wurden. Schlug die Behandlung fehl, konnte sofort eine Autopsie vorgenommen werden.

Wenn sich die Ärzte nicht einig waren, welches von mehreren Leiden einem bestimmten Häftling am schlimmsten zusetzte, konnte der oder die betreffende auf der Stelle seziert werden. Mengele erschoß oder »opferte«, wie er sich ausdrückte, einmal sein liebstes Zwillingspaar, zwei »phantastische« siebenjährige Zigeunerjungen, um einen derartigen »Disput« zu beenden (man hatte Tuberkulose vermutet). »Es muß was dasein«, hatte Mengele einem anderen Arzt gegenüber beharrt. Eine Stunde später kam er zurück und »sprach jetzt ruhig«. Er sagte: »Sie hatten recht. Es war nichts.« Er hatte in dieser Zeit die beiden Jungen getötet und die Lunge und andere Organe untersucht.

Zu den im Zigeunerlager auftretenden Seuchen gehörten Fleckfieber, Typhus, Skorbut, Ruhr und die Krätze, dazu Läuse und Geschwüre. Es gab ein Behelfskrankenhaus – kranke Zigeuner wurden nicht in das Hauptkrankenhaus direkt neben ihrem Lager geschickt –, aber das einzige dort vorhandene Medikament war Kampfer. Frauen gebaren ihre Kinder auf den Ofenrohren, die längs durch die Baracken liefen. Einige kamen jedoch nicht dazu, weil sie im fortgeschrittenen Schwangerschaftsstadium mit Fleckfieber infiziert wurden, damit man die Auswirkungen auf den Fetus untersuchen konnte. Ein Zeuge hat sechsundachtzig derartige Fälle gezählt.

Die exotischste Krankheit, die im Lager ausbrach, war Noma oder Gesichtsbrand – eine normalerweise seltene Form der Gangrän, die das Gesicht und den Mund befällt. In seinen Lebenserinnerungen bekundet der Lagerkommandant Höß, daß »… die Kinderseuche Noma … mich immer wieder erschaudern ließ, sie erinnerte mich an die Leprakranken … diese abgezehrten Kinderkörperchen mit den großen Löchern in der Backenhaut, durch die man durchsehen konnte, dieses langsame Verfaulen bei lebendigem Leibe.«

Es ist bekannt, daß Gesichtsbrand durch Unterernährung und extreme Schwäche verursacht wird; dennoch fand Mengele eine rassisch bedingte Erklärung für die Krankheit. Mengele untersuchte ein »kleines Bündel Knochen« – einen Zigeunerjungen mit fortgeschrittenem Gesichtsbrand – und fragte einen anderen Häftling: »Würdest du glauben, daß dieser Junge zehn Jahre alt ist?« Er schrieb die Hinfälligkeit des Kindes der Zugehörigkeit zu »dieser Art von Rasse« zu, nicht einem tödlichen iatrogenen Umstand, also einem Umstand, den die Ärzte herbeigeführt hatten.

Ein Kollege und Freund von Mengele, den Robert Jay Lifton in seinem Buch *Ärzte im Dritten Reich* nur Ernst B. nennt, äußerte sich ähnlich über die Bedingungen im Zigeunerlager Auschwitz: Sie »waren schrecklich … schlimmer als in allen anderen Lagern« und stellten »ein erhebliches Problem« dar. Dr. B. weiter: »Seit ich dieses Zigeunerlager überlebt habe, habe ich die schlimmstmögliche Meinung von Zigeunern. Und wenn ich einen Zigeuner sehe, schaue ich,

Ein Nazifoto von einem Zigeuner im Konzentrationslager Belzec
mit Ausschnittsmarkierungen des Fotografen, 1940

daß ich schnell wegkomme ... Ich kann Zigeunermusik nicht ertragen.« Und dann begründet er seine Abneigung. Obwohl er an der Situation der Zigeuner großen Anteil nahm, »sei er doch entsetzt gewesen, wenn er sah, wie Väter und Mütter aßen, während sie ihre Kinder verhungern ließen.«

Das verzweifelte Bemühen, die eigene Schuld abzuwälzen, ist offenkundig, denn natürlich waren es Ärzte wie Dr. B., die die Kinder verhungern ließen – und deren Eltern (die reinen Waisenbaracken waren ein ständiger und immer größer werdender Bestandteil des Zigeunerlagers). Die Darstellung klingt auch noch aus anderen Gründen verlogen. Familiengefühle waren bei den Zigeunern offenbar stärker als der Wunsch zu überleben. Obwohl es schwer vorstellbar ist, daß der SS-Kommandant von Auschwitz von Zigeunertränen »gerührt« wurde, klingen die Erinnerungen von Rudolf Höß doch typischer:

Untereinander befehdeten sie sich sehr ... In ihren Sippen hielten sie aber fest zusammen und waren sehr anhänglich. Als es an die Aussortierung der Arbeitsfähigen ging und dadurch die Trennung, das Auseinanderreißen der Sippen nötig wurde, gab es rührende Szenen, viel Leid und Tränen. Sie ließen sich aber doch einigermaßen beruhigen und trösten, als man ihnen sagte, daß sie später wieder alle zusammenkämen.

»Eine Zeitlang«, erinnert sich Höß, »hatten wir arbeitsfähige Zigeuner im Stammlager in Auschwitz; diese setzten alles daran, um ihre Sippe ab und zu sehen zu können, wenn nur von weitem. Oft mußten wir Jüngere beim Appell suchen, sie hatten sich mit Kunst und Tücke ins [3,5 Kilometer entfernte] Zigeunerlager geschlichen aus Heimweh.«

Daß sie überhaupt familienweise zusammenbleiben durften, ist ein Maßstab für den Aufruhr, den sie verursachten oder den man befürchtete, wenn sie getrennt wurden. In der Zeit der Liquidation des Zigeunerlagers gab es zahlreiche Fälle individuellen Widerstan-

Kalderasch-Zigeuner in Belzec.
Nazifoto mit Ausschnittsmarkierungen des Fotografen, 1940

des – vor allem von den Frauen, wie es scheint. Am Vortag der Vergasung aller übriggebliebenen Zigeuner ließ Mengele eine Gefangene in das Frauenlager verlegen, vielleicht weil ihr Mann ein Deutscher war. Ihre Kinder waren jedoch zurückgeblieben und warteten auf ihren Tod. »Ihr habt doch gar nicht den Mumm, mich umzubringen«, schrie sie ihn, wie berichtet wird, an, Sekunden bevor sie erschossen wurde. Ein weiblicher Sinti-Kapo stürzte sich wie ein wildes Tier auf einen SS-Offizier und wollte ihm die Augen auskratzen, bis auch sie erschossen wurde. Wollte man diese unbequemen Mütter beruhigen, oder war es ein Zugeständnis an den Nazihumor, daß man für die gebrechlichen Kinder aus dem Zigeunerlager einen Kindergarten einrichtete, komplett mit Karussell, nur einen Monat bevor sie umgebracht wurden?

Die ungarischen Juden, die nach Auschwitz kamen, wurden vorübergehend in dem leeren Zigeunerlager untergebracht; nach ihrer Ermordung wurde es in ein Frauenkrankenhaus umgewandelt.

ALS ICH MEINE Untersuchung begann, war ich der Meinung, die Zigeuner wären »die neuen Juden« Osteuropas. Da waren sie, verstreut in großer Zahl, wie die Juden früher, und sie waren auch die ersten Opfer der im Werden begriffenen Demokratien. Doch sie sind nicht die neuen Juden: Die Zigeuner sind, wie die Juden, seit jeher Sündenböcke. Die Juden vergifteten die Brunnen; die Zigeuner brachten die Pest.

Vor der Aufklärung verkörperten Zigeuner und Juden in der Vorstellung der Europäer gemeinsam die umherziehenden Armen. Einigen Legenden zufolge *waren* die Zigeuner sogar Juden. In seinem *Dictionnaire Infernal* (1845) berichtet Collin de Plancy, daß die Juden im Frankreich und Deutschland des 14. Jahrhunderts, weil ihnen die Schuld für die in diesen Ländern wütende Pest angelastet wurde, in die Wälder flohen und dort fünfzig Jahre lang in unterirdischen Höhlen lebten. Als sie sich wieder hervorwagten, so die Geschichte, konnten sie ihre traditionellen Berufe nicht mehr ausüben, hatten kein Geld und waren gezwungen, sich mit Wahrsagen durchzuschlagen. Sie sagten, sie kämen aus Ägypten (ein bekanntes Zigeunergarn, das durch die neue Zuschreibung eines semitischen Ursprungs wieder glaubwürdig gemacht wurde). De Plancy beschreibt ihren »verstellten Dialekt« als Mischung aus »Hebräisch und schlechtem Deutsch« – was Kommentatoren sofort als Jiddisch erkannt haben wollten (wenngleich das nomadische Jenisch oder der deutsch beeinflußte Dialekt der Sinti sich genauso angeboten hätte). Mag diese Geschichte auch stilisiert sein, der Wunsch, eine semitische Herkunft der Zigeuner zu konstruieren, läßt sich leicht durch die zwingenden Ähnlichkeiten ihres gemeinsamen Schicksals von Verfolgung und Diaspora erklären.

Juden und Zigeuner haben ihre eigene »Landes«-Sprache und

Wiedergabe des Zigeunerlagers durch den Auschwitz-Überlebenden
Karl Stojka, die er mit seiner Lagernummer Z5742 signierte.
»Ich habe gesehen, wie sie verbrannten …«, sagte er über die Nacht
des 2. August 1945. »Das Zigeunerlager steht leer.«
Stojkas kleiner Bruder, der siebenjährige Ossi, starb im Lager;
sein Vater war zweiunddreißig, als er in Mauthausen umgebracht wurde.

ihre traditionellen Gesetze und ein festgeschriebenes Regelsystem für moralisches und rituelles Verhalten; beide Gruppen werden mit bestimmten Berufen in Verbindung gebracht, die sich manchmal decken (wenn sich Handwerk und Handel verknüpfen, wie es zu Fahrenden paßt). Beide haben sich durch die Abhängigkeit von der Kultur ihres »Gast«-Landes, im guten wie im schlechten Sinn, ihrer traditionellen Kultur zunehmend entfremdet.

Sicher waren die Nazis an der Judenfrage stärker interessiert als an der Zigeunerplage. Schließlich stellten die Zigeuner, die gesellschaftlich und wirtschaftlich bereits so gut wie unsichtbar waren, nur einen Bruchteil der europäischen Bevölkerung: 0,05 Prozent der Bevölkerung von Deutschland im Jahr 1933. Während der Jude als ein ruchloses und fremdartiges Geschöpf hingestellt wurde – alte Klischees wurden etwa in Julius Streichers Hetzblatt *Der Stürmer* zu neuem Leben erweckt –, war ein weiteres Diffamieren der Zigeuner gar nicht nötig. So unbedeutend sie von der Zahl her waren, in der Vorstellung der Europäer waren sie doch die Verkörperung des Außenseiters geblieben: unheimlich, abgesondert, buchstäblich dunkel und gleichbedeutend mit Hexerei und Verbrechen. Auf ihre Unbeliebtheit konnte man rechnen. (»Noch nie«, sagte mir ein Rom-Funktionär in typisch ironischer Art, während wir einer politischen Versammlung beiwohnten, die soeben zum Gezänk verkam, »war eine Gruppe so verfolgt *und* so unbeliebt.«)

Die Aufklärung ermöglichte es den europäischen Juden, sich zu bilden und wirtschaftlich zu betätigen, was ihnen zuvor verwehrt gewesen war; das führte bei ihnen, im Gegensatz zu den Zigeunern, zu einem gesellschaftlichen Aufstieg. Die Zigeuner lehnten für sich eine Anpassung (einschließlich Bildung) ab und blieben unter sich. Dieser Unterschied spiegelt sich auch in den völlig verschiedenen Reaktionen auf den jüdischen Holocaust und das *porraimos* der Zigeuner.

Die Vergeßlichkeit in bezug auf das *porraimos* wird gelegentlich verstärkt durch gewisse hartnäckige und hoffnungsvolle Fälle nationalen Gedächtnisschwundes – in den besetzten Gebieten, aber auch in Frankreich. (Die Franzosen weigern sich noch immer, Dokumente aus der Kriegszeit freizugeben, die die Zigeuner betreffen, wahrscheinlich, um französische Staatsbedienstete zu schützen.) Im allgemeinen sind die Dokumente jetzt zugänglich, und doch erscheinen die Zigeuner immer noch als Fußnote, wenn überhaupt. In seinem gewaltigen, dreibändigen Werk über den Holocaust widmet Raul Hilberg dem Schicksal der europäischen Zigeuner nicht einmal fünfzehn Seiten; Lucy Davidowicz handelt sie in ihrem hochinteressanten Buch über die Unterschlagung des Holocaust durch die Historiker in zwei Abschnitten ab.

Wenn die Unwissenheit über das Schicksal der europäischen Zigeuner unter den Nazis manchmal vorsätzlich erscheint, dann vielleicht deshalb, weil ihre Einbeziehung das unterstreicht, was Sybil Milton, die leitende Historikerin des Holocaust Memorial Museum in den Vereinigten Staaten, für die Grundüberzeugung ihrer Kolleginnen und Kollegen hält: »Alle betrachten die Ermordung der Juden nach wie vor als eine einmalige Abweichung von früheren Verfolgungen und sehen in Hitlers Antisemitismus und dem der Nazibewegung das einzige Motiv für den Massenmord.« Wie Milton aufzeigt, waren es dieselben Regierungsmitglieder, Behörden, Ärzte, Anthropologen und andere »Rassenforscher«, die die eugenischen Maßnahmen gegen Juden, Zigeuner, Schwarze und Behinderte entwickelten und anwandten. Es begann mit Ehegesetzen und Sterilisation und endete mit Mord; und die Methoden, mit denen diese Gruppen »zum Schutz des deutschen Blutes« erfaßt, isoliert und schließlich vernichtet wurden, waren alle ähnlich und manchmal sogar identisch.

Während die Juden als Agenten einer internationalen kriminellen Verschwörung hingestellt wurden, wurden die Zigeuner, schon vor Jahrhunderten als Spitzel gebrandmarkt, jetzt als geborene Verbrecher angegriffen. Letztere Verleumdung bewährte sich mit der Zeit besser.

Bei den Kriegsverbrecherprozessen versuchten die Nazis, die Tötung der Zigeuner mit der Behauptung zu rechtfertigen oder zu differenzieren, sie seien als Kriminelle bestraft worden, nicht als Zigeuner an sich. Und sie hatten Erfolg: Obwohl direkt nach dem Krieg genügend Material vorlag, wurde der Massenmord an Roma und Sinti bei den Nürnberger Prozessen nicht angesprochen, und es wurde kein Zigeuner als Zeuge aufgerufen. Bis auf den heutigen Tag ist nur ein einziger Nazi wegen Verbrechen gegen Zigeuner verurteilt worden: Ernst August König. Am 18. September 1991 erhängte sich der einundsiebzigjährige ehemalige Auschwitz-Wachtposten nach seiner Verurteilung zu lebenslanger Haft in seiner Zelle in einem deutschen Gefängnis.

Viele »Fachleute« in »Zigeunerangelegenheiten« aus der Nazizeit arbeiteten in der Bundesrepublik weiter auf diesem Gebiet, was den Zusammenbruch des Dritten Reichs für die meisten Zigeuner zu einer belanglosen Sache machte. 1953 wurden Ritters Akten, Abstammungsunterlagen und »Rassenzeugnisse« dem neugeschaffenen – oder neugetauften – Auslandsamt der bayerischen Kriminalpolizei übergeben, in dessen Mitarbeiterstab einer seiner früheren SS-Kollegen saß. Ritter selbst, der Bundesregierung wegen seiner »profunden Einschätzung der Situation der Roma« von einem Berater empfohlen, nahm seine Arbeit als Kinderpsychologe wieder auf.

Ein bundesdeutsches Gericht wählte 1956 das Jahr 1943 als Ausgangspunkt der rassisch bedingten Verfolgungen – das Jahr, in dem die Deportationen nach Auschwitz begannen – und lehnte damit eine Verantwortung gegenüber den meisten überlebenden Zigeunern ab. Vor jenem Datum seien »Polizei- und Sicherheits-«Maßnahmen gegen sie aufgrund ihrer vermeintlichen »asozialen Eigenschaften« gerechtfertigt gewesen. Diese Behauptung wurde von den deutschen Gerichten erst in den 60er Jahren auf 1938 rückdatiert, als viele Überlebende nicht mehr auffindbar oder bereits gestorben waren. Auch in den Ostblockländern wurden die Zigeuner verleugnet. Für Regierungen war es häufig zweckdienlich, die Zahl der auf ihrem Territorium lebenden unerwünschten Personen zu drücken; auf diese Weise machten selbst in Ländern, deren Regierung die »Opfer des Faschismus« zu ehren bereit war – und in Ungarn und der Tschechoslowakei wurden die Juden bereitwillig und früh entschädigt –, absurd niedrige Zahlen für die Zigeuner es politisch möglich, ihre berechtigten Forderungen zu übergehen. (Gleichzeitig war die Kultur der Zigeuner – vor allem der Beitrag der Zigeunermusiker in Ungarn – ein herausragendes Merkmal der folkloristischen Identität des Landes.)

Der Völkermord der Nazis an den Sinti und Roma wurde öffentlich erst 1982 eingeräumt, und zwar von Helmut Schmidt. Aber geändert hat sich kaum etwas. Die wenigen Zigeuner, die überlebt haben und in der Lage sind, die bürokratischen Hürden zu überwinden, stellen womöglich fest, daß sich der Aufwand gar nicht lohnt. So werden z. B. alle Sozialversicherungszahlungen, die erfolgreiche Antragsteller seit 1945 erhalten haben, automatisch mit Reparationszahlungen verrechnet, als ob das ein und dasselbe wäre. Und auch die Kinder von Opfern brauchen sich gar nicht erst zu bemühen; im Gegensatz zu ihren jüdischen Leidensgenossen kommen Zigeuner, die aufgrund von Maßnahmen der Nazis zu Waisen geworden sind, nicht in Betracht. Aber wer soll sich schon beklagen?

NUR SEHR WENIGE Zigeuner haben eine wirkliche Kenntnis ihrer kollektiven Geschichte, doch daß die Verfolgung eines ihrer Kennzeichen ist, ist allen bewußt. Viele (aber längst nicht alle) Zigeuner, die auf dem Balkan leben, haben eine Ahnung von ihrem Schicksal im Dritten Reich und unter den artverwandten Regimen in Bulgarien, den tschechischen Ländern, Kroatien, Ungarn, Rumänien und der Slowakei, wie auch im besetzten Albanien, Serbien und Griechenland. War es da Ironie oder gar Perversion, daß ausgerechnet sie nach Deutschland drängten? (Es fällt schwer sich vorzustellen, daß dieses Land auf die übriggebliebenen Juden Osteuropas heute wie ein Magnet wirkt.) Auch wenn Emanzipationsbestrebungen der Zigeuner sich heute bemühen, das zu ändern, ist die Neigung, die Vergangenheit zu verdrängen, doch stark.

»Vergessen« bedeutet bei den Roma jedoch nicht Zufriedenheit:

Bei ihnen ist der Tenor eine – oft übermütige – Verachtung. Als ich 1993 eine erbärmliche rumänische Zigeunersiedlung besuchte, die kurz zuvor von einem weißen rumänischen Pöbelhaufen zerstört worden war, begleitete mich ein englischer Zigeuner, Pete Mercer, der Leiter seiner Gemeinde in Peterborough. Seine Reaktion auf den Brandanschlag, bei dem einige schwer verletzt wurden und Hunderte ihr Heim verloren, war geistreich – und gleichzeitig typisch spröde in ihrer Verballhornung. »Hony swacky mally Asbestos« schrieb Pete mir in meine Kladde, und dazu gleich die Übersetzung – nicht dië von *Honi soit qui mal y pense* (Ein Schelm, wer Schlechtes dabei denkt), dem Wahlspruch des Hosenbandordens, sondern eine sehr freie inhaltliche Übersetzung: »Junge, du kannst mich mal, ich bin feuerfest.«

Die Juden haben auf Verfolgung und Vertreibung mit einer monumentalen Erinnerungsindustrie reagiert. Die Zigeuner mit ihrer ganz eigenen Mischung aus Fatalismus und der Fähigkeit oder Begabung, aus einer Sache etwas zu machen, haben eine Kunst des Vergessens geschaffen.

Historisch gesehen haben die Zigeuner von sich als Gruppe keine Vorstellung, und auch kein Wort dafür. An Stelle einer Nation gibt es für sie die verschiedenen Stämme und im lokalen Bereich die Großfamilien oder Clans. Ihre europäischen Namen, wie Gypsy oder Zigeuner, lassen auf ein einheitliches Ganzes schließen. Doch das gibt nicht exakt das wieder, wie sie sich sehen, sondern das, wie sie von Außenstehenden gesehen werden.

Aber die Dinge ändern sich. So wie die Eskimos sich entschlossen haben, sich Inuit zu nennen – was »Menschen« bedeutet –, setzt sich allmählich offenbar auch »Roma« als gemeinsamer Name durch und kündigt eine neue *kollektive* Identität an. Es ist diese gerade erst gewonnene Erkenntnis, die das Projekt des Erinnerns ermöglicht. Ein Gefühl von lokal begrenztem und persönlichem Unglück entwickelt sich zu einem breiten Bewußtsein von geschichtlichem Unrecht. Und so *wollen* die Zigeuner zum ersten Mal des *porraimos* gedenken.

Am 14. April 1994 gedachte man im Holocaust Memorial Museum der Vereinigten Staaten erstmals der Zigeuner unter den Opfern. Unter den Teilnehmern war auch Ian Hancock, ein englischer Zigeuner, der heute im texanischen Buda lebt. Der Begriff *porraimos* stammt von ihm. Praktisch auf sich allein gestellt, führte Hancock den langen Kampf um die Einbeziehung der Roma in das Museum – und in den (1979 gegründeten) U.S. Holocaust Memorial Council, zu dessen fünfundsechzig Mitgliedern schon Polen, Russen, Ukrainer und über dreißig Juden gehörten. Erst 1986, nach dem Rücktritt des Präsidenten Elie Wiesel, Holocaust-Überlebender und Träger des Friedensnobelpreises, der sich der Vertretung der Zigeuner widersetzt hatte, wurde ein Zigeuner in den Rat gewählt.

An jenem Tag im Frühling versammelte sich in der marmornen Gedenkhalle des Museums eine Handvoll Zigeuner. Sie kamen aus New Jersey, Minneapolis, Los Angeles, Budapest, Bukarest, Preßburg und Krakau. Hancock (aus London und Buda), den ich über Jahre hinweg nie anders als aufsässig erlebt hatte, war stolz und würdevoll und zu Tränen gerührt. Dennoch war er außer sich über die Zigeunerecke im ersten Stock des Museums, die wie bei einer Schulaufführung dekoriert war, mit Wohnwagen und Geige. Dort, unter dem Schild mit der Aufschrift »Feinde des Staates«, verlor sich sein Volk wie üblich in einem Haufen verschiedener »unerwünschter Personen«: »Kommunisten, Sozialdemokraten, Gewerkschaftler, Pazifisten, Homosexuelle, nonkonformistische Geistliche, Zeugen Jehovas, Freimaurer, Roma (Zigeuner), Slawen und andere«. In der ständigen Ausstellung des Museums sind nur die Juden als Rassenfeinde aufgeführt und deshalb allein zur Ausrottung verdammt.

Drei osteuropäische Roma hielten Reden. Obwohl allein schon ihre Anwesenheit in der Gedenkhalle ein Indiz für den Wandel war – genau wie ihre Aussage früher am Tag vor einem Sonder-Hearing des Kongresses über den Menschenrechtsmißbrauch an den Zigeunern –, sprachen die Geschichten, die sie erzählten, im wesentlichen davon, daß der Holocaust für ihre Eltern eine Lektion über die Nützlichkeit des »Vergessens« gewesen sei, und wie stark sie die

Rolle des *baxt*, des Glücks, des Zufalls, des Schicksals empfanden. Einige wichtige Zigeunervertreter würden Teil der Gemeinschaft des Gedenkens werden; aber die meisten würden abseits bleiben, ganz mit sich selbst beschäftigt und nur in der Gegenwart.

JAN YOORS – DER zwölfjährige Belgier, der in den 30er Jahren sein Zuhause verlassen hatte, um sich einer vorbeiziehenden Gruppe Lovara-Zigeuner anzuschließen – schrieb viele Jahre später einen Bericht über die Menschen, die ihn aufgenommen hatten.

> Ich habe mich oft über das eigenartige, unerklärliche Fehlen traumatischer Reaktionen auf ihre oft schlimmen persönlichen Verfolgungen gewundert. Ich beobachtete und lernte schließlich, ihre Ablehnung von Haß oder persönlicher Verbitterung als Reaktion auf äußere Zwänge zu begreifen. Pulika, mein Adoptivvater, sagte: »Der Mut zu sterben ist sehr oft nur die Feigheit zu leben.«

Während des Krieges trat die britische Widerstandsbewegung an Yoors heran. Die Zigeuner mit ihren ausgezeichneten Kenntnissen der Wälder und Nebenstraßen, dem psychologischen Einfühlungsvermögen für Behörden und das Überleben waren ideale Partner für den Untergrund. Neben den Fähigkeiten, die sie als Untergrund*volk* entwickelt hatten, war es jedoch der Instinkt der Zigeuner, hellwach in der Gegenwart zu leben, der sie für den Widerstand so wertvoll machte und der auch ihr »eigenartiges« Desinteresse an der Vergangenheit erklärt. In einem zweiten Buch über die Kriegszeit kehrt Yoors mit einem Auftrag zu Pulika und seiner Familie zurück. Als Motto bringt Yoors ein Beispiel für Pulikas Weisheit im Kriege: »Das Problem ist nach wie vor eine Frage der Interpretation, und die Antwort des Menschen ist der Sinn seines Lebens.« Oder wie es in einem walisischen Zigeunersprichwort heißt: »Der Winter fragt, was wir im Sommer gemacht haben.«

Kapitel 8

DIE VERSUCHUNG ZU EXISTIEREN

IN EINER BROSCHÜRE von 1972 mit dem Titel *Die Bevölkerung Rumäniens* heißt es, daß Rumänen, Ungarn und Deutsche 99 Prozent der Bevölkerung ausmachten, der Rest auf »andere Nationalitäten« entfalle, darunter »Ukrainer, Ruthenen, Huzulen, Serben, Kroaten, Slowaken, Russen, Tataren, Türken, Juden etc.« Die rumänischen Roma, die größte Minderheit des Landes (die 1992 15 Prozent der Gesamtbevölkerung ausmachte), liefen somit einfach unter »etc.«.

Nicolae Gheorghe, ein gelehrter und irgendwie untypischer Aktivist, gehörte zu diesen »etc.«. Doch nach 1989 wurde er eine Art Star, von »der internationalen Gemeinschaft« gefeiert und bejubelt als eine der neuen Größen in Sachen ethnischer Konflikt und Minderheitenrechte (neben Leuten wie beispielsweise der Friedensnobelpreisträgerin Rigoberta Menchu und dem als Märtyrer gestorbenen Chico Mendes). In diese Gesellschaft brachte Nicolae Gheorghe nicht nur die Zigeuner, sondern auch seine kontinentaleuropäische Ausstrahlung ein. In jedem Bericht der Auslandspresse über Zigeuner wurde er erwähnt oder zitiert.

Wie die meisten berühmten Persönlichkeiten war auch er schwer zu erreichen. Ich habe unter »G« in meinem Adreßbuch ein halbes Dutzend Nummern von Gheorghe, von denen keine seine eigene ist. Ihn aufzuspüren erforderte ein halbes Dutzend Gespräche: Assistentin/Frau/Schwester, eine wie die andere sagte einem erschöpft/ungeduldig/gelangweilt, daß Nicolae auf einer Konferenz sei/einen Preis in Helsinki/Warschau/Genf/New York entgegennehme. Er eilte von Gipfeltreffen zu Symposien, besuchte jährlich alle möglichen Hauptstädte und lebte genügsam auf Spesen. Passend für einen Sprecher staatenloser, im Land umherziehender Menschen, hatte Nicolae selbst im heimischen Bukarest keine feste Anschrift, sondern nur ein Postfach. In seinem Bordgepäck hatte er einen tragbaren Computer, das Ringbuch, in dem er sein Leben festhielt, sowie ein paar Hemden und breite Krawatten. Nicolae war immer bemüht, die Aufmerksamkeit von sich abzulenken; eine derartige Beachtung förderte nicht seine Sache, sondern nur seinen persönlichen Konflikt. Ein Akademiker aus Neigung, wurde Gheorghe aus Pflichtgefühl zum Aktivisten (er verknüpfte diese Rollen allerdings einfallsreich dadurch, daß er ein Aktivist des Geistes war, der für Ideen agitierte und für Theorien Streikposten stand). Er interessierte sich auch nicht im geringsten für die Mehrung seines Ruhms und steckte alle seine Preisgelder in Projekte für die Roma. Er hatte keine bestimmte Hausmacht unter den Roma, auf die er hätte bauen können, und andere ehrgeizige Zigeuner neideten ihm den scheinbar glanzvollen Lebensstil, der in Wahrheit dem mühsamen und bindungslosen Leben eines Handlungsreisenden glich.

Die Familie aus Nicolaes Kindheit war *romanizat*, rumänisiert, und sprach nur die Landessprache. Seine hellhäutige Mutter war gegen jede Identifikation mit den *tsigani*. Es war kaum eine echte Wahl, denn die Familie ihres Mannes war extrem dunkelhäutig; aber bei ihrem Sohn war sie unnachgiebig. Daß sie für eine *gadschi* gehalten wurde, hatte sie vor der Deportation bewahrt. Zu Hause bekannte sich die Familie Gheorghes dazu, daß sie Roma waren, und lange bevor der politische Euphemismus aufkam, benutzten sie den Begriff, um sich von den *tsigani* zu unterscheiden – womit sie, wie alle Rumänen, irgendwie verkommene und/oder sozial tieferstehende Zigeuner meinten.

Derartige Klassifizierungen wurden in der Schule allerdings nicht respektiert, und Nicolae, der nicht dunkler ist als viele Rumänen, hat unangenehme Erinnerungen an andere Jungen, die ihn ankrächzten: *Ga! Cioră!* Cioră heißt auf rumänisch Krähe – die schwarze Plage –, und *ga* krächzen die Krähen. (»*Cioră, Cioră, mata zboara tactu, cintă la vioară*«, heißt der Spottvers in der Schule: »Deine Mutter fliegt, dein Vater spielt Geige.«) An der staatlichen Militärakademie, wo Nicolae sechs Jahre verbrachte, wurde er Leiter des kommunistischen Jugendbundes; anschließend studierte er und trat in die Partei ein, entfernte sich immer mehr von jeder *tsigani*-Identität. Obwohl die Zigeuner, die wegen ihrer besonderen Fähigkeiten geschätzt wurden, früher in das rumänische Territorium integriert worden waren, wurden sie in den 60er Jahren zum ersten Mal in großem Umfang assimiliert: ausgebildet und einberufen, im guten wie im schlechten. Sie hatten weniger »kulturelle Mobilität«, wie Nicolae sagen würde, aber sie hatten fraglos mehr soziale Mobilität als je zuvor oder seitdem. Dennoch erinnert Nicolae sich, daß man ihn auf der Militärakademie Afrikaner nannte.

Und dann, bei der Feldforschung für sein Soziologiestudium, kam Nicolae mit »wirklichen« Zigeunern zusammen. Und ihm gingen die Augen auf. Wie Sam Beck berichtet, ein amerikanischer Soziologe, der Nicolae 1979 während seiner eigenen Feldforschung in Rumänien kennenlernte, hatte Gheorghe schon damals versucht, »eine offizielle freiwillige Roma-Vereinigung« zu organisieren: ein mutiges Unterfangen in einer Zeit, als »ethnische Politik entweder als Bedrohung des Staates oder als illegaler Chauvinismus angesehen wurde«. Gleichzeitig flossen unter Ceausescu seine Arbeit und auch seine Ratschläge in die Politik ein – für ihn etwas sehr Zweischneidiges.

Obwohl die Zigeuner nach offizieller Lesart weiterhin ein bloßes »etc.« waren, bemühte sich die rumänische Kommunistische Partei insgeheim doch darum, etwas zu unternehmen hinsichtlich des sehr großen Teils einer bestimmten dunklen Bevölkerungsgruppe, die die modernen Leistungen des rumänischen Staates nicht so recht zur Geltung kommen ließ. Und so wurde ein Ausschuß gebildet. Nicolae Gheorghe arbeitete von 1976 bis 1989 im Ausschuß für Demographie. Er machte sich über die Ziele des Ausschusses – die Zigeuner zu zerstreuen und dadurch zu assimilieren – keine Illusionen und kann nicht überrascht gewesen sein, daß die Polizei bei diesem Projekt das aktivste Element war.

1983 gab die Propagandaabteilung des Zentralkomitees einen Bericht heraus, der die Arbeit des Ausschusses würdigte und zu dem Schluß kam, daß

> sehr viele von ihnen auf rückschrittlichen Traditionen und Denkweisen beharren und dazu neigen, eine parasitäre Lebensart zu pflegen, Arbeit abzulehnen und unter fragwürdigen Bedingungen zu leben ... [Sie] widersetzen sich hygienischen und sanitären Maßnahmen ... und weigern sich, sich an Aktivitäten zum Wohl der Gesellschaft zu beteiligen.

Daß die Zigeuner sich der Hygiene »widersetzen«, konnte damit erklärt werden, daß es in den Zigeunervierteln damals wie heute weder fließendes Wasser noch sanitäre Einrichtungen gab, nicht einmal in den Städten. Aber das Einsammeln von Müll gehörte nicht zu den vom Ausschuß angebotenen Abhilfen, wohl aber die Ausgabe polizeilicher Erkennungskarten an alle Zigeuner und die Abschaffung aller privaten Transportmittel wie Pferde und Wagen. Vagabunden und Bettler sollten in Obhut genommen werden, wo ihre Erziehung sich auf die Moral und die Hygiene konzentrieren würde, und »insbesondere [auf] die Einhaltung von Gesetzen, Parteibeschlüssen und Dokumenten«.

Nach der Veröffentlichung des Ausschußberichts 1984 verfaßte Nicolae einen eigenen Bericht: einen Artikel, der die neue Politik der Unterdrückung aufdeckte und anprangerte. Der Artikel wurde aus Rumänien herausgeschmuggelt und in einer französischen Zeitschrift veröffentlicht. Wenig später wurde Nicolae denunziert und war fortan einer Hetzkampagne ausgesetzt, die mit dem Verlust seiner Stelle und der Zerrüttung seiner Familie endete. Seine Kinder, die nur zur Hälfte Zigeuner sind, wuchsen, was nicht weiter überrascht, weitab von der Welt der Zigeuneremanzipation auf, also auch weitab von ihm. Er schien alles verloren zu haben.

Zehn Jahre später wurde Gheorghe immer noch von beiden Seiten bedrängt, Farbe zu bekennen. Er bewahrte sich seine ursprüngliche Sympathie für die internationalistischen, humanen Wertvorstellungen des Kommunismus; seine Selbstkritik war beispielhaft. Seine mißliche Lage ergab sich zum Teil daraus, daß er diesem System seine Erziehung verdankte. Wie bei allen Menschen aus entrechteten Gruppen, die sich ihr Recht zurückholen, ging es bei seinem Konflikt dann außerdem darum, inwieweit er noch Zigeuner war – nicht nur vor sich selbst und den anderen Zigeunern, sondern auch in den Augen eines Staates, der dabei blieb, daß ein Zigeuner etwas Unerziehbares, von Natur aus Kriminelles sei: ein *gesellschaftliches* Problem.

In Wahrheit hatte Nicolae jenen humanen, internationalistischen Wertvorstellungen, lange bevor die Securitate sich auf ihn stürzte, nachgetrauert. In den 70er Jahren war er ein angepaßtes Mitglied der Kommunistischen Partei Rumäniens; *er* hatte sich geändert, und dann änderte sich alles um ihn. Nach Ceausescus berühmter Verurteilung des russischen Einmarsches in Prag 1968 entfernte sich Rumänien immer weiter von Moskau hin zu einem sogenannten sozialistischen Nationalismus: Die Partei wurde ein unverblümt nationalistisches Organ. Nicolae fühlte sich betrogen. Der rumänische Schriftsteller Norman Manea – mit fünf Jahren als Jude von Antonescu deportiert, dann aus dem Machtbereich Ceausescus verbannt – legt den Finger auf die Wunde: »Die Frage des Fremden in einer Gesellschaft, die sich allen entfremdet – während sie alle zwingt, sich die eigene Entfremdung einzuverleiben –, versteckt sich hinter fragwürdigen und unheilvollen Masken.« Und so erkannte Gheorghe erst als Soziologe, der die Aussagen hoffnungsloser Zigeuner aufnahm, die die Kriegsdeportationen überlebt hatten, seine eigene Geschichte in ihnen und möglicherweise auch seine Zukunft.

Jetzt war ich in Bukarest, um mit Nicolae zusammenzutreffen. Ich versuchte, ihn anzurufen, ohne Erfolg. Ich wagte es noch einmal ganz spät. Eine Frau nahm gleich nach dem ersten Klingeln ab.

»*Da?*«

»Hallo, ist Nicolae zu Hause?«

»Nein.«

»Oh, hm, mein Name ist … Könnten Sie ihn bitten, mich anzurufen, wenn er kommt?« Stille.

»Nein, ich weiß nicht, ob ich das kann.«

Oh Gott. Es war 23 Uhr vorbei. »Es ist so«, erklärte ich, weil ich befürchtete, sie könnte es falsch verstanden haben, »wir müssen morgen ganz früh ein Flugzeug nehmen, um zu einem Dorf zu kommen, das überfallen worden ist. Ich hatte gehofft, einen Termin ausmachen zu können …«

»Ich erwarte Nicolae heute abend nicht mehr zurück.«

Was nun? Ich machte eine Pause, in der Hoffnung, sie würde mir irgendwie entgegenkommen. Ich wollte schon aufgeben, da sagte sie endlich etwas.

»Nicolae ist entführt worden.«

Sie hieß Ina. Und sie hatte Angst. Wie die meisten Rumänen konnte sie sich gut verstellen, doch ihre Angst ließ sich daran ermessen, daß sie binnen weniger Stunden zwei amerikanische Menschenrechtler, einen Berichterstatter des französischen Fernsehens, einen rumänischen Journalisten und einen Rundfunkreporter mobilisiert hatte. Öffentliches Aufsehen, so glaubte sie, brachte die Polizei vielleicht auf Trab. Ina war überzeugt, daß Nicolae von den rivalisierenden Zigeunerführern Octavian Stoica und dem blauhaarigen Nicolae Bobu entführt worden war. Im Verlauf der Nacht bestätigte sich das: Er war von zwei Männern in ein Auto gezerrt worden, und der Zeuge, ebenfalls Zigeuner, identifizierte die Entführer.

Am nächsten Morgen hörte Ina gerüchteweise, Nicolae sei in den Norden gebracht worden, nach Sibiu in Transsilvanien, wo Ion Cioaba, der Kalderasch-Gangster und inzwischen selbsternannte »König der rumänischen Zigeuner«, sein Hauptquartier hatte. Um zehn Uhr sickerte durch, daß Nicolae in einen kleinen Ort bei Rîmnicu Vîlcea gebracht worden war, etwa vier Stunden nordwestlich von Bukarest, in der Nähe des Klosters, wo vor etwa einem Monat das jährliche Fest der Kalderasch gefeiert worden war. (Auch das ist von Cioaba kontrolliertes Gebiet. Hatte er irgendwie damit zu tun?) Wahrscheinlich hatte man Nicolae geschnappt, um ihm einen *kris* zu machen, einen Zigeunerprozeß. Wenn das zutraf, war es eine ernst zu nehmende Angelegenheit. Ein *kris* steht außerhalb des rumänischen Rechts. Es gibt keine Berufungsmöglichkeit.

Als ich mit dem rumänischen Journalisten – das war alles, was von unserer ursprünglichen Gruppe übrigblieb – in der abgelegenen Dorfhalle eintraf, war der Prozeß bereits in vollem Gang. Der Beschuldigte, die Kläger und möglicherweise neutrale Prominente saßen auf der erhöhten Bühne. Cioaba war da. Bobu und Stoica waren da und auch Cioabas berüchtigte Tochter Luminitsa. Auf der Galerie waren dreihundert der schmuddeligsten und verwahrlosesten Zigeuner versammelt, die ich je in einem Raum gesehen hatte und die alle höhnische Kommentare abgaben. Luminitsa, ihrem Vater treu ergeben, schilderte mir dieses Treffen später als *kris*, doch es hatte eher den Anschein eines Femegerichts. Ein *kris* wird im voraus angekündigt; er ist öffentlich, was dieses zwar auch war, aber Kläger wie Beklagter dürfen sich jeweils einen Richter wählen. (Diese Richter wählen ihrerseits einen dritten und eventuell noch weitere, je nach Schwere des Vergehens.)

Als erstes wurde Nicolae beschuldigt, Gelder gestohlen zu haben, die seiner Organisation vom Weltkirchenrat gestiftet worden waren. Immer wieder bot er jedem an, die Bücher seiner Ethnischen Vereinigung der Roma einzusehen, aber er wurde einfach totgeredet. Im Grunde ging es nur um die Anklage. Nicolae hatte nicht das Recht, etwas zu erwidern. Er wäre bei dem Lärm ohnehin nicht verstanden worden. Der Saal war gedrängt voll, heiß und aufgewühlt. Es war klar, daß diese Zigeuner überwiegend Kalderasch waren – besonders traditionelle und unangepaßte Zigeuner, deren Zahl sich allein in Rumänien auf etwa zweihunderttausend belief. Auch wenn Ion Cioaba sich als ihr Führer bezeichnete, schienen sie doch keine Autorität anzuerkennen. Offenbar war das Treffen im Begriff, aus den Fugen zu geraten. Eine grobschlächtige Frau unterbrach das Verfahren und beklagte sich mit heiserer Stimme, daß sie ihre zehn Kinder nicht ernähren könne. Doch ihr Gesicht lieferte den Beweis dafür, wie streng die Gesetze der Zigeuner sein konnten: Ihr linker Nasenflügel war aufgeschlitzt – eine traditionelle Strafe, die ihr Mann ihr wegen Ehebruch zugefügt hatte.

Stoica, ein scharfzüngiger, fundamentalistischer Typ, beschuldigte Nicolae »rumänienfeindlicher Aktivitäten«. Das klang vertraut. Bereits am Morgen des Prozesses gegen Nicolae war in der erznationalistischen (und eindeutig antisemitischen und zigeunerfeindlichen) Zeitschrift *România Mare* (Großrumänien) ein Schmierenartikel über ihn erschienen. Es gab genug Zigeunerführer, die so »balkanisch« – oder kurzsichtig, zynisch und politisch korrumpiert – waren, daß sie einen der Ihren für einen Staat opferten, der Angriffe auf ihr Volk guthieß. Und einige, wie Stoica, waren fanatische Patrioten, die pathetisch gegen das Klischee wüteten, daß ein Zigeuner schon von Haus aus illoyal sei (und wahrscheinlich ein Spitzel). Aber mit Hilfe von Außenstehenden konnten Nicolaes Feinde unter den Zigeunern mehr tun, als ihn lediglich im Wald zusammenschlagen; sie konnten den »Beweis« liefern, der es ihm erschweren würde, Rumänien zu verlassen, und so seine vermeintlichen Bemühungen sabotieren, das Ansehen des rumänischen Staates im Ausland in den Schmutz zu ziehen.

Nicolae wurde bedroht, übel zugerichtet, gewarnt und dann freigelassen. Dennoch war der sogenannte *kris* symptomatisch: ein spektakulärer Ausdruck der fundamentalistischen Kräfte, die nicht nur einzelne bedrohen, sondern die gesamte Zigeunerbewegung.

Als ich Nicolae viel später fragte, was in der Nacht, in der er entführt wurde, passiert sei, antwortete er kühl: »Sie beklagten sich, ich hätte, wenn sie mit mir sprachen, immer auf die Uhr gesehen. Ich glaube, sie wollten meine Aufmerksamkeit erringen.« Falls Nicolae abgebrüht war, dann deshalb, weil er so etwas schon erlebt hatte – viele Male seit den 70er Jahren, als er seine Feldforschung begonnen und in sich erstmals wirklich den Rom erkannt hatte. Nach jener Erfahrung hatte Nicolae, ein ratloser dreißigjähriger Doktorand, Einlaß in die »authentische« Welt der Zigeuner gesucht und dabei Cioaba gefunden.

Ion Cioaba hat nie Lesen und Schreiben gelernt und holte sich Nicolae in den 70er Jahren als eine Art Sekretär. Nicolae schrieb Hunderte von Briefen für seinen Förderer, viele davon waren Versuche, eingezogenes Gold der Kalderasch zurückzubekommen. Als Nicolae mir einmal erzählte, daß er sich als Kind einer »niederen Kaste« zugehörig gefühlt habe, hatte ich gedacht, er meine geringer im Vergleich mit der Welt der Weißen. Aber als er über seine frühe Zeit bei Cioaba sprach, wurde mir klar, daß er insgeheim oder halb unbewußt die anderen, die »echteren« Zigeuner beneidet hatte. Ich fragte ihn, was ein Mann wie Cioaba für ihn darstelle. »Sie sind«, antwortete er, »was ihr vielleicht Aristokraten nennen würdet.«

Ich traf 1992 zum ersten Mal mit Cioaba zusammen, in seinem Büro im transsilvanischen Sibiu. Er saß in einen Drehstuhl hinter seinem Schreibtisch gezwängt, und auf dem Kopf thronte ein hoher, schwarzer Astrachan-Hut, das gleiche Modell, wie es der verstorbene Diktator so gern getragen hatte. An der Wand hing ein farbiges Wahlplakat von ihm selbst als »Senator Cioaba Ion«, etwas jünger, aber nicht schlanker: Er ist knapp 1,60 m groß und fast genauso breit. (Einflußreiche Zigeuner sind oft sehr dick. Gewicht suggeriert Macht und Wohlstand, wie einst bei den reichen Westeuropäern; bei den Zigeunern gilt bei einem Mann ein mächtiger Kopf als ein vielversprechendes Merkmal.) Hinter ihm hing eingerahmt das Diplom des »Doktor Ion Cioaba« von der »Texas America University«. Die einzige weitere Dekoration war sein Schmuck: eine massive goldene Armbanduhr und an jedem Finger ein klobiger goldener Ring. Einer davon (der, als ich ihn das nächste Mal sah, abgesägt war) war ein Siegelring mit seinen Initialen I. C. zwischen Hammer und Sichel. Alle Schneidezähne waren mit Gold überzogen. Normalerweise ließ Cioaba sich Interviews mit Journalisten bezahlen, aber diesmal verzichtete er auf sein Honorar. Er amüsierte sich. »Wenn Sie eine Frau wären«, sagte er und lieferte mir einen Einblick in das Leben der Kalderasch, »wäre es Ihnen nicht erlaubt, vor meinem Schreibtisch herumzulaufen. Sie müßten hintenherum gehen.«

Er führte ein wahrhaft traditionelles Haus. Auf der anderen

Kalderasch-Zigeuner mit Silberknöpfen und Kupfertöpfen, Polen, um 1865

Straßenseite, gegenüber der Ladenfront seines Büros, prangte die Villa der Cioabas, aber seine Kinder waren die ersten aus der Familie, die unter einem Dach aufwuchsen (die alten Frauen schienen selbst bei kaltem Wetter immer draußen zu sein). Seine winzige Stiefmutter stand am Tor in einem langen roten Rock, in die hüftlangen grauen Haare waren Münzen eingeflochten; sie rauchte eine Pfeife und drehte ein abgenutztes Kartenspiel in der Hand. Als wir vorbeigingen, zupfte sie mich am Ärmel und murmelte etwas, in der Hoffnung herauszubekommen, was ich dort wollte, wurde aber von ihrem herrischen Stiefsohn sofort zum Schweigen gebracht.

Während der gesamten Zeit unter Ceausescu reiste Cioaba ins Ausland, was nur bedeuten konnte, daß er beste Beziehungen zu den Sicherheitskräften hatte. Die Cioabas waren die ersten, die in Sibiu ein Auto besaßen, dann die ersten, die ein westliches Auto besaßen (einen Mercedes), und sie hatten auch den ersten Fernseher. Interessanterweise hatten all diese Dinge keinen merklichen Einfluß auf ihre Lebensweise, und Cioabas Tochter Luminitsa zeigte keine Anzeichen einer gestörten Identität, die ein so rascher Aufstieg normalerweise mit sich bringt. Lachend erinnerte sie sich daran, wie ihre pfeiferauchende Großmutter schreiend vor dem Fernseher davongelaufen war. Es war ein Western gezeigt worden, und sie hatte die Pferde für echt gehalten. Der sichtbare Wohlstand garantierte Cioabas Stellung unter den Kalderasch. Bei Nicolae war es umgekehrt: Er bewunderte, daß Cioaba sich als ein so erfolgreicher Geschäftsmann etablieren konnte, ohne dabei auch nur das geringste vom traditionellen Leben preiszugeben. Durch genau diese Traditionen hatte sich die Familie ihre Unabhängigkeit bewahrt.

Die Kalderasch waren Metallarbeiter, aber wie viele Zigeuner waren sie auch Händler. Als kleiner Junge hatte Ion Cioaba zwei Jahre in den Deportationslagern Transnistriens verbracht. Aber selbst dort hatte sein Vater es fertiggebracht, mit Gold zu handeln. Fünfzig Jahre danach fertigten die Cioabas immer noch *kazans*, die Gefäße für das Brauen zu Hause, die früher in jedem osteuropäischen Haus zur Einrichtung gehört hatten. Auf einem morastigen

Hof hinter dem Haus erlebte ich eine mittelalterliche Szene: Ein Bruder und mehrere Neffen mit langen, verfilzten Haaren schmiedeten mit schweren Hämmern Kupfer auf einem Amboß. Aber inzwischen besaß Cioaba in der Stadt auch eine Firma, die in industrieller Größenordnung Kessel herstellte, und wann immer sich die Gelegenheit bot, kaufte er Gold. (Ob ich nicht irgendwelches Gold hätte, das ich verkaufen möchte, fragte er mich schon nach wenigen Minuten – gegen harte Währung selbstverständlich.)

Cioaba hatte den Vorsitz beim jährlichen Herbstfest der Kalderasch im Kloster Bistritz. Für den Uneingeweihten sah dieses zweitägige Fest wie ein großer Automarkt aus. Hunderte von Mercedes und BMW parkten, wie es gerade kam, und dazwischen tanzten Mädchen in festlichen Kleidern miteinander. Familien breiteten ihr aufwendiges Picknick aus und übertrafen einander mit Truthahn, Lämmern, Ziegen und Schweinen, die gleich neben dem Auto am Spieß gegrillt wurden. Schließlich dämmerte es mir: *Love k-o vast, bori k-o grast*, wie das Sprichwort heißt – Geld in der Hand, Braut auf dem Pferd. Es war ein Brautmarkt. Die Kalderasch heirateten natürlich nicht in einen anderen Stamm, aber zu eng durfte die Verwandtschaft auch nicht sein; und so kamen sie von überall her zusammen, führten ihre Autos, ihre Töchter und ihr Gold vor und waren bereit, zu kaufen und zu verkaufen.

Auch wenn die große Mehrheit der Zigeuner (selbst der Kalderasch) nicht die Mittel hatte, an einem solchen Ereignis teilzunehmen, fachte diese üppige Zurschaustellung doch die Phantasie der Rumänen an, für die klar war, daß *alle* Zigeuner steinreich waren – schwarzmarktreich. Aber das war ihnen egal; es kam ihnen nur auf sich selbst an, und sie konnten es sich leisten, die Mehrheit zu verachten.

Ein Senator zu sein, ob gewählt oder ausgedacht, bedeutete nicht viel. Ein »Doktor« war auch nichts Besonderes. Und deshalb rief sich Ion Cioaba 1992 zum König der rumänischen Zigeuner aus. Er ließ sich eine Goldkrone anfertigen und mietete die orthodoxe Kirche von Sibiu für eine festliche Krönung. Aber es gab Konkurrenz.

Ion Cioaba, selbsternannter König der rumänischen Zigeuner, seine Frau (rechts) und seine Tochter Luminitsa genießen einen Truthahn auf dem Jahresfest der Kalderasch im Kloster Bistritz in Contești, September 1991. Es war das erste Mal seit mehreren Jahren, daß dieses Fest, das unter Ceausescu verboten war, gefeiert werden durfte, und aus dem ganzen Land kamen Kalderasch, um Neuigkeiten auszutauschen, Geschäfte zu machen und sich eine Braut zu suchen.

Cioabas Vetter Iulian Radulescu (mit dem zusammen er auch *xanamiki* war, gemeinsamer Schwiegervater) war von einem kurzen, aber glänzenden Auftritt in Queens, New York, zurückgekehrt. Um nicht zurückzustehen, konterte Radulescu und machte sich zum Kaiser aller Zigeuner. Seitdem liegen sich die beiden in den Haaren und tauschen königliche – oder kaiserliche – Gehässigkeiten aus.

Viele Zigeunerführer waren erbost über solche Mätzchen, die genau die falsche Aufmerksamkeit erweckten. Auch Nicolae lehnte die beiden Prätendenten ab, aber als Soziologe erkannte er ihre Schlauheit. Rumänien ist nie ein demokratisches Land gewesen, und es war

Bei der Hochzeit einer dreizehnjährigen Enkelin der Cioabas; mit auf dem Bild ihr Vater (mit Hut), eine Tante, ihre Mutter (rechts außen) und Cioabas Stiefmutter (vorn), 1990

selten so instabil. In dieses Machtvakuum stießen diese beiden mit ihren Pseudotiteln vor in der zynischen Hoffnung, für den großen Bevölkerungsanteil der Zigeuner des Landes eine Lücke zu schließen. Vor allem aber waren sie auf eine Goldader für den Export gestoßen; Zigeunerkönige entsprangen schließlich der *gadscho*-Phantasie. Wie viele Eintagskönige vor ihnen wußten sie, daß ein Königshaus eine Anziehungskraft besaß, die Generalsekretäre und stellvertretende Vorsitzende nicht hatten.

Tatsächlich erschienen auch in gehobenen westlichen Blättern Berichte über die königlichen Vettern, im Unterhaltungs- wie im Nachrichtenteil. Wenn auch alle Nicolae Gheorghe zitierten, es konnte sich doch kaum jemand einen ironischen Hinweis auf diese verrückten Zigeunermonarchen verkneifen. Sie waren auch gutes Material,

Die Mutter der jungen Braut (zweite von rechts), alle Tanten
und ihre Großmutter, Cioabas Frau (in der Mitte), bereiten das
Hochzeitsfest vor, 1990

und ihre Spezialität war die Beleidigung. Während der Deportations-
überlebende Cioaba sich beeilte, dem faschistischen Diktator aus
Kriegszeiten seine Hochachtung zu erweisen, machte Iulian I. Schlag-
zeilen mit seiner »bedauerlichen« Übereinstimmung mit den höhni-
schen Hetztiraden, die der extremistische russische Politiker Wladi-
mir Schirinowski von sich gab: Rumänien sei ein künstlicher Staat,
der ausschließlich von italienischen Zigeunern bevölkert werde.

Die Zigeuner selbst haben nie einen König anerkannt. Lokale
vermittelnde Anführer – *bulibasha, vojvoda, shero rom* und *baro
rom* (wörtlich »großer Mann«) – waren das äußerste, was eine
Gruppe brauchte oder ertragen wollte, und diese Männer waren
eher Richter als Herrscher. Diese Führer hielten sich nur so lange,
wie sie geachtet wurden. Aber die ganz früh nach Westeuropa ge-

kommenen Zigeuner hatten sich ebenfalls als aus königlichem Hause stammend bezeichnet, als Oberhäupter und Grafen; die rumänischen »Monarchen« der 90er Jahre unseres Jahrhunderts griffen lediglich ein altes Stück wieder auf, einen liebevoll gehegten Brauch, der während der Zeit der Kommunisten auf Eis gelegen hatte.

Die Kalderasch hatten offenbar eine besondere Begabung für so etwas. Sie hatten schon einmal versucht, eine Dynastie ins Leben zu rufen, Ende der 20er Jahre in Polen. Jene Kalderasch, insbesondere eine Familie namens Kwiek, belebten ihrerseits eine verlorene Rolle neu. Mitte des 17. Jahrhunderts wurden Zigeunerkönige von der polnischen königlichen Kanzlei ernannt, damit sie alle Zigeuner des Territoriums vertraten (und besteuerten). Sie besaßen keine traditionelle oder eigene Macht und waren nichts weiter als herausgeputzte Schinder mit einer eigenen Polizei. Und innerhalb einer einzigen Generation wurden diese Lehen von der polnischen Oberschicht subsumiert. In den 60er Jahren des 19. Jahrhunderts, nach dem Ende der Sklaverei, drang eine Welle von Zigeunern in die ehemaligen polnischen Gebiete; einige forderten den Titel zurück. Das waren die Aristokraten – die Kalderasch und die Lovara, auch ein sehr dynamischer Stamm. Von den überwiegend seßhaften polnischen Zigeunern, die keine vergleichbare Form selbständiger Einkommen oder der Selbstverwaltung hatten und auch nicht diesen Pomp (die Männer trugen Pelzmäntel und farbige Westen mit eigroßen Silberknöpfen), wurden sie massiv abgelehnt. Den Neulingen gelang es, die seit langem ansässigen Zigeuner zu unterjochen. Dabei waren ihr sagenhafter Reichtum und ihre großtuerische Art – und vor allem ihre Selbstsicherheit – sehr wichtig, genau wie heute. Die Kalderasch-Könige etablierten sich auch dadurch, daß sie mit staatlichen Stellen Geschäfte machten und sich so Privilegien gegenüber den polnischen Zigeunern sicherten, für die ein derartiges Verhalten unvorstellbar hinterhältig war. Die Kwieks waren eine ausgesprochen ehrgeizige Familie; mehrere Mitglieder ihres *vitsa* oder Clans wandten sich direkt an die Polizei und boten ihre Dienste an als Gegenleistung für die Anerkennung als oberste Zigeunerinstanz. Tausende von Menschen, darunter viele ausländische Diplomaten, sahen 1937 zu, als Janusz Kwiek in einem hermelingefütterten Umhang (den er sich von der Warschauer Oper geliehen hatte) vom Erzbischof gekrönt wurde.

In der traditionellen Gesellschaft selbst der heutigen Kalderasch war Luminitsa, die älteste Tochter, eine ausnehmend selbständige Frau und ganz und gar nicht bereit, »hintenherum zu gehen«. Sie hatte mit dreizehn oder vierzehn geheiratet, wie alle Mädchen der Kalderasch, es aber irgendwie geschafft davonzukommen, und zwar nicht nur straflos, sondern auch kinderlos. Sie war außerdem sehr belesen. Und sie war allein gereist – nach Amerika, wo sie rasch Englisch lernte und auf der Straße vor dem UN-Gebäude am New Yorker Dag-Hammarskjöld-Platz Zigeunerkleider verkaufte. Als sie nach Sibiu zurückkam, bezog sie ein Arbeitszimmer über dem Büro ihres Vaters und gab dort eine vierfarbig illustrierte Zeitschrift heraus – im Grunde eine Fanzeitschrift – mit Beiträgen, Horoskop, Kurzgeschichten, Romanauszügen, Gedichten und Leserbriefen, das meiste über Luminitsa und alles von Luminitsa unter verschiedenen Namen geschrieben, zusammen mit Fotos von Luminitsa – mit Hut, mit einem Pferd, mit einer Nelke zwischen den Zähnen auf einem Teppich liegend. Luminitsa versuchte außerdem ständig ganz unverblümt, andere auszunehmen – mich z. B. (ihre Vorstellung war so gut, etwa wenn sie wahrsagte, daß es immer das Geld wert war, egal was dabei herauskam). Auch hier vernahm man ein Echo aus der Vergangenheit der Kalderasch. Denn die letzte Kwiek, die über Macht verfügt hatte, war Katarzyna Kwiek-Zambila, die Schwester von König Janusz; bis zu ihrem Tod 1961 hatte sie eine geachtete Position inne, die normalerweise Männern vorbehalten war, einschließlich des Vorrechts, das auch Luminitsa hatte, an einem Gerichtsverfahren teilzunehmen, dem *kris*.

Luminitsa war eine richtige Prinzessin: Sie war arrogant und rücksichtslos und mit sich völlig im reinen – anders als so privilegierte Zigeunerinnen wie Antoinette in Bulgarien, die das französische Lyzeum besucht hatte, oder auch selbst Nicolae mit all seiner Bildung, Intelligenz und Berühmtheit. Luminitsa hatte ihre Vorrech-

Die Krönung von Janusz Kwiek, Warschau, 1937

te nicht um den Preis der Entwurzelung erkauft – sie hatte Zigeuner-kleider verkauft, nicht Romipen, ihr Zigeunertum. Und so war es letztlich nicht überraschend, daß Nicolae sich der Cioaba-Familie angeschlossen hatte. Sie trieben Handel mit der Sprache. Nicolae lernte von ihnen Romani und brachte ihnen dafür die Sprache der *gadscho*-Politiker bei, der Bürokraten und Parteifunktionäre. Und dann, 1984, trieb Cioaba Handel mit Nicolae: Er war es, der seinen Schützling Nicolae bei den Behörden als den Verfasser des Artikels in der französischen Zeitschrift denunzierte.

DIE JAHRE 1984 bis 1989 waren die schlimmsten in Nicolaes Leben. Als dann die Revolution kam, war er, wie viele andere Rumänen, bereit. An jenem Abend – Weihnachten 1989, als die Ceausescus hingerichtet wurden – saß Nicolae in der staatlichen Fernsehanstalt fest, wo er und andere die Gelegenheit nutzten, die Gründung der Ethnischen Vereinigung der Roma zu verkünden (sie sollte die Dachorganisation der unterschiedlichen Zigeunergruppen sein). Als ich diese neuen Organisationen kennenlernte, die sich in den darauf-folgenden Jahren ständig änderten und neu formierten, mußte ich an ein Wort des rumänischen Schriftstellers Emil Cioran denken, »die Versuchung zu existieren«: Hier war sie wieder, die Hoffnung auf eine Identität jenseits des »etc.«. Aber Nicolae hatte, anders als viele der Hunderte von neuen Organisatoren, aus Erfahrung gelernt, ein nationalistisches Vorgehen abzulehnen. Er verließ das Land.

Einzelne Regierungen hatten die Gewalttaten, die gegen ihre ei-genen Bürger verübt worden waren, ignoriert, verharmlost oder ge-leugnet; es war daher um einiges schwieriger, die Aufmerksamkeit und später dann die Phantasie der größeren Welt und ihrer erlauch-ten internationalen Körperschaften zu wecken. Und dennoch brach-te Nicolae Gheorghe nur sechs Monate nach der Revolution die Notlage der größten und am meisten verachteten Minderheit Euro-pas auf den Verhandlungstisch – und konnte, als er aufstand, sogar einige Zusagen aufweisen.

In Kopenhagen (und später in immer weiteren Klauseln und Paragraphen in Moskau, Oslo, Genf und Helsinki) erkannten die zweiundfünfzig Mitgliedsstaaten der Konferenz für Sicherheit und Zusammenarbeit in Europa (KSZE – jetzt: Organisation für Sicherheit und Zusammenarbeit in Europa) »die besonderen Probleme der Roma« in Europa an – im Zusammenhang mit Intoleranz, Antisemitismus und Fremdenfeindlichkeit. Die UN-Menschenrechtskommission folgte mit einer umstrittenen Anerkennung der Roma-Minderheit – umstritten deshalb, weil nicht alle Mitglieder die Zigeuner als ein Volk anerkennen. Bereits 1979 hatte der Wirtschafts- und Sozialrat der Vereinten Nationen die Zigeuner in der Form der International Romani Union anerkannt, aber erst 1993, nach mühsamem Lobbying durch Gheorghe und Ian Hancock, wurde diese Anerkennung vom symbolischen »konsultativen« Status in ein Stimmrecht umgewandelt.

Zigeuner in der UNO! Allein daß ihr Fall auf der internationalen *gadscho*-Bühne vorgetragen wurde, richtete sich gegen tausend Jahre Unsichtbarkeit der Roma, gegen Ignoranz und Gleichgültigkeit. Und ebenso besonders war, vor allem weil es von einem Osteuropäer kam, daß Gheorghe die persönliche Verantwortung hervorhob: »Ich weiß, daß diese Verpflichtungen nur auf dem Papier stehen und rechtlich nicht verbindlich ist«, sagte er sofort, »aber es sind unsere Texte, die wir selbst verwirklichen müssen.«

EINE MÖGLICHKEIT, MIT der die neue Elite diese »Verwirklichung« durchzusetzen suchte, war eine andere internationale Bühne: die Einberufung von Vertretern aus der Diaspora. 1992 kam in Stupava in der Slowakei zum ersten Mal seit dem Ableben des Kommunismus eine große Gruppe Roma aus verschiedenen Ländern zusammen, um über ihre Zukunft im neuen Europa zu diskutieren.

Schon die Wahl des Versammlungsortes verhalf diesen Erkundungstreffen zu großer Resonanz. In den vielen Zigeunerslums der Slowakei wohnen Menschen, die zu denen gehören, denen es am schlechtesten geht. Eine Siedlung in Rudňany lag über einer aufgegebenen Arsengrube, und man konnte Zigeunerkinder sehen, die zwischen verrosteten Containern spielten, und auch die kleinen Haufen weißes Pulver, das herausrieselte. Sie hausten in seit langem verlassenen, absackenden Verwaltungsbauten, die oft kein Dach mehr hatten – und mitten zwischen Schwermetallen: Arsen, Antimon, Wismut, Quecksilber und Eisen. Das hier war noch etwas schlimmer als die »mittelalterliche« Verwahrlosung: Es war die postindustrielle Verwahrlosung. Man kannte diese Gefahren ganz genau, und man ignorierte sie. Und dort, in der Slowakei konnte sich der beliebte Regierungschef Vladimir Meciar ein Jahr später hinstellen und erklären, es sei »notwendig, die enorme Vermehrung der sozial nicht anpassungsfähigen und geistig unterentwickelten Bevölkerung [der Zigeuner] zu zügeln«. Und er fügte hinzu: »Wenn wir jetzt nicht mit ihnen fertig werden, werden sie später mit uns fertig.« In Prag hielt Václav Havel dem eine beunruhigende Wahrheit entgegen – daß die Zigeuner »ein Testfall für die bürgerliche Gesellschaft« sind –, doch schloß sich kaum jemand seiner Meinung an. Die Verwahrlosung des Lebens der Zigeuner war fortgeschritten, und die Zahl der Opfer hatte zugenommen. Seit der Samtenen Revolution sind in Tschechien und der Slowakei achtundzwanzig Zigeuner ermordet worden. Das Maß an Haß ringsum ist schwer zu überbieten.

Sie kamen angeflogen, die langgedienten Zigeunersoldaten: Nicolae Gheorghe, Ian Hancock aus Texas, Rajko Djurić aus Berlin, Manush Romanov aus Bulgarien. Auch die jüngeren Mitspieler waren da, die zumindest im öffentlichen Kampf noch neuer waren: Rudko Kawczynski aus Hamburg, Klara Orgovanova hier aus der Slowakei, Emil Sčuka, ein Rom-Anwalt aus Prag, und Aladar Horváth, ein junger ungarischer Rom, der sich als Sänger einen Namen gemacht hatte und jetzt Mitglied des ungarischen Parlaments war. Und die Bekehrten aus der akademischen Welt waren da: Andrzej Mirga und Hristo Kjuchukov, ein bulgarischer Rom, der das erste Romani-Abc seines Landes geschrieben hatte. Auch aus Frankreich und den Vereinigten Staaten kamen viele Akademiker. Milena Hübschmanova war da, die Sprachkundlerin aus Prag, die meine Führerin bei einer früheren Reise in die östliche Slowakei war, und Marcel Courtiade, mein Beschützer in Albanien.

Auf der Roma-Seite waren in Stupava alle politischen Stilrichtungen vertreten – von militanten Black-Power-Leuten über Moralprediger bis zu stillen Mitläufern der *gadscho*-Politik. Außerhalb der Konferenz waren noch mehr Richtungen zu bewundern. In der Auffahrt sah man Konferenzteilnehmer sich ihre Zigaretten anzünden, und aus den einzelnen Gruppen stiegen blaue Fragezeichen aus Rauch zum Himmel. Sie mischten sich nicht unter die anderen; den verstohlenen Blicken und der Haltung nach zu urteilen, aus Schüchternheit. Bei den Ungarn, die immer mindestens zu einem Dutzend waren, konnte man die Zurückhaltung allerdings auf die Sprache zurückführen. Sie sprachen nur Madjarisch und konnten sich daher mit niemandem verständigen, der nicht mit ihrem Bus gekommen war. Alle waren herausgeputzt mit steifen neuen Sachen, die wahrscheinlich eigens für diesen Anlaß gekauft worden waren. Die Kleidung wies die Delegierten auch ganz klar bestimmten Ländern zu, als hätte man sie aus den Landesflaggen geschneidert oder mit den Federn nationaler Vögel besetzt: Die drei Polen erschienen in Abstufungen von Senfgelb und Malzbraun; das ungarische Team trug Purpur, das von Mauve bis Braunrot reichte. Die Bulgaren kamen in Schwarz.

Zigaretten und Raucherhusten, Schnauzbärte, Hüte und die überladene kleine Gestalt – das vereinte die meisten Roma, aber aus dem farblich verschlüsselten Bekenntnis (zweifellos nur ein Reflex dessen, was in den wenigen Geschäften ihres Landes zu haben war) konnte man auf den Mangel an Einigkeit schließen, der die Lunte an solche Treffen legte und die gesamte Zigeunerbewegung vereitelt hat.

Kein selbsternannter Monarch wurde zu dieser Versammlung eingeladen – es wagte auch keiner zu kommen –, aber es gab noch überraschendere Teilnehmer wie etwa Frank Johnson, ein Rom aus Los Angeles, der nicht das geringste mit Politik oder dem akademischen Leben zu tun hatte. Wie viele aus dem Ostblock war er nie mit seinen Brüdern aus anderen Ländern zusammengekommen. Was würden sie miteinander anfangen? Bis auf die dunkle Hautfarbe wirkte Frank nicht wie ein osteuropäischer Rom. Er war groß und kräftig, offen und amerikanisch; er konnte das beigefarbene Fleisch und die glibbrigen Kartoffeln, die man uns vorsetzte, »nicht fassen«. Sie alle waren Zigeuner, aber würden sie irgend etwas gemeinsam haben?

Die Roma nutzten die Gelegenheit, eigene private Treffen abzuhalten, nachdem die planmäßigen Sitzungen vorbei waren. Ich erwischte Frank Johnson, als er aus einem der Treffen herauskam: Vom Gang aus hörte es sich wie ein Hahnenkampf an. »Die Zigeuner sind doch überall auf der Welt gleich. Sie können keine Prioritäten setzen«, sagte er. »Daheim ist es genau so. An 362 Tagen im Jahr sind sie hirntot, und dann kommen sie zu einem solchen Treffen und stolzieren großspurig herum.« Am Morgen hatte Frank einen Slum in der Nähe besucht und war entsetzt gewesen über die Hoffnungslosigkeit dort. Während der Sitzungen zogen Zigeuner und ihre sachkundigen Freunde über *gadscho*-Klischees her; aber in der Zigeunersiedlung hatte Frank sich bemüßigt gefühlt, einem Professor von der Duke-Universität zu raten, »auf seine Taschen aufzupassen«. Frank hatte nicht die Geduld zu politisieren.

Mit seiner ordentlichen Frisur und dem schwarzen Anzug sah Frank wie ein Vertreter aus, und so war er auch: Er verkaufte Hoffnung, nur an Frauen. »Sie kommen zu mir, sie kommen weinend rein, und ich helfe ihnen, mit ihren Männersorgen klarzukommen. Es sind immer Männersorgen, und alle wollen sie eine schnelle Lösung. Ich erkläre, wieso die Männer sie verlassen, weil sie vergehen und ihre Jugend verloren haben.« Am nächsten Morgen sah Frank selbst etwas verwittert aus. Der Übersinnliche (wie er sich selbst nannte) blickte auf sein aus Salami und Gewürzgurke bestehendes Frühstück. Ich fragte mich, was ihn von Los Angeles zu einem politischen Treffen in der Slowakei geführt hatte. »Ich hatte zwei Frauen, sechsunddreißig Jahre insgesamt, eine Zigeunerin, eine Amerikanerin. Ich habe mir gedacht, ich fahre nach Europa und versuche, eine Frau mit traditionellen Wertvorstellungen zu finden, eine, die es schätzt, was ich ihr geben kann, was nicht viel ist in Anbetracht der Hypothekenzahlungen und solcher Sachen, nicht daß ich Hypotheken zahle, wenn ich zur Miete wohne. In meiner Jugendzeit haben wir unser eigenes Haus gehabt. Ich hasse Mieten.«

Ehe und Politik gehören in einem traditionellen Zigeunerleben natürlich zusammen, und man konnte es Frank nachsehen, wenn er dachte, daß bei einem politischen Treffen wie diesem vielleicht auch eine andere Art Kandidatin auftauchen könnte. Aber weder die Frauen noch die Miete noch der slowakische Slum hatten Frank so zugesetzt, sondern das, was er von den neuen Zigeunerführern gesehen hatte. Wirr, eitel, egomanisch, ignorant, machtbesessen, hinterrücks. (»Obwohl sie sich gar nicht hinterrücks anfallen«, konstatierte eine Amerikanerin mit gewissem Respekt, »sie fallen sich von vorn an.«) Der dramatische Nahkampf mochte selbst einem amerikanischen Rom auf bedrückende Weise vertraut sein, für neue Beobachter und Nichtzigeuner war er dagegen schlicht erschreckend. Auch ich war entsetzt gewesen, als ich das erste Mal erlebte, wie ein Zigeunerführer auf die Knie fiel und weinte, um auf etwas hinzuweisen. Weder er noch seine Zuhörer waren auch nur im geringsten peinlich berührt oder besorgt und widmeten sich rechtzeitig wieder den anliegenden Fragen. Das waren Konventionen – wie das rituelle Klagen auf einer Beerdigung –, und jeder in der Gruppe verstand sie. Es war sinnvoll, Nichtzigeuner von den »echten« Treffen fernzuhalten, weil man vieles so leicht falsch verstehen (und belächeln) konnte. Wenn auch das Lamentieren der Zigeuner hauptsächlich eine Sache des Stils war, eine Art lebendiges Gegenstück zu ihren geliebten grellen Farben, so ging es hier dennoch im wesentlichen um die ungeschminkte Verzweiflung.

Ian Hancock war einer der wenigen Führer, die ein gutes Gespür für die achtbare und stark hintertriebene Entwicklung des Nationalismus der Zigeuner hatten, die in den 30er Jahren in Rumänien einsetzte. Und er registrierte mit Stolz die erstaunliche Ausbreitung neuer Gruppen, die sich seit 1989 im Ostblock gebildet haben: Allein in Ungarn gab es bereits 140 eingetragene Rom-Organisationen. Trotzdem sprach Hancock hier regelrecht beschwörend von Rom-Fatalismus (und wie Frank Johnson benutzte er dabei die dritte Person). »Sie sind so skeptisch. Einige glauben nicht einmal, eine eigene Sprache zu haben. Sie verleugnen ihre Identität.« Die Zerstreuung und die diversen Zwänge durch die Kultur der Weißen bewirkten, wie Hancock meinte, daß die Zigeuner ihre Sprache verloren, ihr Zugehörigkeitsgefühl und ihre Fähigkeit, einander überhaupt noch zu erkennen.

1988 wies Hancock in der Zeitschrift *Roma* (die in Indien erscheint und eine der Zigeunerpublikationen ist, die sich halten) die aus Zigeunern bestehende Leserschaft auf eine andere Ursache hin:

Es heißt immer wieder, unser Hauptproblem sei der Mangel an genügend gebildeten Menschen unter uns, die organisieren können. Das ist nicht richtig; es gibt mit Sicherheit genügend gebildete und engagierte Roma, die das könnten. Das Problem ist vielmehr schon alt: unsere Nationalkrankheit, *hamishagos* [sich einmischen oder stören]. Sie bewirkt aus irgendeinem Grund, daß wir die eigenen Leute, die vorankommen, behindern wollen, statt ihnen zu helfen. *Sar laci and'ekh vadra* (»wie Krebse in einem Eimer«): Wenn einer herauszuklettern versucht, klammern sich die anderen an ihn und ziehen ihn wieder herunter.

Als Beispiel führte er die erste Berufung eines Zigeuners durch einen Präsidenten (es war Ronald Reagan) in eine regierungsamtliche Position an – das direkte Ergebnis jahrelangen Bohrens und Drängens durch Hancock. Als Bill Duna, ein in Minneapolis lebender Zigeuner ungarischer Abstammung, als einziger Rom zum Mitglied des U. S. Holocaust Memorial Council ernannt wurde, »versuchten schon am nächsten Tag andere Zigeuner, alles zunichte zu machen«, wie Hancock den Lesern von *Roma* berichtete. »Sie schickten Telegramme an den Council, in denen sie erklärten, daß sie sehr viel besser qualifiziert seien als Duna. Der Holocaust Memorial Council reagierte darauf, indem er die Sache von der ironischen Seite nahm. Personen, die weder schreiben noch lesen können, nichts von der Geschichte des Holocaust wissen ...«

In Stupava wollte Hancock allerdings nicht über diese internen Schwierigkeiten reden. Zu seinen Veröffentlichungen gehört auch das Buch *The Pariah Syndrome* (Das Paria-Syndrom), dessen Titel bereits andeutet, was er für die Ursache des Fatalismus der Zigeuner hält. »Zum Beispiel die Zeitungen. Wenn über Zigeuner berichtet wird, hat es immer mit einem Verbrechen zu tun. Und nur wenn Zigeuner mit im Spiel sind, wird die Rassenzugehörigkeit erwähnt: ›die Mutter, eine Zigeunerin‹, ›das zigeunerische Zuhause‹. Man stelle sich vor, statt dessen stände das Wort ›Jude‹.« Er sprach von der westlichen Presse, von der *New York Times*. In seiner Rolle als Allein-Aufpasser hat er sehr sinnvolle Arbeit geleistet, wenn er geduldig die Klischees korrigierte, die ständig verwendet werden, vom Leitartikel über den Polizeibericht bis zur Grußkarte, auf der in den USA in den 90er Jahren durchaus noch die diebische, hakennasige, alte Zigeunerin zu finden war. Hancock ist gekränkt, und er hat allen Grund dazu. »Wenn es um wichtige Rechtsfragen geht, weist niemand auf uns hin. So wird beispielsweise nie die Tatsache erwähnt, daß die meisten Kinder in rumänischen Waisenhäusern Roma sind, wie auch die meisten Flüchtlinge in Deutschland.«

Einer jener Flüchtlinge war Rajko Djurić, Dichter und Präsident der International Romani Union, der mit dem Tod bedroht worden war und aus dem heimatlichen Jugoslawien fliehen mußte, nachdem er die Behörden des sich auflösenden Landes gegen sich aufgebracht hatte mit seinem Aufruf an die achthunderttausend Zigeuner, den Kampf zu verweigern. In allen Teilen des Landes lebten Zigeuner – so seine Argumentation –, und ihr Name war ein Schimpfwort. Was für ein Interesse oder welche Verpflichtung konnten sie haben, sich an einer nationalistischen Schlägerei um Land zu beteiligen? Ein Jahr vor Stupava (als ein totaler Balkankrieg den meisten Beobachtern noch unvorstellbar schien) traf ich mich mit Rajko Djurić in

Belgrad und fand ihn mitten in der ersten Massendemonstration der serbischen Hauptstadt. An jenem Tag im März 1991, im Lärm der Menge, erinnerte Rajko mich an die Tatsache, daß nur wenige Zigeuner den Terror überlebt hatten, nachdem die Ustascha (die kroatischen Faschisten im Zweiten Weltkrieg) im Norden an die Macht gekommen war. Und im besetzten Serbien, erklärte er mir in der relativen Ruhe des vollbesetzten Busses, den wir bestiegen hatten, fielen Zigeuner den Erschießungskommandos zum Opfer, wobei für jeden von Partisanen getöteten Deutschen einhundert, und für jeden verwundeten Deutschen fünfzig Zigeuner erschossen wurden. Rajko sagte zutreffend voraus, daß in den kommenden Kriegsjahren die Zigeuner erneut als Kanonenfutter benutzt werden würden. Ein Jahr später, in Stupava, prophezeite er wiederum richtig, daß die Zigeuner aus dem ehemaligen Jugoslawien auch bei all den Verhandlungen übergangen werden würden, die schwerwiegende Eingriffe in ihr Leben darstellen sollten, weil sie kein Land besaßen, das sie als Handelsmasse hätten einbringen können. Jede Diskussion in Stupava lief auf ein wichtiges, neues Thema hinaus: Die Zigeuner müssen sich als ethnisches Problem neu definieren, nicht so sehr als ein gesellschaftliches mit den ewigen Anspielungen auf Schmarotzertum und Kriminalität (und, was vielleicht noch schlimmer ist, auf die Unsichtbarkeit).

In diesem Sinn befaßten sich die Vorträge der drei amerikanischen Fachleute mit der Behandlung ethnischer Krisen. Sie kannten sich aus mit Amerikanern mexikanischer Herkunft, mit Schwarzen und Weißen in Amerika und mit ethnischen Konflikten generell. So wohlwollend sie auch waren, keiner von ihnen wußte etwas über Zigeuner, und das wurde registriert. Ihre Glaubwürdigkeit war jedoch auf noch komischere Art untergraben worden durch Rundfunkmeldungen über die Rassenunruhen daheim in Los Angeles. Das Radio gehörte einem serbischen Politologen, der in der letzten Reihe saß und es angestellt hatte, um etwas über die ethnische Krise in seinem eigenen Land zu erfahren.

Ich hatte den Eindruck, daß die meisten Roma gar nicht zuhörten, wenngleich niemand seine Gleichgültigkeit so deutlich zur Schau stellte wie Rudko Kawczynski, der militante Zigeunerführer aus Hamburg. In Deutschland hatte er Sit-ins und Hungerstreiks organisiert – neue Wege des Zigeunerprotests; und er hatte Eurorom, ein internationales Parlament, gegründet, dazu einen nationalen Roma-Kongreß. Es war unmöglich, ihn in Stupava zu übergehen. Er kam demonstrativ zu jeder Sitzung zu spät, wobei ihm immer zwei Gefolgsleute in Lederjacken vorauseilten, die mit verschränkten Armen an der Wand lehnten, statt wie alle anderen auch an den Schultischen Platz zu nehmen. Seine Art zu sprechen – mit ausgesuchten Pausen und der bewußt leisen Stimme eines Mafia-Bosses – war genauso affektiert wie der präzis sitzende breitrandige Hut. Kawczynski war der Eldridge Cleaver der Emanzipationsbewegung der Zigeuner; und er konnte sich nur schwer zügeln.

Donald Horowitz, der Professor von der Universität Duke, stand am Podium und erklärte, daß auch andere »untergeordnete ethnische Gruppen«, die durch Sklaverei und Eroberung entstanden seien, das negative Image der Roma hätten. Er führte amerikanische Schwarze an, einige niedere Kasten aus Indien und Afrika und, für seine augenblicklichen Zuhörer vielleicht uninteressant und sogar beleidigend, die Burakamin aus Japan. »Auch die Burakamin waren als schmutzig, faul, sexuell zügellos und vierbeinigen Tieren gleich bezeichnet worden.« Aber solche Vorstellungen ließen sich ändern, fuhr er fort, als Kawczynski ihm das Wort abschnitt.

»Die Roma sitzen da, die *gadsche* reden. Sie erzählen uns, was wir tun sollen, welche Sprache wir sprechen sollen. Sie wollen uns beibringen, wie wir unsere eigene Sprache sprechen. Was tun sie überhaupt hier? ... Zwanzig Kilometer von hier entfernt verhungern Zigeuner. Damit haben doch die *gadsche* nichts zu tun. Das ist unser Problem. Sie wollen uns gar nicht helfen. Sie wollen uns unterdrücken oder vertreiben oder vielleicht auch töten. Die Europäer versuchen, uns das Leben so schwer zu machen, daß wir freiwillig gehen. Sie bringen uns soweit, daß wir sie alle für gleich halten. Brüder, denkt nicht, daß der *gadscho* schlauer ist als ihr.

Ihr müßt euch selbst helfen. Wir können von niemandem Hilfe erwarten.«

Manush Romanov, der kleine Führer aus Bulgarien, zwanzig Jahre älter als Kawczynski und auch ein Separatist, war nicht überzeugt. »Sie sind stärker als wir!« rief er mitten in die Tirade von Kawczynski, woraufhin der in Polen geborene Black Panther erwiderte: »Nein.« (Lange Pause.) »Nur in Seminaren, nicht auf der Straße. Wir müssen die Straße zurückerobern.« Manush Romanov war etwas poetischer. »Wir haben Probleme«, erwiderte er, »wie Blätter im Wald.« Er meinte wohl, viele, und da konnte er wirklich mitreden.

Wenn unter Zigeunern der Akt des Überlebens, ja die Identität selbst, eine Art Sieg ist, dann war das im Fall Manush ein dreifacher Triumph. Sein Name, den er 1989 annahm, bedeutet auf Romani »Zigeunermann« oder »Mann Mann«. Er hieß einmal Mustafa Ali und dann, nach der ersten erzwungenen Namensänderung in Bulgarien, Ljubomir Aliev. In seinem früheren Leben, bevor man Sofias einst blühendes Zigeunertheater geschlossen hatte, war Manush Schauspieler und Puppenspieler gewesen. Er war einer der drei Zigeuner, die in Bulgariens erstes freies Parlament gewählt wurden, und der einzige, der zugab, Zigeuner zu sein. Wie viele der neuen Gestalten (und trotz so glänzender politischer Referenzen wie einem Aufenthalt im Gefängnis) schien er kein sehr aussichtsreicher Führer zu sein. Aber aussichtsreiche Führer gab es kaum, hauptsächlich deshalb, weil es unter den Roma nur sehr wenige aussichtsreiche Anhänger gab, wie Hancock schon betont hatte. Unter den achthunderttausend Zigeunern Bulgariens gab es etwa sechzig eigenständige Stammesgruppen – und Manush stand mit seinem Kulturverband ganz allein da (politische Parteien auf ethnischer Grundlage waren in Bulgarien verboten). Einige besonders stolze Gruppen, wie die bulgarischen Grastari oder Lovara, ein eleganter Stamm von Pferdehändlern, die bis 1958, als es strafbar wurde, Nomaden geblieben waren, untersagten die verderbliche Teilnahme an der *gadscho*-Politik ausdrücklich; sie waren der Meinung, Manush solle gelyncht werden.

Ein nicht sehr aussichtsreicher Führer. Aber bis auf eine unpopuläre fixe Idee, nämlich eine Heimat für Zigeuner, unterschied er sich auf dem Papier gar nicht sehr von den charismatischeren Black-Power-Maklern: »Wir wollen eigene Schulen, wir wollen, daß unsere Sprache in diesen Schulen unterrichtet wird, und wir wollen unsere eigenen Dörfer. Wir müssen Häuser für unsere Leute bauen, neue Häuser in neuen Vierteln, nicht mitten unter den Bulgaren, mit denen wir nicht auskommen. Wir brauchen unser eigenes Zuhause für unsere Art zu leben. Irgendwann werden wir unser eigenes Land haben – Romanistan. Im Moment haben wir nicht einmal eigenen Grund. Ein Zuhause zu haben, ein *Haus* zu haben, ist schließlich noch wichtiger, als ein Land zu haben.«

Ich fragte Manush, ob nicht die Gefahr bestehe, ein noch größeres Zigeunerghetto zu schaffen. »Die größere Gefahr ist es zu verschwinden«, erwiderte er.

DAS BEDÜRFNIS NACH Heimat muß bei denen am stärksten sein, denen das Recht, überhaupt irgendwohin zu gehören, am nachhaltigsten streitig gemacht wird. (Norman Manea hat das »Psychose des Provisorischen« genannt.) Aber wenn der Gedanke an Romanistan die Roma generell nicht gereizt hat, dann vielleicht deshalb, weil sie genügend Lagererfahrungen gesammelt haben in unterschiedlichen Reservaten: als Sklaven auf den Ländereien Adliger, als Deportierte in den Kolonien, in den Todeslagern oder einfach ganz unten.

Die Zigeuner waren und sind ein Volk am Rande. Sie sind dabei, Gefallen zu finden an der Macht der Erkenntnis, daß sie Roma sind; gleichzeitig sind sie in Gefahr, daß sie lediglich zu einer der vielen »Sprachen« (in ihrem Fall ein nur von wenigen verstandener Dialekt) von ethnischer Selbstbehauptung und Opferung werden. »Die größere Gefahr ist es zu verschwinden«, hatte Manush gesagt. Aber es gab mehr als eine Richtung, in die sie verschwinden konnten.

In den Jahren nach Stupava war ich häufig als Beobachterin auf

Konferenzen. Ich fand es erstaunlich, wie rasch und offensichtlich mühelos die teilnehmenden Zigeuner diese Form des Politisierens übernahmen. Es beeindruckte mich, wie gut sie redeten und wieviel sie zu sagen hatten. Aber ich fragte mich immer wieder: Ist das wirklich alles? *Konferença, kongresso, parliamento?* Von Treffen zu Treffen wurde deutlicher, daß diese vielversprechenden Männer und Frauen im properen Business-Look sich zunehmend auf die falsche Sprache von allgemeiner Übereinstimmung und Beschönigung zurückzogen. Sollte ihre Zukunft am Ende wie die aller anderen sein? Was für eine »Existenz« war dies, wenn nicht eine andere Form des »etc.«? *Konferença, kongresso, parliamento …*

Die Welt der Papusza – der Zigeuner, die durch das Land ziehen – gab es natürlich längst nicht mehr. Keine Karawanen und Bären mehr, und bitte auch keine Könige mehr. Man mußte die Vergangenheit nicht in romantischem Licht sehen, um einen wirklichen Verlust zu empfinden und auch ein Gefühl der Zwiespältigkeit gegenüber dem Neuen: der geschlossen und hoffnungslos seßhaften Welt der Konferenzteilnehmer.

Bei solchen Tagungen hatte ich oft das Gefühl, daß ich für eine Weile entfliehen, nicht mehr zuhören und Ordnung in meine Gedanken bringen wollte. Ich vertrat mir die Beine, atmete tief durch und fragte mich, ob die Zigeuner jemals die frische Luft atmen *und* gleichzeitig die Insider sein würden, die sie jetzt auch eindeutig sein wollten und werden mußten. In einer solchen Stimmung traf Nicolae mich an, als ich wieder einmal auf dem Parkplatz eines Konferenzzentrums hin und her lief. Er selbst pendelte bei diesen Treffen ständig zwischen einem Podium und einer Arbeitsgruppe hin und her, aber diesmal blieb er stehen, um mich zu begrüßen und mir das Neueste aus Rumänien zu berichten. Er schien meine Bedenken zu spüren, und was er mir erzählte, weckte in mir den Wunsch, aus nachempfundenem Stolz zu weinen.

Jahrhundertelang hatten die Zigeuner ein strategisches Chaos, eine ausgeprägte soziale Zersplitterung und ein großes Maß an Instabilität erlebt, und jetzt brachten sie ihre Sache vor und an die

Öffentlichkeit. In der Politik, aber auch bei der Arbeit. Nicolaes Bericht über neue Zigeunerinitiativen schien kaum eine Auflistung wert: eine rein von Zigeunern betriebene Ziegelei hier, eine landwirtschaftliche Genossenschaft dort. Aber die landwirtschaftliche Genossenschaft von vierzig Roma-Familien befand sich in Palazu Mare, ganz in der Nähe von Kogălniceanu, dem Ort am Schwarzen Meer, der von einem Mob zerstört worden war, wo es die rautenförmige Discobar gab und das kleine Mädchen, dessen Beine bei einem Brandanschlag von einem brennenden Balken verunstaltet worden waren. Und Nicolae hatte auch Neuigkeiten aus Hădăreni im Herzen Transsilvaniens, wo man zwei Zigeuner gelyncht und einen dritten in seinem Bett verbrannt hatte. In Hădăreni läuteten die Kirchenglocken zur Warnung, sobald ein vertriebener Zigeuner sich dem Ort zu nähern wagte. Jetzt richteten ebendiese Ausgestoßenen einen Laden ein – eine Fabrik sogar, in einer Synagoge –, um Pelzmützen herzustellen. Sie würden nicht ausgeschlossen bleiben. Sie würden nicht verschwinden. Als er mir von diesen Vorhaben erzählte, dachte ich an Luciano, den siebenjährigen Zigeunerjungen, der gestorben war, weil kein rumänischer Arzt ihn behandeln wollte, und den man mit seinem neuen Panamahut begraben hatte. Nicolaes Bericht über Basisprojekte der Roma war, wie mir schien, der angemessene Tribut an Luciano.

Auf der internationalen Bühne wies Gheorghe immer wieder darauf hin, was die Zigeuner zu bieten hatten – nicht das Schreckgespenst des hoffnungslosen Rom, das ewige Opfer, abhängig und diskriminiert. Ich wußte, daß es andersherum einfacher gewesen wäre. Es war erwartbar; menschliches Recht beschreibt immer menschliches Unrecht. Und ich wußte, daß er recht hatte. Sie waren gut in allem – unternehmungsfreudiger und tatkräftiger, einfallsreicher und fröhlicher als die meisten Menschen ihrer Umgebung –, wenn man ihnen eine Chance gab. Sie waren gut in allem. In allem, außer in ihrer Selbstdarstellung.

Für Nicolae Gheorghe war die ethnische Politik ein Wolkenkuckucksheim, ein neues Ghetto, ein Randbezirk oder Abstellplatz für

Am Rednertisch (von links nach rechts): Dr. Mirga, Dr. Hancock,
Dr. Gheorghe, Dr. Orgovannová. Am 14. April 1994 sagten diese
vier Roma-Intellektuellen in Washington vor dem ersten Kongreßhearing
über den Menschenrechtsmißbrauch an Roma aus.

Zigeuner. Die meisten Roma standen einer internationalen Identität
skeptisch gegenüber (Andrzej Mirga sprach von »Selbststigmatisie-
rung« und einer Einladung an die Regierungen, ihre unbeliebtesten
Bürger zu verleugnen). Verwundbarkeit, so würdevoll sie sein mochte, stellte sicher, daß die Zigeuner zunächst einmal hauptsächlich
damit beschäftigt waren, dort, wo sie lebten, zu überleben. Nur
wenige teilten Gheorghes Idealismus, und noch weniger erkannten
den darin enthaltenen Pragmatismus.

Auf seinen Reisen hatte Nicolae festgestellt, daß »die Roma« ohne Land oder ein Heimatland, ohne die besonderen Anrechte der
heimischen Bevölkerung im internationalen Recht »den Status von
Gewerkschaften, Umweltlobbyisten oder Berufsverbänden haben«.
Er hatte bemerkt, daß die Fremden, die sich am meisten für Zigeuner interessieren, die Einwanderungsbehörden waren. Und er kam
zu dem Schluß, daß Armut, Analphabetentum, Arbeitslosigkeit,
schlechte Gesundheit, früher Tod und erschreckende Geburtsra-

ten – im europäischen Vergleich alle auf Rekordniveau – nicht das eigentliche Thema waren. Die Roma sind die größte Minderheit in Europa. Es war einfach ihre Existenz, ihr Dasein und ihr Überallsein, das die Menschen erregte, und so machte er auch dies zu seiner Sache. Gheorghe setzte sich für eine alternative – für viele eine frevlerische – Identität ein, durch die die Menschen unabhängig von Besitz betrachtet und behandelt werden könnten. Er war der Meinung, daß die Trennlinie zwischen Staatsbürgerschaft und Nationalität, die in Osteuropa fein säuberlich zwischen territorialen und kulturellen Bindungen unterscheidet, ausgeweitet werden könnte, um Platz zu schaffen für eine transnationale Bevölkerung aus loyalen Bürgern verschiedener Länder.

Ian Hancock stellte sich eine transnationale Identität als eine »Wiedervereinigung« vor, die er über ein Netz aus Organisationen in der ganzen Diaspora und durch die Standardisierung des Romani erreichen wollte. »Wir sind aus Indien gekommen, als ein Volk mit einer gemeinsamen Sprache und einer Geschichte. Wir sind erst auseinandergebrochen, seit wir in Europa sind«, sagte Hancock vor der Versammlung. »Wir müssen wieder ein Volk werden.« Die Betonung der indischen Herkunft ist nie in einen Ruf zur Massenrepatriierung gemündet; jeder Zigeuner, egal wo er lebt, hat genügend Erfahrung als Fremder gesammelt und muß sich das nicht auch noch auf dem Subkontinent bestätigen lassen. Hancocks Insistieren auf der »Wiedervereinigung« brachte vielmehr, so wie Gheorghes Eintreten für eine »transnationale Identität«, den Gedanken zum Ausdruck, daß ein Volk selbst als ein Land auftreten könnte. Der Gebrauch des Begriffs »Nation« zur Beschreibung dessen, was einmal Stämme waren, erkennt diese Möglichkeit und diese Notwendigkeit bereits weitgehend an.

Rudko wollte »die Straße zurückerobern«, Hancock die Geschichte. Wie viele, die für die Sache der Machtlosen gegen die Machtmißbraucher eintreten, gegen die also, die üblicherweise Geschichte schreiben, engagierte Hancock sich voll für die Wiedergutmachung des Unrechts, des offensichtlichen und des unsichtbaren. Dreißig Jahre lang war es sein Ziel, die Geschichte der Sieger zu korrigieren – und dadurch das Schicksal der Opfer in neue Bahnen zu lenken –, und das rechtfertigte manchmal, was andere, meistens *gadscho*-Historiker, als Übertreibung zurückwiesen. Hancocks These vom Massenexodus eines einzigen Stammes aus Indien fand nicht viel Zustimmung, genausowenig wie seine Behauptung von 1,5 Millionen Roma-Opfern durch den Holocaust. Aber wer wollte den Kern seiner Geschichte anzweifeln? Und wer wollte seine Integrität in Frage stellen, wenn er sie erzählte? War es überhaupt möglich, das an den Zigeunern begangene Unrecht zu übertreiben? Die Versionen der Opfer besaßen sicher eine geistige und moralische Wahrheit. Bei den Roma war das »Widersprechen« (wie Hancock es nannte) besonders ausgeprägt. Frank aus Los Angeles hatte unrecht, wenn er verzweifelte.

DIE REGIERUNGEN DER ehemaligen kommunistischen Länder betrachten die mißliche Lage der Zigeuner im wesentlichen als einen gelegentlich recht nützlichen Einstieg, wenn sie um Auslandshilfe bitten. Minderheiten sind ein Testfall für die Demokratie, oder, wie Havel es richtig präzisiert hat, für die bürgerliche Gesellschaft. In der Theorie. Nicolae Gheorghe begriff, daß Minderheiten, und insbesondere Zigeuner, zumindest etwas zum Vorzeigen sein konnten. Und so bemühte er sich um staatliche Unterstützung – und erhielt sie auch – für ein Folgetreffen in Stupava ein Jahr später in der großen Sommerresidenz von Ceausescu am Snagow-See. (Dieser Tagungsort fand eine andere Resonanz: Vor allem die rumänischen Zigeuner schienen den kitschigen Palast sehr gern in Beschlag zu nehmen; und das beste war, daß im See eine Insel lag, in deren Mitte, weit entfernt von seiner transsilvanischen Heimat, Vlad Ţepeş, der Pfähler, begraben worden war – wahrscheinlich von einigen seiner vielen hundert Zigeunersklaven.) Und dann, nur wenige Wochen nach einem scheinbaren Durchbruch, wurde Nicolae öffentlich von den eigenen Förderern auf einem hochkarätigen internationalen Kongreß über Minderheiten denunziert. Die rumänischen Vertreter bemängelten, daß »Herr Gheorghe als ein ›Vertreter des rumänischen Volkes‹ vorgestellt worden sei«, wohingegen »dieses Seminar sich mit Minderheiten befaßt, nicht mit ›Völkern‹. Die Frage der Selbstbestimmung stellt sich nicht. Minderheiten bleiben unter der Zuständigkeit der souveränen Nationalstaaten. Auf jeden Fall ist Nicolae Gheorghe nicht der Vertreter des rumänischen Volkes; wo ist sein ›König‹? Wo ist sein *Kaiser*?« Diesmal war Nicolae verständlicherweise sprachlos.

Ansonsten hatte Manush Romanov immer etwas Denkwürdiges zu sagen, vor allem und sehr nett beim Abschied. (Das Kommen und Gehen brachte es auch immer mit sich, daß er allen Damen galant die Hand küßte.) Einmal, am Ende eines Besuchs in Sofia, bei dem er buchstäblich in Tränen aufgelöst war wegen seiner Zigeuner, rief er mir theatralisch nach: »*Prohasar man opre pirende – sa muro djiben semas opre chengende*« – »Begrabt mich aufrecht. Mein Leben lang war ich auf Knien.«

In der auf Kreuzzug befindlichen Roma-Gemeinschaft hatte jeder Schritt nach vorn auch einen halben Schritt zurück zur Folge, da eine reaktionäre und wachsende Roma-Bewegung jede Organisation in den Augen der Öffentlichkeit zu sabotieren suchte. *Sar laci and'ekh vadra*, wie Krebse in einem Eimer. Heftige Angriffe von Fundamentalisten, von intellektuellenfeindlichen Zigeunern oder einfach von neidischen, enttäuschten Einzelpersonen gehörten zu jedem Treffen; die meisten *gadscho*-Beobachter hatten dafür kein Verständnis und sahen sich in ihren Vorurteilen bestätigt. Diese zigeunerischen »Krebse« sahen gar nicht, wie weit und wie schnell ihre eigene Elite vorangekommen war. Es beeindruckte sie nicht, daß Andrzej Mirga, dessen Mutter eine analphabetische Wahrsagerin war, jetzt gelehrte Bücher veröffentlichte und für das polnische Parlament kandidierte. Schon aus Prinzip identifizierten sie sich nicht so sehr mit dem Hancock, den sie kannten, sondern lieber mit seinem Großvater Marko, einem Rattenfänger, oder mit seiner Urgroßmutter, der alten Bench, die in einem Wagen an der Londoner Vauxhall Bridge Road zur Welt gekommen war. Nein, die Krebse sahen keinen Fortschritt in dem Schritt von der Entführung zum Kapitol in Washington, vom *kris* zur Anhörung im Kongreß.

Lange vor 1989 zeigte ein französischer Rom namens Mateo Maximoff anhand der Wanderung seiner Familie das Dilemma auf, das den Kern der künftigen Zigeuneremanzipation bildet. 1947 veröffentlichte er seinen ersten Roman, *Le prix de la liberté*; Joan, der Held des Buches, ist Maximoffs Großvater nachgezeichnet, der als Sklave geboren wurde. Der Roman spielt in den letzten Jahren der Sklaverei in Rumänien, nach den Revolutionen von 1848, die einigen der Unterdrückten den Mut zum Aufstand verliehen hatten. Im Roman entkommt eine Gruppe und flieht zu den Widerständlern in die Berge. Joan steht vor einem Problem. Er ist zusammen mit den Kindern seines Herrn aufgewachsen und muß sich jetzt entscheiden: Soll er sich den Meuterern anschließen oder in der Bibliothek bleiben? Ist er einer von uns oder einer von ihnen? Natürlich entscheidet letztlich Isvans Kenntnis »der Bibliothek«, seine Kenntnis der *gadscho*-Welt, über das Ergebnis dieses Aufstands, aber trotzdem oder auch deshalb nennt man ihn einen Verräter – wie Nicolae, wie andere, wie Papusza, die Mirga so stark beeinflußt hat. Die neuen Führer waren in der Tat »Karrierezigeuner«, wie ihnen vorgehalten wurde. Sie waren aber auch die einzige Hoffnung für Millionen Roma, die noch nie etwas von ihnen gehört hatten, für diejenigen, die in den Schwarzen Städten wohnen, den giftigen Slums und Vierteln in Osteuropa, die keinen Namen haben oder Namen wie Friß-oder-stirb, Ob-du-willst-oder-nicht, Niemandsland, Kambodscha oder Bangladesch.

Simione Mihai, ein Kalderasch-Junge im Lager von Sinteşti,
Rumänien, 1992

KOMMENTIERTE BIBLIOGRAPHIE

Eine Kennzeichnung mit Stern weist darauf hin, daß die Quelle sich nicht ausschließlich mit Zigeunern befaßt.

Allgemeine Literatur

Balić, S., et al., Hrsg., *Romani Language and Culture*, Sarajevo: Institut za Proučavanje Nacionalnih Odnosa, 1989. Eine umfangreiche Sammlung von Dokumenten, die für eine Konferenz mit dem gleichen Namen 1986 in Sarajevo erstellt wurden.

Clebert, J.-P., *Les Tsiganes*, Paris: B. Arthaud, 1961. Veraltet und unzuverlässig, trotzdem eine Quelle über Zigeunerkunde.

Fraser, A., *The Gypsies*, Oxford: Blackwell, 1992; überarbeitete Ausgabe 1995. Die gründlichste, zuverlässigste und lesbarste allgemeine Geschichte mit eingehenden Darstellungen über Ursprung, Wanderungen und die sprachlichen Fragen, dazu eine umfassende Dokumentation über die Verfolgungen in Europa.

Grellmann, H. M. G., *Die Zigeuner*, Dessau und Leipzig, 1783.

Hancock, I., *The Pariah Syndrome: An Account of Gypsy Slavery and Persecution*. Ann Arbor: Karoma, 1987. Der bekannte Roma-Aktivist und Sprachforscher greift in seiner Darstellung der Verfolgung durch die Jahrhunderte auf viele Quellen zurück.

Kenrick, D. und Puxon, G., *The Destiny of Europe's Gypsies*. Sussex University Press and Chatto-Heinemann, 1972. Zu Anmerkungen vgl. das Kapitel über den Holocaust.

Kogălniceanu, M. (Kogalnitchan, Michael von), *Skizze einer Geschichte der Zigeuner*. Castsche Buchhandlung, Stuttgart, 1840.

Liegeois, J.-P., *Tsiganes*. Paris: La Decouverte, 1983.

– *Gypsies and Travellers*. Strasbourg: Europarat, 1987; überarbeitete Ausgabe 1994. Zuverlässige und brauchbare Übersichten. Liegeois enthält weniger Dokumentation als Fraser, aber mehr soziologische Analysen über z. B. offizielle Politik und vorherrschende Verhaltensweisen gegenüber Zigeunern.

Rehfisch, F., Hrsg., *Gypsies, Tinkers and Other Travellers*. London: Academic Press, 1795. Eine ausgezeichnete Auswahl von Essays.

Vaux de Foletier, F. de, *Mille ans d'histoire des Tsiganes*. Paris: Fayard, 1970.

Zum asiatischen und linguistischen Hintergrund vgl. auch:

Goeje, M. J. de, *Accounts of the Gypsies in India*. Delhi: New Society, 1976. Beitrag zu den Sitzungsberichten der Koninklijke Akademie van Wetenschappen of Amsterdam in 1875.

Hancock, I., »On the Migration and Affiliation of the Domba: Iranian Words in Rom, Lom, and Dom Gypsy.« *International Romani Union Occasional Papers*, Reihe F, Nr. 8 (1993). Diskutiert mit Hilfe der Linguistik die Verwandtschaft der Zigeuner aus dem Mittleren Osten und Europa.

Kenrick, D., *Gypsies from India to the Mediterranean*. Toulouse: CRDP, 1993.

Rishi, W.R., »History of Romano Movement, Their Language and Culture.« In *Romani Language and Culture*, hrsg. von S. Balic et al., Sarajevo: Institut za Proučavanje Nacionalnih Odnosa, 1989.

Sampson, J., *The Dialect of the Gypsies of Wales*. Oxford: Clarendon Press, 1926.

Turner, R. L., »The Position of Romani in Indo-Aryan.« *Journal of the Gypsy Lore Society* (dritte Reihe) 5 (1926): 145–89. Sampsons Anmerkungen zu diesem Beitrag und Turners Antwort sind beide zu finden in *Journal of the Gypsy Lore Society* (dritte Reihe) 6 (1927).

Sozialanthropologie/Soziologie

Okely, J. M, *The Traveller-Gypsies*. Cambridge: Cambridge University Press, 1983. Diese Untersuchung ist das Ergebnis von Feldforschung über die Lagerplätze britischer Fahrender in den 70er Jahren und befaßt sich mit dem Bewahren symbolischer Grenzen, dem wirtschaftlichen Überleben und insbesondere mit dem Leben der Zigeunerinnen. Sie ist umstritten, weil Okely die weithin akzeptierte These von der indischen Herkunft der Zigeuner (und die sprachlichen Argumente dafür) ablehnt und statt dessen meint, die Zigeuner seien heimische Bewohner, die mit dem Zusammenbruch der Feudalgesellschaft zu Ausgestoßenen wurden.

Sutherland, A., *The Hidden Americans*. Illinois: Waveland, 1975. Eine Modelluntersuchung der internationalen Sozialorganisation der Zigeuner und ihrer komplexen Beziehungen zu Nichtzigeunern, auf der Grundlage von Feldforschung des Verfassers in einer Gruppe von Vlach-Roma in Kalifornien.

Sway, M., *Familiar Strangers: Gypsy Life in America*. Urbana und Chicago: University of Illinois Press, 1988. Interessant vor allem der Teil über die wirtschaftliche Anpassungsfähigkeit der Zigeuner.

Trotz der Beschäftigung mit regionalen Fragen bieten alle obigen Untersuchungen doch auch allgemeine Einblicke.

Bercovici, K., *The Story of the Gypsies*. London: Jonathan Cape, 1929. Eine abenteuerlich romantische Darstellung (»Woher kommen die Zigeuner? Woher kommen die Schwalben?«), aber das Buch enthält doch einige hochinteressante Legenden.

Borrow, G., *The Zincali* [oder ein Bericht über die Zigeuner Spaniens]. London: John Murray, 1841.

– *The Bible in Spain*. London: John Murray, 1843.

– *Lavengro*. London: John Murray, 1851.

– *The Romany Rye*. London: John Murray, 1857.

– *Wild Wales*. London: John Murray, 1862.

– *Romano Lavo-lil: Word Book of the Romany*. London: John Murray, 1874. Als Vertreter der British and Foreign Bible Society und begabter Sprachforscher reiste Borrow nach St. Petersburg und dann nach Portugal und Spanien. Er übersetzte das Lukas-Evangelium ins spanische Romani. Noch wichtiger aber war, daß seine Reisen und Erlebnisse Anlaß zu einigen der schönsten Bücher waren, die je über Zigeuner geschrieben wurden. *The Bible in Spain* war zu Borrows Lebzeiten das beliebteste Buch und ist vielleicht sein brillantestes.

Boswell, S. G., *The Book of Boswell*. Herausgegeben von J. Seymour. London: Gollancz, 1970. Erinnerungen eines englischen Zigeuners.

Gorog-Karady, V. und Lebarbier, M., Hrsg., *Oralité Tsigane: Cahiers de Littérature Orale*, Nr. 30. Paris: Publications Langues'O, 1991. Essays über die mündliche Tradition und die Kultur der Zigeuner.

Groome, F. H., *Gypsy Folk-tales*. London: Hurst and Blackett, 1899.

Hancock, I., »Marko: Stories of my Grandfather.« *Lacio Drom*, Ergänzung zu Nr. 6 (Dezember 1985): 53–60. Erinnerungen der auf unterschiedlichen Feldern aktiven Vorfahren des Aktivisten in London. Diese Ausgabe von *Lacio Drom* befaßt sich mit Volkskunde, Volkssagen und Überlieferungen – außerdem Beiträge über griechische, bulgarische, ungarische, slowakische, Kosovo- und englische Zigeuner.

Hübschmanová, M., Šebková, H. und Žlnayová, E., *Fragments Tsiganes: Comme en haut, ainsi en bas*. Paris: Lierre et Coudrier, 1991. Persönliche Erinnerungen (mit Liedern, Rezepten und Kriegsgreueln) slowakischer Roma, von ihnen selbst erzählt. Ihre tschechischen Helfer, die alle Romani sprachen, haben bewundernswerte Arbeit geleistet, weil sie in ihren Übersetzungen den Ton und die Stimmung der Zigeunersprache so gut getroffen haben.

Starkie, W., *Raggle-Taggle, Adventures with a Fiddle in Hungary and Roumania*. London: Readers Union, 1949.

– *In Sara's Tents*. London: John Murray, 1953. Weitere Abenteuer, diesmal in Spanien.

Tong, D., *Gypsy Folktales*. New York: Harvest, 1991.

Vesey-Fitzgerald, B., »Gypsy Medicine.« *Journal of the Gypsy Lore Society* (dritte Reihe) Bd. 23 (1944): 21–50.

Yates, D., Hrsg., *A Book of Gypsy Folk-tales*. London: Phoenix House, 1948.

Yoors, J., *The Gypsies*. London: George Allen & Unwin, 1967. Mit zwölf Jahren verließ Jan Yoors sein Zuhause in Antwerpen und schloß sich einer Gruppe vorbeiziehender Lovara-Zigeuner an. Seine Erinnerungen, das Ergebnis des Traumabenteuers eines Jungen, sind einer der wertvollsten Berichte über das Zigeunerleben. Jahre später, während des Zweiten Weltkriegs, kehrte Yoors mit einem Auftrag zu seiner Adoptivfamilie zurück. In einem zweiten Buch, *Crossing* (New York: Simon & Schuster, 1971; Neuauflage, Illinois: Waveland, 1988), erzählt er eine Geschichte von Zigeunern im Widerstand und seiner eigenen Rolle dabei.

Osteuropa

Ascherson, N., *Black Sea*. London: Jonathan Cape, 1995.*

Cioran, E. M., aus dem Französischen, *The Temptation to Exist*. New York: Quadrangle, 1968, mit einer Einleitung von Susan Sontag; London: Quartet, 1987. Diese Sammlung von Beiträgen und auch der größte übrige Teil des aphoristischen Werks des rumänischen Essayisten handelt nicht *von* Osteuropa, aber man kann sagen, daß nur ein Mitteleuropäer (vielleicht auch ein Lateinamerikaner) das geschrieben haben könnte.*

Crowe, D., *A History of the Gypsies of Eastern Europe and Russia*. New York: St. Martin's Press, 1994.

Crowe, D. und Kolsti, J., Hrsg., *The Gypsies of Eastern Europe*. Armonk, N.Y.: M.E. Sharpe, 1991.

Havel, V., *Versuch, in der Wahrheit zu leben*. Reinbek: Rowohlt, 1989.*

Huttenbach, H. R., Hrsg., *Nationalities Papers*, Bd. 19, Nr. 3 (1991). Sonderausgabe: »The Gypsies in Eastern Europe.«

Kiš, D., *A Tomb for Boris Davidovich*. London: Faber & Faber, 1985.

Jelavich, B., *History of the Balkans*. Bd. 1: *Eighteenth and Nineteenth Centuries*. Cambridge: Cambridge University Press, 1983.* *History of the Balkans*. Bd. 2: *Twentieth Century*. Cambridge: Cambridge University Press, 1988.*

Kundera, M., *Das Buch vom Lachen und Vergessen*. Frankfurt: Suhrkamp, 1994.*

Lockwood, W. G., »Balkan Gypsies: An Introduction.« In *Papers from the Fourth and Fifth Annual Meetings, Gypsy Lore Society, North American Chapter*. New York, 1985.

Magocsi, P.R., *Historical Atlas of East Central Europe*. Seattle: University of Washington Press, 1993.*

Manea, N., *On Clowns: the Dictator and the Artist*. London: Faber & Faber, 1994.*

Milosz, C., *Verführtes Denken*. Frankfurt: Suhrkamp, 1974.

Poulton, H., *The Balkans: Minorities and States in Conflict*. London: Minority Rights Publications, 1991.

Silverman, C., »Rom (Gypsy) Music.« *Garland Encyclopedia of World Music*, europäischer Band, Hrsg. James Porter und Timothy Rice (erscheint 1996).

Soulis, G. C., »The Gypsies in the Byzantine Empire and the Balkans in the Late Middle Ages.« *Dumbarton Oaks Papers* 15 (1961): 143–65.

Einzelne Länder

ALBANIEN

Courtiade, M., »I Rom in Albania. Un profilo storico-sociale.« *Lacio Drom* 28 (Januar–April 1992): 3–14.

BULGARIEN

Marushiakova, E., »Ethnic Identity Among Gypsy Groups in Bulgaria.« *Journal of the Gypsy Lore Society* (fünfte Serie) 2 (1992): 95–115.

– »Gruppi e organizzazioni zingari in Bulgaria e il loro attegiamento verso l'impegno politico.« *Lacio Drom* 28 (Januar–April 1992): 51–63.

Popov, V., »Il problema zingaro in Bulgaria nel contesto attuale.« *Lacio Drom* 28 (Januar–April 1992): 41–50.

Silverman, C., »Bulgarian Gypsies: Adaptation in a Socialist Context.« *Nomadic Peoples*, Nr. 21/22 (1986): 51–60.

Zang, T., *Destroying Ethnic Identity: The Gypsies of Bulgaria*. New York: Human Rights Watch, 1991.

DEUTSCHLAND

Buruma, I., *The Wages of Guilt*. London: Jonathan Cape, 1993.

– »Outsiders.« In *The New York Review of Books*, 9. April 1992. Eine besonders gelungene Analyse fremdenfeindlicher Gewalt.*

Cartner, H., *Foreigners Out: Xenophobia and Right-Wing Violence in Germany*. New York: Human Rights Watch Report, Oktober 1992. Eine besonders gute Dokumentation.

Daten und Fakten zur Ausländersituation. Bonn: Bundesinnenministerium, 1992.*

Enzensberger, H. M., »The Great Migration.« *Granta* 42 (1992): 17–64.*

Grass, G., »Losses.« *Granta* 42 (1992): 99–108.*

Heuss, H., »Die Migration von Roma aus Osteuropa im 19. und 20. Jahrhundert: Historische Anlässe und staatliche Reaktion.« Unveröffentlichte Arbeit.

Ignatieff, M., *Blood and Belonging: Journeys into the New Nationalism*. London: BBC Books und Chatto & Windus, 1993, 57–102.*

Macfie, R. A. S., »Gypsy Persecutions. A Survey of a Black Chapter in European History«, *Journal of the Gypsy Lore Society* (dritte Serie), Bd. 22 (1943): 64–78.

Zu weiteren Quellen über Deutschland und die Roma vgl. die Kapitel Holocaust und Nationalismus.

MAZEDONIEN

Puxon, G., »Roma in Macedonia.« *Journal of the Gypsy Lore Society* (vierte Serie), 1:2 (1976): 128–33.

Tassy, M., »La poésie des Roms de Macédoine«, *Etudes Tsiganes*, Nr. 4 (1991): 20–29.

POLEN

Ficowski, J., *Wieviel Trauer und Wege. Zigeuner in Polen.* Frankfurt: Peter Lang, 1992.

– »The Gypsies in the Polish People's Republic«, *Journal of the Gypsy Lore Society* (dritte Serie), 35 (1956): 28–38.

Kowalski, G., *The Story of a Gypsy Woman*, Dokumentarfilm über Papusza. Ul Brogi 19/4, 31–431, Krakau, Polen.

Mirga, A., »The Effects of State Assimilation Policy on Polish Gypsies«, *Journal of the Gypsy Lore Society* (fünfte Serie), 3 (1993): 69–76.

– »Human Rights Abuses of the Roma (Gypsies).« Aussage vor dem Unterausschuß für Internationale Organisationen und Menschenrechte des Ausschusses für Außenpolitik, Repräsentantenhaus, 103. Kongr., 2. Sitzung, 14. April 1994. Washington, D.C.: GPO, 1994, 29–32.

RUMÄNIEN

Cartner, H., *Ethnic Conflict in Tirgu Mures.* New York: Human Rights Watch Helsinki, 1990, Rundschreiben Mai.

– *News from Romania.* New York: Human Rights Watch Helsinki, 1990. Rundschreiben Juli.

– *Destroying Ethnic Identity: The Persecution of Gypsies in Romania.* New York: Human Rights Watch Helsinki, 1991.

– *Romania Lynch Law: Violence Against Roma in Romania.* New York: Human Rights Watch Helsinki, 1994, Rundschreiben November.

Deak, I., »Survivors«, *The New York Review of Books*, 5. März 1992, 43–51.

Florescu, R. und McNally, R.T., *Dracula Prince of Many Faces: His Life and Times.* Boston: Little, Brown, 1989.

Gheorghe, N., »Origin of Roma's Slavery in Rumanian Principalities«, *Roma* 7: (1983): 12–27.

Gilberg, T., *Nationalism and Communism in Romania: The Rise and Fall of Ceausescu's Personal Dictatorship.* Boulder, Colorado: Westview, 1990.*

Maximoff, M., *Le prix de la liberté.* Paris: Flammarion, 1947. Romanversion des Roma-Autors über die Erfahrungen seines Vorfahren mit der Sklaverei in den rumänischen Fürstentümern.

Panaitescu, P. N., »The Gypsies in Wallachia and Moldavia: A Chapter of Economic History«, *Journal of the Gypsy Lore Society* (dritte Serie) 20 (1941): 58–72.

Potra, G., *Contributiuni la istoricul Tiganilor din Romania.* Bukarest: Fundatia Regele Carol I, 1939.

TSCHECHOSLOWAKEI

Davidová, E., »The Gypsies in Czechoslovakia.« *Journal of the Gypsy Lore Society* (dritte Serie) 50 (1971): 40–54.

Erich, R., »Roma in Slovakia: Experiments with an Ethnic Minority«, Berichtsentwurf. Wien: International Helsinki Federation for Human Rights, 1992/1993.

Gross, T., »The Czech Republic: Citizenship Research Project«, unveröffentlichter Bericht darüber, wie das neue Staatsbürgerschaftsgesetz die Roma tangiert. Vgl. auch Ina Zoons Bericht (1994), beide verfaßt für The Tolerance Foundation, Senovazne Nam. 1, Prag 1, Tschechische Republik.

Guy, W., »Ways of Looking at Roms: The Case of Czechoslovakia.« In Rehfish, *Gypsies, Tinkers and Other Travellers*, S. 201–29.

Hübschmanová, M., »What Can Sociology Suggest About the Origin of Roms?« *Archiv Orientalni* (Prag) 4 (1972): 51–64.

– »Economic Stratification and Interaction: Roma, an Ethnic Jati in East Slovakia.« *Gießener Hefte für Tsiganologie*, 3/4 (1984/1985), 3–25.

Kamm, H., Eine besonders gute Folge von Berichten über die Notlage der Roma in der Tschechischen Republik, der Slowakei und Ungarn. Vgl. *The New York Times*, 7. November 1993, S. A9; 17. November 1993, S. A6; 28. November 1993, S. A4; 8. Dezember 1993, S. A7; 10. Dezember 1993, S. A4.

Kolvada, J., »The Gypsies of Czechoslovakia.« *Nationalities Papers* 19:3 (1991): 269–96.

McCagg, W. D., »Gypsy Policy in Socialist Hungary and Czechoslovakia, 1945 to 1989.« *Nationalities Papers* 19:3 (1991): 313–36.

Mann, A., »The Roma – An Ethnic Minority in Slovakia«, unveröffentlichter Beitrag anläßlich einer Konferenz zu einem Projekt über ethnische Beziehungen, Stupava, Slowakei, 1992.

Orgovanová, K., »Human Rights Abuses of the Roma (Gypsies).« Aussage vor dem Unterausschuß für Internationale Organisationen und Menschenrechte des Ausschusses für Außenpolitik, Repräsentantenhaus, 103. Kongr., 2. Sitzung, 14. April 1994. Washington, D. C.: U. S. Government Printing Office, 1994, 26–28.

Tritt, R., *Struggling for Ethnic Identity: Czechoslovakia's Endangered Gypsies.* New York: Human Rights Watch, 1992.

Zoon, I., »Equal Rights Project.« Prag: Tolerance Foundation Report, 1994. Unveröffentlichter Bericht über die Gefahren für Roma durch neue Staatsbürgerschaftsgesetze in der Tschechischen Republik.

UNGARN

Feher, G., *Struggling for Ethnic Identity: The Gypsies of Hungary.* New York: Human Rights Watch, Helsinki, 1993.

Stewart, M. S. »Brothers in Song: The Persistance of (Vlach) Gypsy Identity and Community in Socialist Hungary.« Doktorarbeit an der London School of Economic and Political Science, Wirtschaftswissenschaftliche Fakultät, 1987 auf der Grundlage vierzehnmonatiger Feldforschung in Ungarn. Stewart behandelt die Reaktion der Roma auf Zwangslohnarbeit, seine Untersuchung beschäftigt sich aber auch u. a. mit Vorstellungen der Roma über Gemeinschaft und Teilen.

Holocaust

Bandy, A., »European Gypsies Forgotten Victims in Story of Nazi Genocide«, *Los Angeles Times*, 26. Juni 1994.

Berenbaum, M., *The World Must Know: The History of the Holocaust as Told in the United States Holocaust Memorial Museum*. Boston: Little, Brown, 1993.

Berenbaum, M., Hrsg., *A Mosaic of Victims: Non-Jews Persecuted and Murdered by the Nazis*. New York: New York University Press, 1990.

Bernadec, C., *L'Holocauste oublié: Le Massacre des Tsiganes*. Paris: France-Empire, 1979.

Braun, H., »A Sinto Survivor Speaks.« In *Papers from the Sixth and Seventh Annual Meetings*, Gypsy Lore Society, North American Chapter, Cheverly, Md., Publikationsnummer 3, herausgegeben von Joanne Grumet, 165–71.

Burleigh, M. und Wippermann, W., *The Racial State: Germany 1933–1945*. Cambridge: Cambridge University Press, 1991.

Czerniakow, A., *The Warsaw Diary of Adam Czerniakow: Prelude to Doom*. Herausgegeben von R. Hilberg, S. Staron, J. Kermisz. New York: Stein and Day, 1982.

Davidowicz, L. S., *The Holocaust and the Historians*. Cambridge: Harvard University Press, 1981.

Djuric, R., »Il calvario dei Roma nel campo di concentramento di Jasenovac«, *Lacio Drom* 4 (1992): 14–42.

Ficowski, J., *Cyganie na polskich drogach*. Krakau-Wroclaw: Wydawnictwo Literackie, 1985.

Friedman, I., *The Other Victims: First-Person Stories of Non-Jews Persecuted by the Nazis*. Boston: Houghton Mifflin, 1990, S. 7–28.

Gilbert, M., *The Holocaust: The Jewish Tragedy*. London: Collins, 1986.

Gutman, I., Hrsg., *Encyclopedia of the Holocaust*. 4 Bde., New York: Macmillan, 1990.

Hancock, I., »›Uniqueness‹ of the Victims: Gypsies, Jews and the Holocaust.« In *Without Prejudice* 1:2 (1988): 45–67.

Hilberg, R., *Die Vernichtung der europäischen Juden*. Frankfurt: Fischer, 1994.

Höß, R., *Kommandant in Auschwitz*. München: dtv, 1978.

Huttenbach, H., »The Romani Porajmos: The Nazi Genocide of Europe's Gypsies«, in *Nationalities Papers* 19:3 (1991): 373–94.

Kenrick, D. und Puxon, G., *The Destiny of Europe's Gypsies*. Sussex University Press und Chatto-Heinemann, 1972. Überarbeitete und ergänzte Ausgabe erscheint 1995 unter dem neuen Titel *Gypsies Under the Swastika* bei der University of Hertfordshire Press, wobei mehr Gewicht auf die Kriegszeit gelegt wird. Diese Untersuchung ist immer noch das einzige Werk, das alle besetzten und Satellitenländer behandelt.

Levi, P., *Die Untergegangenen und die Geretteten*. München: Hanser, 1990.

– *Ist das ein Mensch?* München: Hanser, 1991.

Lifton, R. J., *Ärzte im Dritten Reich*. Stuttgart: Klett-Cotta, 1988.

Michalewicz, B., »The Gypsy Holocaust in Poland.« In *Papers from the Sixth and Seventh Annual Meetings*, Gypsy Lore Society, North American Chapter, Cheverly, Md., herausgegeben von Joanne Grumet, 73–83.

Milton, S., »The Context of the Holocaust«, *German Studies Review* 13:2 (1990): 269–83.

– »Gypsies and the Holocaust«, *The History Teacher* 24:4 (1991): 175–217.

– »The Racial Context of the Holocaust.« *Social Education,* Februar 1991: 106–10.

– »Nazi Policies Towards Roma and Sinti, 1933–1945«, *Journal of the Gypsy Lore Society* (fünfte Serie) 2:1 (1992): 1–18.

Müller-Hill, B., *Murderous Science: Elimination by Scientific Selection of Jews, Gypsies and Others, 1933–1945*. Oxford: Oxford University Press, 1988.

Piper, F., *Auschwitz: How Many Jews, Poles, Gypsies ...* Krakau: Poligrafia, 1992.

Wiesenthal, S., *Recht nicht Rache*. Berlin: Ullstein, 1989.

Wytwycky, B., *The Other Holocaust: Many Circles of Hell*. Washington: Novak Report (1980): 30–39.

Yoors, J., *Crossing*. New York: Simon & Schuster, 1971; Illinois: Waveland, 1988.

Zimmermann, M., »From Discrimination to the ›Family Camp‹ at Auschwitz: National Socialist Persecution of the Gypsies«, *Dachau Review*, Nr. 2 (1990): 87–113.

Nationalismus, Ethnopolitik etc. *

Anderson, B., *Imagined Communities: Reflections on the Spread and Origins of Nationalism*. London: Verso, 1983; überarbeitete Auflage 1991.

Berlin, I., *The Crooked Timber of Humanity: Chapters in the History of Ideas*. London: John Murray, 1990.

– »Two Concepts of Nationalism: An Interview with Isaiah Berlin«, *The New York Review of Books*, 21. November 1991.

Breilly, J., *Nationalism and the State*. Manchester: Manchester University Press, 1982.

Brubaker, R., *Citizenship and Nationhood in France and Germany*. Cambridge: Harvard University Press, 1992.

Gellner, E., *Nations and Nationalism*. Oxford: Blackwell, 1983.

Gottlieb, G., *Nation Against State: A New Approach to Ethnic Conflicts and the Decline of Sovereignty*. New York: Council on Foreign Relations, 1993.

Greenfeld, L., *Nationalism: Five Roads to Modernity*. Cambridge: Harvard University Press, 1993.

Hertzberg, S., *Strangers Within the Gate City: The Jews of Atlanta, 1845–1915*. Philadelphia: The Jewish Publication Society of America, 1978.

Hobsbawm, E.J., *Nations and Nationalism Since 1870*. Cambridge: Cambridge University Press, 1990. Ein meisterhaftes und fundiertes Buch zum Thema.

Horowitz, D., *Ethnic Groups in Conflict*. Berkeley: University of California Press, 1985.

Ignatieff, M., *Blood and Belonging: Journeys into the New Nationalism*. London: BBC Books and Chatto & Windus, 1993.

Moynihan, D. P., *Pandaemonium: Ethnicity in International Politics*. Oxford: Oxford University Press, 1993.

Rothschild, J., *Ethnopolitics: A Conceptual Framework*. New York: Columbia University Press, 1981.

Smith, A. D., *Nationalism: Theories of Nationalism*. New York: Harper & Row, 1983.

– *The Ethnic Origins of Nations*. Oxford: Oxford University Press, 1986.

Emanzipation der Zigeuner

Acton, T., *Gypsy Politics and Social Change: The Development of Ethnic Ideology and Pressure Politics Among British Gypsies from Victorian Reformism to Romani Nationalism*. London und Boston: Routledge and Kegan Paul, 1974.

Beck, S., »Racism and the Formation of a Romani Ethnic Leader.« In *Perilous States, Conservations on Culture, Politics, and Nation*, herausgegeben von G. E. Marcus. Chicago: University of Chicago Press, 1993, S. 165–91. Ein Portrait Nicolae Gheorghes, aufgezeichnet von einem Soziologenkollegen.

Gheorghe, N., »The Social Construction of Romani Identity«, Vortrag im ESRC-Seminar über Zigeunerstudien, University of Greenwich, London, März 1993.

– »Roma-Gypsy Ethnicity in Eastern Europe.« *Social Research*, Bd. 58, Nr. 4 (Winter 1991), 829–844.

– »Romanies in the CSCE Process: A Case Study for the Rights of National Minorities with Dispersed Settlement Patterns.« Ein Bericht über die Diskussionen beim CSCE-Seminar über menschliche Dimensionen, Warschau, 1993. (Romani Criss: Rom-Zentrum für Sozialprävention und -studien, P.O.Box 22–68, 70100 Bukarest, Rumänien.)

Hancock, I., »Talking Back«, *Roma* 6:1 (1980): 13–20.

– »Reunification and the Role of the International Romani Union.« *Roma*, Nr. 29 (Juli 1988): 9–18.

– »The East European Roots of Romani Nationalism.« *Nationalities Papers,* 19:3 (1991): 251–68.

Liegeois, J.-P., *Mutations Tsiganes, la révolution bohémienne.* Brüssel: Complexe, 1976. Der geschichtliche und kulturelle Zusammenhang, in dem die Anpassung und Emanzipation der Zigeuner zu verstehen ist, wird in diesem intelligenten und einflußreichen Buch dargelegt.

Project on Ethnic Relations. Diese Organisation richtete zwei Konferenzen aus, die zwei prägnante Berichte hervorbrachten, beide von Larry Watts: »The Romanies in Central and Eastern Europe: Illusion and Reality«, Mai 1992, und »Countering Anti-Roma Violence in Eastern Europe: The Snagov Conference and Related Efforts«, Mai 1993. PER, 1 Palmer Square, Suite 435, Princeton, New Jersey 08542–3718.

Puxon, G., »Romani Chib – The Romani Language Movement«, in *Compass Points*, eine Auswahl aus den ersten einhundert Ausgaben von *Planet*, Hrsg. J. Davies; Einführung von J. Morris. Cardiff: University of Wales Press, 1993, 192–98. Auch wenn dieser Aufsatz inzwischen veraltet ist (er wurde 1980 veröffentlicht), vermittelt Puxon doch eine Idee davon, wie »das Romani, eine lebendige Verbindung mit Indien, durch seine Unterdrückung zum Symbol nationaler Befreiung geworden ist«.

Zeitschriften

Etudes Tsiganes (seit 1953), 2 rue d'Hautpol, 75019 Paris, Frankreich.

Journal of the Gypsy Lore Society (seit 1888, mit Unterbrechungen). Diese ehrwürdige Zeitschrift, inzwischen in der fünften Serie, ist unerläßlich für jeden, der sich für Zigeunerfragen interessiert. Die Gesellschaft, in Großbritannien gegründet, aber jetzt von ihrer einstigen amerikanischen Abteilung betrieben, bringt auch ein *Newsletter of the Gypsy Lore Society* heraus. 5607 Greenleaf Road, Cheverly, Maryland 20785.

Lacio Drom (seit 1965). Centro Studi Zingari, Via dei Barbieri 22, 00186 Rom, Italien.

Patrin. Patrin, hauptsächlich von Roma geschrieben und in zweisprachigen Ausgaben veröffentlicht (Englisch-Romani), berichtet über Themen wie Bildung und Ausbildung, zigeunerfeindliche Gewalt und Sprachnormierung. Gründer und Herausgeber: Orhan Galjus, Nevipe Press Rom News Agency, Postbus 23308, 1100 DV, Amsterdam, Niederlande.

Roma (seit 1974). 3290/15–D, 160015, Chandigarh, Indien. Gründer und Herausgeber: W. R. Rishi.

REGISTER

425

426

427

430

431

Bildnachweis

FOTOGRAFIEN
Austria Presse Agentur/Scharr, Foto der Agence France-Presse: 301; Jerzy Ficowski: 20; Jerzy Ficowski, Reproduktion von Kazimierz Czapiński: 14; Jerzy Ficowski, Foto von Jerzy Dorozyński: 23; Jerzy Ficowski, Foto von Ignacy Krieger, Historisches Museum Krakau: 384; Jerzy Ficowski, Fotos aus dem Holocaust Memorial Museum (USA): 363, 365; Isabel Fonseca: 41, 61, 79, 87, 97, 119, 139, 142, 143, 160, 163, 166, 181, 187, 197, 201, 231, 232, 245, 247, 263, 333, 337, 387; Tobias Goulden: 157; Holocaust Memorial Museum (USA), Fotos aus dem Bundesarchiv, Koblenz: 349, 351; Elena Marushiakova: 171; Luminitsa Mihai: 388, 389; Magnum Photos, Foto von James Nachtway: 137; Network Photographers Ltd., Fotos von Witold Krassowski: 269, 273; Polnische Informations Agentur: 135, 392; Jeremy Sutton-Hibbert: 141, 227, 305, 412; Mary Thomas: 407.

ILLUSTRATIONEN
Ian Hancock, *The Pariah Syndrome*: 239; Museum Nördlingen: 321; Karl Stojka: 367.

KARTEN UND PLÄNE
Isabel Fonseca: 117; Kindler Verlag: 6, 193; Tadeusz Kinowski, Reproduktion aus dem Besucherführer Auschwitz-Birkenau, Museum Auschwitz: 347.